U0937655

普通高等教育“十二五”规划教材

高等院校人力资源管理专业系列教材

绩效管理

（第二版）

张术茂　姜　洋　主编
李静秋　池永明　李春彦　副主编

科学出版社
北　京

内 容 简 介

在当今市场竞争日益激烈的环境下，组织的发展离不开科学的绩效管理体系和管理制度。组织要想有效地、可持续地发展，就应该建立一个结合本组织特点的科学的、有效的绩效管理体系，将组织的发展战略、资源、业务和工作有机地结合起来，以提高组织的竞争力和适应性。全书共 10 章，主要包括绩效管理概述、绩效管理技术、绩效计划、绩效实施、绩效考核、绩效反馈面谈、绩效考核结果的运用、绩效薪酬、团队绩效管理、绩效管理的发展等内容，重点突出绩效管理的学习和运用。各章均以案例为引导，中间穿插知识拓展、阅读资料等，章后配有案例分析，以使学生加深对理论的理解，并提高理论与实践相结合的能力。

本书可作为高等院校的研究生、本科生教材，也可作为短训班的培训教材，还可供管理者自学使用。

图书在版编目（CIP）数据

绩效管理 / 张术茂，姜洋主编. —2 版. —北京：科学出版社，2016
（普通高等教育"十二五"规划教材・高等院校人力资源管理专业系列教材）

ISBN 978-7-03-048968-5

Ⅰ. ①绩… Ⅱ. ①张… ②姜… Ⅲ. ①企业绩效—企业管理—高等学校—教材 Ⅳ. ①F272.5

中国版本图书馆 CIP 数据核字（2016）第 139001 号

责任编辑：王彦刚 都 岚 / 责任校对：王万红
责任印制：吕春珉 / 封面设计：东方人华平面设计部

科学出版社 出版
北京东黄城根北街 16 号
邮政编码：100717
http://www.sciencep.com

北京虎彩文化传播有限公司 印刷
科学出版社发行 各地新华书店经销
*

2012 年 1 月第 一 版 开本：787×1092 1/16
2016 年 6 月第 二 版 印张：20
2020 年 1 月第五次印刷 字数：468 000

定价：55.00 元

（如有印装质量问题，我社负责调换〈虎彩〉）
销售部电话 010-62136230 编辑部电话 010-62135397-2016

第二版前言

进入21世纪，我国日益融入国际市场，市场竞争也越来越激烈。企业要想在市场经济大潮中立于不败之地，必须建立一套完整的，科学有效的绩效管理体系。作为人力资源的工具和方法，绩效管理对于组织管理的重要性越来越受到重视。很多企业在绩效管理上投入大量的人力物力，其关键行为是设定目标和衡量标准，通过总结、评估、沟通、激励和发展，实现员工和企业共同发展的长期目标。

本书比较系统地对绩效管理的一般方法、未来发展趋势、理论变革等内容进行了介绍，使读者能比较全面地了解和掌握绩效管理的基本规律和绩效考核的具体方法，尤其是针对具体环境下绩效考核体系的建立，强调科学性和有效性。本书在结构体系上尽量保持系统性、完整性和连续性；在教学内容上，保持理论联系实际，深入浅出地阐述理论观点；每章的导入案例和课后案例分析为学生提供了大量而丰富的实践内容，帮助学生加深对理论知识的理解和认识，了解社会问题，提高分析问题、解决问题的实际工作能力。在编写中详细阐述了绩效管理理论的建立与管理基本理论演变的关系，以及战略性绩效管理的实施，在介绍新知识、新观点时，注重把握时代脉搏，体现时代特征。

第二版更新了大部分章节的引导案例、知识拓展和课后案例分析，每章后新增了实训练习，并对个别章节内容做了调整。

在这次修订中，编者向使用过本书的人力资源管理专业教师和学生征求了意见和建议，并尽可能地将这些意见和建议体现在本版中，以便使本书更好地满足人力资源管理专业的教学需要。这次修订，在每章课后新增了实训练习以提高学生的应用能力，同时大部分章节更新了引导案例、知识拓展和课后案例分析。此外，将第一章第三节中有关绩效管理工具介绍的内容整合到第二章；在第三章中删除了绩效考核方法、考核方法选择的影响因素两节内容；在第六章中增加了绩效反馈的意义与原则一节；对书中的个别数据、图表及语言描述做了调整；编写人员分工有所调整。

本书由张术茂、姜洋任主编，李静秋、池永明、李春彦任副主编，张术茂负责大纲审定、全书的总纂及各章编写的沟通协调工作。具体编写分工为：姜洋编写第一、三、四章；张术茂编写第二、五章；李静秋编写第六、十章；李春彦编写第八章；池永明编写第七、九章。

在本书的编写过程中，编者参阅了国内外众多专家、学者的著作，因数量较多，不能一一列举，在此一并表示感谢！

由于编者水平有限，书中缺点和不足在所难免，敬请广大读者多提宝贵意见。

编　者

2016年3月

第一版前言

进入 21 世纪，我国日益融入国际市场，市场竞争也越来越激烈，企业要想在市场经济大潮中立于不败之地，必须建立一套完整的科学有效的绩效管理体系。作为人力资源的工具和方法，绩效管理对于组织管理的重要性越来越受到重视，很多企业在绩效管理上投入大量的人力物力，其关键行为是设定目标和衡量标准，总结、评估、沟通、激励和发展，实现员工和企业共同发展的长期目标。

本书比较系统地对绩效管理的一般方法、未来发展趋势、理论变革等内容进行了介绍，使读者能比较全面地了解和掌握绩效管理的基本规律和绩效考核的具体方法，尤其是针对具体环境下绩效考核体系的建立，强调科学性和有效性。本书在结构体系上尽量保持系统性、完整性和连续性；在教学内容上，保持理论联系实际，深入浅出地阐述理论观点；每章开篇导入案例和课后案例分析为学生提供了大量而丰富的实践内容，帮助学生加深对理论知识的理解和认识，了解社会问题，提高分析问题、解决问题的实际工作能力。在编写中详细阐述了绩效管理理论的建立与管理基本理论演变的关系，以及战略性绩效管理的实施，在介绍新知识、新观点时，注重把握时代脉搏，体现时代特征。

本书由郝红负责大纲审定、全书的总纂及各章的沟通协调工作。各章具体分工为：姜洋负责第一、三、四章；张术茂负责第二、五章；郝红负责第六、十章；李春彦负责第八章；池永明负责第七、九章。

在本书编写过程中，编者参阅了国内外众多专家、学者们的著作，因数量较多，不能一一列举，在此一并表示感谢！

出于编者水平有限，书中缺点和不足在所难免，敬请广大读者多提宝贵意见，以便再版时加以修正。

编　者

2011 年 8 月

目　　录

第一章　绩效管理概述

教学目标

通过本章的学习，学生应掌握绩效、绩效考核的相关概念、方法及原理；掌握绩效管理的流程；了解战略性绩效管理的含义及体系构建，能够利用所学知识分析问题；了解如何通过绩效管理制度引导组织行为；掌握解决现实中有关绩效管理方面的问题和方法。

学习目标

- 掌握绩效、绩效考核与绩效管理的概念；
- 了解绩效的性质、绩效考核的目的和绩效管理的目的与功能；
- 掌握绩效考核的信度和效度；
- 熟悉绩效管理在整个 HR 体系中的系统定位、基本流程；
- 掌握战略性绩效管理的含义、战略性绩效管理体系的构建，了解战略性绩效管理的新趋势。

关键词

绩效　绩效考核　绩效管理　战略性绩效管理

导入案例

B公司引入的绩效管理

B公司是一家国有控股企业。为了激励员工，企业引进绩效管理。由于企业人力资源管理水平有限，大部分时间花在琐碎的事务性工作上，没有精力也没有能力顾及员工培训、绩效管理、薪酬设计等增值业务。很多年过去了，企业始终解决不了职能部门的绩效考核问题，认为职能部门的考核指标无法做到量化，在考核时，人情分、面子分比较多。于是企业干脆放弃了职能部门的考核，而是把所有职能部门员工的考核与销售部门的销售收入挂钩，即根据销售收入确定奖金总额，然后再根据部门系数和岗位系数进行分配。这样实施的效果并不理想，职能部门员工不断和人力资源部抱怨，凭什么把自己的考核结果和销售部门的业绩挂钩？职能部门的工作有多少是销售部门直接关联的？为什么销售业绩不好，职能部门的员工就拿不到奖金？对于这些抱怨，人力资源部也解释不清楚，矛盾不断累积，职能部门员工的士气不断下降，甚至很多部门出现了大量离职现象。

那么，到底什么是绩效管理？难道所谓的绩效管理就是编制几张考核表，让主管根据自己的主观判断对员工进行打分？当主管连主观判断也做不了或者不愿意做的时候，是不是就像案例中B公司那样，干脆把所有员工的考核都和销售业绩挂钩？

（资料来源：http://www.01hr.com/rencaijianli/yancheng.html，有改动）

企业的绩效管理是企业人力资源管理体系中极为关键的一环，它具体关系到企业战略目标的实现。企业赏罚有据的做法就是科学运用绩效管理的方法和流程来组织，为企业薪酬管理及其他人力资源管理活动提供最为可靠的决策依据。在现代企业经营管理过程中，绩效管理的好坏直接决定和影响公司战略竞争优势的构建，已成为现代人力资源管理机制中极为重要的内容。

第一节 绩效与绩效考核

一、绩效的含义和性质

（一）绩效的含义

绩效是人们在管理活动中最常用的概念之一。一般从工作行为和工作结果两个角度来理解。一种观点认为，绩效是在特定的时间内，由特定的工作职能或活动产生的产出记录。这是从工作结果的角度来定义的。从行为角度来定义，如坎贝尔（Campbell）将绩效定义为人们所做的同组织目标相关的、可观测的事情；博曼（Borman）和穆特威德鲁（Motowidlo）定义绩效是具有可评价的行为，因为这些行为对个人或组织效率具有积极或消极的作用。事实上，这两类定义方法均有其合理的地方，因为行为是产生绩效的直接原因，而组织成员对于组织的贡献，则是通过其工作的结果来体现的。在管理实践中，人们常常采用将结果和行为相结合的绩效概念。布拉姆布拉奇（Brumbrach，1998）认为，“绩效指行为和结果。行为由从事工作的人表现出来，将工作任务付诸实施。行为不仅仅是结果的工具，行为本身也是结果，是为完成工作任务所付出脑力和体力的结果，并且能与工作结果分开进行判断。”

绩效可以在组织的不同层次上表现出来。从组织整体的层次上来看，股东和潜在的投资人关注企业的经营业绩特别是股东回报，政府关注的是组织提供的就业岗位及是否遵守了相关法规等，员工关注的是工作的稳定与薪酬状况等，这些都是组织层次绩效的体现；个人层次是人们最关注的方面，也是企业进行绩效管理最主要的任务。绩效是指员工在一定环境与条件下完成某一任务所表现出的工作行为和所取得的工作结果，体现了员工履行工作职责的程度，也反映了员工能力与其职位要求的匹配程度。对组织而言，绩效是任务在数量、质量及效率等方面完成的情况；对员工个人而言，绩效则是上级和同事对自己工作状况的评价。

（二）绩效的性质

1. 多因性

绩效的多因性是指绩效的优劣不是取决于单一因素，而是受主客观多种因素的影响。影响和决定绩效的因素包括员工自身的主观性因素和员工工作所处的客观环境因素两类，前者主要是指员工的活力（工作状态或工作积极性与主动性）、素质、技能和创造能力；后者指组织为员工工作所提供的内部客观环境条件（含物质性和非物质性的各种条件），以及组织外部的客观社会环境条件（诸如社会政治与经济状态、社会风气、市场竞争强度等）。绩效的多因性说明了绩效的影响因素有技能、机会、环境、激励，用公式可表示为

$$P=(S,\ O,\ E,\ M) \tag{1-1}$$

式中：P——绩效；

S——技能；

O——机会；

E——环境；

M——激励。

由式（1-1）可知，绩效是技能、机会、环境和激励的函数。技能指员工工作技巧与能力的水平，它取决于个人智力、教育与培训、经历与天赋等个人特点，其中教育培训不仅提高个人技能，还增强个人对实现目标的自信心，从而起到激励作用；机会则具偶然性，但个人技能则会促进偶然性向必然性的转变；环境指企业内部和外部的客观条件，前者如劳动场所、工作性质、企业组织结构、上下级间的关系，后者如社会政治、经济状况和市场竞争强度等；激励指能调动员工工作积极性的有关方面，激励本身与员工个人的需要结构、个性和价值观等有关，其中需要结构影响最大，因而企业应调查不同员工或同一员工不同阶段的需要结构，以便有针对性地予以激发。

2. 多维性

绩效的多维性是指应沿多种维度或方面去分析和考评绩效。例如，一个生产岗位上的工人，其工作绩效既体现在他完成的产品产量指标和质量指标方面，又体现在他达成一定产量和质量而实现的原材料及能源消耗指标上，还体现在他个人行为方面的出勤率、工作态度、

组织纪律、协作精神、道德操守等表现上。当然，不同职位上的员工，其绩效的多维性表现，并不是没有重点，而是各有侧重。因此，在对绩效进行评估时，必须在坚持全面评估、综合分析的前提下，依据评估的具体目的、要求和特定职位的工作性质与特点有所侧重，突出重点，这样才能得出比较全面、正确的评估结论。

3. 动态性

绩效的动态性是指员工的绩效是会变化的。绩效总是员工在特定时期内的工作行为中表现出来的个人特性和工作的结果，从而员工个人的绩效在不同时期会有所变化，有所差别。这就要求进行评估时，应以发展变化的观点来看待绩效，并对衡量绩效的评估标准进行适时的调整和修改，使之适应变化了的新情况。

二、绩效考核的含义与目的

1. 绩效考核的含义

绩效考核（performance examine）是一项系统工程，涉及公司的发展规划、战略目标体系及其目标责任体系、指标评价体系、评价标准、评价内容及评价方法等，其核心是促进企业管理水准的提高及综合实力的增强，其实质是使员工个人的能力得以提升，并确保人尽其才，使人力资源的作用发挥到极致。

明确了这个概念，可以明确绩效考核的目的及重点。企业为了更好地完成所制定的发展规划和战略目标，需要把目标按阶段分解到各部门、各人员身上，即每个人都有任务。绩效考核就是对企业人员完成目标情况的一个跟踪、记录、考评。

2. 绩效考核的目的

绩效考核的目的不仅仅是奖惩——奖惩只是强化考核功能的手段，也不仅仅是调整员工的待遇——调整待遇只是对员工价值不断开发的再确认，而是为了不断提高员工的职业能力和改进工作绩效，提高员工在工作执行中的主动性和有效性。

因此，绩效考核必须做到 6 个确认（评估考核是否有效的 6 个标准）。

1）确认员工以往的工作为什么是有效的或无效的。

2）确认应如何对以往的工作方法加以改善以提高绩效。

3）确认员工工作执行能力和行为存在哪些不足。

4）确认如何改善员工的能力和行为。

5）确认管理者和管理方法的有效性。

6）确认和选择更为有效的管理方式和方法。

此外，考核并不仅仅针对员工，更重要的是针对管理者，原因如下。

1）绩效考核是直线管理者不可推卸的责任，员工的绩效就是管理者的绩效。

2）认真组织考核不仅体现了管理者对员工、自身和组织的负责精神，而且反映了管理者自己的工作态度。

三、绩效考核的原则和应用

（一）绩效考核的原则

为了正确而有效地进行人员考绩，首先要明确人员考绩所必须遵循的基本原则，一般有以下几条。

1. 公平原则

公平是确立和推行人员考绩制度的前提。不公平，就不可能发挥考绩应有的作用。在考绩中，各级领导和人事部要排除一切干扰，本着实事求是的精神，客观、全面、真实地考察和评价工作人员，要摒弃个人的好恶恩怨，防止用感情和偏见来代替政策。

公司的人事考评标准、考评程序和考评责任都应当有明确的规定，而且在考评中应当严格遵守这些规定。同时，考评标准、程序和对考评责任者的规定在公司内都应当对全体员工公开。这样才能使员工对人事考评工作产生信任感，对考评结果抱以理解、接受的态度。

2. 严格原则

考绩不严格，就会流于形式，形同虚设。考绩不严格，不仅不能全面地反映员工的真实情况，而且还会产生消极的后果。考绩的严格性包括：要有明确的考核标准；要有严肃认真的考核态度；要有严格的考核制度与科学而严格的程序及方法等。

3. 单头考评的原则

对各级员工的考评，都必须由被考评者的“直接上级”进行。直接上级相对来说最了解被考评者的实际工作表现（成绩、能力、适应性），也最有可能反映真实情况。间接上级（即上级的上级）对直接上级作出的考评评语，不应当擅自修改。这并不排除间接上级对考评结果的调整修正作用。单头考评明确了考评责任所在，并且使考评系统与组织指挥系统取得一致，更有利于加强经营组织的指挥机能。

4. 结果公开原则

考绩的结论应对本人公开，这是保证考绩民主的重要手段。这样做，一方面，可以使被考核者了解自己的优点和缺点、长处和短处，从而使考核成绩好的人再接再厉，继续保持先进；也可以使考核成绩不好的人心悦诚服，奋起上进。另一方面，还有助于防止考绩中可能出现的偏见以及种种误差，以保证考核的公平与合理。

5. 结合奖惩原则

依据考绩的结果，应根据工作成绩的大小、好坏，有赏有罚，有升有降，而且这种赏罚、升降不仅与精神激励相联系，而且还必须通过工资、奖金等方式同物质利益相联系。这样，才能达到考绩的真正目的。

6. 客观考评的原则

人事考评应当根据明确规定的考评标准，针对客观考评资料进行评价，尽量避免掺入主观性和感情色彩。也就是说，首先要做到“用事实说话”，考评一定要建立在客观事实基础上，其次要做到把被考评者与既定标准作比较，而不是在人与人之间进行比较。

7. 反馈的原则

考评的结果（评语）一定要反馈给被考评者本人，否则就起不到考评的教育作用。在反馈考评结果的同时，应当向被考评者就评语进行说明解释，肯定成绩和进步，说明不足之处，提供今后努力的参考意见。

8. 差别的原则

考核的等级之间应当有鲜明的差别界限，针对不同的考评评语在工资、晋升、使用等方面应体现明显差别，使考评带有刺激性，鼓励员工的上进心。

除了以上原则之外，对考评承担者进行充分训练，使其尽量排除主观因素，并能够对考评标准有准确、统一的理解，这也是非常重要的。

（二）绩效考核的应用

绩效考核是一种员工工作效果的评价活动，它是通过系统的方法、原理来评定和测量员工在工作岗位上的工作行为和效果。绩效考核是主管领导与员工之间进行沟通的一项重要渠道。绩效考核的结果是员工选拔、培训、使用、晋升和分配的重要依据。

具体而言，绩效考核在企业人力资源管理中有以下几方面应用。

1）为员工的薪酬调整和绩效工资的分配提供依据。在计划经济体制下，企业工资分配没有与员工的工作成果联系起来，奖金或绩效工资的分配缺乏科学依据，分配的激励作用未能发挥出来。在市场经济的环境下，企业追求经营效率和效益，分配的激励作用将大大提升。科学绩效考核是企业分配的重要依据，把员工的工作绩效与分配紧密地结合起来，所以绩效考核在企业分配中得到广泛应用。

2）为员工的职业生涯规划提供依据。职业生涯规划作为现代企业人力资源管理的新思想和新方法，已在实际工作中得到应用。绩效考核是员工职业生涯设计的一项重要依据。绩效考核的结果会客观地对员工是否符合本职岗位的要求作出明确的判断。基于这种判断而进行的职业生涯规划，符合企业的要求和员工本人的愿望，同时容易得到群众的认可。

3）为上级与员工之间提供沟通的有效渠道。在工作中，管理者与员工的沟通是多渠道的，但考评沟通是最重要的沟通方式。通过沟通，上级把考核信息及时反馈给员工，员工通过沟通了解上级的管理思路和计划。

4）让员工了解企业对自己的工作效果评价。绩效考核是一种正规的、周期性对员工的考评，考核的结果要反馈给员工，员工通过考评结果了解自己的工作效果以及存在的不足，从而正确地估计自己在组织中的位置和作用。

5）让员工知道企业对自己工作的标准和要求。绩效考核的内容就是员工工作的标准和要求，通过考核内容评判，让员工了解工作的内容和标准。

6）管理者及时准确获取员工的工作信息，为改进企业管理提供依据。通过绩效考核使管理者和人力资源管理部门及时掌握员工的工作信息和思想状况，通过这些信息的整理和分析，对企业的管理制度进行评估，及时发现管理中的不足和问题，从而改进企业的管理制度。

绩效考核是企业管理中一项很重要的基础性工作，它对建立有效的激励机制、提高员工的工作效率和企业的经济效益发挥着重要作用。

四、绩效考核的信度和效度

1. 绩效考核的信度

绩效考核的信度是指考核结果的一致性和稳定性程度，即用同一考核方法和程序对员工在相近的时间内所进行的两次测评结果应当是一致的。

影响绩效考核信度的因素有考核者和被考评者的情绪、疲劳程度、健康状况等，也有与考核标准有关的因素，如考核项目的数量和程序，忽略了某些重要的考核维度，不同的考核者对所考核维度的意义及权重有不同的认识等，这些因素都会降低绩效考核的信度。为了提高绩效考核的信度，在进行考核前应首先对考核者进行培训，并使考核的时间、方法与程序等尽量标准化。

2. 绩效考核的效度

绩效考核的效度是指考核结果与真正的工作绩效的相关程度，即用某一考核标准所测到的是否是真正想测评的东西。

为了提高绩效考核的效度，应根据工作职责设置考核的维度和每一维度的具体考核项目，在充分调查研究的基础上确定每一项目等级设定的级差数以及不同维度的权重数，并着重考核具体的、可量化测定的指标，不要流于泛泛的一般性考核。

绩效考核过程中不可避免地存在这样或那样的偏差，一定程度上影响着绩效考核的公正性、客观性。因此，要克服近因效应、光环效应、暗示效应等干扰，全面、客观、公正地对被考评者的工作进行评价，同时要进行必要的培训，以减小偏差，使考核的有效性最大化。

五、绩效考核在绩效管理体系中的地位与作用

绩效考核是帮助企业维持和提高生产力、实现企业目标的最有效手段之一。除了正式的绩效考核程序之外，管理和评估工作也可以是非正式的。所有的经理人员都会监控员工的工作方式，并评定该种工作方式是否符合企业的需求。这些管理者认识到员工对企业的价值，并努力使员工对企业的贡献达到最大化。尽管这些正在进行的非正式的评估程序并不重要，大多数企业还是会在一年中对本企业进行 1～2 次正式的绩效考核。

绩效考核实行于大大小小的政府和企业之中，因为它可以有多种用途，这些用途对企业和被评估的员工双方都有益。一般而言，可以体现在两方面：管理方面和发展方面（表 1-1）。

表 1-1 绩效管理的目的

管理方面	发展方面
衡量个人优缺点	确定员工培训需求并满足之
工作效果好坏	确定企业培训需求并实施之
记录个人决策	人力资源短期与长期规划
确定个人工作	确定企业长期发展需要
薪酬管理	建立评价员工的有效体系
决定晋升、调任或临时解雇	
帮助实现工作目标	
评价目标完成情况	
确定法律要求	

从管理的角度看，绩效考核结果可以为人力资源管理的各个层面提供服务。例如，绩效考核常常在薪酬决策中决定着绩效工资或奖励工资的有无和多少。通常，一直提倡的“按劳取酬”就是这种思想在企业中的应用。另外，绩效考核与其他一些重要的人力资源决策也有直接的联系。例如，通过工作绩效的评价结果来决定员工的晋升、调任和临时解雇等，以及在招聘中将绩效考核结果优秀的员工特征作为甄选标准。还有一点容易被忽略的作用就是，绩效考核还能作为企业在涉及人力资源方面的法律诉讼时的“书面证据”。企业必须保存准确、客观的员工工作记录，以应付可能发生的诸如晋升、薪资分配和停止聘用等有关人力资源管理方面的法律纠纷。最后，值得指出的是，要使整个人力资源计划成功，企业还必须掌握员工的工作表现与其所需完成目标的吻合程度。而这种掌握必须依靠细致筹划和管理的人力资源评估程序。由于绩效考核会影响员工行为，因此，它可以直接提高企业的工作绩效。

从个人发展的角度来看，绩效考核为评价个人优缺点和提高工作绩效提供了一个反馈渠道。无论处在哪个工作层次的员工，绩效考核都会为其提供一个发言的机会以消除潜在的问题，并为员工制定新的目标以达到更高的绩效。现代的绩效考核不再像过去一样只被认为是监督员工工作、为企业赢利的工具，它更注重于为员工制订培训、发展和成长计划。为发展的目的而制定的绩效考核方法认为，经理人员的任务是改善员工的工作方式，而不仅仅是评价员工过去的业绩。因此，绩效考核计划的主要优点之一就是为提高员工工作绩效建立了一个合理的基础，使管理者在绩效考核中的角色从一个法官变成为一个教练，承担着督导和培训的责任。

第二节 绩效管理

一、绩效管理思想的演变

随着经济全球化和信息时代的到来，市场竞争日益激烈。一个企业要想取得竞争优势，必须不断提高其整体效能和绩效。20 世纪 70 年代后期，绩效管理的概念被提出，80 年代后期和 90 年代早期，随着人们对人力资源管理理论和实践研究的重视，绩效管理逐渐成为一个被广泛认可的人力资源管理过程。

由于绩效本身丰富的含义和人们认识理解事物的角度不同，在绩效管理思想发展的过程中，对绩效管理的认识也存在着分歧，主要可以归纳为以下 3 种观点。

1. 绩效管理是管理组织绩效的系统

持有这种观点的代表是英国学者罗杰斯（Rogers，1990）和布瑞得鲁普（Bredrup，1995）。这种观点将20世纪80年代和90年代出现的许多管理思想观念和实践等结合在一起，将绩效理解为组织绩效。其核心是强调通过组织结构、生产工艺、业务流程等方面的调整，实施组织的战略目标。绩效管理看起来更像战略或事业计划等。而个体因素即员工虽然受到组织结构技术和作业系统等变革的影响，但在此种观点看来，员工并不是绩效管理所要考虑的主要对象。

2. 绩效管理是管理员工绩效的系统

这种观点将绩效管理看成是组织对一个人关于其工作成绩及他的发展潜力的评估和奖惩，其代表人物艾恩斯沃斯（Ainsworth，1993）、奎因（Quinn，1997）、坎普·尼尔（Camp Neill，1987）等，通常将绩效管理视为一个周期。

3. 绩效管理是管理组织和员工绩效的综合系统

这种观点将绩效管理看成是管理组织和员工绩效的综合体系，但此种观点内部却因强调的重点不同而并不统一。例如，考斯·泰勒（Kowski Taylor，1994）的模型意在加强组织绩效，但其特点却是强调对员工的干预，他认为“绩效管理通过将各个员工或管理者的工作与整个工作单位的宗旨连接在一起来支持公司或组织的整体事业目标”；而另一种认识却是“绩效管理的中心目标是挖掘员工的潜力，提高他们的绩效，并通过将员工的个人目标与企业战略结合在一起来提高公司的绩效”。

随着绩效管理思想在实践中的广泛运用和深入，人们更加关注如何运用绩效管理的思想来保证员工绩效的持续提升。因此，也就更倾向于第二种观点，即将绩效管理主要看成是对员工绩效的管理，绩效管理应该是管理者和员工之间创造互相理解的途径。在绩效管理过程中，员工和管理者应该明白，组织要求的工作任务是什么，这项工作应该如何去完成，到什么程度才算完成……而且绩效管理系统应该鼓励员工提高他们的自身绩效，促进他们进行自我激励，并通过管理者和员工之间开放式的沟通来加强彼此的关系，这也是绩效管理思想不同于单纯绩效考核的重要一点。

二、绩效管理的目的与功能

（一）绩效管理的目的

1. 战略目的

绩效管理系统必须将员工的行动与组织的战略目标联系在一起。组织在实施战略时，绩效管理系统首先界定实现战略目标所必需的行为、结果及员工的特质，然后以此设计相应的绩效考核和反馈系统，以确保员工能够最大限度地展示出那些特质、表现出那些行为以及创造出那些结果。绩效管理的过程就是在组织战略目标的指导下，对组织所要达成的战略目标进行具体分解，而分解的目标与组织各个层次上的岗位相对应，同时对每个岗位实现目标的方法、途径及能力等方面确定相应的评估标准，这样使组织战略目标化为每个具体岗位可以控制与实现的目标的过程。

2. 管理目的

组织进行管理决策时需要使用绩效管理的信息，尤其是绩效考核的信息，对组织整体绩效的把握是组织进行战略决策，实现组织具体管理职能的基础。通过绩效管理，可以明白组织整体绩效的实现来自于组织内部的哪些部门，部门中的哪些具体岗位，岗位上的哪些具体员工，这样就为组织作出薪资调整、职务晋升、留用或解聘等人力资源决策提供重要依据，同时这也是为保证组织整体绩效提升的重要途径。

3. 开发目的

组织人力资源管理的一个重要功能就是对组织的员工进行合理的开发，并使之真正成为组织保持竞争优势的重要源泉。组织对员工进行有效的开发除了进行有效的培训外，绩效管理在对组织员工进行有效开发的方向、内容、手段等方面提供更为直接的参考依据。通过绩效管理可以对员工的能力、态度、行为等诸方面进行全方位的评估，从而全面地知晓组织员工的素质状况，针对组织战略目标的要求，可以清晰地找出存在的差距。组织依此采取有针对性的开发培训项目，做到有的放矢，提高组织员工开发的合理性与有效性。同时也对员工本人产生影响，帮助员工认识自我和确定并实现职业生涯目标。

（二）绩效管理的功能

1. 控制功能

绩效管理是人力资源管理体系中的主要控制手段。通过绩效管理循环，管理者可以及时纠正偏差，并使工作过程保持合理的数量、质量、进度和协作关系，使各项管理工作能够按计划进行。对员工本人来说，管理者的绩效反馈可以帮助员工进一步认识自己和调整职业发展方向。同时借助于明确具体的绩效目标，员工可以进行自我控制。上级的定期评估还可以使员工时时不忘自己的工作职责，并努力实现组织和上级期望的目标。

2. 激励功能

管理者在绩效实施过程中对员工的工作成绩给予及时肯定，在评估后及时反馈结果，这可以让员工获得满足感并强化其正确的行为。另外，绩效考核为与绩效挂钩的薪酬提供依据，出色绩效带来的奖励能激发员工的积极性和工作热情。

3. 辅助决策功能

绩效考核为各项人力资源管理决策提供了相对客观公平的依据，绩效考核的过程就是对员工能力、态度、行为等方面进行全面的评估，为组织员工的晋升、奖惩、调配等提供科学权威的依据。

4. 发展功能

绩效管理的发展功能主要体现在两方面：一方面是组织可以根据评估的结果，制订正确的培训计划，达到提高全体员工素质的目的，以推动组织发展；另一方面，可以发现员工的优点和缺点，并根据其特点确定培养方向和使用办法，充分发挥个人的长处，促进个人的发展。

5. 沟通功能

沟通贯穿于绩效管理的全过程。在绩效目标的制定、绩效计划的实施过程中，管理者与员工要充分沟通。绩效考核结果出来以后，管理者还要和员工进行绩效反馈面谈，向员工说明评估的结果，听取员工的意见与看法。绩效沟通提供了上下级交流的机会，可以增进相互的了解，协调矛盾。同时，绩效考核指标和目标可以向各级管理者和员工传递组织的战略目标和关注的重点。

三、绩效管理的基本流程

（一）基本流程

绩效管理的过程通常被看做一个循环，这个循环分为 4 步：绩效计划、绩效实施、绩效考核和绩效反馈与面谈。

1. 绩效计划

绩效计划是绩效管理的第一个环节，也是绩效管理过程的起点。企业的战略要落地，必须先将战略分解为具体的任务或目标，落实到各个岗位上；然后再对各个岗位进行相应的职位分析、工作分析、人员资格条件分析。这些步骤完成之后，经理人员就应与员工一起根据本岗位的工作目标和工作职责进行讨论，搞清楚在绩效计划周期内员工应该做什么工作，做到什么地步，为什么要做这项工作，何时应做完，以及员工权力大小和决策权限等。在这个阶段，管理者和员工的共同投入与参与是进行绩效管理的基础，如果是管理者单方面布置任务、员工单纯接受要求，就变成了传统的管理活动，失去了协作性的意义。绩效管理就名不副实了。通常，绩效计划都是做一年期的，但在年中可以修订。绩效计划的确定程序基本上可以分为 3 个阶段：准备阶段、沟通阶段和确认阶段。

1）准备阶段。这一阶段主要是准备相关信息。第一，从组织管理层面来看，要将组织的整体目标需要进行层层分解，确定好各经营单位和部门各自承担相应的组织绩效目标；第二，从个人层面来说，要准备员工职位说明所确定的工作绩效目标及上个评估周期的评估结果；第三，沟通方式的确定和准备，以利于绩效计划的正式确认。

2）沟通阶段。沟通阶段是绩效计划确定过程的核心环节。为避免员工与经理对绩效标准的认识出现偏差，制订绩效计划需要在双方有效沟通的基础上达成一致意见。

3）确认阶段。经过认真的准备和充分的沟通之后，形成了初步的绩效计划。最后还需要对绩效计划进行审定和确认，以保证绩效计划完成了以下的结果和目的：①绩效目标和计划与被评估者的工作职责是一致的；②被评估者的工作目标与公司的组织总体目标紧密联系，并且被评估者清楚地知道自己的工作目标与组织的整体目标之间的关系；③评估者和被评估者对被评估者的主要工作任务、各项工作任务的重要程度、完成任务的标准、在完成任务过程中享有的权限都达成了共识；④评估者和被评估者双方都十分清楚在完成工作目标的过程中可能遇到的困难和障碍，并且明确了评估者所能提供的支持和帮助；⑤形成了一个经过双方确认的文档，该文档中包含员工的工作目标、衡量工作目标完成情况的标准或者方法、各个工作目标的权重，并且评估者和被评估者都在这份文档上签字确认。

2. 绩效实施

制订了绩效计划之后，被评估者就开始按照计划开展工作。在工作的过程中，管理者要对被评估者的工作进行指导和监督，对发现的问题及时予以解决，并随时根据实际情况对绩效计划进行调整。绩效计划并不是在制订了之后就一成不变，随着工作的开展会不断调整。在整个绩效期间，都需要管理者不断地对员工进行指导和反馈，即进行持续的绩效沟通。这种沟通是一个双方追踪进展情况、找到影响绩效的障碍及得到使双方成功所需信息的过程。作为激励手段的绩效管理也应遵循人性化的特征。不管员工等级的高低，相互之间谁大谁小，都是平等的，是一种服务和支持。基于这种认识，经理要从心的沟通开始，关心尊重员工，与员工建立平等、亲切的感情，在实现目标的过程中为员工清除各方面的障碍。双方共同探讨员工在组织中的发展路径和未来的目标。持续的绩效沟通能保证经理和员工共同努力，及时处理出现的问题，修订工作职责，上下级在平等的交往中相互获取信息，增进了解，联络感情，从而保证员工的工作能正常开展，使绩效实施的过程顺利进行。

3. 绩效考核

绩效考核是绩效管理的核心环节，是以员工在一定期间内的工作绩效进行考查和评估，确定员工是否达到预定的绩效标准的管理活动。在企业人力资源管理中，不是单纯地对以往绩效进行评估，而是包括选择评价指标与测量方法、绩效信息收集与分析、选择评估主体与客体，以及对绩效考核结果的运用等一系列相关因素的一套复杂的管理系统。

管理者需要按照事先确认的绩效计划确定的员工工作目标及衡量标准，对员工实际达成的绩效情况进行分析并作出评估。为了能真实准确地评估员工的绩效，管理者在平时的工作中就要收集那些反映员工工作绩效的数据和事实，并及时做好记录，以作为判断和评估员工绩效的依据。在这个环节，员工也需要对自己在绩效周期内的工作表现进行回顾和总结，并作好参加绩效反馈面谈的准备。

具体说来，工作绩效考核包括 3 个主要步骤：界定工作本身的要求；评价工作绩效；提供反馈。首先，界定工作本身的要求意味着必须确保你和你的下属在他或她的工作职责和工作标准方面达成共识。其次，评估工作绩效就是将你下属雇员的实际工作绩效与在第一个步骤所确定的工作标准进行比较；在这一步骤中通常要使用某些类型的工作绩效考核等级表。最后，工作绩效考核通常要求有一次和多次的反馈，在此期间管理人员应同下属人员就他们的绩效和进步情况进行讨论；为了促进他们个人的发展还要同时共同制订必要的人力开发计划。

4. 绩效反馈与面谈

绩效反馈是绩效管理的一个重要步骤。在绩效考核结束后，管理者应就绩效考核的结果与员工进行面对面的绩效反馈面谈，就绩效周期内员工的工作表现和目标完成情况交换意见，使之明确绩效不足或改进方向及个人特性和优点。如果只作考评，而不将考评结果反馈给被考评者，则考绩将失去它极其重要的激励、奖惩与培训的功能，因而考绩结果的反馈是十分重要的。而面谈是考绩结果反馈的主要方式之一。在这一环节上，管理者首先要明确绩效反馈面谈的目的；其次要在面谈前做好充分的准备，如了解员工的情况，包括员工的教育背景、家庭状况、工作经历、个性特点、职务及过去和现在的绩效状况等，事先计划好面谈的程序，选择合适的面谈时间和地点；第三，在绩效反馈面谈之前鼓励员工先进行自我评估，鼓励员工积极参与，多肯定，少批评，把重点放在解决问题上，制定具体的绩效改进目标并提供适当的辅导与培训。

与此同时，还应该注意相应的面谈技巧。这些技巧将在第六章进行介绍。

（二）绩效改善和导入

绩效改善是绩效管理过程中的一个重要环节。传统绩效考核的目的是通过对员工的工作业绩进行评估，将评估结果作为确定员工薪酬、奖惩、晋升或降级的标准。而现代绩效管理的目的不限如此，员工能力的不断提高及绩效的持续改进和发展才是其根本目的。所以，绩效改善工作的成功与否，是绩效管理过程是否发挥效用的关键。

绩效导入是指根据绩效考核的结果分析来对员工进行量身定制的培训。发现员工缺乏的技能和知识后，企业应该有针对性地安排一些培训项目，及时弥补员工能力的短板，这样所带来的结果既可满足完成工作任务的需要，又可使员工享受免费的学习机会，对企业、对员工都是有利的。

通过绩效考核和考绩面谈，使被考评者知道自己的实际工作结果及其与组织目标要求间的差距，从而进一步改善绩效。因而，绩效改善是绩效考核结果应用的具体体现，也是绩效考核的主要目的之一，主管和员工都应合力安排绩效改善计划并有效地实施。

1. 绩效改善的切入点

企业绩效考核之后，针对企业绩效的现状应该提出相应的改进措施，其切入点从以下几个方面着手。

1）重审绩效不足的方面。检查评估结果是否都合乎事实，评估者认为的缺点事实上是否真是员工的缺点。

2）从员工愿意改进之处着手改进。因为这样会激发员工改善工作的动机和积极性，否则，会使他们产生逆反和抵触情绪。

3）从易出成效的方面开始改进。因为立竿见影的效果总会使人较有成就感，从而增强改进工作的自信心，这将有助于其他方面的继续改进。

4）选择经济和效率并重的工作进行。选择待改善的工作时，应选择改善所需要的时间、精力和金钱综合而言最为适宜的工作方面。

2. 绩效改善的一般步骤

在合理选择待改善的工作方面后，还要遵循绩效改善的一般程序，这样才能提高绩效改善的效果。绩效改善的一般步骤如下。

1）明确差距。就是要使员工明确自己在哪些方面存在差距、差距究竟有多大。明确差距的方法有：员工实际工作绩效与应达到的工作目标作比较，员工实际工作绩效与社会上同行平均水平作比较，员工之间作相互比较。

2）归因分析。就是研究产生上述差距的原因。产生绩效差距的原因不外乎两大类：内因与外因。内因主要是指员工的能力与努力程度，外因则是指工作的环境、组织政策等。

归因分析具体可就以下几个方面进行：能力；工作的兴趣；明确的目标；个人的期望；工作的反馈；奖励；惩罚；个人晋升与发展的机遇；完成工作必要的权利。显然，其中前四项主要与员工个人状况有关；后五项与组织状况有关，属外因。

3. 绩效改善的方法

一般地，对于低能力、低绩效者，辞退、再培训或惩罚是多数企业常用的办法；而对因外部环境或条件引起的低绩效，则应努力改善其工作环境与条件或组织政策（如分配制度）来达到绩效的改善。此外，还有以下方法可供选择。

1）正强化。这种方法是指当员工达到绩效目标时，立即给予肯定、认可并表扬等正面的激励。这种方法实施的一般思路是：首先根据工作分析建立一个工作行为标准体系；然后建立一个绩效目标体系，该目标体系要求具体明确并具挑战性；最后，当员工的绩效达到目标要求时，立即实行正强化。

2）员工帮助计划。是指帮助员工改善工作中一些习惯性的、对绩效又起主要影响作用的那些缺点，从而使他们改善绩效。在具体实施这种计划时，必须得到高层管理者、部门主管和员工本人三方面的密切配合。

3）员工忠告计划。这种方法常用于员工经常出现低绩效，且正强化不起作用的情况下。这种方法实施的一般步骤为：首先记录并分析低绩效出现的原因；其次主管人员向低绩效者说明问题的严重性，并告之通过改善应达到的绩效标准；最后根据实际工作状态，提出改善的建议和忠告，或做其他相应处理：如果低绩效者不能主动改善不足，则主管要与之面谈并给予必要的建议和忠告（如果仍达不到预期效果，则再次提醒并限期整改；如果限期仍无效，则可停职反省；如果之后仍无提高绩效的迹象，则需解雇员工）。

4）负强化。和第一种相反，这种方法是指员工一旦出现不良行为便立即给予惩罚，以防止不良行为再次发生。使用该方法时应注意：惩罚要有轻重之分，如可采用口头警告、书面警告、降职、解雇等；惩罚要公平及时，否则会引起员工的不满和失去惩罚本身的意义。

研究结果表明，如果考绩结果得到有效应用，使员工及时改善绩效，则劳动生产率可提高 10%～30%。这不失为一项成本低廉的措施，但需要管理者和员工共同为此做出努力。

（三）评估结果的应用

在员工绩效考核工作结束后，评估结果除了用于管理者和员工共同探讨绩效改善以外，还可作为绩效薪酬的分配、有针对性的培训和职位晋升等人力资源决策的依据。

1）企业价值分配的依据。员工的工作报酬与绩效挂钩，这是企业进行薪酬管理的一项基本管理手段，可以激励员工更努力地去实现绩效目标。员工工作报酬的构成因岗位的性质与绩效直接挂钩的部分所占比重而有程度大小的不同，但从组织整体的指导思想来说，员工努力工作所创造的价值应当体现在薪酬的分配上，而绩效就是体现薪酬分配的重要依据。

2）职务晋升。组织通过绩效考核可以反映出员工在工作过程中的优点和缺点，也为职务的晋升与变迁提供了依据。企业通过绩效考核，通过职务晋升，让优秀的员工到最适合他的工作岗位上去，做到人力资源的最佳配置，实现人岗的合理匹配，使组织取得更大的绩效。

3）培训与开发。组织通过绩效考核可以发现员工在能力方面的不足与缺陷，这为企业提供有针对性的培训确定了方向，使企业的培训能够对症下药，提高组织培训的质量。同时，对员工来说，通过绩效考核，在制订和修改自己的职业发展计划时能够更加切合自身实际，确立自己在组织中发展的正确方向与步骤。

经过上面的管理环节，就完成了一个绩效周期的循环。在这个循环中所得到的绩效考核结果具有多种用途。首先，绩效考核的结果可用于指导提高员工的工作业绩和工作技能，通过发现员工在完成工作过程中遇到的困难和工作技能上的差距，制订有针对性的员工发展培训计划。其次，绩效考核的结果可以比较公平地显示出员工对公司做出贡献的大小，据此可以决定对员工的奖惩和报酬的调整。此外，通过员工的绩效状况，也可以发现员工对现有职位是否适应，根据员工绩效高于或低于绩效标准的程度，决定相应的人事变动，使员工能够从事更适合自己的职位。

四、绩效管理在人力资源管理系统中的定位

在说明绩效管理在人力资源管理系统中的定位及重要性之前，首先说明人力资源在组织中所居于的地位。

为了成长与成功，越来越多的公司开始在全球市场上寻求商业机会，与外国公司的竞争与合作变得越来越重要，全球化成为21世纪最重要的特征之一。当企业试图进行全球化时，管理者们必然要去平衡出现的各种复杂问题。这些问题涉及不同的哲学、文化、法律和经营事务，而人力资源问题正是构成上述每个问题的基础。同样，当谈到迎接新技术，让体力劳动者发展成为知识工人时；当认识到管理中永远不变的是变化，并试图管理这种变化时；当将员工作为待开发的资本看待，对其进行开发、储藏并平衡时；当立足于消费者的需求，关注于质量、变化并作出反应时；当努力降低成本尤其是劳动力成本以生产提高效率时，应从何入手？所有问题的答案都在于人力资源管理。人力资源永远是组织的核心，而对人力资源的管理自然也成为企业管理中的重中之重。

（一）人力资源管理是获取竞争优势的工具

传统的人力资源管理，通常被认为是一种事务性的工作。随着社会的向前发展，人力资源管理的参谋与咨询作用，以及在制定和执行企业战略方面的作用日益加强，越来越多的企业意识到人力资源的优势在获取企业核心竞争力方面的作用，人力资源管理也成为获得企业竞争优势的工具。

一个企业如果想获得相对其竞争对手的优势，就必须创造出比其竞争对手质量更好的产品或提供更加优质的服务，提供竞争对手所不能提供的创新性的产品或服务，或者这些产品或服务能以更低的成本被提供，也就是区分度要高而成本要低。越来越多的研究表明，人力资源管理的水平对竞争优势的获得有强烈的影响。

（二）绩效管理是人力资源管理的核心之一

既然人力资源管理是获取企业竞争优势的工具，那么这一管理活动究竟是如何提升企业的生产力和价值，从而提高企业竞争优势的呢？

人力资源管理能够提升企业价值，是因为劳动力这一特殊的资源已经不再像过去那样被单纯地认为是赚钱的机器，它已经成为一种可以通过增加投入而提高产出的资源，即人力资源，而相应地对于人力资源的管理也就成为以企业战略为基础的一项管理活动。企业战略的落地，是要借助于人力资源管理中的各个环节来具体实施的。因为很难想象，没有人的活动，没有群体的互助，企业的资源怎样才能整合？企业的战略怎样才能实施？战略的落地，需要企业招聘到需要的人，把他们安排到合适的岗位上去，并按他们的工作表现来分配报酬，从而激励他们更加有效地工作。在这一整体的人力资源管理过程中，绩效管理就承担着具体的落地任务。绩效管理将企业的战略目标分解到各个业务单元，并且分解到每个岗位，而岗位职责最终由员工来实现。因此，对每个员工的绩效进行管理、改进和提高，可提高企业的整体绩效，使企业的生产力和价值也随之提高，并由此获得竞争优势。

因此，绩效管理在企业的人力资源管理这个有机系统中占据着核心的地位，起到重要的作用。

绩效管理处于人力资源管理系统中的核心位置，并与系统中的其他模块实现了很好的对接。具体分析，有以下几点。

1. 与工作分析的关系

绩效管理的重要基础是工作分析。通俗地讲，工作分析的目的就是要告诉人们某个职位是干什么的及由什么样的人来干，即确定一个职位的工作职责及它所提供的重要工作产出，据此制定对这个职位进行绩效考核的关键绩效指标（KPI），而这些关键绩效指标就为企业提供了评价该职位任职者的绩效标准。可以说，工作分析提供了绩效管理的一些基本依据。

2. 与薪酬体系的关系

越来越多的企业将员工的薪酬与其绩效挂钩，而不再像传统的工资体系中只强调工作本身的价值。在很多未脱离计划经济色彩的国有企业中，仍然存在着“干多干少一个样，干与不干一个样”的情况。这些企业在为员工付薪时，很少考虑绩效问题，这与时代的要求显然相去甚远。目前，比较盛行的制定薪酬体系的原理 3P 模型，就是以职位价值、绩效和任职者的胜任力决定薪酬。因此，绩效是决定薪酬的一个重要因素。在不同的组织中，采用不同的薪酬体系，对不同性质的职位而言，绩效所决定的薪酬成分和比例有所区别。通常来说，职位价值决定了薪酬中比较稳定的部分，绩效则决定了薪酬中变化的部分，如绩效工资、奖金等。

3. 与人员甄选的关系

在对人员招聘或进行开发的过程中，通常采用各种人才测评手段，包括心理和个性测验、行为性面谈及情境模拟技术等。这些测评方法主要针对“冰山”以下部分——人的“潜质”所进行的，侧重考查人的一些价值观、态度、性格、能力倾向或行为风格等难以测量的特征，以此推断人在未来的情境中可能表现出来的行为特征。而绩效考核是主要针对人的“显质”进行的，侧重考查人们已经表现出来的业绩和行为，是对人的过去表现的评估。从现有员工的绩效管理与考评记录可以总结出，具有哪些特征的员工适合本企业。因此，在招聘选拔过程中，就可以利用历史资料进行有效甄选。

4. 与培训开发和人力资源规划的关系

绩效管理的主要目的是了解目前人们绩效状况中的优势与不足，进而改善和提高绩效，因此培训开发是在绩效考核之后的重要工作。在绩效考核之后，主管人员往往需要根据被评估者的绩效现状，结合被评估者个人的发展愿望，与被评估者共同制订绩效改善计划和未来发展计划。人力资源部门则根据员工绩效考核的结果和面谈结果，设计整体的培训开发计划，并帮助主管和员工共同实施培训开发。

（三）利用绩效管理提升企业竞争力

企业绩效管理是实现企业的战略目标、培养核心竞争力的重要手段，是企业管理的重要内容，有其自身的规律性。在运用绩效管理手段提升企业核心能力的具体实践过程中要注意以下几个问题。

1）确定绩效考核计划时，要注意从培养企业核心能力的角度出发，将核心能力分解成下一层次的竞争力要素，这样层层分解，直到落实到具体的工作岗位上。制订评估计划、确定评估指标的过程就是一个对企业进行竞争力分析的过程。通过这个过程可以对企业的核心能力有一个更清楚的认识。

2）企业核心能力的培养是一个从上到下的渐进过程，只能在拥有运用资源能力的基础上才能逐步形成核心能力，因此核心能力的培养要从基础的工作做起。这就要求企业在设计绩效管理计划时要通盘考虑，不仅要对企业经营者制定评估标准，而且要对一般员工制定评估标准，使核心能力的培养成为全体员工的共同行动。

3）企业的核心能力是指企业在一个特定时期的核心能力，随着企业外部环境的变化，外部环境对企业核心能力的要求会有所变化，这种变化要反映在企业的绩效考核计划中。企业的绩效考核标准要随企业外部环境的变化及自身的发展需求而改变，不同的时期有不同的标准。

4）企业的核心能力是综合运用各种能力的知识，由很多竞争力要素相互作用而形成。因此，企业评估要反映这种要求，不仅要有定量指标，而且要有定性指标，要能全面反映核心能力的要求。

5）核心能力的培养需要企业持续不断的努力，是一个艰苦的过程，企业绩效管理应反映这一过程。这里要十分注意两个环节：一是绩效管理指标的确定，指标确定的过程是对企业竞争能力分析讨论的过程，是企业管理人员统一认识的过程，要十分注意这一环节；二是企业绩效考核的结果要及时分析反馈，使被评估企业能够清楚评估结果，知道自己与优秀企业的差距，从而确定追赶策略。

五、绩效管理与绩效考核的区别与联系

绩效考核是人力资源管理中越来越被人们熟悉的一个概念。绩效考核的历史可以追溯到三皇五帝时期。《尚书·尧典》里有“纳于大麓，烈风雷雨弗迷”，就是指尧将帝位禅让给舜之前，对其进行了绩效考核。可见，绩效考核很早就在实践中受到统治者或管理者的重视。现在，提起绩效考核，人们就会想起年终时所需填写的一堆各种各样的表格。在混乱、焦虑与不安中，员工揣摩着领导者的心思，填完各种表格，然后，主管和每个员工谈上十多分钟，签上名，问题就算解决了，纸面上的工作准时完成，人事部门也很满意，每个人又回到现实工作中去，而表格则被存于人事部门的档案柜里，最终的遭遇可能是被遗弃。即使想要依据这些表格作出一些人事决策，也会发现难以操作，因为表中所提供的信息往往很模糊或不准确，这样所作出的人事决策也不可靠。于是，绩效考核往往与“浪费时间”“流于形式”等评价联系在一起。其实，出现这样结果的一个根本原因就是过于孤立地看待绩效考核这一行为。

自 20 世纪 80 年代以来，经济全球化的步伐越来越快，市场竞争日益激烈。在这种竞争中，一个企业要想取得竞争优势，必须不断提高其整体效能和绩效。莱文森（Levinson，1976）曾指出“多数正在运用的绩效考核系统都有许多不足之处，这一点已得到广泛认可。绩效考核的明显缺点在于，对绩效的判断通常是主观的，凭印象的和武断的；不同管理者的评定不能比较；反馈延迟会使员工因好多绩效没有得到及时的认可而产生挫败感，或者会根据自己很久以前的不足作出的判断而恼火”。实践证明，提高绩效的有效途径是进行绩效管理。因为绩效管理是一种提高组织员工的绩效和开发团队、个体的潜能，使组织不断获得成功的管理思想和具有战略意义的、整合的管理方法。通过绩效管理，可以帮助企业实现其绩效的持续发展，促进形成一个更以绩效为导向的企业文化；激励员工，使他们的工作更加投入；促使员工开发自身的潜能，提高他们的工作满意度；增强团队凝聚力，改善团队绩效；通过不断的工作沟通和交流，发展员工与管理者之间的建设性的、开放性的关系，给员工提供表达自己的工作愿望和期望的机会。可见，绩效考核只是完整的绩效管理过程中的一个环节，不能以绩效考核来代替绩效管理。绩效管理是依据员工和他们的直接主管之间达成的协议，来实施一个双向式互动的沟通过程。该协议对员工的工作职责、工作绩效如何衡量、员工和主管之间应如何共同努力以维持、完善和提高员工的工作绩效、员工的工作对公司目标实现的影响、找出影响绩效的障碍并排除等问题作出了明确的要求和规定。绩效管理与绩效考核是不同的，绩效考核是事后考核工作的结果，而绩效管理是事前计划、事中管理和事后考核所形成的三位一体的系统。可见，绩效考核只是绩效管理过程中的一个重要环节。

那么，绩效管理和绩效考核究竟有何不同、有何联系？下面就从概念层面来具体说起。

绩效管理是指为了达成组织的目标，通过持续开放的沟通过程，形成组织目标所预期的

利益和产出，并推动团队和个人做出有利于目标达成的行为。双方可能就以下问题达成一致。

1）期望员工完成的实质性的工作职责。

2）员工的工作对公司实现目标的影响。

3）以明确的条款说明“工作完成得好”的标准。

4）以维持、完善和提高员工的绩效。

5）工作绩效如何衡量。

6）指明影响绩效的障碍并排除之。

绩效考核是指用一套正式的结构化的制度来衡量、评价并影响与员工工作有关的特性、行为和结果，考查员工的实际绩效，了解员工可能发展的潜力，以期获得员工与组织的共同发展。通过绩效考核判别不同员工的劳动支出、努力程度和贡献份额，有针对性地支付薪酬、给予奖励，并及时向员工反馈信息促使其调整努力方向和行为选择组合，使他们最大限度地利用其人力资源来实现组织目标。

绩效考核是绩效管理中重要的一部分。绩效考核成功与否不仅取决于评估本身，而且很大程度上取决于与评估相关联的整个绩效管理过程。有效的绩效考核有赖于整个绩效管理活动的成功开展，而成功的绩效管理也需要有有效的绩效考核来支撑。

绩效考核与绩效管理并不是等价的，但传统的绩效考核往往忽视了绩效管理的全过程。绩效管理与绩效考核的主要区别如表 1-2 所示。

表 1-2 绩效管理和绩效考核的比较

对比项／概念	过程的完整性	侧重点	出现的阶段
绩效管理	一个完整的管理过程	侧重于信息沟通与绩效提高，强调事先沟通与承诺	伴随着管理活动的全过程
绩效考核	管理过程中的局部环节和手段	侧重于判断和评估，强调事后的评价	只出现在特定的时期

可见，绩效考核与绩效管理不可同日而语。绩效管理是人力资源管理体系中的核心内容，而绩效考核又是绩效管理中的关键环节，因此绩效考核的重要性就不容忽视了。

第三节 战略性绩效管理

一、战略性绩效管理的内涵

1. 战略性绩效管理的界定

战略性绩效管理是战略性人力资源体系中的绩效管理。它承接组织的战略，是由绩效计划、绩效实施和辅导、绩效考核、绩效反馈和绩效考核结果的应用 5 个环节构成的一个封闭循环。通过这 5 个环节的良性循环过程，管理者能够确保员工的工作活动和工作产出与组织的目标保持一致，不断改进员工和组织的绩效水平，促进组织战略目标的实现。

战略性绩效管理通过识别、衡量和传达有关员工工作绩效水平的信息，使组织的目标得以实现，是一种逐步定位的方法。因为组织和员工在实现既定目标的前提下是一个不可分割的有机体，绩效管理系统只有在针对组织进行定位的前提下，才能够对组织成员的行为进行定位。为了更好地实现绩效管理，企业高层必须准确、清晰、明确地表达企业的目标与战略，从而在绩效管理系统中准确地向员工传达信息，以保证绩效管理的目标得以实现。绩效管理系统中的每个环节都与组织的目标相联系，如何体现出这种联系，正是战略性绩效管理系统设计中的关键。

彼得·德鲁克（Peter Drucker）说："管理是实践。重要的不是战略中心型组织的含义，而是如何去做，去实践。"因此，对绩效管理的思想要从战略高度来理解，而在具体的实践中却应该从最基础的管理行为抓起，一步一个脚印，稳步前进，从易到难，从小到大，从简易到复杂，抓住重点人群，尤其是企业的核心人群，通过渐进式的积累，克服短期应付的思想，最终实现规范管理的目标。

企业实行绩效管理的最终目标是通过有效的管理保证企业绩效的持续增长，只有保证企业绩效持续增长的管理程序和方法才是有效的绩效管理。为了保持绩效管理的持续有效，必须根据企业的实际情况，找到一种适合于本企业但不一定是最先进的管理方法，并不断完善和调整绩效管理模式使其与组织内外部环境始终保持一致。同时，作为企业的经营管理层，必须深刻理解其实质，在建立健全战略管理和绩效管理组织的基础上，完善制度体系，并将企业所有的活动和人作为可以产生绩效的有效资源，通过即时、及时激励及对活动结果的强化干预和控制组织和个人的活动，从而达到改善和提高绩效的目的。

2. 传统绩效管理与战略性绩效管理的区别

在现实中，经常会发现一种奇怪的现象：部门绩效突出，但企业战略目标却未能实现。造成这一现象的根本原因在于战略与绩效管理相脱节，即战略的制定和实施未有效融入绩效管理，没有形成一体化的战略性绩效管理体系。

传统绩效管理以会计准则为基础，以财务指标为核心。这种体系以利润为导向，立足于对企业当前状态的评价，既不能体现非财务指标和无形资产对企业的贡献，也无法评价企业未来发展的潜力，不能完全符合企业战略发展的要求，在管理和控制中并未充分体现企业的长期利益，无法在企业经营整体上实现战略性改进。随着信息时代的到来，企业核心价值及获得竞争优势不再体现在有形资产上，企业价值基础来源由有形资源向无形资源的改变，来自于对人力资本、企业文化、信息技术、内部运作过程质量和顾客关系等无形资产的开发和管理，而这一切都取决于员工素质水平，员工素质是企业战略能否实现的决定性因素之一，这就要求绩效管理体系既要体现战略性，又要体现员工素质导向性，强调员工能力、潜力识别及发展培训。企业管理者要站在战略管理的高度，基于企业长期生存和持续稳定发展的考虑，对企业的发展目标、达到目标的途径进行总体谋划。

战略管理是对企业战略的形成与实施过程的管理，包括企业内外部环境分析、战略制定、战略实施、测评与监控 4 个环节。绩效管理是测评与监控环节最重要的构成要素之一，因此绩效管理是具有战略性的管理制度体系。作为人力资源管理重要组成部分的绩效管理应该成为企业战略的传递系统，通过科学、合理的绩效考核，把企业的战略思想、目标、核心价值观层层传递给员工，使之变成员工的自觉行为，并能不断提高员工素质，使员工行为有助于企业目标的实现。

二、战略性绩效管理体系的建立

将绩效管理与战略相联系，是近年来绩效管理的显著特点。战略是对未来结果的一种期望。这种期望要依靠组织的所有成员按一定逻辑相关性职责和绩效要求的导向通过发挥自身的创造性和努力来实现。因此，绩效管理的系统已成为战略管理控制系统中不可缺少的管理工具和手段。战略性绩效管理结构体系如图 1-1 所示。

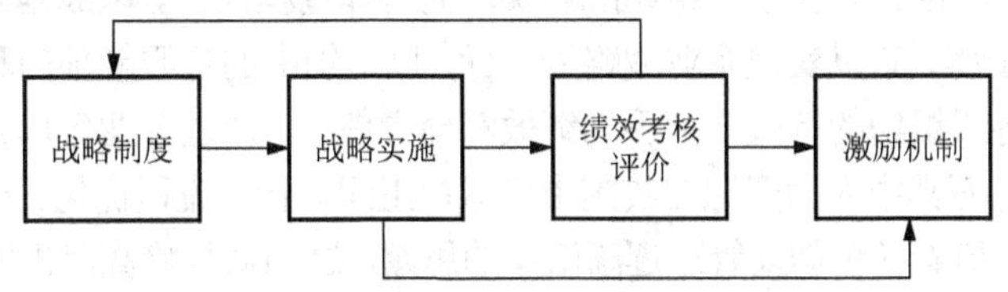

图 1-1　战略性绩效管理结构体系

（一）战略性绩效管理系统的主要内容

战略性绩效管理系统包括以下 3 个方面。

1）三个目的：战略目的、管理目的、开发目的。这三个目的从根本上来说是围绕绩效的。

2）四个环节：绩效计划、绩效实施、绩效考核和绩效反馈。这是绩效管理系统的核心，本书就是按照这四个环节展开论述的。

3）五项关键决策：评价什么、评价周期、评价主体、评价方法、结果应用。这是决定战略性绩效管理实施成败的关键。

战略性绩效管理是组织为实现“三个目的”而建立的一个完整的系统，由“四个环节”形成一个闭合循环，“五项关键决策”始终贯穿于“四个环节”中，对绩效管理的实施效果起着决定性的作用。由此，建立的战略性绩效管理系统模型如图 1-2 所示。

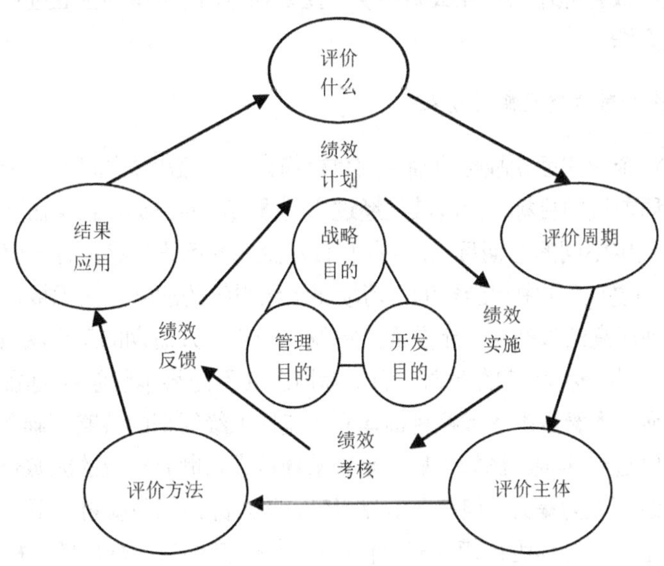

图 1-2　战略性绩效管理系统模型

（二）战略性绩效管理实施中的失误

与传统绩效管理相比，战略性绩效管理始终以企业的战略为牵引，有着系统的指标分解、指标监控、指标考量与检讨体系。传统绩效管理更多的其实是一种单纯的绩效考核体系，其主要活动仅是对过去考核周期的目标及其责任者进行评价，从而作为个人当期报酬和个人晋升的一个依据，参与考核的部门一般仅仅是为人力资源管理部门提供考核结果，缺乏其他职能部门的整体参与，因此缺少了对组织战略实现的整体过程评价。以战略为导向的绩效管理是一项系统性的工程，它以实现企业战略为目标，以组织中的各职能部门和分公司为绩效管理业务单元，以各级组织的行政一把手为绩效管理责任人，通过各业务单元员工自主完成体系中的各项目标，而其中人力资源在实施中仅承担组织设计、流程优化、过程监督的非考量性工作。近年来，随着各种创新管理逐渐浓厚的思潮，这种从战略高度出发从而在管理中引发管理模式重新整合的思想，使得很多的企业对其竞相引用。然而，由于种种原因，真正理解并应用成功的案例在国内并不多见。一般来说，常常存在以下几种失误。

1. 定位不准确

目前，大多数企业实行了绩效管理，但是在执行中，几乎都变成了绩效考核，主要表现在绩效结果的应用与指标的分解上。相当多的公司组织大量的人力物力自行设计或请咨询公司设计各种绩效管理方案，其主要的特点就是严格执行周期性的例行考核，并应用于企业内部利益的再分配。这些体系由于在设计初期就没有将组织的战略目标作为分解源头，或在分解时过度地关注于企业的财务指标，没有形成系统的对组织战略的支撑作用，往往出现了制定指标的人和接受指标的人在制定指标初期进行大量数据博弈，而考核周期结束后却大量超额完成的情况，或者出现当期员工绩效表现佳但组织绩效没有实现的怪圈。究其主要原因，就是企业没有把绩效管理作为企业战略实现的重要载体，而只作为企业进行人力资源管理的一种所谓的先进方法。

2. 具体实施者对战略理解不透彻

通常，习惯将企业的远期战略或抽象的目标作为下一级组织的战略。企业的战略一旦制定，就是统领全局前进的目标，但因其是经过高度概括后的目标，且其在不同的阶段为了战略的实现企业会制定不同的短期目标，因此直接从企业的远景战略进行分解并不能很好地指导现实的工作，但现实工作中相当多的人习惯将上级组织的战略直接承接过来作为本级组织的战略目标。这种拔高的战略在一定层面上激发了一部分人短期的工作激情，但往往因为不能持久而使员工产生一种渺茫的感觉。而实际情况并不是将本级组织的战略制定得越高越好，重要的是必须将本级组织的战略目标建立在支持上级组织的战略基础之上，才能最终保证企业整体战略的逐步实现。例如，某企业的愿景是成为世界一流的能源企业，近期主要是实现战略转型和组织能力提升，但在分解目标时，其内部某部门就将实现企业成为世界一流的能源企业这一企业目标作为部门战略目标进行分解，其结果是部门的目标无法和其具体承担的职能完全进行匹配。正确的做法是，根据企业近期战略转型或组织能力提升的要求，本级组织应该承担什么样的具体职能，从而形成逐级支持上级目标的体系，最终保证组织整体战略的实现。

3. 战略分解不系统

没有将战略按照价值树的形式进行全面系统的展开。任何一项新工作的开展，都会经历由陌生到熟悉的过程。由于受到来自企业经营业绩和管理的压力，很多管理者无暇顾及新理论的系统管理理念，更有甚者仅派秘书作为全权代表参加新理论的开发和使用。然而，正是由于一些管理者对新理论没有形成系统的理念，缺乏正确的分解方式和全面系统的分解理论指导，而仅凭自己的经验进行目标分解，加之缺乏科学系统的目标分解工具，因此在很多企业中出现了对企业目标战略分解不完整、不系统的现象，也往往会出现按照经验处理的“穿新鞋走老路”的局面。当然，很多的绩效管理也因其大量的理论和复杂的梳理程序在一定程度上阻碍了部分人员参加的积极性。作为管理者，首先应该身体力行地实践企业的管理思路，认真履行一个管理者的职责。目前，绩效管理越来越成为企业管理的重点，企业员工对绩效管理也越来越熟知，因此过度地依赖秘书或放任下属的绩效管理，最终将失去管理者的权威。所以，从这个角度讲，管理者应比下属更加注重绩效管理及其新知识、新工具的接受与应用。

4. 战略执行部门缺乏协作意识

企业的战略一经确定，就必须由企业的所有部门共同参与承担目标的实现，由于缺乏有力的组织保障或由于各部门主管对战略理解的不同，战略执行中往往缺乏有效协作，主要有3种表现形式：一是缺乏整体的组织管理，对战略的理解各不相同，彼此仅凭盲人摸象的结论不能兼容对方的理念；二是长期在一个组织里，由于以往历史旧账不能很好地在战略实施上相互协作，出现内讧现象；三是有一定的协作意愿，但是由于个人能力，影响了组织间的协作效果。这些现象的出现导致战略在执行过程中出现很大偏差，同时也大大降低了企业在新的市场环境中的竞争力。这就要求战略绩效的管控部门要及时根据各业务单元绩效的完成情况及时进行通报，在客观上起到督促、协调的作用，并积极将各业务单元的实施情况尽可能地通过会议的形式予以确认，明确责任。

5. 缺乏有力的支撑体系

很多企业虽然建立了正确的绩效管理体系，但是往往由于没有相应的支撑体系而成为一个空架子。真正要使绩效管理体系正常运转起来，除了具备相应的管理人员外，信息化数据采集系统、员工能力评价体系等都是保证绩效管理系统能够正常运转的必要条件。

6. 全员实施绩效管理

绩效管理实施的人群可以是所有员工，但是战略绩效管理实施的对象不是所有员工。一些企业推行管理模式往往是自上而下地整体执行，认为这样可以使企业获得较高的收益，但是管理行为本身就是一种成本，实施的对象越多，其实施成本越高。战略绩效管理针对的是企业战略的实施，应重点集中在组织中的核心群体，重点监控核心群体的业绩，而对一般人员实行较为简单的绩效管理即可，从而节省大量的企业人工沟通成本，实现企业的高效、有效、快速、准确发展。

三、战略性绩效管理发展新趋势

随着知识经济时代的到来，绩效管理体系的设计越来越注重战略导向，战略性绩效管理的发展逐渐走向成熟，出现了一些新趋势。对面向未来的战略性绩效管理发展的新趋势分析如下。

（一）弹性化的战略性绩效管理

战略性绩效管理是战略性人力资源管理的一部分。战略性人力资源管理在运作中的基本要求之一是战略弹性。战略弹性是指战略适应竞争环境变化的灵活性。本书提出了战略性绩效管理必须具有弹性的观点。弹性化的战略性绩效管理反映的是绩效管理的过程对竞争环境变化的反应和适应能力。

战略目的是战略性绩效管理的第一个目的。为了达到战略目的，绩效管理系统本身必须具有一定的灵活性。战略目的强调绩效管理要为员工提供一种引导，使员工能够为组织的成功作出贡献，这就要求绩效管理体系具有充分的弹性以适应企业战略形势所发生的变化。当组织战略发生改变时，组织所期望的行为方式、结果及员工的特征需要随之发生变化，这就要求战略性绩效管理系统有一定的弹性，能够随之灵活地调整。面对竞争环境变化如此激烈，绩效管理能否针对这种变化作出迅速的调整是企业能否实现战略的关键。企业战略重心随着企业的发展在不断调整，绩效管理体系也必须具备适应这种改变的弹性。因此，弹性化的战略性绩效管理是绩效管理发展的新趋势。

（二）差异化的战略性绩效管理

毋庸置疑，每个企业都要进行绩效管理，但不同企业之间存在差异，同一企业的不同发展阶段存在差异，不同地区有行业发展的差异性，企业员工之间存在差异，因而使用一种绩效管理模式无法满足企业绩效管理的需要，所以提出要实行差异化的战略性绩效管理。尤其是员工存在差异性，主张“因材绩效管理”，应当采取差异化管理行为和举措。例如，针对不同的员工，在绩效辅导和实施这个环节，采取差异化绩效管理行为。采取差异化的战略性绩效管理，只是在绩效管理五步流程中的部分环节针对差异性的个体进行差异化管理，并不是所有环节都要采取差异化的管理措施，否则会影响绩效管理的效度和信度。

（三）多样化的战略性绩效管理

不同的企业有不同的企业文化和管理特点，用一种绩效管理方法很难达到与企业战略相匹配。因而在实践中，绩效管理的发展呈现出很难用一种工具进行管理，必须结合多种模式和方法。多种绩效管理工具的整合，可以避免某一种方法的劣势。这种多种绩效管理工具整合的优势远远大于单纯地将每一种绩效管理工具的优势累加在一起。所以，只有将多样性的绩效管理工具整合在一起，才能使战略性绩效管理的结果更加科学、规范。在此需要指出的是，多样化的战略性绩效管理并不是绩效管理工具的累加，而是多种绩效管理工具的整合，这种整合是一种科学的管理。

（四）人本化的战略性绩效管理

目前，企业使用的各种绩效管理工具虽然是基于先进管理理念的工具，但工具效能的充分发挥还依靠使用者自身的掌握。在影响绩效管理行为的管理要素中，“人”在管理活动中处于主导地位。“人”能力的高低，对保证组织目标的实现和管理效能的提高，起着决定性的作用。战略性绩效管理归根到底是对人的管理，要做好战略性绩效管理就必须以人为本，这也是一种辩证的管理思想。而且，绩效管理三大目的之一的“开发目的”，强调的也是一种将“以人为本”的思想贯穿于绩效管理系统的全过程。因此，战略性绩效管理的发展趋势必然是沿着“人本化”的方向发展。

不同员工的能力是有区别的，会对绩效管理产生根本的影响。在以人为本的绩效管理中，不仅要客观评价员工的现有绩效水平，而且要科学评价员工的潜在绩效水平，并根据员工现有的绩效水平与潜在的绩效水平提高员工的绩效。此外，对员工行为的考核中，不仅是考核行为表面的结果，同时要考核完成行为的过程。例如，员工完成工作了，考核不仅看结果是否合格，也要看行为过程中员工潜在的能力是否发挥及员工的品质如何。这样，不仅可引导员工不断地将潜在能力转化为现有能力，同时又注重塑造诚实正直的优秀人格品质，培养了员工的现有能力，而且使每个员工的潜在能力得到最大限度的开发。因为高效绩效管理的贯彻实施，不仅要靠管理者的知识和能力，更要靠其诚实正直的品格，从人的潜在方面进行绩效管理。正如德鲁克所言，管理者不只通过知识、能力和技巧来领导下属，同时也通过愿景、勇气、责任感和诚实正直的品格来领导。同时，人本性的绩效管理更加强调沟通的重要性。绩效管理的实践证明，良好的沟通是有效的绩效管理的关键要素。所以，随着现代管理理论的发展，对人力资源管理认识的提高，绩效管理的实践呼吁企业进行人本化的战略性绩效管理。

（五）主动化的战略性绩效管理

在当今知识经济时代，企业将人力资源视为企业最重要的资源，发挥人的能动性对绩效管理是否有效起了至关重要的作用。根据这种趋势，绩效管理会向着主动性的方向进一步发展。这里提出的主动化的战略性绩效管理，是指在绩效管理过程中，让员工保持积极乐观的思维模式。这种思维模式会引导员工作出更成功、更有建设性的行为，进而表现出成功的绩效。员工的思考模式和价值观是主动性绩效管理的决定因素。在目前的绩效管理中，经常发生员工把自己绩效差的原因推到别的事情上或者别人身上，并为自己的失败找借口。员工对绩效管理不是主动接受，而是有着强烈的抵触情绪被动地执行，在这样的绩效管理过程中关注的是问题本身而不是解决办法，因而不会有绩效改进的行为发生，也不会有高绩效的结果。在主动性绩效管理中，员工乐于接受绩效计划，主动配合并执行绩效的实施，积极参加绩效考核，愿意开放地收到绩效反馈，能够实现最佳的长期绩效，因而主动化的绩效管理是今后战略性绩效管理的发展趋势。

（六）超前化的战略性绩效管理

战略性绩效管理强调关注企业未来的绩效，绩效管理由评价性向发展性转变已经是一种趋势，而且这种发展性绩效管理趋势不仅是要发展，确切地说是一种超前化的绩效管理。这种新趋势是绩效管理走在员工发展的前面，超前于发展并引导发展，关注企业未来的绩效。

战略性绩效管理强调动态性，因此在绩效管理中要用动态发展的眼光看待员工，管理者要认识到每个员工都有发展和改进的可能性，并有效地引导员工向高绩效发展。绩效考核的重心从评估转移到员工的发展上来。企业绩效考核的结果用于员工个人职业生涯发展，使员工在实现组织目标的同时，也实现了个人的职业目标，而员工的发展又促进了企业的发展。例如，战略性绩效管理工具中的“平衡计分卡”就关注员工的发展，其中的“学习与成长”维度，对这个方面进行了管理，注重了员工未来的发展。关注员工的发展，并将这种关注再向前推进，让它超越这种关注的发展，就是一种绩效管理超前化发展。总之，超前化的战略性绩效管理要求提升组织当前绩效的同时，将这种绩效发展成组织未来的更高的绩效，是一种绩效管理发展的新趋势。

（七）匹配化的战略性绩效管理

战略性绩效管理的环境不断变化。权变思想认为：管理是环境的函数，管理行为应当随着环境的改变而改变。权变思想对绩效管理的指导在于，绩效管理能否取得成功，关键在于它存在的特定环境。环境是变化的，因此绩效管理必须随环境的变化而变化。在这种动态变化中，涉及绩效管理是否与企业战略相匹配，绩效管理流程中的各环节之间是否相匹配，绩效管理体系的设计是否与员工的能力相匹配等。这些都是关键的匹配要素，而且是一种战略匹配性。只有协调好各方面的关系，在变化的环境中，做好匹配化的绩效管理，才能实现最佳绩效管理。针对当前快速发展的经济，绩效管理发展的新趋势要求企业必须实行匹配化的战略性绩效管理。

（八）技术化的战略性绩效管理

随着人力资源管理技术的发展，已经将电子商务技术不断应用于人力资源管理中，出现了电子人力资源管理（electronic human resources，EHR）。战略性绩效管理的发展，有大量的数据信息要处理，必然要求出现一种新技术，它能够为战略性绩效管理的发展提供巨大支持。本书提出的技术化战略性绩效管理，即以电子绩效管理（electronic performance management，EPM）为平台的绩效管理系统。本书中的EPM主要是指利用计算机采用信息化的绩效管理手段，基于先进的软件和大容量的硬件设备，通过信息库自动处理绩效管理的信息，提高效率，降低成本。本书提出EPM通过与企业现有的网络技术相联系，保证绩效管理与技术环境同步发展，有利于绩效管理的最佳发展。战略性绩效管理在实践应用中更强调先进技术的支撑，EPM为此提供了平台，也为提高绩效管理中的沟通效率提供了帮助。但是在使用EPM时，为了做好绩效沟通，应当将传统的当面沟通和EPM沟通方式结合起来，不方便见面的沟通，可以选择用EPM，而人与人之间的当面沟通并不能够因此而被忽视。

知识拓展

从"才能三态论"看绩效管理的系统特征

人的才能在社会实践中可以分为3种存在形态：一是"持有态"，指人本身所具有的才能；二是"表现态"，即人在社会实践中发挥自身所持有才能的状况，也可称之为发挥态；三是"转化态"，是指通过人的表现或发挥，把其才能转化成工作实绩的程度。"才能三态论"明确界定了才能在不同状态下的不同表象载体。才能的"持有态"是指人内在的能力素质，以智力和性格作为其表象载体；"表现态"是指人在社会实践中表现或发挥出来的能力素质，其表象载体是人的行为；"转化态"是指人发挥出的能力素质所转化的状况，工作结果或业绩是其表象载体。

"才能三态论"从3个不同的层面揭示了人的才能、智力和性格，工作中的行为和工作实绩，以及才能评价方法之间的关系。从"才能三态论"来看，工作业绩仅是才能的转化状态，能力的持有态和表现态也需要有效管理和评价。由于才能的持有态、表现态和转化态是3种递进关系的整体，因此，如果不具备一定的基本能力素质（持有态），是不会有符合组织要求的行为和表现（表现态）的，更不会产生组织所期望的绩效（转化态）的。反过来，要想获得预期的绩效，必须要求员工有符合组织期望的行为和态度；要想员工有良好的行为表现，则必须招聘到具备符合组织工作要求的基本能力和素质的员工。

（资料来源：http://blog.hr.com.cn/html/53/n-95153.html，有改动）

本章小结

本章主要介绍绩效管理的基础知识，内容理论性较强，需要学生通过理解熟记其中的名词内涵。通过本章的学习，学生应系统掌握以下4个方面的内容：第一，绩效的含义和性质及绩效考核的含义与目的；第二，绩效考核的信度和效度及绩效考核的误区、绩效管理的基本流程；第三，绩效管理在人力资源管理系统中的定位；第四，战略性绩效管理的内涵及战略性绩效管理体系的构建。

复习思考题

1. 简要回答绩效、绩效考核和绩效管理的定义。
2. 传统绩效管理与战略性绩效管理的区别是什么？
3. 绩效考核的信度和效度是什么？
4. 绩效考核的误区有哪些？
5. 试描述并简要说明绩效管理在HR体系中的系统定位和基本流程。
6. 战略性绩效管理是如何界定的？
7. 战略性绩效管理的发展趋势是什么？

案例分析

案例背景

D公司员工的绩效管理

D公司，成立于20世纪50年代初，目前公司有员工1000人左右。总公司本身没有业务部门，只设一些职能部门；总公司下有若干子公司，分别从事不同的业务。

绩效考核工作是公司重点投入的一项工作，公司的高层领导非常重视。人力资源部具体负责绩效考评制度的制定和实施。人力资源部在原有的考核制度基础上制定出了《中层干部考核办法》。在每年年底正式进行考核之前，人力资源部又出台当年的具体考核方案，以使考核达到可操作化程度。

公司的高层领导与相关的职能部门人员组成考核小组。考核的方式和程序通常包括被考核者填写述职报告、在自己单位内召开的全体员工大会进行述职、民意测评（范围涵盖全体员工）、向科级干部甚至全体员工征求意见（访谈）、考核小组进行汇总写出评价意见并征求主管副总经理的意见后报公司总经理。

考评的内容主要包含3个方面：被考核单位的经营管理情况，包括该单位的财务情况、经营情况和管理目标的实现情况等；被考核者的德、能、勤、绩及管理工作情况；下一步工作打算，重点努力的方向。具体的考核细目侧重于经营指标的完成、政治思想品德，对于能力的定义则比较抽象。各业务部门（子公司）都在年初与总公司对于自己部门的任务指标进行了讨价还价的过程。

对中层干部的考核完成后，公司领导在年终总结会上进行说明，并将具体情况反馈给个人。尽管考评的方案中明确说考评与人事的升迁、工资的升降等方面挂钩，但最后的结果总是不了了之，没有任何下文。

对于一般员工的考核则由各部门的领导掌握。子公司的领导对于下属业务人员的考评通常是从经营指标的完成情况进行的；对于非业务人员的考核，无论是总公司还是子公司均由各部门的领导自由进行。对于被考核人来说，很难从主管处获得对自己业绩优劣评估的反馈，只是到了年度奖金分配时，部门领导才会对自己的下属做一次简单的排序。

（资料来源：http://www.chinahrd.net/article/2012/12-26/32519-1.html，有改动）

案例讨论

1）绩效管理在人力资源管理中有何作用？这些作用在D公司是否有所体现？

2）公司的绩效管理存在哪些问题？

实践环节

实训练习

通过本章的学习，学生可对绩效及管理体系有一个初步认识，并了解绩效考核与绩效管理的区别与联系。在这个练习中，将学生3～5个人分成一组。

第一步，本章结束的一周内给学生布置课后作业，要求学生按小组自行分工，搜集与绩效管理相关的企业案例，正负面案例都可以，课程进行的第二周利用一节课的时间，让学生分小组上台阐述各小组搜集的案例；

第二步，台上小组同学阐述时，要求其他小组同学做详细记录，并将所有案例进行归纳整理，将案例进行正面、负面分类；

第三步，让学生分组讨论已阐述过的 10 个案例，分析成功案例的可取之处，失败案例的不足之处；

第四步，老师总结。

本次练习的目的是让学生通过多个案例了解绩效管理体系的整体流程，体会绩效管理的重要性，进一步区分绩效考核与绩效管理。同时，在整个实训过程中锻炼学生的动手能力和归纳总结能力。

第二章 绩效管理技术

教学目标

通过本章的学习，学生应了解绩效管理技术与绩效考核技术的区别与联系，理解目标管理的含义，并学会目标管理的操作步骤；学会关键绩效指标法的应用程序并能设计不同层级的具体关键指标；明确平衡计分卡的优势及其适用性，掌握平衡计分卡的主要内容。

学习目标

- 掌握目标管理的实施步骤，了解目标管理的优缺点；
- 了解关键绩效指标的含义及优缺点，掌握关键绩效指标设计；
- 了解平衡计分卡的产生和发展，掌握平衡计分卡的优势及适用性，重点掌握平衡计分卡的内容。

关键词

表现性评价　目标管理　关键绩效指标

平衡计分卡　战略地图

导入案例

IT部门到底应该采用何种绩效管理工具

Z公司半年一考核，眼见着离考核的日子越来越近，公司信息中心的主管张童心里却很不是滋味，原来他听到了公司其他部门对信息中心的批评意见。现在公司的信息中心简直就是服务部门，哪里单子急就朝哪里去，谁的需求来了都不敢怠慢，可是IT部门就这么几个人，而且一有需求都说是特急的事儿，也拿不准该听谁的；并且像个救火队，根本没有什么时间做技术储备和超前研发，对将来毫无计划。

最重要的是，在张童的印象里，公司一直以来对信息中心的考核始终没有一个明确的说法。总结大会上，领导总是以几句类似于“信息中心为我们实现今年的目标做出了突出贡献”之类的概括性极强的话一笔带过。至于信息中心人员的考核，人事部参照的是业务部门的考核体系，只不过稍微更改了几项考核指标。去年，人事部在信息部门的绩效考核中又增加了一项：其他部门给信息中心打分。对此，人事部给出的解释很简单：既然信息中心的自我定位是服务部门，那么就应该考核服务满意度。结果，信息中心的考核成绩比公司平均水平差了一大截。张童觉得人事部的做法不妥。但究竟怎样考核才算科学、公平？他也说不出个道道来。“都说信息中心的功过得失看不清楚、投入产出比难以量化，这话不假啊！”张童时常感慨。前不久，他从朋友那里听说“平衡计分卡”可以解决这个问题，但到底效果如何，实施过程中有哪些问题？他一头雾水。跟人事部的人提起来，他们的反应居然是：“有这个必要吗？多半会简单问题复杂化。”为了让他放心，他们信誓旦旦地说“我们一定会找到更合理的考核方法。不用平衡计分卡，也能把信息中心的绩效问题整得像小葱拌豆腐一样，一清二白。”

话说得掷地有声，但张童的心里却一直犯嘀咕：“为什么不用平衡计分卡？人事部所谓的‘更合理的考核方法’在哪儿呢？”半年考核很快就要到了，张童很想在这之前给自己部门的人一个说法。

（资料来源：http://www.chinahrd.net/article/2013/05-15/32653-1.html，有改动）

以上考核过程中哪里出了问题？先让我们学习几种绩效管理技术。

工具与技术是管理实践与管理理论两者之间的桥梁与纽带。近代管理理论自诞生以来，经历了若干发展阶段。从19世纪末20世纪初到20世纪五六十年代，先后产生了科学管理理论、人际关系理论及行为科学理论等。20世纪60年代末70年代初，形成了百家争鸣的局面。进入20世纪90年代以后，出现了学习型组织、流程再造等新的管理思想。随着时代的发展，绩效管理工具与技术的革命性创新也层出不穷。在20世纪50年代之前，绩效管理技术主要是表现性评价。20世纪50年代及此后的几十年中，研究者们先后提出了目标管理、关键绩效指标、平衡计分卡等绩效管理的理论、方法与技术，其评价范围不断扩展，开始注重承接组织战略。绩效管理技术的比较见表2-1。

表 2-1　绩效管理技术比较

名称	目标管理	关键绩效指标	平衡计分卡
时代	20 世纪 50～70 年代	20 世纪 80 年代	20 世纪 90 年代以后
性质	管理思想（工作与人的结合）	分解指标的工具/方法	理论体系
对象	个人	组织、群体、个人	组织、群体、个人
特点	员工参与管理，强调自我管理与自我控制，关注结果	战略导向，指标自上而下地层层分解，指标之间基本上独立，关注结果	战略导向，战略目标分层分别制定，强调平衡、协同及因果关系，关注过程和结果
要素	目标、指标、目标值	战略、关键成功领域、关键绩效要素、关键绩效指标	使命、价值观、愿景、战略；客户价值主张；目标、指标、目标值、行动方案

在学习各种现代绩效管理技术之前，有必要正确认识绩效管理技术与具体的绩效考核方法之间的区别和联系。本章将介绍若干绩效管理技术，在第五章中还将介绍绩效考核的各种具体方法，包括量表法、关键事件法、强制分布法等，两者间有一定联系也有明显的差别。这种区别和联系主要表现为：①绩效管理技术主要是从如何承接组织战略，设计从组织到部门和员工个人的绩效考核指标的角度分类的，而绩效考核的具体方法主要是从如何针对员工个人进行评价方面界定的；②绩效管理技术能够直接管理组织的战略目标，是组织绩效管理的战略手段，而绩效考核的具体方法主要是作为一种人力资源技术存在的，是组织管理员工绩效的战术工具；③绩效管理技术的实施离不开具体评价方法和技术的支撑，具体的绩效考核方法和技术离不开战略性绩效管理工具分解而来的绩效考核内容体系。

目标管理、关键绩效指标、平衡计分卡等绩效管理技术，本身各有优缺点，但就其在不同组织的应用而言，并不存在优劣之分，具体要看组织的战略及技术与战略的匹配性。

第一节　目 标 管 理

一、目标管理的内涵

目标是在一定时期内对组织、部门及个体活动成果的期望，是组织使命在一定时期内的具体化，是衡量组织、部门及个体活动有效性的标准。由于组织活动是各个部门及个体活动的有机叠加，因此，只有当各个部门及员工的工作对组织活动作出期望的贡献时，组织目标才可能实现。所以，如何使全体员工、各个部门积极主动、想方设法地为组织的总目标努力工作就成了决定管理活动有效性的关键。目标管理正是解决这一问题的具体方法。

目标管理的概念是 1954 年由美国著名的管理学家彼得·德鲁克在《管理的实践》一书中提出的。德鲁克认为，古典管理学派偏重于以工作为中心，忽视人性的一面；行为科学又偏重于以人为中心，忽视了与工作相结合；而目标管理则综合了对工作的兴趣和人的价值，从工作中满足其社会需求，企业的目标也同时实现，这样就可以把工作和人的需要两者统一起来。德鲁克认为，企业的目的和任务都必须转化为目标，而企业目标只有通过分解成每个更小的目标后才能够实现，并不是有了工作才有目标，而是有了目标之后，根据目标确定每个人的工作。当组织最高层管理者确定了组织目标后，必须对其进行有效分解，转变成各个部门及各个人的分目标，管理者根据分目标的完成情况对下级进行考核、评价和奖惩。目标管理提出以后，便在美国迅速流传。时值第二次世界大战后西方经济由恢复转向迅速发展的时期，企业急需采用新的方法调动员工积极性以提高竞争能力，目标管理的出现可谓应运而生，遂被广泛应用，并很快为日本、西欧国家的企业所仿效，在世界管理界大行其道。

目标管理的具体形式多种多样，但其基本内容是一致的。所谓目标管理，是指一种程序或过程，它使组织中的上下级一起协商，根据组织的使命确定一定时期内组织的总目标，由此决定上下级的责任和分目标，并把这些目标作为组织经营、评估和奖励的标准。麦康尼（Mckunney）在分析了近 40 位权威人士对目标管理的观点之后认为，人们就目标问题在 3 个方面具有普遍一致的看法：①目的和目标应当具体；②应该根据可衡量的标准来定义目标；③应当将个体目标与组织目标联系起来。

目标管理的指导思想是以 Y 理论为基础的，即认为在目标明确的情况下，人们能够对自己负责。它的鲜明特点可以概括为以下几个方面。

1）重视人的因素。目标管理是一种参与的、民主的、自我控制的管理制度，也是一种把个人的需求和组织目标结合起来的管理制度。在这一制度下，上级和下级的关系是平等、尊重、信任和相互支持的，下级在承诺目标和被授权之后是自觉、自主和自治的。

2）建立目标锁链与目标体系。目标管理通过专门设计的过程，将组织的整体目标层层分解，转变为各部门、各员工的分目标。从组织的目标到各个部门的目标，再到个人的目标，在目标分解的过程中，权利和责任已经明确。这些目标方向一致、环环相扣、相互配合，形成协调统一的目标。只有每个人完成了自己的分目标，组织的总目标才能完成。

3）重视结果。目标管理以目标制定为起点，以目标完成情况的评估为终点。工作结果是评估目标完成情况的依据，成为评估工作绩效的唯一标准。至于完成任务的具体过程和方式，上级并不做过多的干预。因此在目标管理制度下，监督的成分很少，而控制目标实现的能力却很强。

二、目标管理的实施步骤

目标管理法是众多国内外企业进行绩效管理的最常见的方法之一。其能得以推广，原因在于这种做法是与人们的价值观和处事方法相一致的。另外，目标管理能更好地把个人目标和组织目标有机地结合起来，两者达到一致，减少员工们做与组织目标毫不相干的工作。目标管理法的具体实施主要包括目标设定、目标实施、结果评价、结果反馈 4 个步骤。

（一）目标设定

1. 目标设定的步骤

目标的设定是目标管理最重要的阶段，这一阶段可以细分为以下 4 个步骤。

第一步，预定目标。这个预定的目标，既可以由上级提出，再同下级讨论；也可以由下级提出，由上级批准。无论采用哪种方式，目标都必须由上下级共同商量确定，而且领导必须根据企业的使命和长远战略，估计客观环境所带来的机遇和挑战。

第二步，重新审议组织结构和职责分工。目标管理要求每一个分目标都有确定的责任主体，因此预设目标之后需要重新审视现有的组织结构，根据新的目标分解进行调整，明确目标责任者并协调关系。

第三步，确立下级的目标。在确定下级的目标之前，上级首先要明确组织的规划和目标，然后才有可能商定下级的分目标。分目标要具体量化，便于评估；要分清轻重缓急，以免顾此失彼；既要有挑战性，又要有实现的可能。每个员工和部门的分目标要同组织中其他员工和部门的分目标协调一致，共同支持组织总体目标的实现。

第四步，上级和下级就实现各项目标所需的条件和目标后的奖惩达成协议。分目标制定后，要赋予下属相应的资源配置权利，实现责权利的统一。

2. 目标设定的原则

1）目标要清楚、明确。在设置目标时，用双方都能理解的语言和术语来表述。如果可能，让员工或流程负责人自己设置目标，因为自己设置的目标对他们更富有价值。

2）目标要可衡量。所设置的目标，要简单且易于衡量，最好能用量化指标。

3）目标要有相容性。一方面，个人目标要相容于流程目标，流程目标要相容于整个组织的目标；另一方面，流程之间、个人之间的目标要衔接。也就是说，一个流程目标的实现要有助于另一个流程目标的实现。

4）目标要有挑战性。富有挑战性的目标更能激发员工的工作热情，鼓励员工选择十分艰巨而经过努力又能实现的目标。

5）目标要有主次与先后顺序。对个人或流程设置的多个目标（尽量做到个数少），按其重要性排出优先顺序。

判断一个目标是否恰当、是否可衡量可以参照表 2-2 和表 2-3。

表 2-2　不恰当的目标与恰当的目标

不恰当的目标	恰当的目标
以过程或活动的形式来表述； 无法完全实现，没有具体的完成目标的期限； 对期望达到的目标内容定义得模棱两可； 理论化或理想化； 没有真正的结果； 或者过于简练、不清楚，或者太长、太复杂； 重复，一项陈述中包含两个或多个承诺，缺乏对改进的要求	以最终结果来表述； 在确定的时间内可以完成； 确定目标的完成形式； 与公司的管理有关，从公司管理的实际出发； 对公司的成功具有重要性； 尽可能地用数量最精确的说明； 一项陈述只限于一个重要的承诺

表 2-3　不可衡量的目标与可以衡量的目标

不可衡量的目标	可以衡量的目标
获得较高的利润； 提高生产部门的生产率； 保证产品的质量； 主管人员增加与下属的沟通； 维持计算机网络系统的稳定性	在本年年末实现利润增长 15%； 在不增加费用和保持现有质量水平的情况下，本季度的生产率比上季度增长 10%； 产品抽查的不合格率低于 3%； 主管人员每周花费在与每个下属沟通的时间不少于 2 小时； 由于技术问题网络中断的次数每季度不超过 1 次，每次能够在 1 小时之内恢复正常

（二）目标实施

目标管理强调结果，强调自主、自治和自觉。但是，这并不等于说领导可以放手不管，在实施过程中要对计划进行监控，即为了保证制订的计划按预想的步骤进行，要随时掌握计划进度，及时发现问题。由于目标体系形成后，一环失误，就会牵动全局。因此，领导在目标实施过程中的管理是不可缺少的。如果成果不及预期，应及时采取适当的矫正行动；如果有必要，还可对计划进行修改。同时通过监控，管理者可以注意到组织环境对下属工作表现产生的影响，从而帮助被评估者适应这些他们无法控制的客观环境。

（三）结果评价

在结果评价环节，要将实际达到的目标与预先设定的目标相比较。这样做的目的是使评估者能够找出未能达到目标，或实际达到的目标远远超出预先设定的目标的原因，有助于管理者作出合理的决策。通过对工作结果进行评价，能够找出未能达到既定绩效目标的原因，或为何实际达到的绩效水平远远超出了预先设定的绩效目标。这一步骤不仅能有助于决定对于培训的需求，还能有助于确定下一绩效考核周期的各级绩效指标。同时也能提醒上级评估者注意到组织环境对下属工作表现可能产生的影响，而这些客观环境是被评估者本人无法控制的。

（四）结果反馈

评价结束后，管理者与员工一起回顾整个周期，对预期目标的达成和进度进行讨论，从而为思考制定新的目标及为达到新的目标而可能采取的新的战略做好准备。凡是已成功地实现了目标的被评估者，都可以而且愿意参与下一次新目标的设置过程。而对那些没有达到既定的绩效目标的被评估者，在与其直接上级进行沟通、判明困难的出现是否属偶然现象、找出妨碍目标达成的原因并制定相应的解决办法和行动矫正方案后，才可以参与新一轮考核周期绩效目标的设置。

目标管理法应用如表2-4所示。

表2-4 某人力资源部目标管理表

填写人：李楠	职务：人力资源经理	填写时间：2015年12月20日
所属季度：第一季度	计划时间：2016年1月1日～2016年2月28日	

总目标	1月份	2月份
1．协助完成第一季度校园招聘和社会招聘	V	V
2．完成薪酬制度的修订	V	
3．完善招聘工作流程的修订及全年招聘费用预算	V	
4．完成年度培训规划及修订《培训制度》		V
5．完成招聘宣传品的制作		V
6．协助完成HRM系统设计		V

续表

总目标	1月份	2月份
7．协助进行公司内部流程重组		V
8．根据公司需要，完成对应届生做毕业设计的安排		V

1月份分目标：	完成时间
1．协助完成第一季度校园招聘和社会招聘	1月1日～1月31日
2．完成薪酬制度的修订	1月1日～1月10日
3．完善招聘工作流程的修订及全年招聘费用预算	1月11日～1月20日

2月份分目标：	完成时间
1．协助完成第一季度校园招聘和社会招聘	
① 清华大学招聘会	2月10日～2月11日
② 北京大学招聘会	2月14日～2月15日
③ 中国人民大学招聘会	2月17日～2月18日
④ 北京师范大学招聘会	2月24日～2月25日
⑤ 其他协助工作（签订就业协议，薪酬讲解）	2月1日～2月28日
2．完成年度培训规划及修订《培训制度》	2月1日～2月10日
3．完成招聘宣传品的制作	
① 完成宣传品文字资料	2月1日～2月10日
② 完成宣传品的设计	2月11日～2月20日
③ 完成宣传品的印刷	2月21日～2月28日
4．协助完成HRM系统设计	2月1日～2月28日
5．协助进行公司内部流程重组	2月1日～2月28日
6．根据公司需要，完成对应届生做毕业设计的安排	2月1日～2月28日

直接上级意见：

签名：　　　　日期：

三、对目标管理的评价

目标管理是以相信人的能力和积极性为基础的，对目标管理进行评价能够发现具体的问题和差距，便于制订下一步的工作计划。

（一）目标管理法的优点

目标管理法主要有以下一些优点。

1）目标管理在全世界被广泛应用，作为一种绩效管理工具，目标管理的有效性得到了广泛的认可。目标管理使各级部门及员工知道他们需要完成的目标是什么，从而可以把时间和精力投入到能最大限度实现这些目标的行为中去。

2）目标管理对组织内易于度量和分解的目标会带来良好的绩效。对于那些在技术上具有可分性的工作，由于责任、任务明确，目标管理常常会起到立竿见影的效果。

3）目标管理有助于改进组织结构的职责分工。由于组织目标的成果和责任力图划归一个职位或部门，容易发现授权不足与职责不清等缺陷。

4）目标管理启发了自觉性，调动了职工的主动性、积极性和创造性。目标管理由于强调自我控制、自我调节，将个人利益和组织利益紧密联系起来，因而提高了士气。

5）从公平的角度来看，目标管理较为公平。因为绩效标准是按相对客观的条件来设定的，因而对它们进行评估就会减少偏见的产生。

6）目标管理相当实用且费用不高。目标的开发不需要像开发行为锚定式量表或行为观察量表那么花力气。必要的信息通常由雇员填写，由主管批准或进行修订即可。

7）目标管理促进了员工及管理者之间的意见交流和相互了解，改善了组织内部的人际关系。

（二）目标管理法的局限性

任何管理方法在具体运用中都存在一些自身的局限性，目标管理法的局限性主要有以下几个方面。

1）目标制定较困难。组织内的许多目标难以定量化、具体化；许多团队工作在技术上不可解；环境变化使得组织活动的不确定性越来越大。这些都使得为组织的许多活动制定数量化目标是很困难的。

2）绩效标准因员工的不同而不同。由于目标管理过分强调量化目标和产出，而现实中企业内部的许多目标是难以定量化的，绩效标准也会因员工不同而不同，因而采用目标管理的企业无法提供一个相互比较的平台。例如，为一位“中等水平”的员工所设置目标的挑战性可能比那些为“高等级水平”员工所设置目标的挑战性要小，目标管理没有为相互比较提供共同的基础。

3）缺乏必要的行为指导。尽管目标管理使员工的注意力集中在目标上，但它没有具体指出达到目标所要求的行为。应对一些员工尤其是需要更多指导的新员工提供“行为步骤”，具体指出他们需要怎样做才能成功地达到目标。

4）管理成本的增加。目标的商定需要上下沟通、统一思想，这是很费时间的；而且在具体目标确定时，每个单位、个人都关注自身目标的完成，很可能忽略了相互协作和组织目标的实现，滋长本位主义、临时观点和急功近利倾向。

5）对于员工的动机假设过于乐观。目标管理倾向于Y理论，它忽视了组织中的本位主义及员工的惰性，对人性的假设过于乐观，使目标管理的效果在实施过程中大打折扣。

6）目标管理倾向选择短期目标。很多企业选择能在每年年底加以测量的目标。结果，员工们可能会试图达到短期目标而牺牲长期目标。

无论如何，目标管理在管理思想史上仍具有划时代的意义。它不仅作为一种绩效管理工具，为未来绩效管理的发展奠定了基础，而且作为一种先进的管理思想，对后期的很多管理学理论产生了重大影响。

阅读资料

某机床厂的目标管理

某机床厂推行目标管理：为了充分发挥各职能部门的作用，充分调动1000多名职能部门人员的积极性，该厂首先对厂部和科室实施了目标管理。经过一段时间的试点后，逐步推广到全厂各车间、工段和班组。多年的实践表明，目标管理改善了企业经营管理，挖掘了企业内部潜力，增强了企业的应变能力，提高了企业素质，取得了较好的经济效益。

按照目标管理的原则，该厂把目标管理分为以下3个阶段进行。

第一阶段：目标制定阶段

1. 总目标的制定

该厂通过对国内外市场机床需求的调查，结合长远规划的要求，并根据企业的具体生产能力，提出了20××年“三提高”“三突破”的总方针。所谓“三提高”，是指提高经济效益、提高管理水平和提高竞争能力；“三突破”是指在新产品数目、创汇和增收节支方面要有较大的突破。在此基础上，该厂把总方针具体比、数量化，初步制订出总目标方案，并发动全厂员工反复讨论、不断补充，送职工代表大会研究通过，正式制定出全厂20××年的总目标。

2. 部门目标的制定

企业总目标由厂长向全厂宣布后，全厂即对总目标进行层层分解，层层落实。各部门的分目标由各部门和厂企业管理委员会共同商定，先确定项目，再制定各项目的指标标准。其制定依据是厂总目标和有关部门负责拟定、经厂部批准下达的各项计划任务，原则是各部门的工作目标值只能高于总目标中的定量目标值。同时，为了集中精力抓好目标的完成，目标的数量不可太多。为此，各部门的目标分为必考目标和参考目标两种。必考目标包括厂部明确下达的目标和部门主要的经济技术指标；参考目标包括部门的日常工作目标或主要协作项目。其中，必考目标一般控制在2～4项，参考目标项目可以多一些。目标完成标准由各部门以目标卡片的形式填报厂部，通过协调和讨论，最后由厂部批准。

3. 目标的进一步分解和落实

部门的目标确定之后，接下来的工作就是目标的进一步分解和层层落实到每个人。

1）部门内部小组（个人）目标管理，其形式和要求与部门目标制定相类似，拟定目标也采用目标卡片，由部门自行负责实施和考核。要求各个小组（个人）努力完成各自目标值，保证部门目标的如期完成。

2）该厂部门目标的分解采用流程图方式进行。具体方法是：先把部门目标分解落实到职能组，任务级再分解落实到工段，工段再下达给个人。通过层层分解，全厂的总目标就落实到了每一个人身上。

第二阶段：目标实施阶段

该厂在目标实施过程中，主要抓了以下3项工作。

1. 自我检查、自我控制和自我管理

目标卡片经主管副厂长批准后，一份存企业管理委员会，一份由制定单位自存。由于每一个部门、每一个人都有了具体的、定量的明确目标，所以在目标实施过程中，人们会自觉地、努力地实现这些目标，并对照目标进行自我检查、自我控制和自我管理。这种“自我管理”，能充分调动各部门及每一个人的主观能动性和工作热情，充分挖掘自己的潜力。因此，完全改变了过去那种上级只管下达任务，下级只管汇报完成情况，并由上级不断检查，监督的传统管理办法。

2. 加强经济考核

虽然该厂目标管理的循环周期为一年。但为了进一步落实经济责任制，实时纠正目标实施过程中与原目标之间的偏差，该厂打破了目标管理的一个循环周期只能考核一次、评定一次的束缚，坚持每一季度考核一次和年终总评定。这种加强经济考核的做法，进一步调动了广大职工的积极性，有力地促进了经济责任制的落实。

3. 重视信息反馈工作

为了随时了解目标实施过程中的动态情况，以便采取措施及时协调，使目标能顺利实现，该厂十分重视目标实施过程中的信息反馈工作，并采用了两种信息反馈方法。

1）建立“工作质量联系单”及时反映工作质量和服务协作方面的情况。尤其当两个部门发生工作纠纷时，厂管理部门就能从“工作质量联系单”中及时了解情况，经过深入调查，尽快加以解决，这样就大大提高了工作效率，减少了部门之间不协调的现象。

2）通过“修正目标方案”调整目标。内容包括目标项目、原定目标、修正目标及修正原因等，并规定在工作条件发生重大变化需修改目标时，责任部门必须填写“拟修正目标方案”提交企业管理委员会，由该委员会提出意见交主管副厂长批准后方能修正目标。

该厂长在实施过程中由于狠抓了以上三项工作，因此不仅大大加强了对目标实施动态的了解，更重要的是加强了各部门的责任心和主动性，从而使全厂各部门从过去等待问题找上门的被动局面，转变为积极寻找和解决问题的主动局面。

第三阶段：目标成果评定阶段

目标管理实际上就是根据成果进行管理的，故成果评定阶段显得十分重要。该厂采用了“自我评价”和上级主管部门评价相结合的做法，即在下一个季度第一个月的10日之前，每一部门必须把一份季度工作目标完成情况表报送企业管理委员会（在这份报表上，要求每一部门自己对上一阶段的工作作一恰如其分的评价）；企业管理委员会核实后，也给予恰当的评分；如必考目标为30分，一般目标为15分。每一项目标超过指标3%加1分，以后每增加3%再加1分。一般目标有一项未完成而不影响其他部门目标完成的，扣一般项目中的3分，影响其他部门目标完成的则扣分增加到5分；加1分相当于增加该部门基本奖金的1%，减1分则扣该部门奖金的1%。如果有一项必考目标未完成，则扣至少10%的奖金。

该厂在目标成果评定工作中深深体会到：目标管理的基础是经济责任制，目标管理只有同明确的责任划分结合起来，才能深入持久，才能具有生命力，达到最终的成功。

第二节　关键绩效指标

20 世纪 80 年代，管理学界开始关注将绩效管理与企业战略相结合，在考核过程中，将结果导向与行为导向相结合，强调工作行为与目标达成并重。在这种背景下，关键绩效指标（key performance indicators，KPI）应运而生。关键绩效指标，是通过对工作绩效特征的分析，提炼出的最能代表绩效的若干关键指标体系，并以此为基础进行绩效管理与考核的模式。

一、关键绩效指标的内涵

关键绩效指标是基于企业经营战略的系统性的指标体系，其目的是建立一种机制，将企业战略转化为内部过程和活动，不断增强企业的核心竞争力，使企业能够得到持续的发展。其内涵包括以下几个方面。

1）关键绩效指标是衡量企业战略实施效果的关键指标。其包含两方面的含义：一方面，关键绩效指标是战略导向的，它由企业战略目标层层分解产生；另一方面，关键绩效指标强调关键，即对企业成功具有重要影响的方面。

2）关键绩效指标体现的是对组织战略目标有增值作用的绩效指标。基于关键绩效指标进行绩效考核，是连接个人绩效与企业战略目标的桥梁，它可以保证真正对企业有贡献的行为受到鼓励，从而实现企业业绩的提高。

3）关键绩效指标反映的是最能有效影响企业价值创造的关键驱动因素。关键绩效指标制定的主要目的是明确引导经营管理者将精力集中在能对绩效产生最大驱动力的经营行为上，及时了解、判断企业营运过程中产生的问题，及时采取提高绩效水平的改进措施。

4）关键绩效指标是用于考核和管理被考核者绩效的可量化的或可行为化的标准体系。也就是说，关键绩效指标是一个标准化的体系，它必须是可以量化的，如果难以量化，那么也必须是可以行为化的。如果可量化和可行为化这两个特征都无法满足，那么就不是符合要求的关键绩效指标。

从表2-5 中可以看出基于关键绩效指标体系的绩效考核体系与传统的绩效考核体系的区别。

表 2-5　基于关键绩效指标体系的绩效考核体系与传统绩效考核体系的区别

对比项	基于关键绩效指标体系的绩效考核体系	传统的绩效考核体系
假设前提	假设人们会采取一切必要的行动，努力达到事先确定的目标	假设人们不会主动采取行动以实现目标；假设人们不清楚应采取什么行动实现目标；假设制定与实施战略与一般员工无关
考核目的	以战略为中心，指标体系的设计与运用都是为组织战略目标的达成服务的	以控制为中心，指标体系的设计与运用来源于控制的意图，也是为更有效地控制个人的行为服务的
指标产生	在组织内部自上而下对战略目标进行层层分解产生	通常是自下而上根据个人以往的绩效与目标产生的
指标来源	基于组织战略目标与竞争要求的各项增值性工作产出	来源于特定的程序，即对过去行为与绩效的修正
指标的构成及作用	通过财务与非财务指标相结合，体现关注短期效益，兼顾长期发展的原则；指标本身不仅传达了结果，也传递了产生结果的过程	以财务指标为主，非财务指标为辅，注重对过去绩效的考核，且指导绩效改进的出发点是过去的绩效存在的问题，绩效改进行动与战略需要脱钩

关键绩效指标强调对企业业绩起关键作用的指标，而不是与企业经营管理有关的所有指标，它实际上提供了一种管理的思路：作为绩效管理，应该抓住关键绩效指标进行管理，通过关键绩效指标将员工的行为引向组织的目标方向。

关键绩效指标分为定量指标和定性指标两大类。其中，定量指标建立在统计数据的基础上，把统计数据作为主要的数据来源，如财务指标、服务指标和经营运作指标等；定性指标是那些难以用数学手段进行计算的指标，它们主要由评估者利用自身的知识和经验，直接给员工打分或作出模糊判断，如职能部门的部分指标、满意度指标等。

表 2-6 是某公司所建立的关键绩效指标体系的例子，它将有助于人们更好地理解什么是关键绩效指标。

表 2-6　某公司关键绩效指标体系（部分）

定量	目标	序号	指标
服务质量	为顾客安装高质量的产品	1	顾客对产品不满的次数
		2	顾客对服务态度的抱怨次数
		3	以每安装一件产品的成本计算人的生产效率
		4	承诺安装的期限与顾客意愿的符合程度
		5	按承诺的期限将产品安装到位的比率
		6	平均工作时间
		7	满足顾客需求的反应速度
		8	一年内售出产品总数中安装产品的出错率/%
		9	一次性解决产品问题的数量
		10	有竞争力的产品价格
		11	有竞争力的产品保修价格
		12	有竞争力的返修价格
		13	付款方式
顾客培训	提供高质量的、令顾客满意的培训及培训内容	1	与培训内容相关的岗位培训需求的数量
		2	培训的顾客满意度
核心项目管理		1	在不超过预算的条件下，按时完成主要的安装项目
		2	顾客对安装工作的满意度

二、关键绩效指标体系设计

企业建立绩效考核的指标体系，无论是应用于组织、团队或是个人的绩效考核，都基于以下目的。

1）能清晰描述绩效考核对象的组织工作产出。

2）针对每一项工作产出提出了绩效指标和标准。

3）划分了各项增值产出的相对重要性等级。

4）能追踪绩效考核对象的实际绩效水平，以便将考核对象的实际表现与要求的绩效标准对照。

按照这样的指标体系标准，可以从以下几个步骤设计关键绩效指标体系，如图 2-1 所示。

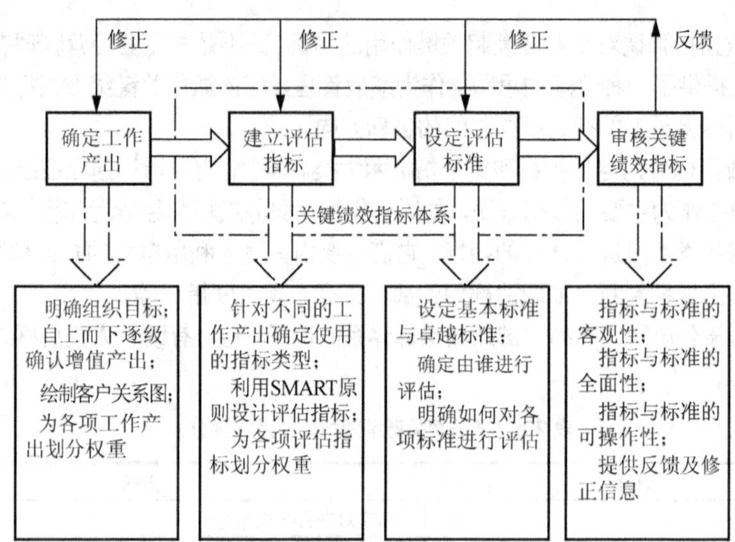

图 2-1 关键绩效指标体系设计程序

（一）确定工作产出

不同层次的绩效指标都是由组织战略目标分解而形成的，因此在设定不同层次的关键绩效指标时也要首先回顾组织整体的目标和各个业务单元的工作目标。由于关键绩效指标体现了绩效对组织目标增值的部分，关键绩效指标要根据对组织绩效目标起到增值作用的工作产出来设定。

工作产出是设定关键绩效指标的基础，可以是有形的产品，也可以是一种作为结果的状态。工作产出可以针对某个员工也可以针对某个团队。工作产出通常是以企业级关键绩效指标、部门级绩效指标为导向或是以业务流程为导向的。

1. 确定工作产出应遵循的原则

1）增值产出原则。增值产出原则是指工作产出必须与组织目标相一致，即在组织的价值链上能够产生直接或间接增值的工作产出。

2）客户导向的原则。凡是被评估者的工作产出输出的对象，无论是组织外部的还是内部的都构成客户。定义工作产出需要从客户的需求出发。这里尤其强调的是组织内部客户的概念，这是把组织内部不同部门或个人之间工作产出的相互输入/输出也当作客户关系。例如，人力资源部为其他部门提供招聘选拔人员，那么其他部门就是人力资源部门的客户，人力资源部门的关键绩效指标就是客户满意的指标。

3）结果优先的原则。工作产出应尽量表现为某项活动的结果，实在难以界定则考虑过程中的关键行为。一般来说，定义工作产出首先要考虑最终的工作结果，对于有些工作，如果最终结果难以确定，那么就采用过程中的关键行为。例如，有的企业在对研发人员的绩效进行评估时，就发现很难用最终的结果来衡量。因为研发结果的价值在于留下有价值的技术资料，那么他的工作就是为企业带来了增值的行为。

4）设定权重的原则。各项工作产出应该有权重。设置权重时要根据各项工作产出在工作目标中的“重要性”，而不仅仅是花费时间的多少来设定权重。例如，对于总经理秘书来说，为总经理起草报告文件可能并不是花费时间最多的工作，而日常的收发传真、接听电话、接待来客等花费的时间则更多。但从重要性来说，为总经理起草公文的重要程度更高，因此，对这项工作的产出应设定较高的权重。

2. 确定工作产出的方式

确定工作产出的主要方式是绘制客户关系图。客户关系图就是通过图示的方式表现一个个体或团队对组织内外客户的工作产出。绘制客户关系图的核心思想是将某个个体或团队的工作产出提供的对象当作这个个体或团队的客户，这样的客户包括内部客户和外部客户。例如，通过客户关系图来确定销售秘书的工作产出，如图 2-2 所示。

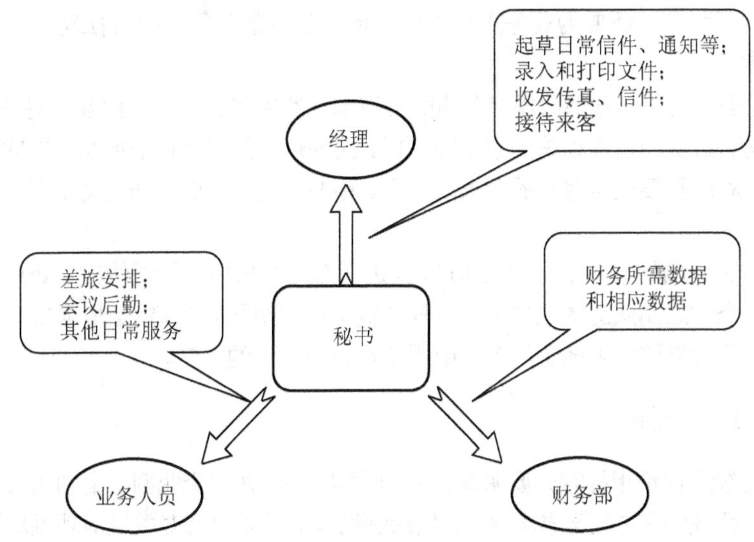

图 2-2　销售秘书的客户关系

从客户关系图可以看出这个部门秘书的客户主要有 3 类：一是部门经理；二是部门内的业务人员；三是财务部门的相关人员。

销售秘书对部门经理提供的工作产出有以下几个方面。

1）起草日常信件、通知等。

2）录入和打印文件。

3）收发传真、信件。

4）接待来客。

其中，经理是秘书的上司，在客户关系图中，将其作为秘书的一个客户。那么，衡量秘书对部门经理的工作完成得如何时，就可以考虑在这 4 项工作产出上经理的满意度。秘书的绩效标准也就是这几项工作产出的质量、数量、时效性等。例如，文件录入、打印的准确性，起草的文件是否能达到经理对质量的要求等。

对部门中业务人员提供的工作产出有以下几个方面。

1）差旅安排。

2）会议后勤。

3）其他日常服务。

秘书向业务人员提供的工作产出主要是为业务人员的业务工作提供一些辅助性的支持。秘书为业务人员的差旅安排提供的服务主要有预订机票、酒店和安排车辆等。那么，在这方面判断一个秘书的工作做得如何时，主要会考虑秘书的服务是否给业务人员的工作带来了方便，这主要通过业务人员的满意度来体现。秘书为业务人员提供会议的后勤服务，主要包括预订会议室，安排会议设备，会议过程中为参会者提供会场服务等，在这方面衡量秘书的工作做得如何时，主要可以通过会议是否顺利进行及参会人员的满意度来体现。另外，作为部门秘书，还要为业务人员提供其他一些日常服务，如与行政部门协调借用设备等有关事宜。

另外，由于该公司财务部门规定各项财务报销和费用支出都统一由部门秘书经手，因此部门秘书要向财务部门提供相关的数据和票据。因为财务部门是秘书所面对的客户，所以在提供工作产出时就需要按照客户的要求来提供。秘书在这个方面工作做得如何，需要财务部门进行判断。

使用客户关系图的方式来界定工作产出，进而对绩效指标进行评估的好处是能够用工作产出的方式将个体或团队的绩效与组织内外其他个体和团队联系起来，增强每个个体或团队的服务意识，同时能够清晰地看到个体或团队对整个组织的贡献。

（二）建立评估指标

建立关键绩效评价指标首先要明确企业的战略目标，并在企业例会上利用头脑风暴法和鱼骨分析法，找出企业的关键成功领域，然后利用关键绩效要素对关键成功领域进行解析和细化，再用头脑风暴法找出反映这些关键绩效要素的关键绩效指标，这些定为企业级关键绩效指标。然后各系统的主管对相应系统的关键绩效指标进行分解，确定出各系统部门级的关键绩效指标，并逐渐分解为更细的关键绩效指标及职位的绩效衡量指标，这些绩效衡量指标就是员工考评的要素和依据。

1. 关键绩效指标的类型

常见的关键绩效指标主要有数量、质量、成本和时限 4 种类型。

在建立绩效指标时，可以从试图回答以下这些问题的角度入手。当这些问题都得到回答以后，关键绩效指标也就出来了。

1）通常在评估工作产出时关心什么（数量、质量、成本、时限）？

2）如何衡量这些工作产出的数量、质量、成本和时限？

3）是否存在可以追踪的数量或百分比？如果存在这样的数量指标把它们列出来。

4）如果没有数量化的指标来评估工作产出，那么谁可以来评估工作结果完成得好不好？能否描述一下工作结果完成得好的状态？有哪些关键衡量因素？

表 2-7 给出了关键绩效指标类型的典型例子。

表 2-7 关键绩效指标的类型

指标类型	举例	证据来源
数量	产量；销售额；利润	业绩记录；财务数据
质量	破损率；独特性；准确性	生产记录；上级评估；客户评估
成本	单位产品的成本；投资回报率	财务数据
时限	及时性；到市场时间；供货周期	上级评估；客户评估

2. 建立关键绩效指标的方式

企业关键绩效指标体系的建立通常有 3 种方式：依据部门承担责任的不同来建立；依据职类、职种工作性质的不同来建立；依据平衡计分卡建立。

1）依据部门承担责任的不同来建立关键绩效指标体系，主要强调部门从本身承担责任的角度，对企业的目标进行分解，进而形成指标。这种方式的优势在于突出部门参与，但是有可能导致战略稀释现象的发生，指标可能更多的是对于部门管理责任的体现，而忽略了对于流程责任的体现。示例如表 2-8 所示。

表 2-8 依据部门承担责任的不同建立的关键绩效指标体系示例

部门	指标侧重	指标名称
市场部	经营安全指标	销售增长率、市场占有率、品牌认知度、销售目标完成率、市场竞争比率； 投诉处理及时率、客户回访率、客户档案完成率、客户流失率； 货款回收率、成品周转率、销售费用投入产出比
生产部	成本指标； 质量指标； 经营安全指标	生产效率、原材料损耗率，设备利用率、设备生产率； 成品一次合格率； 原料周转率、设备周转率、在制品周转率
技术部	成本指标； 竞争指标	设计损失率； 设计错误再发生率、项目及时完成率、第一次设计完成到投产前的修改次数； 在竞争对手前推出新产品的数量，在竞争对手前推出新产品的销量
采购部	成本指标； 质量指标	采购价格指数、原材料库存周转率； 采购达成率、供应商交货一次合格率
人力资源部	经营安全指标	员工自然流动率、人员需求达成率、培训覆盖率

2）依据职类、职种工作性质的不同建立关键绩效指标体系，突出了对组织具体策略目标的响应。各专业职种按照组织制定的每一项目标提出专业的响应措施。但是，这种设置指标的方式增加了部门的管理难度，有可能出现忽视部门管理责任的现象，而且依据职种工作性质确定的关键绩效指标体系更多的是结果性指标，缺乏驱动性指标对过程的描述。

3）依据平衡计分卡建立的关键绩效指标体系的过程见表 2-9。每个关键绩效指标都有主要负责的部门，当每个关键成功因素所分解出的关键绩效指标都找到所归属的部门时，每个部门的关键绩效指标也就制定出来了。表 2-9 仅针对资产利用率、客户满意度、技术创新水平这三个关键成功因素分解出关键绩效指标。

表 2-9　依据平衡计分卡建立的关键绩效指标示例

企业战略目标	业务重点	关键成功因素	关键绩效指标	关键绩效指标细化	负责的部门
成为行业主要经营者	财务	盈利能力	净资产收益率	—	财务部门
		资产运营	总资产利用率	应收账款周转率	销售部门
				存货周转率	物流、生产部门
				固定资产周转率	生产、企划部门
		偿债能力	资产负债率	—	财务部门
		发展能力	资本积累率	—	财务部门
			总资产增长率	—	财务部门
	客户	价格	价格波动比率	—	销售部门
		服务	客户满意度	产品退货率	研发、生产部门
				售后服务满意度	销售部门
				最终客户评分均值	研发部门
		品牌	相对市场占有率	—	销售部门
	学习与成长	学习	培训覆盖率	—	人力资源部门
		成长	技术创新水平	新品开发上市数量	研发部门
				新品计划销售收入的达成率	研发部门
				新品开发周期	研发部门
	内部运营	质量	材料采购计划完成率	—	采购部门
		成本	原料损耗率	—	采购、生产部门
			单位产品原料成本	—	采购、生产部门
		效率	配送及时率	—	物流部门
			生产能力利用率	—	生产部门

3. 选择关键绩效指标的方法

选择关键绩效指标的方法通常有 3 种：第一种是外部导向法，即标杆法，通过选择业界最佳企业或流程作为基准牵引企业提升绩效；第二种是成功关键分析法，即通过提炼本企业历史成功经验要素和重点绩效进行监控；第三种是采用平衡计分卡思想的策略目标分解法，即通过建立包括财务指标与非财务指标的综合指标体系对企业的绩效水平进行监控。下面介绍前两种方法。

（1）标杆法

标杆法是企业将自身的关键业绩行为与最强的竞争企业或那些在行业中领先的、最有名望的企业的关键业绩行为作为标杆进行评价和比较。分析这些标杆企业的绩效形成原因，在此基础上建立本企业可持续发展的关键业绩标准及绩效改进的最优策略的程序与方法。

标杆法选择关键绩效指标的基本程序如下。

1）详细了解企业关键业务流程与管理策略，从构成这些流程的关键结点切入，找出企业运营的瓶颈。

2）选择与研究行业中几家领先企业的业绩，剖析行业领先者的共同特性特征，构建行业标杆的基本框架。

3）深入分析标杆企业的经营模式，从系统的角度剖析与归纳其竞争优势的来源（包括个体行为标杆、职能标杆、流程标杆与系统标杆），总结其成功的关键要领。

4）将标杆企业的业绩与本企业的业绩进行比较与分析，找出存在的差异，借鉴其成功经验，确定适合本企业的、能够赶上甚至超越标杆企业的关键绩效指标。

阅读资料

美孚石油公司是怎样找"标杆"的

美孚（Mobil）石油公司是世界上最著名的公司之一。1992 年，它的年收入就高达 670 亿美元。这比世界上许多国家的财政收入还高，真正是富可敌国。不过，美孚的进取心是很强的，还想做得更好。于是美孚公司在 1992 年年初做了一个调查，来试图发现自己的新空间。当时美孚公司询问了服务站的 4000 位顾客什么对他们是重要的，结果发现：仅有 20%的被调查者认为价格是最重要的，80%的人想要 3 件同样的东西：一是快捷的服务，二是能提供帮助的友好员工，三是对他们的消费忠诚予以一些认可。

美孚公司把这 3 样东西简称为速度、微笑和安抚。美孚公司的管理层认为：论综合实力，美孚在石油企业里已经独步江湖了，但要把这 3 项指标拆开看，美国国内一定还有做得更好的其他企业。美孚公司于是组建了速度、微笑和安抚 3 个小组，去找速度最快、微笑最甜和回头客最多的标杆，以标杆为榜样改造美孚公司遍布全美的 8000 个加油站。

经过一番认真地寻找，3 个标杆都找到了。速度小组锁定了潘斯克（Penske）公司。世界上赛车运动的顶级赛事是一级方程式赛车，即 F1 赛车。但美国人不玩 F1，它有自己的 F1 赛车，即"印地 500 汽车大赛"（Indy500）。而潘斯克公司就是给"印地 500 汽车大赛"提供加油服务的。在电视转播"印地 500 汽车大赛"时，观众都目睹到这样的景象：赛车风驰电掣般冲进加油站，潘斯克公司的加油员一拥而上，眨眼间赛车加满油绝尘而去。美孚石油公司的速度小组经过仔细观察，总结了潘斯克公司能快速加油的绝招：这个团队身着统一的制服，分工细致，配合默契。而且潘斯克公司的成功，部分归功于电子头套耳机的使用，它使每个小组成员能及时地与同事联系。

于是，速度小组提出了几个有效的改革措施：首先是在加油站的外线上修建停靠点，设立快速通道，供紧急加油使用；加油站员工佩戴耳机，形成一个团队，安全岛与便利店可以保持沟通，及时为顾客提供诸如汽水一类的商品；服务人员身着统一的制服，给顾客一个专业加油站的印象。"他们总把我们误认为是管理人员，因为我们看上去非常专业。"服务员阿尔比·达第茨说。

微笑小组锁定了丽嘉-卡尔顿酒店作为温馨服务的标杆。丽嘉-卡尔顿酒店号称全美最温馨的酒店，那里的服务人员总保持着招牌般的甜蜜微笑，因此获得了不寻常的顾客满意度。美孚石油公司的微笑小组观察到，丽嘉-卡尔顿酒店对所有新员工进行了广泛的指导和培训，使员工们深深铭记：自己的使命就是照顾客人，使客人舒适。小组的斯威尼说："丽嘉的确独一无二，因为我们在现场学习过程中实际上都变成了其中的一部分。在休息时，我准备帮助某位入住旅客提包。我实际上活在他们的信条中。这就是我们真正要应用到自己的业务中的东西，即那种在公司里，你能很好地服务你的客户而带来的自豪。那就是丽嘉真正给我们的魔力。在我们的服务站，没有任何理由可以解释为什么我们不能有同样的自豪，不能有与丽嘉-卡尔顿酒店一样的客户服务现象。”

微笑的标杆找到了。现在，用加油站服务生约翰的话说：“在顾客准备驶进的时候，我已经为他准备好了汽水和薯片，有时我在油泵旁边，准备好高级无铅汽油在那儿等着，他们都很高兴——因为你记住了他们的名字。”

全美公认的回头客大王是“家庭仓库”公司。安抚小组于是把它作为标杆。他们从“家庭仓库”公司学到：公司中最重要的人是直接与客户打交道的人。没有致力于工作的员工，你就不可能得到终身客户。这意味着要把时间和精力投入到如何雇佣和训练员工上。而过去在美孚石油公司，那些销售公司产品，与客户打交道的一线员工传统上被认为是公司里最无足轻重的人。

安抚小组的调查改变了美孚石油公司以往的观念，现在领导者认为自己的角色就是支持这些一线员工，使他们能够把出色的服务和微笑传递给公司的客户，传递到公司以外。

美孚石油公司在经过标杆管理之后，其顾客一到加油站，迎接他的是服务员真诚的微笑与问候。所有服务员都穿着整洁的制服，打着领带，配有电子头套耳机，以便能及时地将顾客的需求传递到便利店的出纳那里。希望得到快速服务的顾客可以开进站外的特设通道中，只需要几分钟，就可以完成洗车和收费的全部流程。这样做的结果是：加油站的平均年收入增长了10%。

（资料来源：http://www.chinadmd.com/file/ouwc6x63ezztv6tvtwza6i36_10.html）

（2）成功关键分析法

成功关键分析法是指要寻找一个企业成功的关键要点是什么，并对企业成功的关键要点进行监控。通过寻找企业成功的关键并层层分解，从而选择考核的关键绩效指标。通过分析企业获得成功或取得市场领先地位的关键因素，提炼出导致成功的关键业绩领域；再把业绩领域层层分解为关键要素，为了便于对这些要素进行量化考核与分析，须将要素细分为各项关键绩效指标。

通过成功关键分析法选择关键绩效指标，分为以下3个步骤。

1）通过鱼刺图分析，寻找企业成功的关键领域，在此过程中，要涉及3方面的问题：第一，这个企业为什么成功，过去成功靠什么；第二，分析那些在过去成功的因素中，哪些因素能够使企业持续成功，哪些因素已经成为企业持续成功的障碍；第三，企业未来的追求目标是什么，未来成功的关键究竟是什么。

2）确定关键绩效要素。对关键领域进行解析和细化，确定关键绩效要素，它为企业提供了一种“描述性”的工作要求，是对维度目标的细化。某制造类企业关键成功领域及关键绩效要素如图2-3所示。

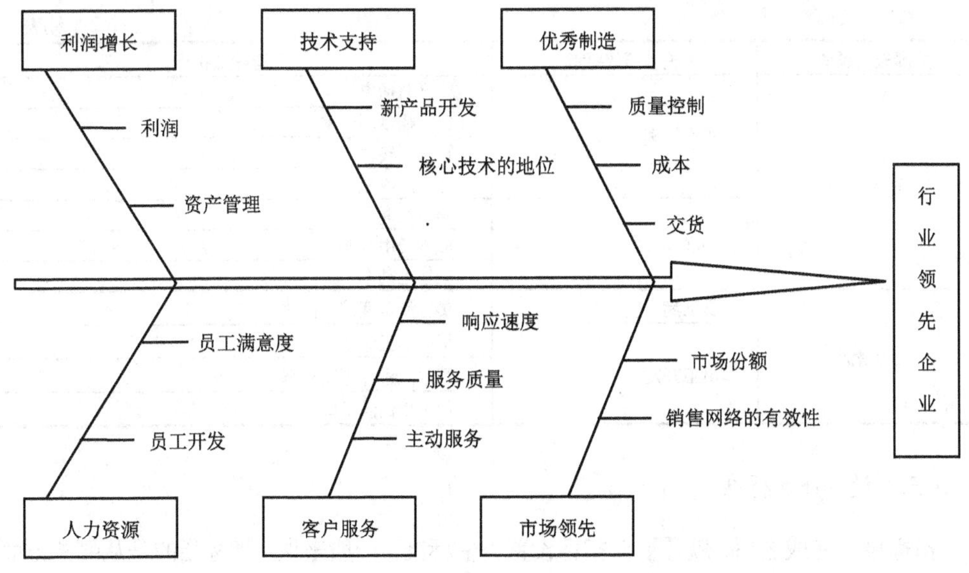

图 2-3　某制造类企业关键成功领域及关键绩效要素

3）确定关键绩效指标。对关键绩效要素进行进一步细化，并经过甄选，可确定关键绩效指标。关键绩效指标选择的原则是：①有效性，该项指标能够客观、集中地反映要素的要求；②量化性，尽量使用量化衡量标准，避免凭感觉、主观判断来影响考核结果的公正、公平；③可操作性，考核测算的数据资料能够比较容易获得，并且计算过程尽量简单。

某企业确定的关键绩效指标如表 2-10 所示。

表 2-10　公司企业级关键绩效指标汇总

关键成功领域	关键绩效要素	关键绩效指标
优秀制造	质量控制	来料批量通过率
		次品废品减少率
	成本	单位产值费用降低率
	交货	准时交货率
市场领先	市场份额	目标市场占有率
		销售增长率
	销售网络的有效性	销售计划完成率
		货款回收率
		业务拓展效率
技术支持	新产品开发	新产品开发完成率
		新产品立项数
	核心技术的地位	设备维修平均时间
		与竞争对手产品的对比分析
客户服务	响应速度	服务态度
		问题及时回答率
	主动服务	客户拜访计划完成率
		客户拜访效率
		产品售后调查的及时率
	服务质量	质量问题处理的及时率
		质量问题处理成本

续表

关键成功领域	关键绩效要素	关键绩效指标
利润增长	资产管理	资产负债率
		应收账款周转率
		存货周转率
		净资产收益率
	利润	销售利润率
		成本费用利润率
		销售毛利率
人力资源	员工满意度	员工满意度综合指数
	员工开发	优秀员工流动率
		绩效改进计划完成率
		员工培训满意率

（三）设定评估标准

指标设置完成之后，就需要对指标设置评估标准。一般来说，指标指的是从哪些方面对工作产出进行衡量或评估，而标准指的是在各个指标上应该分别达到什么水平。指标解决的是需要评估问题的内容，标准解决的是被评估者工作做得“怎样”或完成“多少”的问题。

当界定好了绩效指标之后，设定绩效的评估标准就成了一件比较容易的事情。对于数量化的指标，标准通常是一个范围。对于非量化的绩效指标，在设定绩效标准时往往从客户的角度出发，需要回答这样的问题：客户期望被评估者做到什么程度？表 2-11 列举了一些绩效指标与标准的实例。

表 2-11　绩效指标与标准实例

指标类型	具体指标	绩效标准
数量指标	年销售额	5000～6000/万元
质量指标	体现公司形象	使用高质量的材料、恰当的颜色和式样，代表和提升公司的形象
时限指标	预定的时间表	能在指定的期限之前提供关于竞争对手的总结数据
成本指标	实际费用与预算的变化	实际费用与预算相差在 5%之内

（四）审核关键绩效指标

对关键绩效指标审核的目的主要是确认这些关键绩效指标是否能够全面、客观地反映被评估对象的工作绩效，以及是否适合于评估操作，从而为适时调整工作产出、绩效考核指标和具体标准提供所需信息。审核应主要从以下几个方面进行。

1. 工作产出是否为最终产品

由于通过关键绩效指标进行评估主要是对工作结果的评估，因此在设定关键绩效指标的时候也主要关注的是与工作目标相关的最终结果。在最终结果可以界定和衡量的情况下，尽量不去追究过程中的过多细节。

2. 关键绩效指标是否可以证明和观察

在设定了关键绩效指标之后，就要根据这些关键绩效指标对被评估者的工作表现进行跟踪和评估，所以这些关键绩效指标必须是可以观察和证明的。

3. 多个评估者对同一个绩效指标进行评估，结果能否取得一致

关键绩效指标应该具有清晰明确的行为性评估标准。在这样的基准上，不同的评估者对同一个绩效指标进行评估时就有了一致的评估标准，能够取得一致的评估结果。

4. 这些指标的总和是否可以解释被评估者 80%以上的工作目标

关键绩效指标是否能够全面覆盖被评估者工作目标的主要方面，是所抽取的关键行为的代表性问题。因此，在审核关键绩效指标的时候，需要重新审视一下被评估者主要的工作目标，看看所选的关键绩效指标是否可以解释被评估者主要的工作目标。

5. 是否从客户的角度来界定关键绩效指标

在界定关键绩效指标的时候，充分体现出组织内外客户的意识。因此，很多关键绩效指标都是从客户的角度出发来考虑的，把客户满意的标准当作被评估者的工作目标。所以，需要审视一下在设定关键绩效指标中是否能够体现出服务客户的意识。

6. 跟踪和监控这些绩效指标是否可以操作

除了设定关键绩效指标，还需要考虑如何依据这些关键绩效指标对被评估者的工作行为进行衡量和评估。因此，必须有一系列可以实施的跟踪和监控关键绩效指标的操作性方法，如果无法得到与关键绩效指标有关的被评估者的行为表现，那么关键绩效指标也就失去了意义。

7. 是否留下超越标准的空间

需要注意的是，关键绩效指标规定的是要求被评估者达到工作目标的基本标准——工作合格的标准。因此，绩效标准应该设置在大多数被评估者通过努力能够达到的范围之内，对于超越这个范围的绩效表现，可以将其认定为卓越的绩效表现。

三、关键绩效指标法的优缺点

员工绩效体现的是员工的工作结果；从深层次来看，员工绩效是导致结果产生的各种工作过程；从实质上看，则是与员工工作过程及工作结果息息相关的员工素质。运用关键绩效指标法主要有以下一些优缺点。

（一）关键绩效指标法的优点

关键绩效指标法的优点主要有以下几个方面。

1）目标明确，利于公司战略目标的实现。关键绩效指标是组织战略目标的层层分解，通过关键绩效指标的整合和控制，使员工绩效行为与组织目标要求的行为相吻合，不至于出现偏差，有力地保证了组织战略目标的实现。

2）提出了客户价值理念。关键绩效指标提倡的是为组织内外部客户实现价值的思想，对企业形成以市场为导向的经营思想具有一定意义。

3）有利于组织利益与个人利益达成一致。系统性的指标分解，使公司战略目标成了个人绩效目标，员工个人在实现个人绩效目标的同时，也是在实现公司总体的战略目标，达到两者和谐，使得公司与员工共赢。

（二）关键绩效指标法的局限性

关键绩效指标法的局限性主要有以下几个方面。

1）绩效指标很难保证客观和可量化。其实，对所有的绩效指标进行量化并不现实，也没有必要这么做。通过行为性的指标体系，也同样可以衡量组织的绩效。

2）关键绩效指标之间没有明确的内在联系。考核还是太多地定位在部门及其内部个体绩效的结果，而忽视了部门绩效之间的内在逻辑与组织战略实施之间的关系。因此，这种考核还没能跨越其职能障碍，在如何让员工了解并利用其中内在的多重相互关系，发挥员工推动组织战略实施的整体优势，使战略的导向牵引作用贯彻于员工的绩效考核与行为改进方面没有取得突破。

第三节　平衡计分卡

平衡计分卡（the balanced score card，BSC）是美国哈佛商学院教授罗伯特 S.卡普兰（Robert S. Kaplan）和复兴全球战略集团的创始人兼总裁戴维 P.诺顿（David P. Norton）于 1992 年发明并推广的。该方法不但完全改变了企业传统的绩效考核思想，还推动企业自觉去建立实现战略的目标体系，在产品、流程、客户和市场开发等关键领域使企业获得突破性进展。

一、平衡计分卡概述

平衡计分卡是从财务、客户、内部运营、学习与成长 4 个角度，将组织的战略落实为可操作的衡量指标和目标值的一种新型绩效管理体系。设计平衡计分卡的目的就是要建立“实现战略指导”的绩效管理系统，从而保证企业战略得到有效的执行。因此，人们通常称平衡计分卡是加强企业战略执行力的最有效的战略管理工具。

（一）平衡计分卡的产生

从 1992 年卡普兰与诺顿在《哈佛商业评论》发表的第一篇关于平衡计分卡的文章，到

2000 年《战略中心型组织》、2004 年《战略地图》的出版，平衡计分卡已从最初的业绩衡量体系转变为用于战略执行的战略管理工具，平衡计分卡的应用和研究已取得了重大的突破。通过近 20 年的发展，平衡计分卡发展到今天已形成了一套完整的管理体系，并得到了许多企业的认可，平衡计分卡的应用范围也在不断地拓展。

根据高德纳咨询公司（Gartner Group）的调查结果表明，在《财富》杂志公布的世界前 1000 位公司中有 70%的公司采用了平衡计分卡系统；贝恩咨询公司（Bain & Company）调查中也指出，现在 50%以上的北美企业也分别采用了平衡计分卡系统。并且，平衡计分卡所揭示的非财务的考核方法在这些公司中被广泛运用于员工奖金计划的设计与实施中。

平衡计分卡之所以在企业中得到广泛应用，是因为从它创立之初就有着一般传统财务评估无法比拟的优点。平衡计分卡使经理们从不同的 4 个角度去选择绩效测评指标，尤其是在客户、内部流程及学习和成长活动的绩效测评指标上弥补了传统财务指标的不足之处。传统局部性的评估指标是由下而上产生的并来自特定的程序，而平衡计分卡中的评估指标来源于组织的战略目标和竞争需要，因而有助于经理们把注意力集中到战略远景上来。

此外，传统的财务指标只能报告上期发生的情况，不能告诉经理们应从哪些方面改善业绩和改善业绩的路径；而平衡计分卡则可以充当公司当前及未来成功的基石。平衡计分卡是 20 世纪 90 年代以来各种管理理论的综合。它关注客户，强调通过创新或改进少数关键流程为客户创造价值；注重团队工作和知识共享，突出了知识管理和学习型组织的重要性；平衡计分卡的建立和实施过程可以使企业建立持续的竞争优势。

（二）平衡计分卡的发展历程

平衡计分卡自提出以来，不断得到完善和发展。1990 年，卡普兰和诺顿带领一个研究小组对 12 家公司进行了为期一年的研究，以寻求一种新的绩效考核方法。他们讨论了多种可能的替代方法，最后决定采用平衡计分卡。平衡计分卡从客户、内部业务流程及学习与成长 3 个层面丰富和拓展了绩效测评的指标，弥补了传统财务指标的不足。它使企业在了解财务结果的同时，能对自己在增强未来发展能力方面取得的进展进行监督。卡普兰和诺顿在 1992 年的《哈佛商业评论》上发表了他们的第一篇平衡计分卡文章。平衡计分卡这个业绩评估框架是假设一家公司已经有了战略和以战略为中心，不是以传统的“控制”为中心，目的是挑战一家公司的业绩评估思维。这个概念就是将评价公司业绩的方法/框架扩展到整个管理系统。

随后，大量组织采用了平衡计分卡并取得了立竿见影的效果。卡普兰和诺顿发现这些组织不仅用平衡计分卡使财务评价指标与未来绩效动因相结合，而且通过平衡计分卡进行战略沟通及实施。《战略中心型组织——如何利用平衡计分卡使企业在新的商业环境中保持繁荣》（2000）一书介绍了早期实施平衡计分卡的公司如何将平衡计分卡运用到战略管理系统中。战略中心型组织意味着用平衡计分卡把围绕整个战略目标的经营单位、共享服务单位、小组和个人联系起来，保持所有的组织资源（管理团队、业务单位、支持部门、信息技术、员工等）协调一致，关注有关战略的关键管理流程，建立新的中心、协调和学习机制，从而使组织获得了非线性的业绩突破，真正实现了整体价值大于各部分价值之和。

通过对导入平衡计分卡的300家企业进行不断的跟踪和研究，卡普兰和诺顿认识到可以通过平衡计分卡4个层面目标之间的因果关系来描述战略并使之直观化，这就是战略地图，它使平衡计分卡的应用得到了进一步的发展和升华。《战略地图——化无形资产为有形成果》（2004）阐述的是如何将组织的战略可视化，重点讲述的是如何通过战略地图来描述组织的无形资产转化为有形成果的路径。书中描述了内部业务流程、学习与成长流程中创造价值的基本要素，并将无形资产分为人力资本、信息资本和组织资本三大类，无形资产只有与战略协调一致，才能创造价值。而战略地图为协调人力、信息、组织资本和战略提供了框架，并为战略提供了充足的、具体的细节，使其成为有意义的、可衡量和可运转的战略。

从《平衡计分卡》到《战略中心型组织》再到《战略地图》，清晰地阐述了企业成功执行战略所必需的3个要素，即

$$突破性成果＝描述战略＋衡量战略＋管理战略 \tag{2-1}$$

平衡记分卡体系的理念是：“如果你不能描述，那么你就不能衡量；如果你不能衡量，那么你就不能管理。”《平衡计分卡》一书中主要讲述的是如何从多个视角衡量战略；《战略中心型组织》一书中主要针对的是如何管理战略；《战略地图》一书中则强调的是如何通过相互连接的目标来描述战略并使之直观化。平衡计分卡体系可表示为

$$突破性成果＝战略地图＋平衡计分卡＋战略中心型组织 \tag{2-2}$$

（三）平衡计分卡的特点

平衡计分卡方法突破了将财务作为唯一指标的衡量工具，做到了多个方面的平衡。与传统评价体系比较，平衡计分卡具有以下特点。

1. 平衡计分卡是一种绩效考核系统

平衡计分卡是根据组织的战略而设计的系统的评价指标体系，是一套完整的企业绩效考核系统。它不仅克服了传统绩效考核体系的片面性和滞后性，而且强化了对目标制定、行为引导、绩效提升等方面的管理，使企业绩效目标的达成有了制度上的保证。

2. 平衡计分卡为企业战略管理提供强有力的支持

随着全球经济一体化进程的不断发展，市场竞争的不断加剧，战略管理对企业持续发展而言更为重要。平衡计分卡的评价内容与相关指标和企业战略目标紧密相连，企业战略的实施可以通过对平衡计分卡的全面管理来完成。传统管理体制中，员工对战略和经营目标缺乏深刻的认识和认可，造成了执行的困难。事实上，只有组织各个层次都理解并执行战略，战略才能得以成功实施。平衡计分卡使组织对战略达成了共识，并将其转化为4个层面的目标、指标和目标值。通过建立各个层次（组织、业务单位、部门、个人）的平衡计分卡，使员工在一套评价指标的引导下努力工作，从而实现战略目标。

3. 平衡计分卡是一种沟通的工具

传统的绩效考核系统强调控制，而平衡计分卡则注重沟通。平衡计分卡用来阐明企业战略，并帮助个人、部门和企业之间建立一致的目标系统，将企业的全部资源加以整合，为实现一个共同的战略目标而努力。为了实现这个目的，平衡计分卡通过宣讲和传播，使管理者和员工真正了解企业战略和愿景。员工和管理者共同开发各个层次的平衡计分卡，明确自己的奋斗目标并努力达成既定目标。这样，平衡计分卡的开发过程本身就是一个沟通的过程，平衡计分卡也就成为管理者和员工沟通的工具。

4. 平衡计分卡强调“平衡”的重要性

与其他绩效管理工具不同的是，平衡计分卡强调“平衡”，尤其在以下几个方面。

1）财务指标与非财务指标的平衡。通过加入未来绩效驱动因素并平衡其与财务指标之间的关系，平衡计分卡弥补了单纯依赖财务绩效指标的局限性。

2）组织内外的平衡。在平衡计分卡中，股东和客户是外部群体，而员工是内部群体。平衡计分卡认识到了在有效实施战略的过程中平衡这些群体的评价指标的重要性。

3）前置指标与滞后指标的平衡。滞后指标通常代表过去的绩效，如客户满意度和收入，这一类指标缺乏预测功能。前置指标是滞后指标的驱动因素，通常包括对业务流程和行动的评价，如及时交货是客户满意度的前置指标。如果没有前置指标，滞后指标无法反映实现目标的手段；同样，如果没有滞后指标，前置指标可能反映短期改善，但不能说明这些改善是否对客户和股东有益。

4）长期目标与短期目标的平衡。企业的主要目标是创造持续增长的股东价值，它意味着一种长期承诺。但是同时，企业必须展示改善的短期业绩。而短期结果总是以牺牲长期投资为代价实现的。在平衡计分卡中，企业的内部流程可以分为 4 类，每一类内部流程在不同的时点带来益处，而战略包括并存的、相互补充的战略主题（少数关键流程）。企业通过内部流程方面不同的战略主题组合，确保短期目标（削减成本和提高生产率）与长期目标（收入增长）的平衡。

5. 平衡计分卡强调因果关系的重要性

平衡计分卡不是指标的简单混合，而是根据组织战略和愿景，由一系列因果链条贯穿起来的有机整体。4 个层面的目标通过因果关系联系在一起。从顶部开始的假设是：只有目标客户满意了，财务成果才能实现；客户价值主张描述了如何创造来自目标客户的销售额和忠诚度；内部流程创造并传送客户价值主张；然后，支持内部流程的无形资产为战略提供了基础。这 4 个层面目标的协调一致是价值创造的关键。

二、平衡计分卡的内容

作为一种新型的绩效管理系统，平衡计分卡从财务、客户、内部业务流程、学习与成长 4 个维度，将组织的战略落实为可操作的衡量指标和目标值。平衡计分卡 4 个层面的框架如图 2-4 所示。

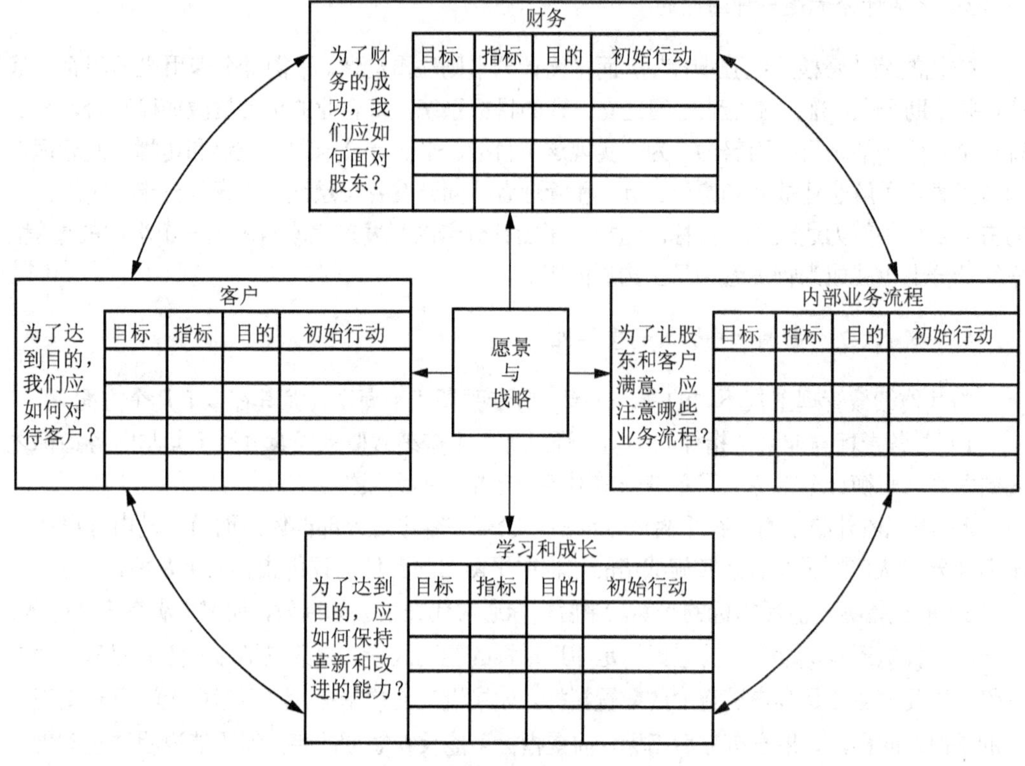

图 2-4　平衡记分卡的 4 个层面

（一）财务层面

企业财务性业绩指标，能综合地反映企业业绩，可以直接体现股东的利益，因此一直被广泛地应用于对公司的业绩进行控制和评价，并在平衡计分卡中予以保留。企业的财务业绩通过收入增长和生产率改进两种基本方式得到改善。

收入增长可以通过两种途径实现：一种途径是提高客户价值，即加深与现有客户的关系，销售更多的产品和服务，如银行努力使它们的经常账户客户使用本行发行的信用卡并从本行贷款购房或买车；另一种途径是增加收入机会，企业通过销售新产品或发展新的客户创造收入增长。

生产率改进也可以通过两种方式实现：一种方式是企业可以通过降低直接或间接成本来改善成本结构；另一种方式是提高资产利用率，可以减少支持既定业务量水平所必需的营运和固定资本。

收入增长通常比生产率改进花费更长的时间。出于向股东显示财务成果的压力，企业倾向于支持短期行动而非长期行动。平衡计分卡的第一个层面必须有长期（收入增长）和短期（生产率）两个维度，以使企业在长期目标和短期目标之间保持平衡。

（二）客户层面

随着买方市场的形成，以客户满意为中心已成为今天大多数企业最基本、最重要的经营理念之一。平衡计分卡要求管理者们把自己为客户服务的承诺转化为具体的测评指标，这些指标应能反映真正与客户有关的各种因素。一般来说，顾客方面的测评指标主要包括衡量客户成功的滞后指标，如客户满意度、客户保持率、客户获得率、客户获利率、市场份额、客户份额等。但是，仅仅使客户满意并保留客户几乎不可能成为战略。收入增长需要特殊的客户价值主张。企业应当关注目标客户而不是所有客户的满意度和保持率。

不同的目标客户需要不同的产品/服务特征、关系和形象的组合。在明确目标客户之后，企业应当明确如何为目标客户创造差异化、可持续的价值，通过确定目标和指标来反映它想要提供的价值主张。卡普兰和诺顿总结了 4 种通用的价值主张，即竞争战略。

1. 总成本最低战略

实行总成本最低战略的企业，为客户提供高竞争性价格与稳定的质量、快速购买和良好的产品选择。遵循总成本最低的企业必须保证质量可靠，同时还要努力缩短产品和服务从购买到收到的时间间隔。最后，总成本最低战略为客户提供的选择虽然有限，但可以满足大部分目标客户的需要，如日本丰田汽车和美国西南航空、戴尔、沃尔玛等公司。

2. 产品领先战略

实行产品领先战略的企业，强调产品创新和产品领先。产品领先企业的价值主张强调提供客户看重并愿意支付更高价格的特征和功能。这个价值主张的战略目标包括突出的表现及比竞争对手产品优越的速度、准确性、尺寸或能耗等，如索尼、奔驰和英特尔等公司。

3. 全面客户解决方案

全面客户解决方案的价值主张强调建立与客户的长期关系，为客户提供最好的全面解决方案，提供满足客户需要的产品和服务。在这种价值主张下，客户感觉企业会理解他们的业务或个人事务，相信企业会开发适合于他们的客户化的解决方案。公司一旦获得新客户，就必须通过诸如加深、拓宽客户关系等方法来留住客户。最突出的例子是 20 世纪 60～80 年代的 IBM 公司。

4. 系统锁定战略

实行系统锁定战略的企业为客户创造了较高的转换成本，从而产生了长期的可持续性价值。例如，选择 eBay 以外的拍卖服务购买或销售产品的客户，会丧失大批仅使用 eBay 拍卖服务的买主和卖主；试图把微软公司 Windows 兼容计算机换为苹果麦金托什机的客户，就无法使用许多仅能在 Windows 操作系统下运行的程序。系统锁定战略要求竞争者无法模仿核心产品，因为该核心产品拥有合法保护和复杂结构及持续升级的秘密。

特定价值主张的目标和指标定义了企业的战略，通过开发特定价值主张的目标和指标，企业将战略转化为所有员工都能理解并能通过努力工作来改善的有形指标。

（三）内部业务流程层面

一旦企业对财务和客户目标有了清晰的蓝图，内部业务流程和学习与成长层面的目标将描述战略是如何实现的。内部业务流程有利于实现两个关键的企业战略要素：向客户生产和传递价值主张，降低并改善成本以实现生产率改进。内部业务流程可以分为4类：运营管理流程、客户管理流程、创新流程及法规与社会流程。

1. 运营管理流程

运营管理流程是指生产和交付产品/服务的流程。卓越的运营可以为企业带来质量、成本、生产产品和服务提供流程的反应速度方面的巨大改进。即使在不采用总成本最低战略的企业中，运营管理流程仍占有重要的地位。运营管理包括4个重要流程：①开发并保持供应商关系；②生产产品和服务；③向客户分销产品和服务；④管理各种风险。

2. 客户管理流程

客户管理流程主要是指建立并利用客户关系以提高客户价值的流程，它为组织选择、获得、保留和培育与目标客户相关的业务提供了能力。客户管理一般包括4类流程：选择目标客户、获得目标客户、保留目标客户和培育客户关系。

3. 创新流程

创新流程是指开发新产品、服务、流程和关系。组织需要持续的创新，开发新产品、服务和流程，以保持竞争优势。成功的创新驱动客户获得率和增长率、利润和客户忠诚度提高。管理创新包括4个重要流程：①识别新产品和服务的机会；②管理研发组合；③设计和开发新产品和服务；④将新产品和服务推向市场。

4. 法规与社会流程

法规与社会流程主要是指改善社区和环境的流程，如遵章守法、满足社会期望、建立繁荣的社区等。有效的法规与社会流程可以驱动长期股东价值创造。在法规和社会维度方面的卓越声望有助于企业吸引和保留高素质的员工，使企业的人力资源管理更加富有成效。另外，减少环境事故并改善员工安全和健康，也提高了效率并降低了运营成本。拥有杰出声望的企业通常也会提高它们的客户和投资者的形象。

（四）学习和成长层面

企业员工的学习与成长可视为前3个组成方面的推进器及培育器。平衡计分卡战略地图的学习与成长层面描述了组织的无形资产及其在战略中的作用。无形资产可以被描述为“存在于组织内，用于创造不同优势的知识”，或“组织员工满足客户需要的能力”。无形资产包括专利、版权、员工知识、领导力、信息系统和工艺流程等不同的项目。这些无形资产的价值不可能被个别或独立地衡量出来。它们的价值来自它们帮助企业实施战略的能力。无形资产可分为以下3类。

1）人力资本。执行战略所需的知识、技能和才干。

2）信息资本。支持战略所需的信息系统、数据库、网络和技术基础设施。

3）组织资本。执行战略所需的动员和持续变革流程的组织能力。

图 2-5 列出了平衡计分卡的一个比较详细的框架。

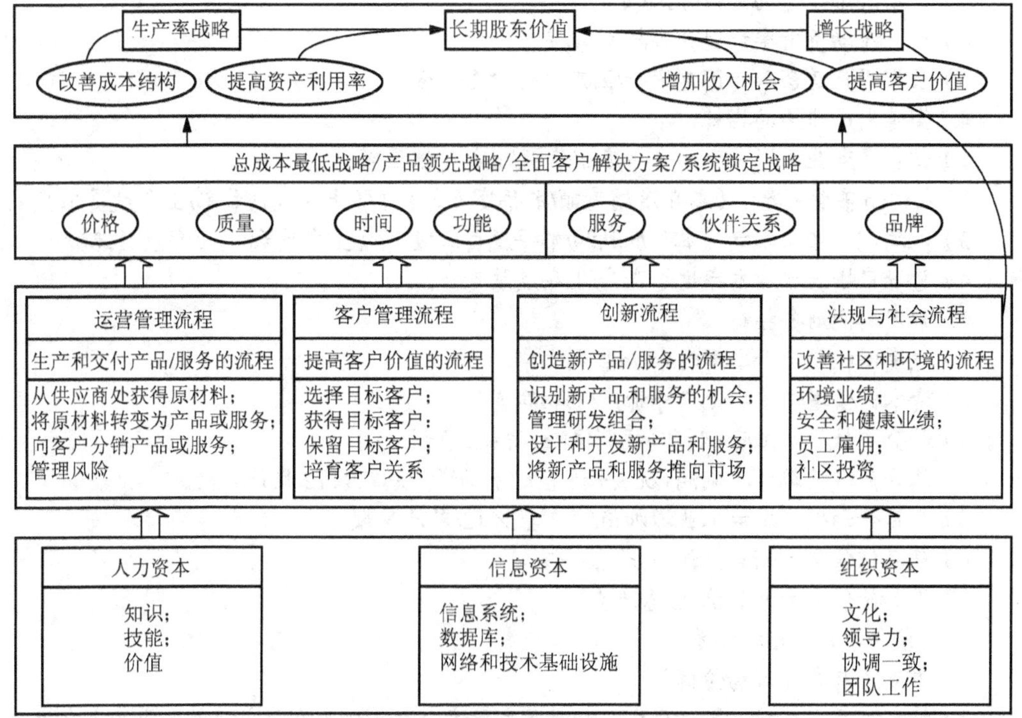

图 2-5 平衡计分卡的详细框架

知识拓展

平衡记分卡的指标体系

一、财务衡量指标体系

1. 财务效益状况指标

1）净资产收益率＝净利润/净资产。

2）总资产报酬率＝净利润/总资产。

3）销售利润率＝销售利润/销售净收入。

4）成本费用利润率＝利润总额/成本费用总额。

（注：成本费用＝销售成本＋销售费用＋管理费用＋财务费用）

2. 衡量资产运营状态指标

1）总资产周转率＝销售收入/总资产。

2）流动资产周转率＝销售收入/流动资产平均余额×12/累计月数。

3）存货周转率＝销售成本/存货平均值。

4）应收账款周转率＝赊销净销售额/应收账款平均值。

3. 衡量偿还债务的指标

1）资产负债率＝总负债/总资产。

2）流动比率＝流动资产总值/流动负债总值。

3）速动比率＝速动资产/流动负债。

4）现金流动负债率＝现金存款/流动负债。

5）长期资产适合率＝固定资产/固定负债×自有资本。

4. 衡量发展能力的指标

1）销售（营业）增长率＝本年度销售额/上年度销售额。

2）人均销售增长率＝（本年度销售额/本年度员工数）/（上年度销售额/上年度员工数）。

3）人均利润增长率＝（本年度利润/本年度员工数）/（上年度利润/上年度员工数）。

4）总资产增长率＝本年度总资产/上年度总资产。

5. 常用其他财务指标

1）投资回报率＝资本周转率/销售利润率。

2）资本保值增值率＝期末净资产/期初净资产。

3）社会贡献率＝工资+利息+福利保险+税收+净利。

4）总资产贡献率＝（利润+税金+利息）/平均资产总额×12/累计月数。

5）全员劳动生产率＝工业增加值/员工数×12/累计月数。

6）产品销售率＝销售产值/生产总产值。

7）附加价值率＝附加价值/总产值。

二、客户导向型指标体系

1. 市场占有率（市场份额）

1）特定产品在目标市场细分中，相对于主要竞争对手的占有率或对整体市场占有率。

2）第一级顾客占该特定产品业务量的百分比（这部分顾客愿意付出合理的价格但会要求个性化、差异化的服务）。

2. 客户维持率（旧顾客续约率）

1）旧顾客的人数增减情况。

2）进一步了解顾客的忠诚度，即衡量既有顾客的业务成长率。

3）新客户开发率（新顾客成长率）。

① 招徕活动评估。

② 转变率＝新顾客人数/潜在顾客人数。

③ 衡量招徕一个新顾客的平均成本。

④ 招徕成本/新顾客人数。

⑤ 新顾客营收/推销活动次数。

⑥ 新顾客营收/招揽成本。

4）顾客满意度

① 旧顾客续约率。

② 新顾客成长率。

③ 服务水平与态度指标，如对客户要求反应速度与品质、客户称赞次数、顾客满意等。

5）顾客获利率。

3. 产品和服务的属性

1）时间。

① 迅速和正确地回应以争取新顾客并留住旧顾客。

② 缩短新产品或服务上市的前置时间，以满足目标顾客的期望（即从掌握顾客新需求至开发新产品或服务递交到顾客手中的时间越短越好）。

2）品质。

① 每百万个产品的不良率（PPM）。

② 服务保证。

③ 产品被退回的次数及比率。

3）价格。

4）形象和商誉。

三、内部流程指标体系

1）新产品推出能力，如新产品占总销售额比例，新产品的推出速度，5 年来总营业净利润对研究发展费用的比例。

2）设计能力，如设计水准、工程水准、一年内设计修改次数。

3）技术水准。

4）制造效率，如产品及原材料损耗率、订单交货速度、准时交货次数、单位成本、品质标准、生产力。

5）安全性，如意外发生次数、受伤次数。

6）售后服务指标，如顾客满意度、成本、品质、速度。

四、学习、创新与成长指标体系

1）员工能力，如员工满意度、员工流动性、员工生产力、劳动效率、员工培训次数、奖励与员工士气。

2）信息系统状况，如信息覆盖率，信息系统的灵敏度（包括反应时间、周期、成本），信息系统的更新程度。

3）员工提案改善建议次数，因员工所提建议而节省成本的金额，对员工授权和分权程度。

4）新产品数量，新产品的推出速度，新产品销售额占总销售额的比例。

5）制造改善情况、废料降低情况。

三、战略地图

人们在使用平衡计分卡来改善企业无形资产绩效衡量的时候，逐渐认识到平衡计分卡可以作为一个描述和实施组织战略的强有力的工具。描述组织价值创造战略的四层模型，为管理团队提供了一种讨论事业发展方向和优先任务的语言。战略目标不再被看成是 4 个孤立层面的业绩指标，而是平衡计分卡 4 个层面目标之间的一系列因果联系。为了使管理层之间的讨论更为便利，为这些因果关系创建了一个通用的表示方法，叫作战略地图。

战略地图是对组织战略要素之间因果关系的可视化表示方法，它有像平衡计分卡一样深刻的洞察力。通用的战略地图是从平衡计分卡简单的四层模型发展而来的，但战略地图增加了一个细节层，用以说明战略的时间动态性；并增加了颗粒层，用以改善清晰性和突出重点。战略地图提供了一个描述战略的统一方法，以使目标和指标可以被建立和管理。战略地图也为战略制定和战略执行之间的鸿沟搭起了一座桥梁。

卡普兰和诺顿提出，战略地图应该建立在以下几项原则之上。

1）平衡各种力量的矛盾。投资于无形资产是为了长期的收入增长，而削减成本是为了实现短期的财务业绩，这两者常常是相互冲突的，创造持续增长的股东价值是一种长期承诺，同时企业必须展示出改善的短期绩效，而短期绩效的改善总是以牺牲长期投资为代价来实现的。因而描述战略应当以平衡并连接短期财务目标（削减成本和生产率提高）和长期目标（赢利收入的增长）为起点。

2）以差异化的客户价值主张为基础。满意的客户是持续价值创造的源泉。战略要求在目标细分客户和令他们愉悦的价值主张之间建立清晰的联系。

3）价值通过内部业务流程来创造。内部及学习与成长层面的流程驱动了战略；它们描述企业如何实施其战略。高效协调的内部流程决定了价值的创造和持续。企业必须关注少数几个关键的内部流程（称为战略主题），因为这些流程不但能够传递差异化的价值主张，而且对提高生产率至关重要。

4）包括并存的、互相补充的主题。战略应该是平衡的，在 4 类内部流程（运营管理流程、客户管理流程、创新流程及法规与社会流程）中每类至少有一个战略主题被包含进来。

5）战略的协调一致决定无形资产的价值。无形资产包括人力资本、信息资本及组织资本 3 类。这些无形资产的价值不可能被个别或单独地衡量出来。它们的价值来自于其帮助企业实施战略的能力。

可见，战略地图提供了一个框架，用以说明战略如何将无形资产与价值创造流程联系起来。财务层面以传统的财务术语描述了战略的有形成果，以投资回报率、股东价值、赢利性、收入增长和单位成本等这些滞后指标显示企业的战略成功与否。客户层面界定了目标客户的价值主张。价值主张为无形资产创造价值提供了环境。财务层面和客户层面描述了战略所期望的成果，这两个层面包含了很多滞后指标，而内部流程层面则能够确定少数几个被认为对企业战略产生最大影响的关键流程；学习与成长层面确定了对战略最重要的无形资产，以确保这些资产被捆在一起并与关键内部流程保持协调一致。

这 4 个层面的目标通过因果关系联系在一起，从顶部开始的假设是，只有目标客户满意了，财务成果才能够实现。客户价值主张描述了如何创造来自于目标客户的销售额和忠诚度。然后，支持内部流程的无形资产为战略提供了基础。这 4 个层面协调一致是价值创造的关键。

连接 4 个层面的因果框架同时也是开发战略地图所依赖的结构，建立战略地图迫使企业明晰这个逻辑关系：为谁创造价值及如何创造价值。

四、平衡记分卡的优势及适用性

平衡计分卡的核心思想就是通过财务、客户、内部流程及学习与发展这 4 个方面的指标之间的相互驱动的因果关系展现组织的战略轨迹，实现绩效考核—绩效改善及战略实施—战略修正的战略目标过程。它把绩效考核的地位上升到组织的战略层面，使之成为组织战略的实施工具。

（一）平衡计分卡的优势

与传统考核相比，平衡记分卡的优势在于以下几个方面。

1）平衡记分卡打破了传统绩效考核方法财务指标一统天下的局面，从客户角度、内部流程角度、学习与成长角度及财务角度来设计绩效考核体系，消除了单一评价指标的局限性。

2）平衡记分卡使得为增强竞争力的应办事项中看似迥异的事项（以客户为导向，缩短反应时间，提高质量，重视团队合作，缩短新产品投放市场的时间，以及面向长远而进行管理等），同时出现在一份管理报告中。

3）平衡记分卡是一个基于战略的绩效管理系统，它表明了源于战略的一系列因果关系，发展和强化了战略管理系统。

4）平衡记分卡是评估系统与控制系统的完美结合。平衡记分卡不仅克服了传统考核体系的片面性、主观性，而且实现了评估体系与控制体系的协调统一。

5）平衡记分卡防止了次优化行为。平衡记分卡迫使高级经理将所有的重要绩效测评指标放在一起综合考虑，从而使其能注意到，某一方面的改进是否以牺牲另一方面为代价，提高了公司发展的整体协调性。例如，产出量和一次通过量可能上升，但这种上升也许是由于产品结构发生了改变——标准化的、容易生产的但毛利较低的产品的产量增加了。

（二）平衡计分卡的适用性

1. 适用平衡计分卡的企业

依据平衡计分卡的内部特性和实施条件，在具有以下特征的企业实施平衡计分卡，能提高成功率和有效性。

（1）战略导向型企业

战略导向型企业引进了战略管理理念，对战略的制定与分解，以及有效实施都有较为丰富的经验，这为平衡计分卡的实施奠定了良好的基础。

（2）竞争激烈、竞争压力大的企业

在竞争激烈、竞争压力大的企业中，实施平衡计分卡，有利于实施决心与力度的加强，并有利于提高企业的整体实力和竞争优势。

（3）注重管理民主化的企业

注重管理民主化的企业，为实施平衡计分卡提供了畅通的渠道。平衡计分卡的实施，对企业战略目标进行分解，这要求企业具备民主化。唯有如此，才能使战略目标分解合理，使实施过程中员工所遇到的问题能够及时反馈到高层，并得到解决。

（4）成本管理水平高的企业

成本管理水平高的企业，注重了企业成本的有效控制，解决了财务指标的有效确定，并使企业力求在客户、内部业务流程、学习与成长层面的管理得到突破。

2. 对采用企业的要求

平衡计分卡的成功实施，依赖于企业的管理水平、信息化程度，以及员工的素质水平等。所以，平衡计分卡的实施，对企业有一定的实施条件要求。

（1）管理质量高

企业管理质量要较高，管理达到程序化、规范化、精细化，使企业战略的每个层次都能有效地实施，最后达到预期的目标。

（2）信息度高

企业应提供自动化的方法，对纳入平衡计分卡解决方案中的所有数据加以收集与整理，并使用现有的营运、分析及通信工具使信息准确、可靠、及时、快捷。

（3）员工素质水平高

员工素质水平的情况影响平衡计分卡实施的效果，特别是高层和中层员工的素质水平尤为关键。

（4）对战略目标的合理分解

对企业战略目标的合理分解，是平衡计分卡成功实施的关键。企业战略目标要进行层层分解，转化成一系列可衡量、可实施的具体目标，并在实施中期做合理的调整与修正。

本 章 小 结

目标管理法的具体实施主要包括目标设定、目标实施、结果评价、结果反馈 4 个步骤。

关键绩效指标是基于企业经营战略的系统性的指标体系，其目的是建立一种机制，将企业战略转化为内部过程和活动，不断增强企业的核心竞争力，使企业能够得到持续的发展。关键绩效指标体系设计流程：确定工作产出；建立评估指标；设定评估标准；审核关键绩效指标。关键绩效指标是组织战略目标的层层分解，通过关键绩效指标的整合和控制，使员工绩效行为与组织目标要求的行为相吻合，不至于出现偏差，有力地保证了组织战略目标的实现。

作为一种新型的绩效管理系统，平衡计分卡从财务、客户、内部业务流程、学习与成长 4 个维度，将组织的战略落实为可操作的衡量指标和目标值。平衡计分卡体系的表示如下：

突破性成果＝战略地图＋平衡计分卡＋战略中心型组织

复习思考题

1. 如何理解目标管理的内涵？目标管理的实施步骤是什么？
2. 简述关键绩效指标法的实施步骤。
3. 对平衡计分卡包含的 4 个层面进行解释。
4. 结合实际分析：选择绩效管理方法时应重点考虑哪些因素。

案例分析

案例背景

平衡记分卡案例——飞利浦公司

飞利浦电子在全球150个国家共有25万名员工。飞利浦运用BSC明晰了企业远景，使员工全力关注重要工作，并指导他们什么是绩效驱动因素。飞利浦管理队伍运用BSC指导每季度的全球管理回顾，并把它作为一个机制鼓励持续改进和组织学习。

飞利浦运用了一套全球统一的战略分解流程，运用BSC绩效管理系统把战略落实成具体可衡量的目标，保证所有员工都聚焦关键目标和首要任务。高级管理层从设定年度运作目标和目标值开始，然后把它分流到整个组织的各个层面，最终落实到全球各分支机构和事业单位的目标。飞利浦BSC小组负责考核当前取得的进展与企业愿景之间的差距，把长期战略与短期行动连结起来，并帮助员工理解他们的行动对公司实现目标的影响力。

飞利浦电子设定了3个层次：①战略回顾记分卡；②运作回顾记分卡；③经营单位记分卡。他们打算在2003年引进第四层次的记分卡，即员工个人记分卡。

各经营单位为其BSC的四个角度都制定了关键成功因素。管理团队一起讨论并最终决定哪些关键成功因素使他们区别于竞争对手。他们使用了"价值图"的方法，即通过分析客户调查数据，发现客户对飞利浦与竞争对手产品价格相比的看法，从而确定客户角度的关键成功因素。经营单位的管理团队通过这些客户需求，即客户角度的关键成功因素，发现了哪些流程角度的关键成功因素对满足客户需求作用最大。他们认为客户与流程角度的关键成功因素关系最为密切。财务方面关键成功因素则是标准的财务汇报指标。能力的关键成功因素是对其他三个角度目标的综合分析而得来的。

各经营单位设定了当年、两年后和四年后的绩效目标。这些目标基于对客户基数、市场大小、品牌资产净值、创新能力、达到世界级绩效的要求等多个因素的分析。

各经营单位四个角度的绩效指标的例子如下：

财务：赢利、运营收入和现金流、运营资金和库存周转率。

客户：市场份额、客户调查排名、重复订单、和客户投诉。

流程：流程周期"缩短比例率"、工程改变数量、设备利用率、订单响应时间、流程能力。

能力：领导能力、每位员工培训天数、参与质量改进小组工作。

经营单位的这些绩效指标通常源于高层组织常见的六个驱动指标：赢利收入增长、愉悦客户、满足员工、优异运作、组织发展和IT支持。这六个因素分别从四个角度驱动绩效改进，它们就像是BSC的音律，每个季度都用来回顾各事业单位的绩效。他们开发了运作记分卡监控业绩。绩效数据自动从内部信息汇报系统传入在线BSC并生成报告。BSC使员工清楚每天应该做什么才能实现业绩。在线平衡记分卡系统使用了交通灯颜色（绿、黄、红）来直观地表示当前绩效是否成功地实现着目标值。

（资料来源：http://www.yesky.com/Enterprise/218712653973946368/20030527/1703358.shtml）

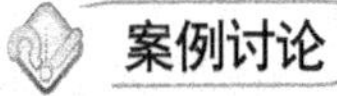

案例讨论

BSC给飞利浦公司带来的价值是什么？

实践环节

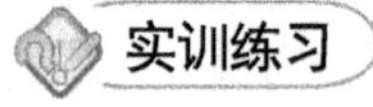

实训练习

绩效管理工具应用状况调查

通过本章的学习，学生可对目前主流的绩效管理工具有进一步的了解。在这个练习中，同学们通过分组形式选择一家企业，通过网络或实地调研等方式，调查该企业绩效管理工具的应用现状及所面临的问题，比较不同绩效管理工具的适应条件及优缺点。

第一步，各小组通过浏览新浪网、搜狐网等大型门户网站和中国人力资源开发网、中国人力资源网、HR369 人力资源论坛、HR 管理世界、世界经理人等专业网站收集目标企业的绩效管理工具应用状况方面的信息，如果条件允许尽量采用实地调研方式。

第二步，各小组就获得的有关所选择企业绩效管理工具的应用信息进行汇总和分析。

第三步，各小组派出一名代表向全体同学简要汇报本小组的工作成果，重点介绍绩效管理工具的实际应用状况、适用条件及优缺点。

第四步，教师进行总结。

本练习的结果可使学生了解更多的绩效工具应用实践，加深对本章所学知识的理解。同时，参与者在练习过程中还可以锻炼信息收集整理能力。

第三章　绩效计划

教学目标

通过本章的学习，学生应掌握绩效计划的含义、内容和构成要素；了解绩效计划制订的程序和影响考核周期确定的关键因素；掌握绩效考核指标的含义和设计绩效考核指标的要素；了解考核指标体系的设计原则；掌握衡量绩效标准的方式。

学习目标

- 掌握绩效计划的含义、内容和构成要素；
- 了解绩效计划制订的程序；
- 了解影响考核周期确定的关键因素；
- 掌握绩效考核指标的含义，设计绩效考核指标的要素；
- 了解考核指标体系的设计原则；
- 掌握衡量绩效标准的方式。

关键词

绩效计划　绩效考核指标　绩效标准　绩效考核周期

导入案例

李强的跳槽

A企业为一家网络公司。近日，HR正为销售部经理李强辞职一事而烦恼不已。李强是该公司销售部刚升职一年的经理，即去年此时正是李强走马上任的时候。李强在没被任命为销售部经理之前是入司两年、业务水平中上游的一名销售代表。由于他在工作中为人谦逊、思维敏捷、善于分析，很快就在该分区建立起了一套十分有特色的“IT产品销售网络”，因此深得总经理的器重。同年，总经理力排众议、破格将李强提升为销售部经理。上任伊始，由于其原业绩并非十分突出，引起了公司上下许多销售人员的非议。李强并没有因此而畏缩不前，而是根据自己的想法和掌握的市场时间、状况，重新制定了吻合市场需求的策略，并汇同人力资源部在工资和奖金制度上采取了与销售业绩直接挂钩的更为灵活的激励模式，在一年的时间内将原有的销售业绩迅速提升了近80%，从而逐步得到了上级和下属的认同。

年末，李强与其下属均得到了公司的表扬，李强的下属们还都得到了“价值不菲”的红包，而李强本人却仅仅得到了一个“不大不小”的红包。李强心里十分不是滋味。因为在业界的其他公司如果取得这样的成绩，则各方面的待遇均可达到本公司的2倍，且可以享有15天的带薪休假。于是其随即以“付出与所得不相称”为由向总经理提出异议，而总经理则以“作为部门经理，提高本部门业绩是分内之事”这一见解为之解释，最终不欢而散。7天后李强辞职跳槽至竞争对手的公司任销售部经理，其薪金也随之增长了2倍。

（资料来源：鲁中晨刊 ：2012年02月16日，版次：[A7]）

绩效计划作为绩效管理的核心环节之一，它对组织业绩影响的重要程度已经为企业界普遍关注，但是大部分企业在如何推进绩效计划方面，尚面临着各种困惑。如上述案例中，李强的跳槽是因为自己的年终薪酬没有与自己的贡献成正比，可见公司的绩效计划不明确，员工与企业对绩效管理的体系内容理解不一致。因此，本章重点讲解绩效计划的内容。

第一节　绩效计划概述

绩效计划是绩效管理体系的第一个关键步骤，也是实施绩效管理系统的主要平台和关键手段。企业通过它在其内部建立起一种科学合理的管理机制，能有机地将股东的利益和员工的个人利益整合在一起，其价值已经被国内外众多公司所认同和接受。

一、绩效计划的含义

可以从“名词”和“动词”两个角度来理解绩效计划。从“名词”角度看，绩效计划是考核期内关于工作目标和标准的契约；从“动词”角度看，绩效计划是领导和下属就考核期内应该完成哪些工作及达到什么样的标准进行充分讨论，形成契约的过程。

绩效计划按责任主体分为公司绩效计划、部门绩效计划及个人绩效计划3个层次。一般来讲，公司绩效计划会分解为部门绩效计划，部门绩效计划会分解为个人绩效计划；一个部门所有员工个人绩效计划的完成支持部门绩效计划的完成，所有部门绩效计划的协调完成支持公司整体绩效计划的完成。

绩效计划按期间可以分为年度绩效计划、季度绩效计划、月度绩效计划等，年度绩效计划分解为季度绩效计划，季度绩效计划可以进一步分解为月度绩效计划。季度、月度绩效计划的制订以年度、季度绩效计划为基础，同时还要考虑外部环境变化及内部条件的制约。

（一）绩效计划是关于工作目标和标准的契约

在绩效考核期开始的时候，一般由控股公司或者公司董事会与公司经营层签署绩效计划契约，公司总经理与各个部门协商确定各个部门的绩效计划，各个部门负责人和本部门员工协商确定各个岗位的绩效计划和工作标准。在上述几个绩效契约中，一般包括以下几个方面的内容。

1）绩效指标及权重。公司、部门、员工在本期工作的重点是什么，哪些工作应该得到加强；为了完成组织的目标，公司、部门、员工应该完成哪些工作。为了表明各项工作的相互关系及重要程度，要明确各个指标间的关系及权重等。

2）绩效目标和标准。对于定量的指标，要明确绩效目标是多少，对于定性的指标，要明确写出绩效的标准。

3）绩效考核评分标准。应该有详细的绩效考核评分标准，明确哪些工作做到什么程度会得多少分数。表3-1是某集团公司公共关系总部的季度绩效计划，具体考核评分标准见考核注释表。

表3-1 公共关系总部2016年第一季度绩效计划

部门	公共关系总部			考核期间	2016年1月1日~2016年3月31日
绩效指标及绩效目标标准	序号	绩效指标	权重/%	绩效目标和标准	
	1	制度建设	20	起草《危机分级响应管理制度》，修订《促销品管理有关规定》	
	2	国家级媒体宣传情况	30	国家级电视台专题节目1个、国家级电台专题节目3个、国家级报纸宣传栏目5个	
	3	危机管理	10	健全危机管理体系，无重大危机处理不当事件发生	
	4	媒体负面报道情况	10	无媒体负面报道情况发生	
	5	内部宣传情况	20	内刊按期出版，发稿字数达到或超过要求，内容丰富，题材多样。广播、报栏、网站信息等具有时效性，能够及时反映企业最新动态，符合集团公司舆论导向	
	6	绩效考核数据提供情况	10	准确、及时、公正、客观地提供子公司的考核数据，本部门的考核数据客观，符合实际情况	
受约人签字：					
发约人签字：					

注：① 本绩效计划如果在实施过程中发生变更，应填写绩效计划变更表，最终的绩效考核以变更后的绩效计划为准。
② 季度末对本绩效计划执行情况进行考核，考核评分标准见考核注释（表3-2）。

表 3-2 公共关系总部 2016 年第一季度绩效考核注释表

<table>
<tr><td rowspan="3">1. 制度建设</td><td>指标说明</td><td colspan="7">该指标反映集团公司公共关系相关制度建设情况</td><td colspan="2">信息来源</td><td colspan="2">公共关系总部</td></tr>
<tr><td rowspan="2">评分标准</td><td>0</td><td>1</td><td>2</td><td>3</td><td>4</td><td>5</td><td>6</td><td>7</td><td>8</td><td>9</td><td>10</td></tr>
<tr><td colspan="4">有关管理制度不健全，不合理之处不能及时修订。有关管理制度子公司不能贯彻执行</td><td colspan="3">有关管理制度比较健全，不合理之处一般能及时修订。有关管理制度子公司能贯彻执行</td><td colspan="4">有关管理制度比较健全，不合理之处得到及时修订。有关管理制度子公司得到很好的贯彻落实</td></tr>
<tr><td rowspan="2">2. 国家级媒体宣传情况</td><td>指标说明</td><td colspan="5">该指标反映考核期间在国家级媒体（电视台、电台、报纸）上的非广告类宣传数量</td><td>绩效目标</td><td></td><td colspan="2">信息来源</td><td colspan="2">公共关系总部</td></tr>
<tr><td>评分标准</td><td colspan="11">完成目标为 10 分。每降低 5%扣 1 分，扣完为止。每增加 5%加 1 分，本项最多 12 分</td></tr>
<tr><td rowspan="3">3. 危机管理</td><td>指标说明</td><td colspan="7">该指标反映集团公司危机管理体系建设、运行情况</td><td colspan="2">信息来源</td><td colspan="2">公共关系总部</td></tr>
<tr><td rowspan="2">评分标准</td><td>0</td><td>1</td><td>2</td><td>3</td><td>4</td><td>5</td><td>6</td><td>7</td><td>8</td><td>9</td><td>10</td></tr>
<tr><td colspan="4">集团公司缺乏危机管理体系，没有应急预案或不具操作性。不能及时获知子公司发生的危机事件，或处理不当，造成集团公司权益损害（不能及时处理危机事件导致危机升级时本季度考核为 0 分，造成严重后果时本年度剩余季度考核全部为 0 分）</td><td colspan="3">集团公司危机管理体系比较完整，应急预案基本可行，基本能够及时获知子公司危机事件，危机事件基本得到控制</td><td colspan="4">集团公司危机管理体系健全、完善，应急预案具有很强操作性，能够及时获知子公司危机事件，并反应迅速，处理得当，最大限度维护了集团公司权益</td></tr>
<tr><td rowspan="2">4. 媒体负面报道情况</td><td>指标说明</td><td colspan="7">该指标反映集团公司被媒体负面报道的数量、范围和影响程度</td><td colspan="2">信息来源</td><td colspan="2">公共关系总部</td></tr>
<tr><td>评分标准</td><td colspan="11">考核期间没有任何负面报道，本项得分为 10 分。考核期间发生一次市级媒体曝光事件，扣 5 分。发生一次省级媒体曝光事件，本季度考核为 0 分。发生一次全国性媒体曝光事件本年度剩余季度考核全部为 0 分</td></tr>
<tr><td rowspan="3">5. 内部宣传情况</td><td>指标说明</td><td colspan="7">该指标考核集团总部内部宣传工作情况</td><td colspan="2">信息来源</td><td colspan="2">公共关系总部</td></tr>
<tr><td rowspan="2">评分标准</td><td>0</td><td>1</td><td>2</td><td>3</td><td>4</td><td>5</td><td>6</td><td>7</td><td>8</td><td>9</td><td>10</td></tr>
<tr><td colspan="4">内刊延期出版，发稿字数不够，质量不高。广播、报栏、网站信息等缺乏时效性，不符合集团公司舆论导向</td><td colspan="3">内刊基本按期出版，发稿字数基本达到要求，广播、报栏、网站信息等具有一定的时效性，基本符合集团公司舆论导向</td><td colspan="4">内刊按期出版，发稿字数达到或超过要求，内容丰富，题材多样。广播、报栏、网站信息等具有时效性，能够及时反映企业最新动态，符合集团公司舆论导向</td></tr>
<tr><td rowspan="3">6. 绩效考核数据提供情况</td><td>指标说明</td><td colspan="7">该指标反映公共关系总部考核数据提供情况</td><td colspan="2">信息来源</td><td colspan="2">人力资源总部</td></tr>
<tr><td rowspan="2">评分标准</td><td>0</td><td>1</td><td>2</td><td>3</td><td>4</td><td>5</td><td>6</td><td>7</td><td>8</td><td>9</td><td>10</td></tr>
<tr><td colspan="4">不能及时、公正、客观地提供子公司的考核数据，本部门的考核数据不客观、不符合实际情况</td><td colspan="3">比较准确、及时、公正、客观地提供子公司的考核数据，本部门的考核数据基本客观，基本符合实际情况</td><td colspan="4">准确、及时、公正、客观地提供子公司的考核数据，本部门的考核数据客观，符合实际情况</td></tr>
</table>

有了绩效计划及绩效考核评分表，下属对下一考核期的工作重点及工作目标非常清楚，会向着完成目标的方向努力，因此会促进绩效的完成。

（二）绩效计划是直线领导和下属双向沟通达成绩效契约的过程

绩效计划是纸面上的契约。如何达成这个契约的过程非常重要。建立绩效契约的过程是一个双向沟通的过程。所谓双向沟通，是指在绩效契约制定过程中，直线领导和下属对绩效计划的制订都负有责任，任何一方都应主动、积极地将各自的真实想法和对方交流。一个完善绩效计划的制订是多次沟通的结果。

1. 在制订绩效计划时，直线领导应该向下属解释和说明的事项

1）公司的远期和近期目标是什么？目前公司面临着何种机遇与挑战？

2）为了完成公司的整体目标，所在部门的目标是什么？

3）为了达到这样的目标，下属的工作重点和对其期望是什么？

4）对被管理者的考核指标是什么？

5）绩效目标和绩效标准是什么？对于定量的考核指标，要确定绩效目标的具体数值，对于定性指标，应明确工作应该达到的标准。无论是定量指标还是定性指标，都应明确完成工作的期限。

6）各个考核指标的关系和权重是什么，应明确告诉下属，哪些指标是必须达到的，这类指标是否达到目标或标准，如果这些指标没有达到目标或标准，其他的工作将没有意义。

2. 下属需要和直线领导沟通的事项

下属应将自己的真实想法同直线领导进行充分的沟通，以便绩效计划的制订更具有现实合理性。下属应该向直线上级表达的有以下几个方面。

1）自己对公司目标及本部门目标的认识，自己对公司目标及部门目标的不理解之处。

2）对自己工作目标的规划和计划。

3）完成个人工作过程中可能遇到的难题及需要申请的资源支持。

在下属和直线领导多次沟通后，在公司目标、部门目标、个人工作目标取得协调一致的基础上，分析完成这些目标公司对部门、部门对个人需要给予哪些资源支持，各级管理者要密切关注下属的工作动向，及时提供业务上的指导，及时给予资源上的支持，只有这样才能促进个人完成绩效目标，从而部门、公司才能完成目标。

3. 参与和承诺是制订绩效计划的前提

人们坚持某种认知和行为的程度及改变这种认知和行为的可能性主要取决于两个因素，一是在形成这种认知和行为决定时卷入的程度，即是否参与或主导了认知形成和行为决定的过程；二是是否为此进行了公开表态，即作出正式承诺。对参与或主导了认知形成和行为决定并已作出公开承诺的个体来说，会更加坚信这种认知，会更加坚持这种行为。因此在制订绩效计划时，一定要让下属充分发表自己的建议，参与整个绩效计划的制订，使绩效计划更加符合实际，同时下属应该对自己参与制订的绩效计划进行表态，承诺完成当期的绩效计划。

二、制订绩效计划的目的

（一）提供对组织和员工进行绩效考核的依据

绩效管理是由制订绩效计划、绩效辅导实施、绩效考核评价、绩效考核面谈等环节组织的一个系统。制订切实可行的绩效计划，是绩效管理的第一步，也是最重要的一个环节。有了绩效计划，考核期末就可以根据员工本人参与制订并作出承诺的绩效计划进行考核。对于出色完成绩效计划的组织和个人，绩效考核会取得优异评价并会获得奖励，对于没有完成绩效计划的组织和个人，上级领导应帮助下属分析没有完成绩效计划的原因并帮助下属制订绩效改进计划。

（二）保证组织、部门目标的贯彻实施

个人的绩效计划、部门的绩效计划、组织整体的绩效计划是依赖和支持的关系。一方面，个人的绩效计划支持部门的绩效计划，部门的绩效计划支持组织整体的绩效计划；另一方面，组织绩效计划的实现依赖于部门绩效计划是否实现，部门绩效计划的实现依赖于个人绩效计划是否实现。在制订组织、部门和个人绩效计划的过程中，通过协调各方面的资源，使资源向对组织目标实现起瓶颈或制约作用的地方倾斜，以促使各级绩效计划的实现，从而保证组织目标的实现。

（三）为员工提供努力的方向和目标

绩效计划包含绩效考核指标及绩效目标或绩效标准。这对员工的工作提出了具体明确的要求和期望，同时也明确表达了员工应该在哪些方面取得成就会获得组织的奖励。一般情况下，员工会选择向组织期望的方向努力。

在制订绩效计划时，需要员工对所处环境和自身条件进行通盘考虑，这样有利于员工发现自己的优势所在和不足之处，有利于员工知道在工作中可以得到什么样的支持，能够得到哪些资源，便于和相关部门人员沟通，取得认同和帮助。员工在分析了自身的优劣势、机会和威胁后，将这些信息反馈给管理者，有利于管理者了解下属的工作情况，给予下属及时的支持和引导。指导下属采取必要的措施以防范风险，对员工的薄弱环节着重进行工作指导，对工作进展进行控制。

三、绩效计划的内容和构成要素

（一）绩效计划的内容

在绩效周期开始的时候，管理人员和员工必须对员工工作的目标达成一致的契约。在员工的绩效目标契约中，至少应该包括以下几方面的内容。

1）员工在本次绩效周期内所要达到的工作目标是什么（量化和非量化的）？

2）完成目标的结果是怎样的？

3）工作目标和结果的重要性如何？

4）这些结果可以从哪些方面去衡量，评判的标准是什么？

5）从何处获得关于员工工作结果的信息？

6）员工各项工作目标的权重如何？

7）员工在完成工作时可以拥有哪些权利？可以得到哪些资源？

8）员工在达到目标的过程中可能遇到哪些困难和障碍？

9）经理人员会为员工提供哪些支持和帮助？

10）在绩效周期内，经理人员将如何与员工进行沟通？

上述这些内容所形成的这一纸契约固然是重要的，但最终要的是达成这个契约的过程。

因为形成绩效计划的过程是一个双向沟通的过程。所谓双向沟通，也就意味着在这个过程中管理者和被管理者双方都负有责任。设定绩效计划不仅仅是管理者向被管理者提出工作要求，也不仅是被管理者自发地设定工作目标，而是需要双方的互动与沟通。在这个过程中，管理人员要向被管理者解释和说明的有以下几个方面。

1）组织整体的目标是什么？

2）为了完成这样的整体目标，业务单元的目标是什么？

3）为了达到这样的目标，对被管理者的期望是什么？

4）对被管理者的工作应该制定什么样的标准？完成工作的期限应该如何制定？

5）被管理者在开展工作的过程中有何权限与资源。

而被管理者应该向管理者表达的有以下几个方面。

1）已对工作目标和完成工作方式的认识。

2）工作中可能会遇到的困难与问题。

3）需要组织给予的支持与帮助。

在绩效计划中要充分体现的原则就是员工参与与正式承诺。社会心理学家有一个重要发现，就是当人们亲身参与了某项决策的制定过程时，他们一般会倾向于坚持立场，并且在外部力量作用下也不会轻易改变立场。而这种坚持产生的可能性主要取决于两种因素：一是在形成这种态度时卷入的程度，即是否参与态度形成的过程；二是是否为此进行了公开表态，即作出正式承诺。从这点来看，让员工参与绩效计划的制订过程并对契约上的内容与管理者达成一致意见，形成正式承诺，对于整个绩效管理的顺利实施都有巨大的意义。

之所以要对目标达成一致意见，是因为绩效计划的主要目的就是让组织中不同层次的人员对组织的目标达成一致的见解。简单地说，绩效计划可以帮助组织、业务单元和个人朝着一个共同的目标努力，所以管理人员和员工是否能对绩效计划达成共识是问题的关键。如果所有的管理人员与员工的意见都能达成共识，组织整体的目标与全体员工的努力方向就会取得一致，这样才能在全体员工的一致努力下，共同达成组织的目标。

（二）绩效计划的构成要素

绩效计划的构成要素包括以下几个方面。

1. 被考评员工信息

被考评员工信息包括员工的姓名、职位等，如被考评员工李伟，职位为销售员。

2. 考评者信息

考评者是按招聘业务管理权限确定的，常常是由被考评员工的上一级正职（或正职授权的副职）担任。例如，销售部门员工的考评者一般就是他们的上级销售经理。考评者信息可以为相关人员了解被考评员工的直接负责人和所属管理部门提供方便。

3. 关键职责

关键职责是制订绩效计划及考评内容的基本依据，如销售助理的关键职责是协助销售人员与客户联系、提高服务质量等。

4. 计划内容

计划内容主要是绩效目标，可以用来衡量被考评员工的重要工作成果，是绩效考核项目的主要组成部分。例如，客户经理的绩效目标就是完成对大客户的销售目标，建立大客户数据库，完善《客户管理规范》等。

5. 权重

列出按绩效计划和考评内容划分的大类权重，以体现工作的可衡量及对组织整体绩效的影响程度，便于查看不同职位类型在大类权重设置上的规律及一致性。

6. 标准的设定

对绩效目标设定基本标准和卓越标准两类，以界定绩效目标的实际完成情况与绩效目标所得绩效分值的对应关系。

7. 考评周期

绩效计划考评周期原则上以年度为单位，但对某些特殊职位，如销售人员、市场人员等，可以根据其职务和应完成的工作目标等具体工作特点，以月度或季度为考评周期。

8. 能力发展计划

为了让员工明确为实现绩效目标需要发展什么样的能力，如何发展，把企业对员工能力的要求落实到人，以具体技能知识的方式，制订能力发展计划。

第二节　绩效计划的制订程序

一、绩效计划的准备阶段

绩效计划是管理者和被管理者双向多次沟通的结果。为了增加绩效计划沟通的效率，事先必须准备好相应的信息，一些必要的信息包括：组织的发展战略规划，组织的年度经营计划，业务单元的工作目标和工作计划，员工所处团队的工作目标和工作计划，员工个人的职责描述，员工上一绩效期间的绩效考核结果，等等。

（一）信息准备

1. 关于组织的信息

员工的绩效计划与部门、组织的绩效计划应协调一致，员工、部门的绩效计划支持组织的绩效计划，因此各个部门的员工都应充分了解组织的发展战略及经营目标。那种认为只有高层管理者才需要知晓组织发展战略和经营目标的看法是错误的。企业应该向所有员工宣传发展战略和经营目标，保证所有员工都清楚组织的发展战略和经营目标。只有这样，员工才能理解个人的绩效目标以及绩效标准，保证个人的工作保持正确的方向。

2. 关于团队的信息

团队的目标是由组织的目标分解而来的。不仅业务部门的绩效目标与组织的绩效目标紧密联系，对于支持部门，其工作目标也与组织的经营目标紧密联系。应充分向员工宣传部门的信息，以使员工了解部门的工作目标及工作重点。表 3-3 是某企业的团队目标。

表 3-3 某企业的团队目标

目标	目标设定
组织年度目标	1. 实现销售收入 26 亿元，利润 3.3 亿元； 2. 新建 3 家子公司，8 家子公司生产纯生啤酒； 3. 调整产品结构，低档酒产量低于 40%
人力资源部年度目标	1. 建立激励约束机制，使薪酬向骨干技术人员倾斜； 2. 建立集团公司、子公司、子公司各部门三级绩效考核体系，对超额完成目标的子公司进行重点奖励； 3. 储备、培养 4 个子公司总经理、4 个生产厂长、4 个销售总经理； 4. 子公司人员调动完全按照集团公司相关规定办理，没有出现相互挖人现象； 5. 按照相关规定审批子公司薪酬报表，监控子公司工资发放，杜绝小金库

3. 关于个人的信息

关于被评估对象的个人信息主要有两个方面的内容，一个是工作岗位职责描述的信息；二是上一考核期间的考核结果。工作岗位职责描述中，通常规定了该岗位的主要工作职责，以工作职责为出发点设定工作目标可以保证个人的工作目标和岗位的要求联系起来。员工在每个绩效期间的工作目标经常是连续的或有关联的，因此在制定本绩效期间绩效目标或工作标准时应回顾上一绩效期间的工作目标和评估结果。另外，在上一绩效期间内存在的问题和有待进一步改进的方面在本次绩效计划中也应当得到体现。

（二）沟通准备

采用什么样的方式对绩效计划的内容进行沟通需要考虑企业文化及工作氛围、员工的性格特点，以及需要达成的工作目标的特点。如果希望借绩效计划的机会向员工做一次动员，可以召开员工大会。如果一项工作目标与特定的工作小组成员有关系，可以召开一个小组会，在小组会上讨论工作目标的问题，有助于小组成员内部之间的工作协调配合，及早发现并解决小组成员合作中可能出现的问题。

如果一个企业第一次使用绩效管理的方法，那么在第一次绩效计划沟通时必须让员工了解以下内容。

1）绩效管理的主要目的是什么？

2）绩效管理对组织、对部门、对个人有什么好处？

3）采取的宗旨和方法是什么样的？

4）绩效管理的流程是怎样的？

而且员工需要知道在绩效计划会议中的一些信息，具体如下。

1）绩效计划会议上要完成的工作是什么？

2）管理人员需要向员工提供什么信息？

3）员工自己需要提供什么信息？

4）在绩效计划会议上需要作出的决策和达成的结果是什么？

5）需要员工做出什么样的准备？

二、绩效计划的沟通阶段

沟通阶段是整个绩效计划阶段的重要环节。在这个阶段，管理者和被管理者经过充分沟通，对员工在本次绩效期间的绩效目标和工作标准达成共识。

（一）选择沟通环境、创造良好的沟通气氛

1）管理者和员工应该确定一个专门的时间用于绩效计划的沟通，在这个时间阶段，双方都应该放下其他工作，专心致志地做好这件事情。

2）在沟通的时候不能有其他事情打扰，最好不要接听电话。在很多情况下，意外的打扰会使谈话思路中断，这样会严重影响沟通效果。

3）沟通的气氛尽可能宽松，不能给人太大的压力。

（二）沟通的原则

在沟通时，管理者应坚持以下几个基本原则。

1）平等原则。管理者和员工是平等关系，绩效沟通的目的是达成共识，促进绩效目标的实现。因此，管理者和被管理者在平等的前提下才能充分沟通，才能保证绩效计划的落实。

2）员工积极参与原则。一般而言，员工是最了解自己所从事工作的人，员工本人是从事该工作领域的专家，因此在制定绩效目标和标准时应更多地发挥员工的主动性，更多地听取员工的意见和建议。

3）帮助辅导，资源支持的原则。工作目标的实现或多或少需要一定的资源支持，在绩效沟通过程中，很多情况下下属对工作目标的实现没有信心的主要原因是认为资源不足。一种情况是资源支持比较充分，关键是下属的信心问题；还有一种情况，的确是员工缺乏顺利完成目标所需的各种资源。管理者应迅速辨别到底是哪一种情况并作出正确处理。如果是下属的信心问题，管理者应从事实出发，从过去的成功案例出发，逐步增强下属的信心，使下属对绩效目标的实现发自内心地作出承诺。如果绩效目标的实现的确受到资源的制约，管理

者应为下属创造良好的条件，给予资源的支持。如果管理者自己能决定资源的配置，则应明确表示给予资源支持；如果管理者不能决定资源的配置，则应向上一级反映情况，争取得到相应的资源支持。

（三）沟通的过程

绩效计划的制订是一个双向沟通的过程，有时不是一次就能达成绩效计划的，因此要经过多次的沟通讨论后才能达成绩效契约。一般情况下，绩效沟通有以下几步。

1）回顾有关的信息。在绩效计划沟通开始的时候，管理者应该说明组织、部门的绩效目标及完成绩效目标对部门、对组织的意义等相关信息；除此之外，员工的岗位职责及上一考核期间的绩效考核结果等相关信息也要向员工进行说明。

2）确定本期的关键业绩考核指标、考核标准及各个指标的权重。在绩效考核基础比较好的企业，一般有部门或岗位绩效考核指标数据库，管理者根据部门下一考核期间工作重点及组织目标等情况，综合确定各个岗位的关键业绩考核指标。关于评价标准，一般应该定期修订，以便反映最新的工作状况。

3）确定各个考核指标的绩效目标或者工作标准。对于数量化的考核指标，确定下一考核期的绩效目标；对于定性指标，明确该项工作应该达到的标准。

4）确定管理者应该提供的资源支持。任何工作的完成都需要一定的资源支持。管理者应明确对下属的资源支持，免除下属的后顾之忧。

5）结束沟通。有时一次绩效沟通可能达不成绩效共识，一般情况下，管理者不能保证能否提供资源支持，这时管理者需要请示他的上级领导。这种情况下，员工应重新评估绩效目标能否实现，申请提供的资源支持是不是必需的，上级领导也应进一步决策是降低工作绩效目标还是给下属必要的资源支持。经过若干次充分沟通后，绩效计划必然是多方都会满意的。

三、绩效计划的审定和确认

经过多次沟通后，管理者和员工在以下几个方面达成了共识。

1）员工在本绩效期的工作职责是什么，工作重点是什么？

2）员工在考核期的关键业绩指标有哪些，各个指标的权重是多少？

3）对应各个考核指标的评价标准是什么？

4）各个考核指标的绩效目标或工作标准是什么？

5）员工在完成绩效目标的过程中会遇到哪些问题和障碍，管理者会提供哪些帮助和支持。

6）员工、部门和组织的工作目标及相互之间的支持制约关系。

达成上述共识后，形成绩效计划文档，该文档中应包括主要的关键业绩指标，以及各个指标的绩效目标或工作标准、权重、评分标准等。经过双方认可的绩效计划需要管理人员和员工在该文档上签字确认。

四、绩效考核周期的确定

绩效考核周期也可以叫作绩效考核期限，是指多长时间对员工进行一次绩效考核。绩效考核通常也称为业绩考评或“考绩”，是针对企业中每个职工所承担的工作，应用各种科学的定性和定量的方法，对职工行为的实际效果及其对企业的贡献或价值进行考核和评价。

由于绩效考核需要耗费一定的人力、物力，因此绩效考核周期过短，会增加企业管理成本的开支；但是，绩效考核周期过长，又会降低绩效考核的准确性，不利于员工工作绩效的改进，从而影响绩效管理的效果。

因此，在准备阶段，还应当确定出恰当的绩效考核周期。绩效考核周期的长短直接关系到考核的效果，因此如何确定一个合理的绩效考核周期是绩效管理的关键问题。一般来讲，有4个关键因素影响绩效考核周期的确定，其分别是：企业所在的行业特征、职务职能类型、评价指标类型和绩效管理实施的时间。因此，确定一个合理的绩效考核周期也要围绕这些关键因素进行探索。

（一）企业所在行业的特征

企业所在行业的特征主要包括企业所提供的产品类别、生产周期和特点、销售方式和特点等。不同的行业特征将对企业绩效考核的周期造成不同的影响。

一般来讲，产品生产周期长短不同，绩效考核周期必然要受到影响。例如，生产和销售周期短的行业，如生产日用消费品的企业，其生产周期较短，一般为一个月内就有好几批成品生产出来或销售出去，这样对生产系统和销售系统都可以以月度为周期进行考核；而某些生产大型设备的行业，或者以提供项目服务为产品的企业，服务周期一般都比较长，其生产周期往往是跨月度、跨季度，甚至是跨年度的，因此对于此类企业如果以月度为周期显然是不合理的，其绩效考核周期应该加长，或以生产周期（批次）、项目周期作为考核的周期。

（二）职务职能类型

一般来讲，企业内部人员按照职能和层级划分为以下几类，针对不同人员实行不同考核周期。

1. 中高层管理人员

对中高层管理人员的绩效考核周期实际上就是对整个企业或部门经营与管理状况的全面评估的过程，这种战略实施和改进计划的效果都不是通过短期就可以取得的，其评价周期应适当放长，一般为半年或一年，并且随着管理人员层级的提高，绩效考核周期也要逐渐延长。另外，对于大型企业的中高层管理人员来说，绩效考核周期一般比小型企业的中高层管理人员的评价周期要长，因为对于大型企业的高层管理者来说，无论是制定战略还是实施战略，都会因组织的复杂性而需要更长的时间。

2. 营销或业务人员

对于销售人员的考核，往往是企业中最容易量化的环节，因为其考核指标通常为销售额、回款率、市场占有率、客户满意度等所谓的“硬指标”，这些指标都是企业经营运作所关注的重要指标，作为企业的管理层人员，需要及时获取这些重要的信息并作出调整或决策，因此对销售人员的评价根据实际情况应该尽可能缩短，一般为月度或季度，或者先进行月度再进行季度考核。

3. 生产系统内员工

对于生产系统的基层员工，出于强调质量和交货期的重要性，强调的是短期的激励，因此一般应采用较短的考核周期，同时加强薪酬管理，缩短发放的时间，以此来强化激励的效果。因为对于生产系统的基层员工，如普通的操作工人和辅助人员，他们更加关注现实的东西（如薪酬），而不太关心未来，薪酬的激励作用、薪酬的及时发放对他们的积极性的影响很大。另外，对于生产周期比较长的生产制造系统员工，如大型设备制造等行业，周期普遍较长，因此考核周期与指标周期不匹配的问题就会出现，而对这种生产状况的考核周期则可以延长，按照生产批次周期来进行考核，年底时再以年为单位进行考核，即每个批次开始的时候制定目标，批次或阶段结束的时候进行考核，年底算总账。

4. 售后服务人员或技术服务人员

售后服务人员的绩效与销售业绩有着密切的关系，因此售后服务人员的评价周期应与业务人员一样，尽可能缩短。同样道理，车间技术服务人员的评价周期也要与生产系统人员的评价周期挂钩。

5. 研发人员

研发系统中普遍存在考核周期与指标周期不匹配的现象，而对研发人员的评价指标一般为任务完成率和项目效果评估，因此一般采用考核周期迁就研发指标周期的做法，即以研发的各个关键节点（如概念阶段、立项阶段、开发设计阶段、小批试生产阶段、定型生产阶段等）作为考核的周期，年底再根据各个关键节点和项目完成情况进行综合的考评。另外，对研发人员的评价最忌讳的就是急功近利，因为研发人员需要的是一个宽松、稳定的环境，而不应增加太多的管制，如果采用常规的周期进行考核，有可能造成研发人员的逆反心理，这样不但分散了研发人员的精力，影响研发进度，还有可能使研发人员疲于应付考核，使得考核效果适得其反。因此，对研发人员按照各个关键节点作为周期进行考核，既有利于让研发人员集中精力于研发工作中，又能公平地考核研发人员的工作成果。

6. 行政与职能人员

通常来说，行政与职能人员的考评标准不像业务人员那样有容易量化的指标，行政与职能人员是考核工作的难点。针对行政人员的工作特点，重点应该评价工作的过程行为而非工作的结果，评价周期应该适当缩短，并采用随时监控的方式，记录业绩状况，该类人员的考核以月度考核为主。

（三）评价指标类型

一般来讲，岗位的产出与成果——业绩（performance）是绩效考核评价的主要内容，而对于业绩评价，一般采用关键业绩指标进行评估，能力和态度指标是支撑关键业绩指标得以实现的保证（即所谓的绩效管理“冰山模型”）。综合起来，一般的企业进行绩效考核，其评价的内容主要分为业绩指标、能力指标和态度指标三大类。

工作业绩是工作产生的结果，如数量指标、质量指标、完成率、控制率等，一般为短期之内就要取得的效果，因此业绩类指标评价应该适当放短，以使其将注意力集中于短期业绩指标。

工作能力包括领导能力、沟通能力、客户服务能力等，根据不同序列和层次会有不同，工作能力评估着眼于关注未来，但这些指标的改变往往不是短期内可以提高的，因此对于能力指标的评估周期应该加长，一般以年度或半年度作为评价的周期。

态度指标的评价周期应该缩短，因为工作态度往往直接影响到工作的产出，也就是业绩指标，正所谓“态度决定一切”，因此将态度指标评价周期缩短有利于引导员工关注工作的态度与作风问题，从而确保业绩指标的实现。在实际运用中，可以考虑态度考核与关键业绩考核的周期一致。

知识拓展

怎样对待绩效计划

1. 对待绩效计划的态度

关于绩效计划，可能有人会说这只是一种形式，装模作样地弄一下就可以了，其实不然。绩效计划是绩效管理过程的第一步，绩效计划制订得是否准确合理，直接影响到最后的绩效考核。绩效计划的目的就是要对将来要做的工作达到一种什么样的程度进行预估和作出要求。这种预估和要求并不是毫无根据地随便写写，而是建立在对这个工作相当程度的了解上的。根据以往的经验，某个岗位在正常情况下完成某项工作可以达到什么程度，超水平的情况下可以达到什么程度，低水平的情况下可以达到什么程度，这是进行绩效计划的前提。结合对未来一段时间的工作条件和工作环境的估计和把握，制订出这个岗位未来这段时间的绩效计划。

2. 绩效计划存在的误区

对于绩效计划的制订，一般存在两种误区。第一种，“豪情万丈”型，制定的绩效目标太高，高得不合理。绩效计划的制订目标有一个原则就是：跳起来，够得着。意思就是，绩效计划的执行者在适当努力的情况下可以完成任务。在第一种误区中，绩效计划的制订者盲目追求绩效计划的“好看”，而忽略了实际完成的可能性。由于要面对考核的压力，影响到个人的收入，绩效执行者可能会采取非正常手段来“完成”这样的绩效计划，最直接的结果就是导致绩效管理工作的失真，造成的负面影响就是“假大空”风气的蔓延。第二种，“好好先生”型，把最基本的要求当作绩效计划目标来制定。绩效管理的目的是推动组织绩效不断地向更高水平迈进。在第二种误区中，绩效执行者感受不到任何的压力，只需要做一些基本的工作就可以完成任务，自然也不会想到去努力改善目前的工作状况。最直接的后果就是考核的时候大家的绩效完成情况都很好，皆大欢喜。按照这样去做，绩效管理者最终会把自己套牢，造成的负面影响就是“不思进取，得过且过”思想的泛滥。

在实际操作中，要尽量避免走入这两个误区，在实事求是的基础上，充分利用绩效计划这个工具，把握好绩效管理工作的走向。

第三节 绩效考核指标体系设计

一、绩效考核指标的含义及设计要素

（一）绩效考核指标的含义

绩效考核是按照一定的标准，采用科学的方法，对企业员工的品德、工作绩效、能力和态度进行综合的检查和评定，以确定其工作业绩和潜力的管理方法。也就是说，绩效考核是通过绩效考核指标来体现的。

指标的定义主要是对绩效考核指标的解释。它是让考核者和被考核者都明确绩效考核指标的含义，便于他们理解，包含的内容主要有一些说明和计算公式等。

（二）设计绩效考核指标的要素

选择使用何种绩效考核方法，很大程度上取决于绩效考核方法所运用的考核指标，而不同的绩效考核方法所运用的考核指标也各不相同。尽管不同的绩效考核方法在设计和甄选考核指标时的思路和方法不尽相同，但它们又都共同遵守着一些基本的原则，都必须就某些共同的要素进行仔细斟酌。

一般来说，在设计绩效考核指标时，有4个基本的要素需要着重考虑：战略相关性、标准的缺陷、标准的污染和可靠性。

1. 战略相关性

战略相关性是指工作标准与组织战略目标的相关程度。例如，如果全面质量管理计划已经制定了一条绩效标准，即“95%的客户投诉必须在一天内解决”，那么，企业的客户服务代表就必须以这条工作标准来衡量他们的工作。又如，3M和Rubbermaid等公司的战略目标是“保证其销售的产品中25%~30%是在过去5年内研制生产”，那么这些目标均会被逐级分解并最终作为员工绩效考核的绩效标准。

2. 标准的缺陷

在制定绩效标准时需要考虑的第二个要素是是否存在标准的缺陷。如果某个企业的绩效标准仅仅注重于某一类标准（如销售收入）而排斥另一些同样重要却产生较少收益的标准（如顾客服务）时，就可以说企业的考核体系存在标准的缺陷。

3. 标准的污染

绩效标准不仅会存在缺陷，还会被污染。有时，一些不能为员工所控制的外部因素会影响员工的工作业绩。例如，在比较生产工人的工作业绩时，绩效标准不能被工人所使用机器的新旧程度这一因素所污染；而在衡量销售业务员的工作业绩时，绩效标准也应该排除地区潜在销售差异这一因素的影响。

4. 可靠性

可靠性是指一项标准的稳定性或一贯性，或者是指个人在一段时间里维持某一工作水平的程度。在等级评定中，可靠性可以用相关联的两组参数来衡量，而这两组参数可以由一个或两个等级评定者来制定。例如，可以由一个考核者使用相同的绩效考核指标在一段时间内两次对某个员工进行评定，也可以由两个考核者使用相同的绩效考核指标来评定同一个员工以获得所需数据。同时，这两个经理人员的评定工作也可以被用来比较以确定等级评定人相互之间的可靠性。

除此以外，不仅要关心绩效指标本身，而且还要关注员工在达成绩效标准时所采取的行为方式。在实践中，经常发现，员工尽管实现了绩效目标，但是达成绩效目标的行为方式却严重损害了企业的利益。例如，某销售人员以欺诈的方式完成了销售额，但同时断送了企业在市场上的信誉。

另一方面，当只有结果性指标而缺乏过程性指标的时候，往往使结果处于不可控状态。例如，设定了顾客满意度指标，但是如果没有顾客回访率指标控制，则很难保证顾客的满意。

二、绩效考核指标体系设计的原则

（一）科学性原则

科学性原则主要体现在理论和实践相结合，以及所采用的科学方法等方面。在理论上要站得住脚，同时又能反映考核对象的客观实际情况。

设计考核指标体系时，首先要有科学的理论作指导。使考核指标体系能够在基本概念和逻辑结构上严谨、合理，抓住考核对象的实质，并具有针对性。同时，考核指标体系是理论与实际相结合的产物，无论采用什么样的定性、定量方法，还是建立什么样的模型，都必须是客观的抽象描述，抓住最重要的、最本质的和最有代表性的东西。对客观实际抽象描述得越清楚、越简练、越符合实际，科学性就越强。

（二）系统优化原则

考核对象必须用若干指标进行衡量，这些指标是互相联系和互相制约的。有的指标之间有横向联系，反映不同侧面的相互制约关系；有的指标之间有纵向关系，反映不同层次之间的包含关系。同时，同层次指标之间尽可能的界限分明，避免相互有内在联系的若干组、若干层次的指标体系，体现出很强的系统性。

1）指标数量的多少及其体系的结构形式以系统优化为原则，即以较少的指标（数量较少，层次较少）较全面系统地反映考核对象的内容，既要避免指标体系过于庞杂，又要避免单因素选择，追求的是考核指标体系的总体最优或满意。

2）考核指标体系要统筹兼顾各方面的关系，由于同层次指标之间存在制约关系，在设计指标体系时，应该兼顾到各方面的指标。

3）设计考核指标体系的方法应采用系统的方法，如系统分解和层次结构分析法（AHP），由总指标分解成次级指标，再由次级指标分解成次次级指标（通常人们把这 3 个层次称为目标层、准则层和指标层），并组成树结构的指标体系，使体系的各个要素及其结构都能满足系统优化要求。也就是说，通过各项指标之间的有机联系方式和合理的数量关系，体现出对上述各种关系的统筹兼顾，以达到考核指标体系的整体功能最优，全面客观地考核系统的输出结果。

（三）通用可比原则

通用可比原则是指不同时期及不同对象间的比较，即纵向比较和横向比较。

1）纵向比较。即同一对象这个时期与另一个时期作比较。考核指标体系要有通用可比性，条件是指标体系和各项指标、各种参数的内涵和外延保持稳定，用以计算各指标相对值的各个参照值（标准值）不变。

2）横向比较。即不同对象之间的比较，找出共同点，按共同点设计考核指标体系。对于各种具体情况，采取调整权重的办法，综合考核各对象的状况再加以比较。对于相同性质的部门或个体，往往很容易取得可比较的指标。

（四）实用性原则

实用性原则是指实用性、可行性和可操作性。

1）指标要简化，方法要简便。考核指标体系要繁简适中，计算考核的方法要简便易行，即考核指标体系不可设计得太烦琐，在能基本保证考核结果的客观性、全面性的条件下，指标体系尽可能简化，减少或去掉一些对考核结果影响甚微的指标。

2）数据要易于获取。考核指标所需的数据要易于采集，无论是定性考核指标还是定量考核指标，其信息来源或渠道必须可靠，并且容易取得，否则考核工作将难以进行或代价太大。

3）整体操作要规范。各项考核指标及其相应的计算方法，各项数据都要标准化、规范化。

4）要严格控制数据的准确性。能够实行考核过程中的质量控制，即对数据的准确性和可靠性加以控制。

（五）目标导向原则

考核的目的不是单纯地评出名次及优劣的程度，更重要的是引导和鼓励被考核对象向正确的方向和目标发展。绩效考核是管理工作中控制环节的重要工作内容，采用“黑箱”的方法利用实际成果的考核对被考核对象的行为加以控制，并引导其向目标靠近，即目标导向的作用。

三、绩效考核指标的表现方式

绩效标准的衡量是对绩效指标达成程度状态的描述，一般采取量化和非量化两种方式。量化的方式是用具体数值进行区分的，而非量化的方式往往采取描述的方式来区分。首先讨论描述性的指标标准。

（一）描述性指标标准

描述性指标标准可以是针对某一特定要素的，也可以是针对整体职责的。表 3-4 是对员工整体工作状态进行判断的五级程度划分。

表 3-4　整体性判断描述定义

绩效等级	状态描述
勉强	在职时间应该有更好的表现； 由于他的无能，对其他人（包括您本人）已造成一些士气上的问题； 对工作缺乏兴趣，或者调任其他工作会较好； 拖累了其他人的工作； 很可能该员明知其工作做不好； 如果绩效停滞不进，该员应予替换； 不像是要把事情做完； 如果继续留他，工作会一直落后，整个部门会受很大影响； 错误连续发生，有些一错再错
普通	该员的工作大体不坏，能达到最起码的要求，许多方面也能有正常的表现； 该员的绩效并不是真的很糟，但是如果您手下人都像他一样，您就麻烦了； 您很想看到他能再进步，但同时您又挑不出什么毛病； 他或许属于那种需要督促的人，在紧盯之下能把工作完成； 您可能需要密切监督，能去掉这一层的话，他该是属于能干的； 他表露出上进的心，但还需要充实工作知识； 您可能需要帮他把工作一步一步地安排好，在这种情况下工作通常都能完成； 某些时候您的其他部属得扶他一把； 除非您不断督促检查，否则您没有信心交由他去完成工作
能干	他做事完整，令人满意，正是您所期望的一位有资格有经验的人所表现的； 您不会再要求他有什么重大的改进，如果有，那对整个部门的效益是件好事，如果没有，您也无话可说； 如果您的手下都能像他一样，那么整体的工作表现该是令人满意的； 您很少听到与其工作有关的人埋怨他； 错误极少，也很少有重复的现象； 工作的质与量均很好； 不在不重要的事情和问题上花费时间； 采用他的意见时，你觉得很放心； 只需要适度的督导，通常能按时做好工作； 工作有关的各方面几乎都曾经历过，而且都证明其能力很强； 您把他当作手下重要的一员，并且在其工作范围内交付任何事情都觉得很放心
可嘉	该员在工作中，即使在最困难与复杂的事务上仍有超过要求的表现，他能面对具有挑战性的目标自行开展并完成工作，正常情况下，应考虑晋升该员； 您所得比您想要得多； 您发现他做得比您希望的要多； 他能承接额外的工作而不致妨碍到其他的工作； 他经手的每一份工作都完整无缺； 该员决策与行动的效果比预期的要高； 时常有额外的贡献； 只偶尔需要督导或追踪； 时常超越目标； 自行预做计划，设想可能的问题并采取适当的行动； 能掌握全局，设想不局限于小节，朝着部门整体的目标努力

续表

绩效等级	状态描述
优秀	表现出来的知识，通常需在该项工作上有相当长的经验才能获得； 公认其是所任工作上的专家； 当有较高职位（相同或相关的工作）出缺时，他应是首先被考虑的人选； 其表现显示他对工作了解的程度远远超出指定的范围，因为他对部门工作各方面都具有丰富的知识，常有外人求助于他； 很少或完全不用督导； 几乎可以说他是永远抱着务必尽善尽美的心态工作。 注意：使用本项等级时，一定要考虑到量和质两方面，同时在您用他时也就代表了您确实认清在该员工所任的职务上对公司最具价值的是什么

整体性判断的分级描述，是相对粗糙的，尽管它的定义比较简单，所需的考核成本较低，但是判断起来确是相当困难的，同时也缺乏客观性。因为它的描述中涉及许多不同的绩效方面，包括了知识、经验、行为、态度、结果等，每个方面相互交叉在一起，因果关系不分，每一个方面的重要程度在不同评估者的眼里是不同的，而且可能存在多次评估的问题。例如，某员工可能是因经验不足而产生了不理想的业绩，因而经验被评估了一次，结果又被评估了一次。因此，在采用描述性标准评估方法时，最好使用分要素的描述性定义（表 3-5）。

表 3-5 分要素的描述性定义

项目	评价等级定义
计划与组织管理	定义：有效地利用人、财、物，计划性安排和组织工作 1 级：缺乏预先制订的工作计划，对待解决的问题准备不足； 2 级：有计划，但缺乏系统性，导致工作执行不力； 3 级：能有效地计划和组织下属工作； 4 级：对工作的执行和可能遇到的问题有计划性解决方案，并能够组织实施； 5 级：具有系统、准确、迅速解决问题的工作行为特征，并进行有效的工作分解，以较佳的方式达成工作目标
目标管理	定义：建立工作目标，制定合理的行为规范与行为标准 1 级：目标设置模糊、不现实，实现标准不明，没有明确的时间要求； 2 级：仅设置总体目标，细化分解不足，制定标准不恰当，时间要求不合理； 3 级：多数情况下，目标设置合理现实，但会出现目标设置标准忽略现实要求的情况； 4 级：总是设置具有现实性的目标，但有时目标设置过难； 5 级：设置目标合理、有效，计划性、时间性强
管理控制	定义：组织协调各种工作关系，领导群体实现目标 1 级：回避群体控制，批评多但不提建议； 2 级：面临困难易放弃原则，管理思想和工作风格不易为他人接受； 3 级：保持必要的指示、控制，获得他人的协作，对他人表现出信任； 4 级：善于激励，能对下属及同事的行为产生影响，以管理者的身份体现其影响力； 5 级：善于控制、协调、干预，使群体行为趋同于目标的实现
管理决策	定义：设计决策方案，并对方案进行迅速评估，以适当的方法采取行动 1 级：较少制定、作出决策或表现出决策的随意性； 2 级：决策犹豫，忽略决策的影响信息； 3 级：作出日常的、一般性决策，在较为复杂的问题上采取中庸决策策略； 4 级：决策恰当，一般不会引起争议； 5 级：善于综合利用决策信息，经常作出超出一般的决策，且大多数情况是正确的选择

续表

项目	评价等级定义
沟通合作	定义：交流沟通，与人合作 1 级：缺乏沟通方式，不善交流，难于表达自己的思想、方法； 2 级：交流、沟通方式混淆，缺乏中心议题，不易于合作； 3 级：沟通清楚易于接受，表现出互相接受的合作倾向； 4 级：善于沟通，力求合作，引人注意； 5 级：很强的沟通愿望和良好的沟通方式，使合作成为主要的工作方式、方法

在现行的考核要素标准判断方法上，有一种更为粗糙和简单的做法，即只做要素程度的等级区分而不对不同等级的标准进行确切描述（表 3-6）。显然，各个要素的分级标准是无法统一的，它只能依赖管理者对标准各级程度的自我理解，当管理者不能承担考核责任的时候，很容易使考核流于形式。

表 3-6　无分级定义的考核

评定项目	评分	评定项目	评分
对他的成绩您是如何看的？	5 4 3 2 1	假定他不是本公司的职员，如果他想在目前同样的条件下到本公司就职，您是否录用他？	10 8 5 2 0
对他的工作情况您是如何看的？	5 4 3 2 1	如果上司托您推荐某人为某职位的候选人，您是否推荐他？	10 8 5 2 0
对他保有能力大小您是如何看的？	10 8 6 4 2	您认为在从事同样工作的人中，他的程度占什么样的位置？	10 8 6 4 2

（二）量化指标标准

量化指标是最能够精确描述状态的考核指标，目前广泛被使用在生产、营销、成本、质量等管理领域。但是，如果用其来衡量某些管理职能的活动，就变得有些力不从心。量化指标标准的设计，需要考虑两个方面的问题：一是指标标准的基准点；二是等级间的差距。

1. 基准点的位置

基准点的位置本质上是预期的标准水平的位置，而不是在考核中的“中”的位置。在传统考核中，不管采取五级尺度法还是七级尺度法，都习惯把中点作为“中”的位置。但是，它是低于基准点位置的绩效标准的。

基准点，实际上就是预期的业绩标准，它应当处于衡量尺度的中央（部分特殊指标例外，如一些人身伤亡、火灾等重大恶性事故的指标，期望值的基准点可能在最高等级，因为期望不发生），向上和向下均有运动的空间。当一个人的绩效水平达到基准点时，就说这个人称职。目前的称职水平实际上是“中”的水平，它是低于称职所要求的水平的。

2. 指标标准等级差距

指标标准的等级存在两种差距，一种是尺度本身的差距；另一种是每一尺度差所对应的绩效差距。但是，这两种差距是结合在一起来描述绩效状态水平的。尺度差距实质上是标尺的差距，它可以是等距的，也可以是不等距的。例如，表 3-7 所给出的不同差距状态。通常，习惯把标尺差距做成等差的，而把绩效差距做成不等差的，但有时也把绩效差距做成等差的。至于绩效标准做成等差还是不等差的，要根据具体情况确定。一般来说，指标标准的上行差距越来越小，而指标标准的下行差距越来越大。这是因为，从绩效基准点提高绩效的难度越来越大，边际效益下降；而在基准点以下，人们努力的边际效益比较大。但是，有时为了控制员工绩效，增加他们达不成绩效基准的压力，也可以把基准点以上的差距加大，而把基准点以下的差距缩小。

表 3-7 指标与指标标准分级

指标	指标说明	等级说明
销售总量	各类品种销售量之和	以 85kt 为 4 级，每增加 3%，提升一个等级，每减少 2%，降低一个等级
销售收入	各类品种销售收入之和	以 5.4 亿元为 4 级，每增加 2%，提升一个等级，每减少 1%，降低一个等级
资产利润率	利润额/量化资产额	以目标规定数额为 4 级，每增加 3%，提升一个评价等级，每减少 2%，降低一个等级
总成本费用	利润额/量化资产额	以目标规定数额为 4 级，每减少 5%，提升一个等级，每增加 3%，降低一个等级
净利润	生产成本+销售成本+管理费用+财务费用	以目标规定数额为 4 级，每增加 3%，提升一个等级，每减少 2%，降低一个等级
货款回收率	以事业部为单位的内部利润	以目标规定数额为 5 级，每增加 0.5%，提升一个等级，每减少 0.5%，降低一个等级
产品合格率	回款数额/实际商品发生价值额	以目标规定数额为 5 级，每增加 0.5%，提升一个等级，每减少 0.5%，降低一个等级
市场覆盖率	合格产品量/全部生产量	以目标规定数额为 7 级，每减少 0.5%，降低一个等级
市场占有率	实际供货市场/目标供货市场	以目标规定数额为 4 级，每增加 1%，提升一个等级，每减少 0.5%，降低一个等级
设备利用率	设备运行/设备能力	以 80%为 4 级，每增加 3%，提升一个等级，每减少 2%，降低一个等级
安全生产	以人身伤残事故次数计算。重大事故定义为人员因事故致伤、致残，使之暂时或永久丧失劳动能力	以目标规定数额为 7 级，每发一次生重大人身事故，向下降低一个等级

注：绩效考核等级按七级划分，7 级为最高，1 级为最低。

在指标标准分级的时候，有一个基本原则需要注意：在正常情况下，可以把指标标准的差距按 100∶130 或 100∶140 原则绩效划分。也就是说，指标的每一等级的差距为前一等级标准的 130%或 140%。

100∶140 原则是一个相对高的标准，一般仅为高绩效组织所选用，而大多数企业则采取 100∶130 原则。当遵循这样的差距设定原则的时候，就能够比较好地解决考核结果分布过分趋中的情况，同时也提供了有效控制考核结果差距的调整手段。

知识拓展

绩效管理与 PDCA 循环

绩效管理效果不好或失败的一个重要原因就是没有把它同工作成果、员工发展、部门目标很好地联系起来。效果不好的另一个原因是管理者没有充分使用绩效管理的全部工具。如果认为绩效考核就是绩效管理，它就不会有效果。因此，必须认识到绩效管理是一个系统。它必须同组织的其他职能联系起来。绩效管理是一个完整的循环系统。绩效管理系统是以绩效考核制度为基础的人力资源管理的子系统，它表现为一个有序、复杂的管理活动过程。它首先要明确组织与员工个人的工作目标，并在达成共识的基础上，采用行之有效的管理方法。不但要保障按期按质按量地达到和实现目标，还要考虑如何构建并完善一个更有效地激励员工、不断提升员工综合素质的运行机制。一般来说，绩效管理系统包括 4 个环节：绩效计划（plan）、绩效辅导沟通（do）、绩效考核（check）和绩效反馈（action），即 PDCA 循环系统。

1）很多人认为评价是绩效管理中最重要的环节，但实际上绩效计划要重要得多。因为评价仅仅是从反光镜中往后看，而计划是向前看以便将来获得更好的绩效，而不是分析那些过去的、不能改变的绩效。作为绩效管理系统闭合循环的第一个环节，绩效计划是在新绩效周期开始时，管理者和员工经过讨论，就员工在新的绩效周期将要做什么、为什么做、需做到什么程度、何时应做完、员工的决策权限等问题进行识别、理解并达成绩效目标协议。

2）持续的绩效沟通及辅导绩效沟通就是管理者与员工在共同工作的过程中分享各类与绩效有关的信息的过程，或者可以将绩效沟通理解成对提高员工绩效有益的各类管理者与员工的沟通。具体说来，就是管理者与员工一起讨论有关工作的进展情况、潜在障碍和问题、解决问题的可能措施及如何向员工提供支持和帮助等信息的过程。管理者通过沟通应达到这样一些目标：应从员工那里得到哪些信息；必须提供给员工哪些信息和资源以帮助员工完成工作目标等。员工通过沟通应达到这样一些目标：应从管理者那里得到哪些信息和资源；必须向管理者提供哪些信息以保证工作目标顺利完成等。

3）绩效考核在企业员工绩效管理的程序中，由于绩效考核关系到绩效管理评价的正确与否，涉及员工的奖惩，这些将在很大程度上影响员工的积极性。因此，企业员工绩效考核是绩效管理工作中的关键点。绩效考核的意义不仅是一个企业对其员工工作绩效情况的考评，同样也是员工心理上的一种高层次的需求——成就感需要的满足。

4）绩效反馈就是将绩效考核的结果反馈给被评估对象，并对被评估对象的行为产生影响。绩效反馈是绩效考核工作的最后一环，也是最关键的一环。能否达到绩效考核的预期目的，取决于绩效反馈的实施效果。

本章小结

绩效计划作为绩效管理的一个重要环节，它体现了上下级之间承诺的绩效指标的严肃性，使决策层能够把精力集中在对公司价值最关键的经营决策上，确保公司总体战略的逐步实施和年度工作目标的实现，有利于在公司内部创造一种突出绩效的企业文化。本章内容首先阐述了绩效计划的含义、内容和构成要素；其次介绍了绩效计划制订的程序，包括准备阶段、沟通阶段、审定和确认3个阶段；第三，分析了影响考核周期确定的关键因素，其分别是企业所在的行业特征、职务职能类型、评价指标类型和绩效管理实施的时间；第四，阐述了绩效考核指标的含义、设计绩效考核指标的要素及评价指标体系设计原则；第五，阐述了绩效标准的衡量是对绩效指标达成程度状态的描述，一般采取量化和非量化两种方式。

复习思考题

1. 简述绩效计划的含义、内容和构成要素。
2. 简述绩效计划制订的程序。
3. 影响考核周期的确定的关键因素有哪些？
4. 简述绩效考核指标的含义和设计绩效考核指标的要素。
5. 陈述考核指标体系设计原则。
6. 衡量绩效标准的方式有哪些？

案例分析

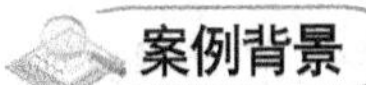

深圳华美公司的绩效考核

深圳华美公司有员工1000多人，主要业务是为通信产品厂家生产配套产品。公司业务发展迅猛，订单不断，效益可观，员工的待遇也不错。但是，最近人才流失情况比较严重，员工的抱怨也比较大，主要意见集中在公司的绩效考核上。事情是这样的，2015年初，为了提高公司的管理水平，解决员工的工作积极性等问题，公司决定实施绩效考评，并采用浮动工资制，浮动工资占工资总额的50%。浮动工资的多少依据绩效考核结果发放。因为考核结果对员工的切身利益有很大影响，所以绩效考核实施后，公司上下都很重视。

但是，问题马上就跟着出现了。由于绩效考评指标大都是主观指标，如“工作态度”“工作能力”等，无法客观衡量，所以考核非常艰难。考核结果出来以后，多数人都不能接受，带来不少矛盾。在第一次绩效考核的那几天，公司几乎处于半停产状态。考虑到大多数人的意见，公司重新调整了考核结果，使大多数人的工资收入同考核前基本一致，这才勉强平息了矛盾。接下来几个月的考核，基本上是走形式。由于很多人都不愿意考核，在人力资源部的努力下，考评坚持了5个月。由于每次考核都会引发一些矛盾，员工抱怨很多，最近公司决定取消绩效考核。

几个月的绩效考核风波终于过去了，但由于考核给公司带来的负面影响并没有消失，人力资源部杨经理的压力也没有减小。公司老总和人力资源部都在反思，人力资源部的杨经理知道考核有问题，但不知道问题出在哪里，也不知道如何解决。

（资料来源：http://wenku.baidu.com）

案例讨论

1）你是怎样评价这项绩效考核改革措施的负面效应的？

2）为了消除这些负面影响，你认为还有哪些工作需进一步落实？

实践环节

实训练习

通过本章的学习，学生应该对建立绩效指标的重要性有进一步的了解。本练习是通过老师提供的一个有关绩效管理的经典案例背景，让4位学生分角色扮演，然后其他同学对表演内容进行充分讨论。

第一步，在本章结束的一周内，选4位同学扮演案例中的4位人物，然后进行角色分工，进行演练准备。

第二步，在本章结束的第二周进行本次实训练习，由事先选定的同学进行表演，时间为5分钟，结束后，其他同学分3人一小组进行讨论，时间为10分钟。

第三步，老师组织学生发表分组讨论的结果。

第四步，老师进行总结。

本练习可以让学生体会到考核指标值的设定要在员工的能力范围之内，才能体现它的重要价值，同时通过学生精彩的表演还可以调动课堂上的教学气氛，增加学生的学习兴趣。

案例背景：唐僧团队是一个知名的团队，经常被作为典范来讲，但是这个团队的绩效管理似乎做得并不好。我们来听一下关于他们的绩效管理的故事。话说，唐僧团队乘坐飞机去旅游，途中，飞机出现故障，需要跳伞。不巧的是，四个人只有三具降落伞。为了做到公平，师傅唐僧对各个徒弟进行了考核，考核过关就可以得到一把降落伞；考核失败，就自由落体——自己跳下去。于是，师傅问孙悟空："悟空，天上有几个太阳？"悟空不假思索地答道："一个。"师傅说："好，答对了，给你一具。"接着又问沙僧："天上有几个月亮？"沙僧答道："一个。"师傅说："好，也对了，给你一具。"八戒一看，心理暗喜：啊哈，这么简单，我也行。"于是，摩拳擦掌，等待师傅出题，而当师傅的题目刚出来，八戒却跳下去了。大家知道为什么吗？原来，师傅提的问题是："天上有多少颗星星？八戒当时就傻了，就直接跳下去了。这是第一次旅游。过了些日子，师徒四人又乘坐飞机去旅游。结果，途中飞机又出现了故障，同样只有三具降落伞。师傅如法炮制，再次出题考大家。师傅先问悟空："中华人民共和国是哪一年成立的？"悟空答道："1949年10月1日。"师傅说："好，给你一具。"又问沙僧："中国的人口有多少亿？"沙僧说是13亿。师傅说："好的，答对了。"沙僧也得到了一具。轮到八戒，师傅提的问题是："13亿人口的名字分别叫什么？"八戒当时就晕倒了，又一次以自由落体结束旅行。第三次旅游的时候，飞机再一次出现故障，这时候八戒说："师傅，你别问了，我跳！"然后纵身一跳。师傅双手合十，说："阿弥陀佛，殊不知这次有四具降落伞。"

第四章 绩效实施

教学目标

通过本章的学习，学生应了解和掌握绩效实施过程中的绩效沟通和信息的收集与分析两方面内容：了解持续沟通的目的和内容，掌握绩效沟通的方式；了解绩效信息的收集与分析的目的、内容和收集信息的渠道及方法；掌握影响绩效实施效果的因素，了解提高绩效实施效果的有效途径。

学习目标

- 了解持续沟通的目的和内容；
- 掌握绩效沟通的方式；
- 了解绩效信息的收集与分析的目的、内容和收集信息的渠道及方法；
- 掌握影响绩效实施效果的因素；
- 了解提高绩效实施效果的有效途径；
- 了解绩效实施的误区和解决方案。

关键词

绩效沟通　绩效实施　信息收集

导入案例

林某的怨气

林某是一家高科技企业的年轻客户经理，有着双学位的学历背景和较好的客户资源，但其个性较强，常常是公司各种规章制度的“钉子户”。果不其然，在公司新的绩效考核方法推行的过程中，林某又一次“撞到枪口上”。

林某所在的公司2015年推行了新的考核办法，主要是根据每个员工本月工作的工时和工作完成度对其工作进行考核，考核结果与工资中的岗位工资和绩效工资挂钩，效益工资和员工创造出的相关效益挂钩。因为该公司有良好的信息化基础，工时是根据员工每日在信息化系统上填写的工作安排和其直接上级对员工工作安排工时的核定来累计的，员工的工作完成度也是上级领导对员工本月任务完成情况的客观反映。1月末，该公司绩效考核专员根据信息化系统所提供的数据，发现林某1月份的工时离标准工时差距很大，而且其工作完成度也偏低，经过相关工资计算公式的演算，林某这个月工资中的岗位工资和绩效工资要被扣掉几百元。

拿到工资后的林某，面对工资数额的减少，非常激动，提出了如下几点质疑：①工作安排中没写，即上级朱某没有及时下达任务，因此这不能全算他的错；②没有完成相关经济目标的责任也不应该全由他承担，因为这和整个公司的团队实力有关；③和他同一岗位的同事相比，他认为自己的成绩比别人好，而拿到手上的工资却比同事低得多，这太不公平。

带着一身的怨气，林某走进了一向以严明著称的公司董事长赵某办公室……

（资料来源：http://www.360doc.com/userhome/1800）

从以上案例中我们可以看到，问题的关键主要在考核的过程沟通和处理。作为林某，在公司推行新的考核办法后，应该予以积极的配合，并且对于工作上需要利用的公司资源应主动与公司沟通，而不是消极地等待公司来对责任的认定。作为林某的直接上级朱某，应该在日常工作中对于林某的一些工作行为及时予以提醒、指正，不能自己束缚住手脚，而面对管理上的困难，也应该及时向上级请示，寻求上级的支持和方法上的建议，这样也不会将矛盾激化，出现自己被动的局面。在绩效管理的过程中，应注重持续的沟通与反馈，从而规避绩效纠纷。

第一节　持续的绩效沟通

绩效实施与过程管理主要包括两方面的内容，一方面是绩效沟通；另一方面是员工数据、资料、信息的收集与分析。绩效管理的循环是从绩效计划开始，以绩效反馈和面谈等导入下一个绩效周期为结束。在这个过程中，决定绩效管理方法有效与否的就是处于计划与评估之间的环节——持续的绩效沟通和绩效信息的收集与分析。

一、持续不断的绩效沟通辅导

（一）绩效沟通辅导的意义

在绩效沟通辅导实施阶段，一方面员工会向管理者汇报自己的工作进展或将工作中遇到的障碍向管理者求助，寻求解决办法和资源上的支持；另一方面，管理者会对员工实际工作与绩效目标之间的偏差进行分析，并采取纠正措施或及时修改绩效计划。

1. 管理者需要掌握员工的工作进展状况

管理者和员工多次沟通达成绩效契约后，不等于员工的绩效计划必定能顺利完成，作为管理者应及时掌握下属的工作进展情况，了解员工在工作中的表现和遇到的困难。管理者应及时协调各方面的资源，对下属的工作进行辅导的支持。另外，掌握员工的工作状况，有利于绩效期末对员工进行公正客观的考核评估。虽然很多考核指标是结果导向的，但还是有一些指标是行为化和过程控制的，管理者只有对工作过程清楚了解，才能对员工进行正确的考核评价。

2. 员工需要管理者对工作进行评价和辅导支持

员工都希望在工作中不断得到自己绩效的反馈信息，希望及时得到管理者的评价，以便不断提高自己的绩效和工作能力。如果员工干得比较好，得到肯定评价的员工必然会更加努力以期获得更大的成绩；如果工作中存在缺陷或较多问题，能及时得到管理者的辅导支持，有利于员工迅速调整工作方式、方法，逐步提高绩效。

由于工作环境和条件的变化，在工作过程中，员工可能会遇到在制订绩效计划时没有预期到的困难和障碍。这时，员工应该及时得到帮助和资源支持，一个称职的管理者不能抱怨员工的工作能力差，对下属员工进行工作指导是管理者的重要职责之一。另外，管理者应在职权范围内合理调动各方资源，对下属工作进行支持；如果某些事项超过自己职责的权限范围，管理者应将实际情况上报有关决策者，尽快解决下属工作中的问题。

3. 必要时对绩效计划进行调整

绩效计划是基于对外部环境和内部条件的判断后，在管理者和员工取得共识的基础上作出的。外部环境是不断变化的，公司的内部资源是有限的，因此在绩效期开始时制订的绩效计划很可能变得不切实际或无法实现。例如，由于竞争对于价格的变化，将导致本公司的产品价格政策发生变化，从而导致公司产品销售量和销售额的目标发生变化；由于一个技术障碍无法有效解决，可能导致公司产品不能及时上市，因此应及时调整产品开发计划；由于公司战略调整，原计划新开的 5 家子公司计划取消，人力资源部应及时调整招聘和培训计划，因此绩效目标中的相应内容应该及时进行调整。在绩效实施过程中管理者和员工的沟通，可以对绩效计划进行调整，使之更加适合外部环境及内部条件的变化。

（二）持续绩效沟通的目的

管理者和员工通过沟通共同制订了绩效计划，形成了员工个人绩效合约，但这并不意味着后面的绩效计划执行过程就会完全顺利、不再需要沟通。需要考虑的问题有：员工会完全按照计划开展工作吗？计划是否足够周全，考虑到全部需要考虑的问题了吗？经理人员是否可以高枕无忧地等待员工的工作结果？很显然，答案是否定的。

市场的竞争是激烈的，市场的变化也是无常的。不论是工作环境还是工作本身的内容、重要性等，都会随着市场的改变而不断变化，这导致了绩效计划有可能过时甚至完全错误。除了客观原因所致以外，员工本身工作状态的好坏、管理者监督指导力度的大小等都有可能影响绩效结果的达成。进行绩效沟通，就是为了保持工作过程的动态性、柔性和敏感性，及时调整目标和工作任务。

沟通可以帮助管理者应对变化，还可以为管理者提供信息。管理者不可能只靠自己的观察就能收集到所有需要的信息。所有工作的进展情况如何？项目目前处于何种状况？有哪些潜在问题？员工情绪和精神面貌怎样？怎样才能有效地帮助员工？如果不通过沟通，管理者就很难既全面又准确地掌握这些信息。

员工也需要获得信息。工作内容是否有所变动？进度是否需要调整？所需要的资源或帮助能否得以满足？出现的问题该如何解决？目前的工作状况是否得到赏识？对于这些问题，如果没有反馈与沟通，员工的工作就处于一种封闭的状态，久而久之，就容易失去热情与干劲。

因此，持续的绩效沟通可以使一个绩效周期内的每一个人，无论管理者或是员工，都能随时获得有关改善工作的信息，并就随时出现的变化情况达成新的承诺。

二、持续绩效沟通的内容和方式

（一）持续绩效沟通的内容

究竟需要沟通哪些信息，这取决于管理者和员工关注什么。管理者应该思考的是：“作为管理者，要完成职责，必须从员工那里得到什么信息？而员工要更好地完成工作，需要向他们提供什么信息？”从这个基本点出发，管理者和员工可以在计划实施的过程中，试图就下列问题进行持续而有效的沟通。

1）工作开展的情况怎样？

2）哪些地方做得很好？

3）哪些地方需要纠正或改善？

4）员工是在努力实现工作目标吗？

5）如果偏离目标，管理者应采取什么纠正措施？

6）管理者能为员工提供何种帮助？

7）是否有外界发生的变化影响着工作目标？

8）如果目标需要进行改变，如何进行调整？

（二）持续绩效沟通的方式

内容和形式是决定一个事物的两个最主要的方面。采取何种沟通方式在很大程度上决定着沟通的有效与否。将沟通的方式分为正式沟通和非正式沟通。正式沟通又可以分为书面报告、定期管理者与员工的面谈、管理者参与的小组会议或团队会议、咨询和进展回顾。

1. 书面报告

书面报告是绩效管理中比较常用的一种正式沟通的方式。它是指员工使用文字或图表的形式向管理者报告工作的进展情况，可以是定期的，也可以是不定期的。许多管理者通过这种形式及时地跟踪了员工的工作开展状况，但也有一些管理者并未真正掌握这种方法的价值，而只是流于形式，不能起到实质性的作用，又浪费了大量的人力和财力，得到了一大堆束之高阁的表格和文字。表 4-1 列举了书面报告的优缺点。

表 4-1 书面报告的特点

优点	缺点
节省了管理者的时间； 解决了管理者和员工不在同一地点的问题； 培养员工边工作边总结，进行系统思考； 培养员工的书面表达能力； 可以在短时间内收集大量信息	信息单向流动，从员工到管理者； 容易流于形式，员工厌烦写报告； 适用性有限，不适合以团队为工作基础的组织，信息不能共享

对于表 4-1 所列的这些缺点，通常可以采取一些其他措施来配合使用以平衡掉这种影响。例如，可以辅之以面谈、电话沟通等方式使单向信息流变为双向沟通；可以省去繁杂的文字叙述，而用简单的表格或图形来反映情况；也可以采用现代化的网络设施，使信息在团队成员间得以共享。如果这样，就能有效配合书面报告。

2. 定期面谈

定期进行一对一的面谈是管理者与员工进行绩效沟通的一种常见方式。面谈前应该陈述清楚面谈的目的和重点内容，让员工了解与其工作相关的一些具体情况和临时变化。例如，"市场竞争格局的变化好像让我们不得不修改一下我们一个月前拟订的工作目标了"。在面谈中，重点要放在具体的工作任务和标准上。例如，"最近我们上交给总经理的报告似乎总是不够理想，你觉得主要是哪里出了问题？看看咱们能不能找到一个解决办法？"要给员工充分的时间来说明问题，必要的时候，管理者可以给予一定的引导和评论。面谈的最终结果是要在管理者和员工之间就某一问题达成共识并找到解决方案。如果员工以一种对抗的态度来进行这次面谈，那就意味着这次面谈是失败的，还需要在随后的时间里再面谈一次，直到达到面谈目的为止。总结起来，定期面谈的优缺点如表 4-2 所示。

表 4-2 定期面谈的优缺点

优点	缺点
沟通程度较深； 可以对某些不便公开的事情进行沟通； 员工容易对管理者产生亲近感，气氛融洽； 管理者可以及时对员工提出的问题进行回答和解释，沟通障碍少	面谈时容易带有个人感情色彩； 难以进行团队间的沟通

3. 管理者参与的小组会议或团队会议

书面报告不能提供讨论和解决的手段，而这一点对及早发现问题、找到和推行解决问题的方法又必不可少；一对一的面谈只局限于两个人之间，难以对公共问题达成一致意见，因此，有管理者参与的小组会议或团队会议就显示出了它的重要性。除了进行沟通外，管理者还可以借助于开会的机会向员工传递有关公司战略的信息，传播企业文化的精神，统一价值观鼓舞士气，消除误解等。这种形式的优缺点如表 4-3 所示。

表 4-3 团队会议的优缺点

优　点	缺　点
便于团队沟通； 缩短信息传递的时间和环节	耗费时间长，难以取得时间上的统一； 有些问题难以在公开场合进行讨论； 容易流于形式，走过场； 大家对会议的需求不同，对信息会有选择性的过滤

怎样才能进行一次有效的会议沟通呢？如果做到以下几点，就应该能够把握住并用好这种沟通形式。

1）在会议之前必须进行充分的准备，包括：会议的主题是什么；会议以何种程序进行；会议在何时、何地召开；与会者需做哪些准备。

2）会议过程的组织，包括：会议开始时做好议程的介绍和会议的规则；当员工讨论偏离会议主题时，要含蓄地将议题引回来；鼓励员工多说话（不要随意打断）或作出决策；在会议上，做出会后的行动计划并与员工取得共识；布置相应的职责和任务。

3）作好会议记录，包括：记录下会议上谈话的关键点，并在会议结束前将所记录的要点重申一遍，看是否有遗漏或错误；记录行动计划和布置任务的细节，如任务完成时间、任务负责人和任务完成质量等。

4）有效的咨询是绩效管理的一个重要组成部分。在绩效管理的实践中，进行咨询的主要目的是：员工没能达到预期的绩效标准时，管理者借助咨询来帮助员工克服工作过程中遇到的障碍。管理者在进行咨询时应该做到：第一，咨询应该是及时的，即当问题出现后立即进行咨询；第二，咨询前应做好计划，咨询应该在安静、舒适的环境中进行；第三，咨询是双向的交流，管理者应该扮演"积极的倾听者"的角色，这样能使员工感到咨询是开放的，并鼓励员工多发表自己的看法；第四，不要只集中在消极的问题上，谈到好的绩效时，应具体并说出事实依据，对不好的绩效应给予具体的改进建议；第五，要共同制订改进绩效的具体行动计划。

咨询过程包括 3 个主要阶段：①确定和理解，即确定和理解所存在的问题；②授权，即帮助员工确定自己的问题，鼓励他们表达这些问题，思考解决问题的方法并采取行动；③提供资源，是指驾驭问题，包括确定员工可能需要的其他帮助。

4. 绩效进展回顾

绩效进展回顾应该是一个直线管理过程，而不是一年一度的绩效回顾面谈。工作目标的实现对组织的成功是至关重要的，应该定期对其进行监测。在绩效管理实践中，人们主张经常进行回顾。对一些工作来讲，每季度进行一次会谈和进行总结是合情合理的。但对其他短期工作或新员工，应该每周或每天进行反馈。在进展回顾时，应注意到：第一，进展回顾应符合业务流程和员工的工作实际；第二，将进展回顾纳入自己的工作计划；第三，不要因为其他工作繁忙而取消进展回顾；第四，进展回顾不是正式或最后的绩效回顾，进展回顾的目的是收集信息、分享信息并就实现绩效目标的进一步计划达成共识；第五，如果有必要，可以调整所设定的工作目标。

5. 非正式的沟通

在工作开展的过程中，管理者和员工不可能总是通过正式的渠道进行沟通。无论是书面报告、一对一的面谈还是小组会议，都需要事先计划并选取一个正式的时间和地点。然而，事实上，在日常的工作中，随时随地都可能发生着沟通，如非正式的交谈、吃饭时的闲聊、郊游或聚会时的谈话，还有“走动式管理”或“开放式办公”等，都可以随时传递关于工作或组织的信息。一般认为，“就沟通对工作业绩和工作态度的影响来说，非正式的沟通或每天都进行的沟通比在进行年度或半年期业绩管理评估会议时得到的反馈更重要。”可见，非正式的沟通更加普遍。正如有的员工声称，他们对与经理喝咖啡时十几分钟的闲聊比任何长时间的正式会议都满意。关于这种沟通方式的优缺点如表4-4所示。

表4-4 非正式沟通的优缺点

优　点	缺　点
形式多样，时间地点灵活； 及时解决问题，办事效率高； 提高员工满意度，起到很好的激励作用； 增强员工与管理者之间的亲近感，利于沟通	缺乏正式沟通的严肃性； 并非所有情况都可采用非正式沟通

第二节 绩效信息的收集

一、绩效信息收集的目的

绩效信息的记录和收集是绩效管理的一项基础工作。很多绩效管理失败的原因在于绩效信息的不准确及管理者考核评价的随意性。准确及时的绩效信息对绩效考核的顺利实施具有重要的意义。

（一）提供绩效考核评价的基础依据

绩效管理一般以年度、季度或月度为周期进行。在绩效考核时要对员工的各个关键业绩指标进行考核评价，因此相关的考核信息数据是考核评价公正客观的基础。

（二）发现员工绩效问题并提出改进的绩效目标

通过对员工的绩效进行记录和收集，可以发现员工绩效方面存在的问题。通过和其他优秀员工的对比，可以提出改进的绩效目标。例如，当管理者对员工说“你在这方面做得不够好”或者“你在这方面还可以做得更好一些”时，需要结合员工本人的具体事例及优异员工的事例来增强说服力。这样会让员工清楚地看到自己存在的问题及和优秀员工的差距，有利于员工改进和提高绩效。

（三）研究发现员工绩效优异或低下的深层次原因

对绩效信息的记录和收集可以使管理者掌握体现绩效优异和绩效低下的关键事件，可以探询绩效优异或绩效低下的真实原因。总结并推广绩效优异者的经验，发现绩效低下者的真实原因，并有针对性地进行培训，可以提高员工绩效。

二、绩效信息的来源

绩效信息的来源不同，可能会得到不同的绩效信息。绩效信息的来源可以有多种途径，包括考核者记录收集、其他相关部门记录收集、被考核者记录收集等。

表 4-5 是某集团公司人力资源管理总部对子公司月度考核中的考核指标“员工流动管理”的解释说明，各个子公司员工流动管理状况的信息由考核者（人力资源总部）负责记录与收集。

表 4-5　员工流动管理考核指标

员工流动管理	指标说明	该指标考核子公司之间人员调配管理规范性	信息来源	人力资源总部
	评分标准	本项初始值为 10 分，考核期内发现一人次未经人力资源总部审核批准私自录用其他子公司人员者，对于部长级员工，每人次扣除 10 分；对于其他员工，每人次扣除 5 分；原公司未投诉，对原公司和接收公司均扣分		

表 4-6 是某集团公司总经理对销售管理总部月度考核指标“销售收入”的解释说明，销售收入具体实现结果的信息由相关部门（财务管理总部）负责记录和收集。

表 4-6　销售收入考核指标

销售收入	指标说明	销售管理总部有督促、指导子公司实现销售收入的责任和义务。销售收入为考核期间子公司实际销售收入合计/考核期间集团公司目标值×100%	信息来源	财务管理总部
	评分标准	实际销售收入等于集团公司目标值时为 10 分。每减少 3%，扣减 1 分，扣完为止；每超出 5%，增加 1 分，最高为 12 分		

表 4-7 是某集团公司总经理对公共关系总部月度考核指标“国家级媒体宣传情况”的解释说明，具体实现结果的信息由被考核部门（公共关系总部）负责记录和收集。

表 4-7　国家级媒体宣传情况考核指标

国家级媒体宣传情况	指标说明	该指标反映考核期间在国家级媒体（电视台、电台、报纸）上的非广告类宣传数量	信息来源	公共关系总部
	评分标准	完成目标为 10 分。每降低 5%扣 1 分，扣完为止；每增加 5%加 1 分，本项最多 12 分		

表 4-8 是某集团公司总经理对生产管理总部月度考核指标“工厂运行效率”的解释说明，具体实现结果的信息由被考核部门（生产管理总部）及其他相关人员负责记录和收集。

表 4-8　工厂运行效率考核指标

<table>
<tr><td rowspan="3">工厂运行效率</td><td>指标说明</td><td colspan="7">该指标反映生产管理总部分析子公司生产消耗指标，并提出改进意见，帮助子公司提高工厂运行效率情况</td><td colspan="2">信息来源</td><td colspan="2">生产管理总部和其他相关途径</td></tr>
<tr><td rowspan="2">评分标准</td><td>0</td><td>1</td><td>2</td><td>3</td><td>4</td><td>5</td><td>6</td><td>7</td><td>8</td><td>9</td><td>10</td></tr>
<tr><td colspan="4">不能及时分析子公司生产消耗指标，没有就生产消耗指标提出相关客观说明和改进建议</td><td colspan="3">比较准确、及时分析子公司生产消耗指标，就生产消耗指标提出比较客观的说明和改进建议，一定程度上帮助子公司提高工厂运行效率</td><td colspan="4">准确、及时分析子公司生产消耗指标，就生产消耗指标提出客观说明和改进建议，帮助子公司较大幅度提高工厂运行效率</td></tr>
</table>

表 4-9 是某集团公司总经理对公共关系总部月度考核指标“危机管理”的解释说明，具体实现结果的信息由被考核部门（公共关系总部）及其他相关人员负责记录和收集。

表 4-9　危机管理考核指标

<table>
<tr><td rowspan="3">危机管理</td><td>指标说明</td><td colspan="7">该指标反映考核期间集团公司危机管理体系建设、运行情况</td><td colspan="2">信息来源</td><td colspan="2">公共关系总部和其他相关途径</td></tr>
<tr><td rowspan="2">评分标准</td><td>0</td><td>1</td><td>2</td><td>3</td><td>4</td><td>5</td><td>6</td><td>7</td><td>8</td><td>9</td><td>10</td></tr>
<tr><td colspan="4">集团公司缺乏危机管理体系，没有应急预案或不具操作性。不能及时处理危机事件或处理不当，造成集团公司权益损害（不能及时处理危机事件导致危机升级时本月度考核为 0 分，造成严重后果时本年度剩余月度考核全部为 0 分）</td><td colspan="3">集团公司危机管理体系比较完整，应急预案基本可行，基本能够及时获知子公司危机事件，危机事件基本得到控制</td><td colspan="4">集团公司危机管理体系健全、完善，应急预案具有很强的操作性，能够及时获知子公司的危机事件，并反应迅速，处理得当，最大限度地维护了集团公司权益</td></tr>
</table>

由被考核者记录和收集绩效考核信息可能会导致信息的不真实，但是在以下两种情况下可以减少这种不真实：一方面绩效考核者应该加强对下属工作的了解，做到对下属工作非常了解，使下属不敢造假；另一方面，采取定性的考核指标进行评价，被考核者收集信息的意义主要在于先对自己这方面的工作作一简单评价，而对于考核者来说，这方面的信息只是评价的参考意见，如果发现被考核者的自己评价有较多水分，可以对被考核者的该项指标打一个较低的分数，并在绩效考核面谈时与被考核者进行充分沟通，使被考核者明白下次要如实地评价自己的工作。

三、绩效信息收集的渠道和方法

绩效信息收集的渠道可以是企业中的所有员工。有员工自身的汇报和总结，有同事的共事与观察，有上级的检查和记录，也有下级的反映与评价。如果企业中所有员工都具备了绩效信息反馈的意识，就能给绩效管理带来极大的帮助与支持。各种渠道畅通，信息来源全面，便于企业作出更真实、客观的绩效考核，使企业的绩效管理更加有效。

信息收集的方法包括观察法、工作记录法、他人反馈法等。

1）观察法是指主管人员直接观察员工在工作中的表现并将之记录下来的方法。

2）工作记录法是指通过工作记录的方式将员工的工作表现和工作结果记录下来。

3）他人反馈法是指管理者通过其他员工的汇报、反映来了解某些员工的工作绩效情况。

例如，通过调查顾客的满意度来了解售后服务人员的服务质量。要提倡各种方法的综合运用，因为单一的方法可能只能了解到员工绩效的一个或几个方面，而不能面面俱到。例如，有些员工的态度并不能从每次检查或表面上的观察中得知，这时候就需要通过与他共事的员工的反馈来了解，这种方法得到的结果往往更真实可信。方法运用的正确、有效与否直接关系到信息质量的好坏，最终影响到绩效管理的有效性。

四、绩效信息收集的注意事项

（一）员工应该参与信息收集的过程

绩效管理的主要目的是提高员工的工作绩效。绩效管理是管理者和员工的共同责任，因此员工应该自己收集相关绩效信息或者参与相关信息的收集过程。员工参与信息的收集过程，一方面可以及时对工作进行调整，有利于绩效目标的完成；另一方面管理者依据员工参与收集的信息与员工进行沟通时，员工会容易接受这些事实。

对于某些信息，可以由员工自己收集记录，最后报管理者抽查审核；还有一些信息是管理者发现并掌握的，如工作中出现差错等信息，这时管理者应及时向相关员工通报这些信息，这样一方面可以对员工的工作进行及时辅导、纠正，另一方面绩效期末员工也易于接受这些绩效信息。

（二）收集信息要有目的

信息收集是一项耗时、费力的工作，要占用大量的人力、物力和时间，因此一定要搜集那些对绩效管理非常有必要的信息。有些过程信息可以不去关注，而直接关注最终结果；有些重要的过程信息，可以用关键事件记录法来记录；对于重要的结果信息，一定要如实记录。可以针对关键业绩指标中的相关内容，组织相关人员进行信息记录、收集。

（三）抽查是核对信息真实性的好办法

很多信息是员工自己记录的，而且管理者也没有大多的时间、精力来做信息的记录与收集工作，因此员工在做工作记录或收集绩效信息时往往会有选择地记录和收集信息，甚至会提供虚假信息。制约员工这种行为倾向的好办法就是抽查，对抽查中发现的故意提供虚假信息的行为，要进行严厉的惩罚。

（四）信息记录应把事实与推测区分开来

应该记录事实的绩效信息，而不应记录对事实的推测。通过观察可以记录员工的行为，但行为背后的动机和原因往往是推测的，很可能是不可靠的。例如，员工近期经常迟到、早退，而且效率低下，不能按期完成任务，上述内容就是事实记录；但是如果进行推测记录，员工积极性降低、业务水平不高就是简单推测，因为很可能是其他原因，如家中出现变故等，而导致工作绩效低下的。

第三节 绩效实施的效果

一、绩效考核实施误区与解决方案

绩效考核作为人力资源管理的方法和工具，其对于企业的重要性已为广大的管理者所认同，不少企业在这方面投入了较大的精力。但遗憾的是，通过绩效考核达到预期目的的却很少。大多数不是中途夭折，就是流于形式，原因何在呢？

在对企业进行诊断分析的过程中，听到的多是老总的无奈和抱怨——精心设计出来的考核方案往往被束之高阁或实际运作举步维艰，各级干部怨声载道，员工疑虑重重。老总转而责备干部离心离德，员工素质不高。从传统的“德勤绩才”考核到目标管理（MBO）、平衡记分卡（BSC）的应用，为什么这些别人屡试不爽的办法到了自己这里就不灵了呢？老总百思不得其解。其实，原因在于企业在开展这项烦琐复杂而又技术性极强的工作中，存在着突出的问题，使得考核工作应有的客观、公正等诸多特点没有得以充分体现，最终影响了考核的效果。以下就从 4 个方面对问题进行分析，并提出相应的解决方法。

（一）对考核工作的态度

在对员工考核工作的看法上主要存在着以下两方面的错误认识。

1. 错误认识一：考核就是对员工的惩罚

一些管理人员认为，考核是作为一种对员工的控制手段而存在的，直接目的就是给员工挑毛病，借以惩罚员工，同时也多少展示一下上司的权威。“工作这么松懈，不扣发你工资才怪”“你表现得太糟糕了，还是另谋高就吧”。在这种错误的认识下，管理人员容易在考核工作中违背本应遵循的原则，甚至会错误地执行考核结果。员工则会产生恐惧心理，逃避和拒绝考核，从而给企业带来不应有的管理矛盾，最终影响团队的士气和组织的战略发展。正确的认识应当是，考核是员工追求高层次需求的体现。做好考核工作就是为员工满足高层次需求服务，它是一种激励方式。

美国行为科学家亚伯拉罕·马斯洛认为，人是有需求的。当低层次的需要得以满足之后，就会去追求高层次的需要。在企业中，员工在追求友谊、归属和尊重的需要之后，必然会追求自我实现的需要。具体体现为员工对工作的创造性和成就感的追求，随之而来的是对绩效考核的需要。因为员工希望知道自己的绩效水平究竟怎样，以此来检验和评价自己的工作能力和潜力。当考核结果显示业绩骄人、成果丰硕时，员工内心会产生巨大的满足感，由此会带来极大的激励作用。因此，企业应真正树立起“以人为本”的管理理念，视绩效考核为满足员工追求高层次需要的手段，把做好考核工作当作对员工实现自身与社会价值的有力促进。

与此同时，还必须认识到，考核是企业改造和强化员工行为的一种方法。考核对于企业来说不是目的，而是改造和转化员工行为。操作条件反射理论作为考核的指导思想之一，特别重视环境对人的行为的影响作用，认为人的行为是对外部环境刺激所作出的反应，只要创造和改造外部环境，人的行为就会随之改变。根据该理论，管理者完全可以通过考核的办法来刺激员工，借以达到保持和发挥员工积极行为，减少和消除员工消极行为的目的。具体来说，管理人员可以通过绩效考核来认定员工的哪些行为是对企业发展有利的，从而利用这种环境刺激，使员工增加以后积极行为的反应频率，不断提高工作绩效。

2. 错误认识二：考核就是为了考核

一些企业的领导，特别是高层领导除对以选拔干部为目的的考核较为重视以外，对工作中员工的绩效考核并不重视。在他们看来，考核仅仅是人事部门的例行工作，与其他人事工作没有什么必要联系，更与企业经济效益和发展沾不上边。在这种思想认识下，考核工作往往是敷衍了事，走过场。某企业在统计员工考核结果时，发现有的主管对下属的评价都是清一色的"中等"，不好也不坏。更有甚者，有的主管委托下属替他填考评表，之后在上面签个字，完全把绩效考核当成了差事来应付。

正确的认识应当是，绩效考核工作能够为管理人员开展其他业务工作提供决策信息，是指导人力资源管理者做好工作的基础。例如，依据考核结果提拔优秀员工，或惩戒碌碌无为之辈，为增加工作出色者的工资、奖金说明理由等。可以说，绩效考核工作是否得到管理者的重视，以及在管理中应用是否广泛，是衡量一家企业人力资源管理水平高低的重要标志。

（二）考核的标准

进行绩效考核工作时，必须要有一个标准。只有将员工的实际工作情况与工作标准相比较，才能得出较公正的评价，而且工作标准越明确，评价才能越准确。从目前的实际情况看，在考核的实施过程中，一些企业存在的问题主要有以下两个方面。

1. 存在的问题一：没有考核标准或标准过于简单

不少管理人员至今还在犯着想当然的错误，他们认为员工们都知道自己应该在岗位上做些什么。例如，某公司对员工的一项考核项目是"工作完成情况"，满分为 10 分，但是没有评价标准。员工自评时都不知道究竟哪些工作是必须完成的，要达到怎样的标准。这种考核显然缺乏客观的衡量尺度，定量判断少，定性判断多，而且掺杂的主观因素过多，不能客观公正地评价一个人表现得好与坏，从而使考核效果大打折扣。

2. 存在的问题二：虽然有考核标准，但不科学且缺乏可操作性

有些企业自行设计的考核表往往评价项目概念混乱，互相覆盖或缺乏具体的界定尺度。例如，某企业考核员工的一项是"工作质量"，分为好、较好、一般、较差、差 5 个档次，但是好与一般如何界定、如何衡量，却找不到统一的规定和标准。这样就使得各部门、各单位自行其是，标准有差异，结果无可比性。

要想解决以上存在的问题，管理人员必须首先明白，一个公正而又清晰的考核标准应当包含两方面的基本信息。

1）告诉员工应该做什么。例如，行政秘书工作，该岗位的工作内容和责任就应该包括打字、接待、计划安排、文件与资料管理、办公室一般服务等。通常，这一部分的信息是依

据《岗位说明书》得到的。在《岗位说明书》中，详细地列出了该岗位的任职资格和工作职责、范围与目标。但要将企业里的每个岗位作出准确的描述并非易事，这需要进行岗位分析，不仅是为考核提供依据，同时也能消除企业中当前依然存在的“因人设事”“人浮于事”的现象，有利于提高企业效益。所以，企业应完善内部管理，从基础工作抓起，在定岗定编的基础上完善岗位分析。

2）告诉员工应做到何种程度，并用描述性语言对不同程度加以界定，即考核指标和标准的设定应遵照“SMART 原则”。例如，要考核员工的工作质量，按上述例子分为好、较好、一般、较差、差 5 个档次。好的含义是指所完成工作的精确度、彻底性和可接受性十分突出，并且明显比其他人优异得多；一般的含义是指所完成工作的精确度、彻底性和可接受性是称职的，可信赖的，基本达到了要求。这样，才会使考核更具有可比性，并且使考核者更容易对考核结果进行解释。

在实施过程中，管理人员还应当明白，考核标准的制定应是管理人员与员工两方面共同确认的。虽然考核标准是用来衡量员工各方面工作好与坏的尺度，但这绝不意味着考核标准仅仅是管理者单方面就可以确定的。与员工达成共识，是标准最终得以贯彻、实施、赢得一致拥护的前提。

（三）考核评价过程

考核的过程就是比较的过程，是收集到的员工信息与考核标准进行客观对比的过程。由于在企业内部存在以下原因，使考核结果不准确，产生了偏差。

1. 存在的问题一：考评者的思维方式不同

由于在考评者之间存在着思维方式的不同，在考核时，对同一件事情的看法就会有所不同。因为一些考评者带有个人偏见，在考核时不自觉地对态度、性格符合自己心意的人评价过高，对自己看不惯的人评价偏低。例如，有些考评者推崇艰苦朴素的生活作风，那么追求时尚、个性化的年轻人恐怕就会被认为不踏实、不稳重。那些因为存在一些考评者不喜欢、不欣赏的个性品质的员工，其考核成绩可能会很糟糕，这的确并不是由于工作本身干得不好导致的。除个人偏见，还有晕轮效应、首因效应、近期效应等造成的偏差。

2. 存在的问题二：对标准的理解不同

将员工的实际表现与标准作比较时，再公正客观的比较也会带有不同程度的主观因素。对标准有不同的主观理解是使考核结果产生偏差的主要原因之一。其结果，就会产生对标准衡量尺度的宽严不一。有些考评者要求过高，经常表现出对员工的工作感到失望，在考核时，就会低估员工应得到的评价，产生苛严误差；相反，有些考评者要求过低，高估了员工的工作表现，产生宽厚误差。还有些考评者认为最好的员工是根本不存在的，最差的员工也是很难找到的，于是往往习惯于将员工都评定为中间等级，形成中间倾向，造成偏差。

事实上，影响考核出现偏差的因素是多种多样和复杂的。要想将上述所说的偏差对考核结果造成的影响减少到最小程度，可以采取这样一些措施：首先，要对以上可能产生的偏差有一个清楚的认识，了解偏差是怎样产生的，这样有助于考核时避免这些偏差的出现；其次，应选择正确的考核方法，每一种考核方法，无论是图解式评价量表法，还是目标管理法、关键事件法，都各有其优点和不足，在对员工进行考核时，可有所侧重地结合起来加以灵活运用，尽可能减少主观性过强的评价；最后，考核前对考评者进行培训也是十分必要的，在培训中不仅要对考核的必要性在理论上进行讲解，更重要的是，要对考核的具体内容、标准以及它们之间的关系作出说明。与此同时，还要对绩效考核过程中可能出现的失误进行详尽的讲评，可利用案例加以解释。最好能进行模拟考核，以使培训更加有效。

（四）考核的结果

目前在企业中，考核依然笼罩着一层“神秘”的色彩，考核工作既不允许员工本人参加，也不让员工了解考核结果，由此失去了考核的真正意义。主要存在以下两个方面的问题。

1. 误区一：考核工作就是管理者行使职权

企业中的一些管理人员认为，对员工进行考核就是管理者的工作，员工只能接受其结果，是奖是惩唯命是从，这样才能充分地体现出管理的严肃性和权威性。

2. 误区二：考核结果出现后，与员工进行沟通太麻烦

一些管理人员认为，考核结果出现后，与员工沟通还是应该的，但真正沟通起来面临的困难不少，要想达到好的沟通效果还需要具备许多条件。与其这么复杂，还不如减掉省心。特别是万一沟通效果不好，还会引起纠纷，产生矛盾。

正确的做法应当是：

1）明确参与考核的人与机构。一般情况下，直接主管人员、同事、员工本人、下级甚至工作绩效考核委员会都是考核工作的参与者。考核绝不是上级的特权。

2）对考核结果必须展开面谈，这是考核结果出来后极其重要的一个环节。因为考核员工本身并不是目的，只有双方通过全方位的沟通，对考核结果有了一致的认识，并对改进目标与方向达成共识，考核才真正有效。

3）保证员工申诉渠道的畅通。在处理考核申诉时要注意尊重员工个人，认真分析员工所提出的问题，找出原因。如果是员工的问题，应当以事实为依据，以考核标准为准绳，对员工进行说服和帮助；如果是考核体系的问题，应当完善考核体系；如果是考评者的问题，应当将有关问题及时反馈，以使其改正。

绩效考核是人力资源管理的方法和工具，也是绩效管理的重要环节。考核的目的不是简单地以分数实施奖惩，更重要的是通过考核引导员工的行为，实现组织战略目标。同时，考核也可以发现员工的问题，及时纠正偏差，改进员工绩效，激励员工努力工作。总之，在实施绩效考核的时候，先要明确考核的目的，再借助相应的方法，以免陷入误区。

二、影响绩效实施效果的因素

（一）中国传统文化影响

在绩效管理实践中，管理者经常感受到在欧美企业很容易实施的方案在中国就会有问

题，最终总是“雷声大、雨点小”，实施起来很困难，也很难真正产生成效。难道中国企业就天生根基太浅、资质太差，接受不了太高深的东西，还是这些先进的管理工具本身就存在难以回避的问题。一般认为，一种先进的理论被创造出来之后，要解决逻辑先进性和具体适用性两个问题。绩效管理的逻辑条理和先进性毋庸置疑，但它是以西方社会的人性假设和社会秩序特征为基础逐渐发展起来的，虽然也经过了对管理共性的提炼过程，但最终还是具有局限性的。中国的社会秩序特征和中国人的人性本质与以欧美为代表的西方社会还是存在很大差别的，因此在具体应用绩效管理的理论方法和工具时，就必然有一个具体适用性问题，它必须先要适应中国人的人格特征和行为特点，才能具备落到实处的前提。

中国社会具有 5000 年的文明史，文化发展经过悠久的历史沉淀，文化特征与西方社会的文化特征存在明显差别。西方社会讲究的是契约文化，讲究白纸黑字的契约约束；而中国则是典型的伦理文化，讲究人与人的关系和交情。因此，在这样的文化背景下，不同民族与地域的管理行为就会产生明显的差别性特征。西方人的管理重视理性分析和精确管理，如同齿轮一样环环相扣，重规则而轻情面，讲究公平竞争、优胜劣汰、个人主义；而中国人的管理则重视情感与权变，重视人际关系的微妙与协调，重情面而轻规则，讲究中庸之道、和谐自然、集体主义。

以最近发生的一桩交通事故案件为例，李先生是天津郊县一家经营建材的个体老板，他在一次驾驶私家车去上班的路上，与违反交通规则横穿公路的张女士相撞。交警经事故责任鉴定，认为张女士应当负全部交通事故责任，虽然她在事故中因撞伤了自己的肋骨而住院疗养了 1 个月，属于受害方。张女士本身就有点儿精神问题，加上这件事令她越想越生气，居然出院 1 个月后在家自杀身亡了。于是，张女士的家人将李先生告上法庭，要求李先生赔偿他们的全部损失。法院经过审理认为，虽然李先生不是张女士自杀的直接责任人，且交通事故与自杀也没有直接的必然联系，但出于人道主义和同情，李先生应当赔偿一部分损失，最终双方经过协商妥善解决了问题。

从这起案件可以看出，在中国社会中，人情的作用不可忽视。如果这起案件发生在欧美，很可能最终会判定李先生胜诉，至于赔偿不赔偿完全是李先生个人的事情，与法院的判决无关。在西方，人情关系在问题处理中的作用很小，人们依据更多的是规则与制度标准；而在中国，在处理同一事情时往往会出现不同的处理结果，这主要是因为受到了不同利益方的人情关系影响。因为中国社会的特殊文化特征，造成了中国企业内部管理中的一些奇特现象。据有关调查统计，在跳槽的员工中，最主要的离职原因是与上级主管或同事处不好关系，而不是能力不足或者职业发展等其他原因。在中国的企业里，工作是否能有效开展往往与员工之间的关系好坏有关，而不仅仅与自身能力有关。如果关系不好，人家就不跟你配合；而同事之间是否有感情，最主要的判定标准就是在执行管理制度时是否打折扣。因此，中国企业在具体实施绩效管理方案时，“温良恭俭让”的文化背景造成了管理者更愿意去做“老好人”，而不愿意直接得罪人或做“坏人”，这就很容易使绩效管理的效果大打折扣。

因此，管理之于西方企业科学的成分更大，但在中国则具有较高的艺术成分在内。它不仅受到管理者的个人魅力、管理风格和价值取向影响，也受到被管理者的个人修养、价值观及个性特征影响。传统文化对于企业员工的影响是潜移默化和根深蒂固的，在实施绩效管理的过程中，必须充分考虑管理者与被管理者的文化特征，在科学、理性的基础上适当地融入管理艺术，克服其中的消极因素影响。

（二）企业发展阶段因素

企业的发展阶段一般包括创业期、成长期、成熟期和衰退期，在不同的发展阶段具有不同的组织特征。一个企业所处的发展阶段不同，在实施绩效管理时所采取的相应策略和方法也应当有所变化。

企业要实施绩效管理，首先要认清目前所处的发展阶段。在创业期，因为各种资源有限及极大的生存压力，企业必然会采取业务导向和粗放式管理，由于大家都很熟悉，在工作上接触很多，所以完全没必要设计复杂的绩效管理系统。存在绩效管理需求并最终实施绩效管理的中国企业，往往处于企业发展的高速成长阶段到成熟阶段之间的转折期，这一时期的特征就是：企业一方面仍然因为发展的惯性在高速成长，另一方面却因为发展速度的减缓而产生规范管理的压力。因为市场竞争的日益加剧，此时要提高企业的效率就必须提高企业的规范管理程度，原来不曾仔细考虑的企业内部规范需求，也逐渐变得紧迫起来。因此，企业在这个发展阶段往往面临双重压力，一方面要重视短期的经营以保证当前的生存，另一方面还要开始重视内部的规范管理以保证将来的生存。因为处于双重压力之下，“两手都要抓”，所以处于转折期的企业往往显得比较脆弱，这就需要在实施绩效管理方案时掌握好平衡，拿捏好管理变革的分寸，绝不能大刀阔斧地搞改革，幻想一步到位。中国 30 年来改革开放的经验证明，在中国这块土地上，激进式改革往往是“欲速则不达”，而渐进式改革则往往能顺利推行并达到改革的目的。

在实施绩效管理过程中，中国企业的一个突出问题在于：不管不顾企业本身所处的发展阶段，总想“一口吃成个胖子”，盲目向管理规范的企业看齐，幻想通过理想状态下才能实施的绩效管理方案，解决特定发展阶段必须面对的问题。事实上，盲目照搬国外引进的先进方法本身就存在问题，如标杆研究，是不是行业标杆的做法就是企业应当参照的标准呢，这需要具体问题具体分析——企业本身的资源、能力和背景都是不一样的。这就有如同样一服药，用在对药物不过敏的病人身上就能药到病除，而用在对药物过敏的病人身上则可能会加重病情，起到完全相反的作用。

（三）企业发展历史因素

古人说历史是一面镜子。在企业的发展历程中，不同企业都有各自独特的发展历史。计划实施绩效管理的企业，一般都具有较长时期的历史沉淀。在企业历史沉淀过程中，有些历史沉淀为精华，有些历史则沉淀为渣滓。一个企业就是一个有机体，通过梳理这些历史因素，将其中的精华提炼出来继续发挥作用，并采取适当的形式继续保留；将其中的渣滓完全抛弃，或者将其深埋起来，最终达到净化肌体的目的，为进一步实施绩效管理提升扫清道路。

比较遗憾的是，在做绩效管理咨询的过程中，经常会发现企业在自己实施绩效管理时走极端，要么绕来绕去却绕不出某些企业历史因素的小圈圈，导致绩效管理最终流于形式；要么干脆将企业历史因素一刀斩断，导致大多数人反对而难以继续推行。

例如，一位民营企业的老板，在创业成功之后，看到不少老员工不思进取、跟不上企业发展步伐，于是想通过“鲶鱼效应”触动一些老员工，使他们的状态由懈怠转变为积极主动，便请咨询公司做了一套绩效管理变革方案，其中还涉及竞聘上岗。在实施竞聘上岗时，老板宣布所有管理岗位都要实行，结果几个跟随他创业十几年的元老都面临着下岗降薪的命运，于是他们联合起来坚决反对实施管理变革方案，最终导致项目实施流产。

其实，企业在实施绩效管理方案时，完全可以事先评估一下企业历史因素的影响，针对可能出现的问题做出具体的应对措施预案，以消除一些企业历史因素对管理变革的消极影响。

（四）企业的组织体系

在实施绩效管理时，企业的组织体系是否健全对于最终能否成功具有很大影响。企业的组织体系健全是指企业内部的组织结构清晰，流程管理规范有序，员工职责明确。如果企业的组织体系不稳定，就会割裂绩效管理过程的连续性。如果决策层、经营层和执行层的职责划分不清晰或者时常越位管理，那么企业内部各层的权力就会失衡，运行体系就会紊乱，员工也会无所适从，必然造成责任不清、责任感丧失和员工互相推卸责任的情况，导致绩效管理制定的标准不适用，无法做到客观评价，最终使绩效管理失去其应有的意义和作用。

因此，企业在具体应用绩效管理方案时，首先需要仔细评估自身目前的组织体系状况，只有在企业的组织结构清晰、运作流程与分工职责明确的前提下，绩效管理的考核指标才能具体落实下去，才能真正应用绩效考核提高整个组织的绩效水平。如果企业目前的组织体系还处于比较混乱的状态，管理流程和岗位职责存在不够明确的状况，那么贸然实施绩效管理就存在较大风险，因为实施绩效管理不可能改变组织体系中不规范的状况，反而可能因组织体系不健全而导致绩效管理失败。

例如，一家企业实行的是职能制组织结构体系，组织结构比较稳定，按职能划分的部门职责也比较明确，同时也按照部门职责严格规定了个人在岗位上应当承担的责任。但在具体业务运作中，该企业总是市场反应迟缓，出现问题后各部门互相推诿责任，尤其是在部门之间的模糊之处（即位于部门界面上的责任），没有部门和个人愿意负责，考核谁都觉得委屈，这就属于组织体系不健全的地方——只规定了岗位责任，而没有相应的流程责任。这说明，企业必须通过梳理和健全企业的各种流程，才具备实施绩效管理的前提。

（五）企业文化氛围

企业都是由人组成的。从企业创立到发展成熟期间，一旦人们在工作中形成了一种行为习惯（即企业文化），再想去改变是非常不容易的，这就是管理变革的难点所在。究其本源，就是人们普遍都有“江山易改，本性难移”的特性。而对企业来说，进行绩效管理就意味着要进行管理变革，改变人们原有的各种行为习惯；再加上利益的重新分配，原有的既得利益者会借助人们原来固有的行为习惯来阻止变革的施行。绩效管理方案中要改变的方面越多，影响的面就越大，受到影响的人就越多，而参与抵制的人也会越多；利益的变动越大，失去利益的人们反抗就会越激烈。如果大家都是明着反对的，还比较好办一些；如果都是暗地里抵制，用企业的损失去抗争，逼迫老板收回变革的决定，那么变革就很容易流产，因为老板不可能大面积换人，而实施绩效管理最终还是要靠手下这些员工。

一个企业的绩效管理体系要想得以有效运行，必须有一种“业绩导向”的企业文化氛围。它注重绩效，能把有关“人”的各项决定向组织中的每个成员阐释清楚，告诉组织成员管理层真正关注什么、重视什么、鼓励什么，这样绩效管理方案推行起来就会顺畅许多。而中国企业（尤其是国企）目前的现状多是“你好我好大家好”的“平均主义文化”，谁也不愿意承认自己能力比别人差或者比别人强，毕竟低头不见抬头见，大家还是以处好同事关系为第一要务。有关“业绩导向文化”和“平均主义文化”的不同点如表4-10所示。

表4-10 业绩导向文化与平均主义文化的差别

企业文化对比的方面	业绩导向文化	平均主义文化
价值导向	市场导向	平均主义
激励主体	个体	团队
激励机制	公平竞争	团队合作
分配原则	多劳多得	按需分配
奖励因素	业绩	论资排辈

那么，企业的价值观到底是推崇公平竞争原则，还是坚持平均主义呢？现实中，所有的企业文化多少都融合了这两大文化因素，体现了“论功行赏”与“大家共享”之间的矛盾对立。在某薪酬绩效管理项目的管理过程中，绩效管理项目组就深刻体验到了企业文化对绩效管理方案的影响。由于该企业是国企，并处于特殊行业范畴，在激励个人还是激励团队两者之间的平衡上，最终选择了倾向后者。于是，绩效管理方案经反复讨论修改之后，着重强调了淡化矛盾和维持内部平衡因素，对于个人的激励作用则做了一定削弱。

由此可见，企业文化虽然貌似看不见摸不着，但在企业管理中却自始至终起着潜移默化的作用。如果忽略了企业文化的作用，那么管理方案的出台与实施只能导致目标与实际效果偏离甚至背道而驰。只有深刻理解和把握企业文化特征，才能制订出切合企业实际情况的绩效管理方案；只有这样的方案才能最终实施下去，而不是被束之高阁。

（六）企业员工成熟度

企业员工的成熟度对于绩效管理变革来说也具有重要影响，因为企业员工是绩效管理的具体执行者，既是绩效被考核者，又是绩效考核者。企业员工的成熟度包括管理者（尤其是中层管理者）的能力素质、普通员工的基本素质、心态及自我学习能力等因素。

1. 管理者的成熟度

企业实施绩效管理对管理者的能力要求是很高的，管理者不再是依靠传统的行政命令进行管理，而是作为教练员对员工进行管理。管理者要与员工一起制订计划和目标，不断对员工进行观察，分析、发掘企业运营中存在的问题，与员工进行持续沟通，并对员工做出绩效考核，反馈、帮助员工改进绩效。管理者与员工的关系不再是生硬的上下级关系，而是利益联结在一起的合作伙伴关系。因此，管理者要掌握各种管理技巧和方法工具，才能具备指导和帮助员工改善绩效的能力，从而实现组织的整体目标。同时，管理者还必须愿意去实现这种角色的转变，对于中国的管理者来说，还要努力克服传统文化中一些消极因素的影响，在对员工进行绩效管理的过程中努力做到客观、公正。

有关管理者的能力对管理变革的影响方面，有一个很好的例子：20世纪80年代末，某咨询公司曾经为联想集团做过咨询项目，建议联想集团适应当时业务发展的方向要求，采取事业部制的组织管控模式。当时，联想集团总裁柳传志在看了这个方案后，并没有马上实施事业部制的组织管控模式，他对手下的干部说："我们的干部都是四十多岁研究所出身的老同志，既没有学过管理理论，也缺少管理意识和经验，需要学习又要扛很重的经营任务，能力提升赶不上业务发展。事业部制的组织管控模式要求分权管理，下放权力，对总经理的素质和管理能力的要求很高，要求具备管理人、财、物和产、供、销的综合运营能力，我们现在的干部还不行。根据现有资源能力情况，打个比喻，我们公司是辆马车，如果让许多不具备辨别方向的辕马自由选择方向，那么这些辕马们就会各行其是，各奔不同的方向，这辆车就会被扯裂，难以前行。如果我们由具有辨别方向能力的车把式指挥，来决定行进的方向，那么所有的辕马就会只顾拉车，我们这辆车就会飞快地奔向目的地。"于是，联想集团趁开展这次咨询项目的机会，结合企业自身的实际情况，总结、提炼出了"大船结构"的管理模式，并加以推行。这是基于当时企业管理者素质的实际情况，采取的集中管理控制模式，因而才保证了联想集团的高速发展。等到像杨元庆、郭为这样的一批年轻人逐渐成熟并走上了部门领导岗位之后，联想集团才开始实施事业部制的组织管控模式，并促进了集团的进一步发展。由此可见，管理者的素质对于实施管理变革是非常重要的。

2. 普通员工的成熟度

绩效管理最终要通过普通员工的绩效改善来实现企业整体绩效的改善和目标的达成，因此普通员工的成熟度对于管理变革能否成功具有重要影响。从整体来看，由于中国的特殊发展模式和环境，整个社会的心态显得比较浮躁，这影响到了员工成熟度的进步。这一点尤其反映在普通员工对待绩效管理的矛盾心理上。一方面，如果员工真正理解绩效管理的内涵，并能感觉到绩效管理过程的公平与公正性，员工是愿意实施绩效管理的；而另一方面，一旦因为不理解或涉及自身利益的可能损失，员工就想退回到安全状态，那就是抵制绩效管理的实施。员工的成熟度主要反映在员工对于管理变革的接受度，对于绩效管理的执行力方面，以及员工的自我学习能力方面。从员工的年龄结构来讲，年轻员工由于可塑性强，对于变革的接受度要高一些，更愿意通过扎实的绩效管理来提高自己的能力；而年龄较大的员工因为工作习惯的惯性更大一些，自我学习能力较差，所以显得更加保守一些。从员工的学历结构来讲，高学历的知识性员工对于管理变革的接受度高，执行力较强，自我学习能力和动力也都很强。从员工的个人能力素质来讲，个人能力素质越强，越敢于接受挑战，越容易接受管理变革和绩效管理的实施。员工的成熟度也反映在对于自身惰性的克服方面。惰性是人类的天性，对于实施绩效管理的企业来说，在工作中员工多多少少都存在惰性问题。但是，对于成熟度较高的员工来说，他们更容易接受变革的思想并克服自己的惰性问题；而成熟度较低的员工，则较难克服自己的惰性问题。在一个企业中，必然存在着既得利益者，他们因为惰性问题只想停留在安全区，任何变革在他们眼中都可能会损害到自己的利益，因此对于变革进行抵制是他们的自然反应。如果员工成熟度高，这些既得利益者也会逐渐认识到，只有接受变革把企业的业绩搞好，才能有个人利益的保证。

因此，管理者素质和员工的成熟度与绩效管理方案之间有一个匹配问题。较高的管理者素质和员工成熟度可以为企业实施绩效管理提供有力的支撑，可以接受较为激进的绩效管理方案的实施；而较低的管理者素质和员工成熟度，则只能实施较为缓和的绩效管理方案，甚至暂缓实施。

三、提高绩效实施效果的途径

绩效考核管理作为人力资源管理的一项重要职能，其重要性和必要性已经越来越被企业所接受，很多的企业在建立绩效考核管理系统方面可以说不遗余力，但在客观上还不是每家企业都可以实现预期效果。于是有的企业就对绩效考核系统提出质疑，更有甚者干脆全盘否定和废弃绩效考核体系。管理作为一门实践科学，没有任何一种管理方法或技术可以适用于任何环境，真正有效的管理技术往往不是最先进、最科学的技术，而是与环境最匹配的技术。所以，有效的绩效考核体系也需要有与之相对应的管理主体的环境条件。能够对绩效考核中出现的各种问题予以正视、分析并解决，想方设法清楚地知道问题的根源所在，并有针对性地、及时准确地组合适当的方法和技术手段来消除各种设计、运作中的问题，从而充分发挥绩效考核管理在激励员工、培育企业文化、提升企业核心竞争力等方面的巨大作用。

不可否认，绩效考核管理是一项复杂度较高的管理技术，所以绩效考核管理体系本身是否合理、是否科学是能够影响其实施效果的。然而，完全将没有实现预期效果的责任归咎于绩效考核体系本身是不恰当的。任何管理技术能有效发挥作用，都存在一定的管理假设和前提条件。

绩效考核管理体系是整个企业管理体系中的一个子系统，它不可能也不应该游离于整个管理体系之外，这个子系统的运作必然会受到整个企业管理体系的影响。按照管理不可复制论的观点，限制管理体制不能照搬的因素是思想、机制、环境等的不同，企业的管理者及其管理制度、管理方法和运作情况如何影响着组织的绩效表现。故此，这些积极影响和负面影响所包含的要素，都应该成为未来分析绩效和理论研究的重点。

（一）把实现组织目标视为绩效考核的真正出发点，消除把绩效考核仅仅用于员工薪酬分配的观念

管理不是目的而是手段，绩效考核也是如此。企业为什么要实施绩效考核？从管理控制理论上讲，绩效考核不仅是一项重要的人力资源管理职能，还是保证实现组织目标的有效管理控制手段，组织通过绩效考核体系把组织目标分解成为个体绩效目标，同时通过绩效考核来衡量组织现状，并将现状和未来目标进行比较，寻找其中的差距，在此基础上调整和优化企业的资源（人力资源只是其中的一项资源）及管理机制来不断地缩小差距，最后实现组织目标。所以说，实现组织目标才是绩效考核的真正出发点。

（二）注重对“一把手”的考核

“一把手”是企业的灵魂，是部门的领头羊，很大程度上直接决定了企业的经营效益或部门的整体绩效。特别是在提升团队绩效管理水平上起关键作用。但在国有企业内部，长期以来存在绩效考核“考民不考官”的现象。如果采取将“一把手”的绩效考核目标与企业或

部门绩效相捆绑的方式，可以对“一把手”形成有效的约束，有利于其创造性和积极性的发挥。另外，对“一把手”的考核还有利于剔除能力难以胜任的领导，并有利于开展“一把手”对其领导下的副职（助手）及属下部门主管的绩效管理，形成业绩合同管理模式（通过与下属单位负责人签订目标责任考核协议（合同），将部门责任人的绩效与部门业绩捆绑，加大对领导者的考核力度，激发各单位负责人的工作积极性）起到优化管理队伍的作用。当然，对“一把手”的考核还应配置合理的条件，即应设计合理的薪酬标准，以防止因责、权、利不对等而导致核心成员的流失。

（三）认清人力资源部门的作用，让每一个管理者都当好绩效考核的直接责任者

人力资源管理部门的主要责任在于建立和维护一套可以帮助管理者更好地评价下属工作的绩效考核管理体系，在部门主管与员工改进绩效管理的过程中，提供方法和指导，所以承担的不是直接责任而是间接责任。换言之，没有人力资源部，管理者同样负有对下属工作绩效进行考核的职责。因为只有各级管理者才知道组织的目标，知道如何把组织目标合理分解成个人目标，才能实现绩效考核的根本目的；也只有各级管理者才能全面了解下属的职责履行情况，才能使考核结果不偏离客观事实。所以说，组织的各级管理者是绩效考核的直接责任者。

（四）将员工的职责履行情况作为绩效考核的主要依据，改正面面俱到的做法

绩效考核，顾名思义，就是要考核“绩”和“效”。也就是说，考核员工的职责履行情况，具体来讲就是“工作业绩”和“工作表现”，只不过有些员工（如销售人员）的职责履行情况更多体现在“工作业绩”上，而有些员工（如秘书）的职责履行情况更多体现在“工作表现”上。所以，考核指标要根据不同的职位来合理设置。也就是说，要把员工的职责履行情况当作绩效考核的主要依据。

（五）切实把员工绩效考核结果直接运用于其薪酬调整或职业发展的决策中

绝大部分实施绩效考核管理体系的企业都将绩效考核结果与员工薪酬等级和职业发展机会直接挂钩，他们希望员工能够对绩效考核有足够的重视，同时根据绩效考核结果来进行薪酬调整和人事任免决策，这样可以体现决策依据的充分性。其实，这样的安排还有更积极的意义：一是可以有效实现员工发展和企业发展的有机结合，用绩效考核的结果指导员工工作业绩和工作技能的提高；二是将绩效考核结果与员工薪酬挂钩可以让员工分享企业的经营效益，或者当企业效益不好时可以分担部分经营风险；三是通过绩效考核结果公平显示员工对企业作出贡献的大小，据此决定对员工的奖惩和报酬的调整。

那么，如何才能建立有效的绩效考核体系？

为了建立有效的绩效考核体系，企业除了要求人力资源部门立下“军令状”或者引进外部咨询机构之外，还应该不断全面地审视自身现状，从“一把手”到各级部门主管再到基层员工，都应清醒地意识到，在绩效考核管理中出现问题是在所难免的，而且要对绩效考核中出现的各种问题予以正视，想方设法找到问题的根源所在，通过分析予以解决，并有针对性地、及时准确地组合适当的方法和技术手段来消除各种设计、运作中的问题，有效地激发员工

的参与意识和切实提高绩效考核管理的实施效果，从而充分发挥绩效考核管理在激励员工、培育企业文化、提升企业核心竞争力等方面的巨大作用，使绩效考核管理朝向规范化的方向发展。

阅读资料

新劳动合同法下的绩效管理体系设计

“根据员工年度考核结果，对于考核等级为‘不合格’的员工，公司可考虑调整岗位；对于年度考核等级连续两年为‘不合格’的员工，公司有权选择依法解除劳动合同。”

类似于这样的规定，以往可以从很多企业的绩效考核制度中看到。但随着《劳动合同法》的实施，这样的做法如果不及时调整，企业将面临着法律诉讼的风险。

企业的人力资源管理一方面要考虑如何提高劳动生产率，另一方面也要符合法律法规的要求。以往，很多企业的人力资源管理往往考虑后者过少，甚至根本没有考虑到法律因素，忽略了所有规定与措施的底线是国家法律。但随着《劳动合同法》的颁布和实施，人力资源管理将受到很多法律上的限制，这就要求企业必须及时作出相应的调整。

绩效管理是人力资源管理的核心内容之一。《劳动合同法》虽然没有直接对绩效管理作出规定，但由于绩效考核的结果会影响到薪酬调整、岗位调整和解雇等人事决策，这些决策又涉及劳动合同的履行、变更和解除，所以《劳动合同法》中有关劳动合同的履行、变更和解除的规定必然对绩效管理体系的设计产生影响。

一、《劳动合同法》对绩效管理体系提出了更高的要求

实际上，《劳动合同法》对绩效管理的影响主要体现在对绩效不佳的员工处理上。绩效管理应该实现奖优罚劣、盘活人力资源的目的。奖优一般不会出现法律风险，但罚劣尤其是对不合格的员工进行惩处，在《劳动合同法》下，将遇到很多障碍。在以往的绩效管理体系中，对绩效考核结果不佳的员工，企业往往单方面采取调整岗位甚至解雇的方式，但在《劳动合同法》实施后，这种方式已经行不通。

《劳动合同法》对企业变更合同予以严格的限制，要求企业与劳动者协商一致，才可以变更合同，并且必须采用书面形式，对合同解雇也严格限制，只有在法定情形下才能解除终止合同。这种规定有利于保护劳动者免受企业的随意调岗调薪，保证劳动合同的平稳履行，保持劳动关系的稳定。但另一方面，这种规定对企业的绩效管理（尤其体现在考核结果的应用环节）也产生一定的限制。《劳动合同法》严格限制企业变更合同的规定中存在唯一一个例外，即在劳动者被证明不能胜任工作的情况下，企业享有了单方变更劳动合同乃至解除劳动合同的权利，这实际上对企业的绩效管理提出了更高的要求——必须提供充足的证据证明员工“不能胜任工作”。

1. 岗位调整必须有理有据

对于绩效不佳的员工，企业在很多情况下会单方面采取调整岗位的做法。将一个表现不好的员工调整到一个更合适的岗位，在这种岗位调整中常常会同时调整劳动报酬。许多企业为此在劳动合同中约定企业可以根据工作表现和经营需要调整员工的工作岗位。这种做法在原有的法律环境下有一定的操作空间，但在《劳动合同法》实施后，企业调整劳动者工作岗位将受到严格限制。

《劳动合同法》第 35 条规定：用人单位与劳动者协商一致，可以变更劳动合同约定的内

容。变更劳动合同，应当采用书面形式。变更后的劳动合同文本由用人单位和劳动者各执一份。

岗位的调整涉及劳动合同的变更。变更劳动合同要具备的首要条件就是当事人双方必须协商一致。任何一方当事人不与对方协商、单方面变更劳动合同的行为都是不合法的。现实中，劳动合同的变更大多由企业提出，企业应当纠正“企业掌握合同变更的自主权”这一错误的合同变更理念，不能单方面强制地变更劳动合同。

《劳动合同法》只允许在劳动者不能胜任工作时，用人单位可以变更劳动合同，重新安排劳动者工作岗位。这就要求企业的绩效考核评价系统必须有充足的证据说明员工“不能胜任工作”。

2. 解雇必须是正当的，而且是有充足理由的

《劳动合同法》规定，劳动者不能胜任工作的，经过培训或者调整工作岗位，仍不能胜任工作的，企业可以解除劳动合同。根据这一规定，以不能胜任为由解除劳动合同需要满足3个条件：劳动者被证明不能胜任工作、经过培训或者调整工作岗位、仍然不能胜任工作。

根据《最高人民法院关于审理劳动争议案件适用法律的若干问题的解释》第13条规定，因用人单位作出的开除、除名、辞退、解除劳动合同、减少劳动报酬、计算劳动者工作年限等决定而发生的劳动争议，企业负举证责任。也就是说，解除劳动合同由企业负举证责任，所以企业对不能胜任工作的员工解除劳动合同需要举证证明员工“不能胜任工作”“经过培训或调整工作岗位”“仍不能胜任工作”，负有三次举证义务。这同样要求企业的绩效考核评价系统有充足的证据说明员工“不能胜任工作”，且“经过培训或调整工作岗位”后，“仍不能胜任工作”。

另外，《劳动合同法》规定企业在劳动合同中应当约定劳动报酬，这一规定迫使企业必须在劳动合同中约定工资标准，而且一旦约定，企业就不能自行调整，但人力资源管理又需要保证企业在薪资上的自主权，为了在法律规定和人力资源管理之间保持平衡，在具体操作上企业必然会加大绩效加薪、浮动薪酬和长期激励的比例，这也对绩效管理提出了更高的要求。

二、《劳动合同法》下的绩效管理体系设计

1. 绩效计划的制订

1）绩效计划制订的基础是工作分析。在绩效管理中，对员工进行绩效考核的主要依据就是事先制定的考核指标，而考核指标的内容在很大程度上来自通过工作分析而形成的岗位说明书。借助岗位说明书来制定考核指标，可以使绩效管理更具科学性和针对性。一份清晰的岗位说明书可以让员工清楚自己的岗位职责是什么，本职工作中应该达到怎样的要求，这也是在劳动争议中的重要证据。国外有学者曾对绩效考核导致的法律诉讼案件进行研究，找到了1976年来使组织在这类案件中胜诉的6个因素，其中最为重要的因素是，企业必须肯定绩效考核的内容确实基于工作分析，绩效标准与工作相关，考评的内容是具体的工作内容，而不是考评者的意见或者主管的意见。

2）绩效目标的制定应当与员工沟通，并要求员工确认。企业制定的绩效目标应当明确地告诉劳动者。劳动争议处理中，企业在许多情形下要承担举证责任，如果企业以劳动者没有完成绩效目标对劳动者进行惩处，则首先必须证明绩效目标已经告诉劳动者。企业可以在绩效计划制订及辅导反馈的过程中与劳动者进行沟通。为降低法律风险，企业可以在绩效计

划制订及辅导反馈的过程中要求员工签署有关书面文件，以此证明劳动者对绩效目标了解并认可。

3）绩效指标应该可量化或者可行为化，以增强考核指标的可衡量性。在考核指标的设计上，企业应避免使用抽象的指标，如“忠诚度”或“诚实性”等，除非可以用量化的数据或可观察的行为去定义它们。在劳动争议中，绩效的量化或行为化分析较易成为法律证据，无法量化或行为化的主观评估难以被司法部门采纳。同时，绩效考核指标应该包含多个相互独立的指标，对于司法部门来说，只有一个笼统模糊的绩效考核指标是不可行的，司法部门一般会要求将这些独立的评价结合起来，分配权重，进而产生一个总分。

2. 绩效信息的收集

1）应重视从多种渠道收集绩效信息。绩效考核是一项鉴定活动，因此一定要讲求证据，要使员工的绩效得到真实而具体的反映，并成为员工行为是否符合绩效标准的最有利的佐证。绩效信息收集是一个绩效监控的过程，同时也是为考核收集证据的过程。法律规定的证据包括书证、物证、视听资料、证人证言、当事人的陈述、鉴定结论、勘验笔录等多种形式。各种证据之间的证明效力并不相同，按照最高人民法院的规定，物证、档案、鉴定结论、勘验笔录或者经过公证、登记的书证，其证明力大于其他书证、视听材料和证人证言；证人提供的对与其亲属或者其他密切关系的当事人有利的证言其证明力一般小于其他证人证言。许多企业在劳动争议中让单位的员工作为证人或提供证言，但常常难以得到争议处理部门的认可。因为职工为单位提供劳动、领取报酬，二者之间有一定的利害关系，当职工为单位提供有利证言时，其证明效力较低。由于举证的困难，故企业败诉率较高。在司法实践中，客户意见可以作为判定是否不能胜任的依据，而上级对下级的评估则难以为司法部门采纳。这就要求企业要注意通过不同的信息渠道获得绩效信息，尤其要注意通过如客户、供应商等第三方来收集绩效信息。值得注意的是，无论通过何种渠道，评价者与被评价者有着日常的、实质性的接触是非常重要的，而且尽可能地让一个以上的评价者各自独立完成同样的工作绩效考核，这样可以减少个人偏见和错误问题。在司法实践中，由单个评价者决定一项人事行为往往导致企业败诉。

2）绩效实施过程应当收集辅助材料。由于劳动争议中企业负有举证责任，所以企业在评估过程中应当尽可能收集可以作为证据使用的辅助材料，如员工的绩效报表、客户的投诉信函等。考核开始前可以要求员工提交任务报告或定期述职，所有报告应通过书面形式并有员工签字。业绩不佳的员工在业绩评估中可能会争辩、解释，企业可以要求员工用书面形式作解释辩解，也可以将解释辩解做成谈话记录要求员工签字确认，这些都可以作为争议处理时的证据使用。

3）绩效数据应当要求员工确认。企业应当要求员工在绩效考核的文件上签字确认，以证明员工对绩效考核的结果予以认可。不过，考核结果不佳的员工常常拒绝在考核结论上签字，对此企业可以将绩效考核的过程分为事实调查和性质认定两个环节，在绩效数据收集完成之后无须立即得出考核结论。企业可以先要求员工对收集回来的具体事实和数据予以签字确认，在员工确认基本事实后，企业再依据员工确认的事实得出是否胜任的考核结论。

3. 绩效考核方式的选择

1）表现性评价技术更容易获得法律的支持。在考核方式上，近年来，目标管理、关键绩效指标、平衡记分卡等考核法在我国很多企业大行其道，但企业往往忽视了图尺度评价法、行为锚定法、行为观察量表法等表现性评价技术的运用。实际上，从西方企业的绩效管理发展历程来看，目标管理、关键绩效指标、平衡记分卡等都是战略性的绩效考核工具，它们能够将员工的绩效与整个组织的战略相承接，使得个人绩效的提高能指向组织整个企业的绩效。但是，战略性绩效管理工具的实施离不开表现性评价方法和技术的支撑。许多表现性评价技术，如行为锚定法和行为观察量表法，通过直接为考评者提供具体的行为等级和考评标准的量表，为考评者建立一个统一的考评标准，它们不仅有利于管理者有效地对员工工作出客观的评价，还有利于引导和开发员工的行为。在法律诉讼中，一套科学合理的表现性评价技术体系更容易获得法律的支持和认可。

2）以员工比较为基础的考核方法有较大的法律风险。以员工比较为基础的考核方法，如强制分配法尤其是末位淘汰法，在《劳动合同法》实施的背景下不能获得法律的支持。企业必须明确一个概念，在业绩考核中处于末位不等于不胜任工作。在 10 个劳动者的竞争中可能 10 个人都胜任工作，但总有一个处于末位；可能 10 个人都不胜任，即使处于第一名也不符合工作要求。所以，以员工比较为基础的考核方法难以证明员工能否胜任工作。从西方国家的司法实践中可以看到，采取这种考核方法的企业面临较大的法律风险，也频频成为法律诉讼的对象。例如，福特公司曾经把中层管理人员按绩效考核结果划分为 A、B、C 三个等级。在一个年份中被评为 C 级的管理人员将不能获得任何奖金；如果一位中层管理人员连续两年被评为 C 级，那么就意味着，此人很可能被降职或解雇。公司每年都会把 10%的中层管理人员评为 C 级。福特汽车公司的这种绩效考核方法使它成为几次法律诉讼的被告。后来，福特汽车公司不得不改变其原有的绩效管理过程中的一些主要内容，其中包括：每年必须有固定比例的管理人员被划为 C 级，而被划为 C 级的管理人员不仅得不到任何奖金和绩效加薪，而且还可能失去工作。现在，每年必须列入 C 级的管理人员下降到了 5%，原来的 A、B、C 三级也被换成了“高绩效者”“绩效达标者”“绩效有待改进者”的说法，并且那些被评为“绩效有待改进者”的员工，还可以得到以帮助他们改善绩效为目的的相关指导和咨询。

4. 考核公平性的保证措施

1）要对管理人员进行绩效考核的培训。绩效考核是高度感情化的过程，在考评的过程中，考评者难免会受到主观因素的影响，导致考评出现偏差。减少考评者主观因素造成的误差的办法就是对考评者进行培训，至少应该向评价者提供关于使用评价工具的书面指导，指导他们如何使用绩效考核系统，其中包括指导他们在作出判断时如何使用绩效考核标准，而不是简单地把它交给考评者，让他们自己去解释如何进行绩效考核。

2）建立绩效考核的审查与申诉系统。企业的高层管理者应该对所有的绩效考核结果进行某种形式的审查，同时应当建立一种允许员工对他们认为的不公正的评价结果作出申诉的系统。也就是说，在评价结果最终决定前，员工有权利通过书面的或口头的方式对其自身的评价结果进行回顾和评论，而企业要为员工建立正式的申诉渠道。

（资料来源：王斌. 新劳动合同法下的绩效管理体系设计[J]. 新材料产业，2013（5））

本章小结

本章主要阐述了绩效实施的相关内容。绩效实施是处于绩效计划与绩效考核之间的环节——持续的绩效沟通和绩效信息的收集与分析是绩效实施的两方面的主要内容。持续的绩效沟通就是管理者和员工共同工作，以分享有关信息的过程。而实现这一工作任务的方式是多种多样的，可以采取书面报告、定期报告、小组会议或团队会议、咨询及非正式沟通。信息的收集和分析是一种有组织的系统收集有关员工、工作活动和组织绩效的方法。信息收集的方法包括观察法、工作记录法、他人反馈法等。最后，本章在阐述了包括中国传统文化影响、企业发展阶段因素、企业发展历史因素、企业的组织体系、企业文化氛围、企业员工成熟度在内的影响绩效实施效果的因素基础上，提出了提高绩效实施效果的途径。

复习思考题

1. 绩效信息收集的注意事项有哪些？
2. 绩效沟通的方式有哪几种？阐述各种方式的优势与不足。
3. 成功进行绩效实施的关键在于哪两个方面？如何保障这两方面的内容得以执行？
4. 影响绩效实施效果的因素有哪些？提高绩效实施效果的途径有哪些？
5. 绩效考核实施的误区有哪些？

案例分析

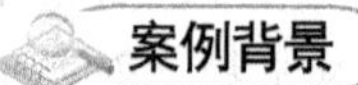
案例背景

保持不断的绩效沟通

案例1　工作为啥没有完成

主管：月初布置给你的工作任务完成了吗？

员工：我的工作需要财务部提供数据支持，但财务部未提供，所以没有办法完成。

主管：财务部为什么不提供数据？

员工：财务部的人说，各部门的数据没有报给他们，以致无法进行汇总统计，当然就提供不出我们工作所需的数据。

主管：那你为什么不及时向我汇报？

员工：几天前，你正出差在外，我打电话给你要求你参加财务部主持的一个协调会，你说赶不回来，不参加。

案例2　我的钱怎么少了

员工：咦，这回发的绩效工资怎么少了这么多？

主管：你上个月工作没做好，扣了你20分。

员工：我加班加点卖力干，工作到底哪里没做好？

（资料来源：罗会东. 保持持续不断的绩效沟通[J]. 职业，200（11））

案例讨论

1）发生上述状况的原因是什么？

2）请说明应该如何进行持续的绩效沟通？

实践环节

实训练习

通过本章的学习，应该能够把握不同绩效管理阶段沟通的侧重点以及进一步了解持续绩效沟通的作用。在这个练习中，参与者可进行绩效沟通模拟训练。建议两个人一小组。

第一步，两个人在本章结束一周内准备要模拟公司的背景资料，讨论的事件内容，做好主管和员工角色分工，时间控制在20分钟。

第二步，在角色模拟过程中，两个人面谈的内容能提供面对面讨论和解决问题的手段。这对于及早发现问题、找到和推行解决问题的方法是非常有效的；使主管和员工进行比较深入的探讨，可以讨论不易公开的观点；使员工有一种被尊重的感觉，有利于建立主管和员工之间的融洽关系。

第三步，沟通时注意做记录，结束时做个小结并定下下次会议的时间。

第四步，老师做总结。

本练习的结果可以使学生进一步体会持续绩效沟通的重要性，加深对本章所学知识的理解。同时，参与者在练习过程中还可以锻炼人际交往能力、组织协调能力、归纳总结能力、沟通能力和解决问题的能力。

第五章 绩效考核

教学目标

绩效考核是绩效管理的关键环节。通过本章的学习，学生应系统地了解和掌握绩效考核的基本理论和基本操作技能，学会选择合适的考核者并制订培训方案，掌握绩效考核的方法，了解各种绩效考核方法的优缺点及其适用性，了解绩效考核方法选择的影响因素，掌握不同层级员工的考核内容。

学习目标

- 掌握绩效考核主体选择的原则，了解不同绩效考核主体的特点；
- 了解考核者误区的类型，掌握考核者培训的内容；
- 了解绩效考核方法的分类，重点掌握各种绩效考核方法的优缺点及适用性；
- 掌握绩效考核方法选择的影响因素；
- 掌握不同层级员工绩效考核的内容。

关键词

绩效考核　考核主体　个人绩效　绩效考核方法　比较法
量表法　关键事件法

导入案例

MLK公司的绩效考核

MLK公司是一家机械加工企业，现有员工千余人，成立于20世纪60年代，注册资本为2亿元人民币，公司前身是国企，现已转制成为股份制企业。公司意识到目前尚没有一套行之有效的人力资源管理体系，缺少现代的激励、考核措施。因此，决定下大力气转变以往的“人才上不去，庸才下不去”的状况，在公司内部以岗位责任制为基础，采取记分制绩效考核手段，基于以绩效考核为核心的集团内部人员流动机制，建立了一套人力资源考核与管理体系。

公司年度绩效考核主要分为表现考评和目标考评两大类型。

1. 年度表现评估

每年的12月初开始启动，对每个员工本年度的工作态度、工作质量、工作能力等方面进行综合考评。由上级经理按照规定的表格内容结合员工的表现进行客观的考评。考评者和被考评人需要进行面对面的沟通，最终打出合理的分值。考评结果分为5个不同的等级。此结果会成为次年调薪方案的重要因素。

2. 年度目标考核

每年年初公司最高领导会给部门经理设置部门年度目标，部门经理根据部门目标设置个人目标。次年1月对设置的目标达成情况进行考核。考核的结果分为3等：没有达成目标低限，赋值0；达成目标，赋值1；达成或超过目标最高值，赋值1.5。这三等考核结果直接和年底奖金挂钩，以从某种程度上刺激员工的积极工作积极性。

虽然公司建立了这套绩效考评体系，但在具体实践过程中，公司负责人力资源的老总却遇到许多麻烦，大致可以归纳为以下几个方面：第一，绩效考核工作在实施过程中难以落到实处，“雷声大、雨点小”，各部门的考核者乐于充当好好先生，应付了事；第二，在考核过程中，公司员工缺少参与的积极性，抵触情绪很强，不少员工甚至质疑是否绩效考核就是通过反复地填表、交表来挑员工的毛病；第三，考核的过程烦琐，耽误正常的工作时间，推行过程中往往又因为得不到高层的足够支持而阻力重重；第四，考核过程和结果的公正性难以保证，大多数员工对于考核的结果都心怀不满，怨声四起，同事的关系也往往因考核而变得紧张，不利于公司的日常工作开展。

（资料来源：http://www.chinahrd.net/blog/307/1116280/306602.html，有改动）

绩效考核（performance appraisal，PA），就是评定和估价员工个人工作绩效的过程和方法，是员工绩效形成的不可或缺的因素。绩效考核是人力资源管理中技术性最强的环节之一，也是最具争议的环节之一。绩效管理系统包括两个最基本的层次：一是企业外部出资者对企业及其高层管理者的绩效管理；二是企业内部管理者对下属机构和下属人员的绩效管理。相应地，绩效考核一般包含两个层次：一是对于组织绩效的考核，二是对于员工绩效的考核。本章中的绩效考核是指员工绩效考核。

第一节　考核者的选择与培训

一、考核者的选择

考核者就是考核主体，是在绩效考核中对考核对象的绩效表现做出考核的人。绩效考核中的考核主体在绩效管理的过程中扮演着重要的角色。绩效考核主体的选择和考核者培训是决定绩效考核系统科学性和有效性的一个关键因素。

1. 绩效考核主体选择的一般原则

绩效考核主体是指对被考核者作出考核的人。在设计绩效考核体系时，考核主体与考核内容相匹配是一个非常重要的原则。选择什么样的考核主体在很大程度上与所要考核的内容相关，同时也影响着考核内容的选择。绩效考核主体选择的一般原则有以下 3 点。

1）绩效考核主体所考核的内容必须基于他所掌握的情况。显而易见，如果要求考核者对于他所不能看到的情况作出考核，那么这种考核一定是不准确的，必将对整个绩效考核的准确性和公正性产生不良的影响。

2）绩效考核主体对所考核岗位的工作内容有一定的了解。绩效考核的主体不但应该了解所考核的内容，而且对于该岗位的工作内容也应该有一定程度的了解。员工的任何职务行为都是基于实现一定职责任务的目的，并不是孤立的行为。缺乏对岗位的全面了解，往往可能作出以偏概全的判断。

3）有助于实现一定的管理目的。员工的直接上级往往是最重要的考核主体。因为员工的直接上级应该对员工的职务工作履行监督和指导的职能。在这种情况下，直接上级可以通过绩效考核者的身份更好地监督、了解并控制员工的绩效表现，更好地整合全部下属员工的工作，从而更好地实现团队或部门的整体工作目标。

阅读资料

谁是绩效考核的主体

凯达公司是一家集碳酸、果汁饮品生产、销售于一体的中型企业。公司王老板最近很苦恼，原来公司销售部、市场部和公司人力资源部经理因为营销人员绩效考核问题较上了劲，并且还在部门经理例会上吵了起来，影响很不好。事情的起因是这样的，原来销售部所属的一名送货业务员由于早晨交通拥挤的原因送货迟了一些，进而导致商场断货，商场于是打来了投诉电话。结果人力资源部经理知道了这件事，坚持要从重处罚这名送货员，而销售部经理则认为这是客观原因造成的，不应处罚送货员。在凯达公司，这类事情已经发生过很多次，按照公司的考核标准这会影响到整个销售部的业绩，销售经理自然不服气。由于销售部和市场部作为营销系统的两大部门，两位经理的关系很好，并且市场部也不满意人力资源部制定的所谓绩效考核模式。于是，他们联手抵制人力资源部。更严重的是，销售部、市场部经理还找到了王老板，并扬言，如果人力资源部经理不“走人”，那他们就走。面对这些曾经在商场上和自己“出生入死”的兄弟们，王老板没了辙。人力资源部倡导绩效考核，自然没错，不能打击他的积极性。可是，销售部经理所言也有道理，市场更不能乱。如此“内耗”下去，企业怎么办？王老板百思不得其解，陷入极度困惑之中。

（资料来源：http://www.doc88.com/p-0721673235434.htm，有改动）

2. 不同考核主体的比较

可能的绩效考核主体是多种多样的。不同考核主体具有不同的特点，在绩效考核中承担了不同的考核责任乃至管理责任。选择不同考核主体不仅是绩效考核的需要，同时也是实现绩效管理目的的需要。从这一点看，绩效考核主体的选择并不仅仅是为了更好地落实绩效考核的工作，也是为了更好地对员工绩效进行管理。

一般情况下，绩效考核系统中可能的考核主体包括直接上级、同事、员工本人、下属及客户、供应商等组织外部的人员。下面将针对这些情况一一作出说明。

（1）直接上级

上级考核是大多数组织使用的考核方式。研究结果表明，目前大约有98%的组织将绩效考核视为员工直接上级的责任。由于员工的直接上级通常是最熟悉下属工作情况的人，而且他们对考核的内容通常也比较熟悉，因此直接上级是最常见的考核者。上级考核还在于实现一定的管理目的和开发目的。对于直接上级而言，绩效考核作为绩效管理的一个重要环节，为他们提供了一种引导和监督员工行为的手段，从而帮助他们促进部门或团队工作的顺利进行。如果上级主管没有进行绩效考核的权力，将会削弱他们对其下属的控制力。此外，上级还对员工的成长与发展负有责任，在考核下属绩效的同时，也为制订下属的培训发展计划打下了基础。上级考核的局限性在于如果单纯依赖直接上级的考核结果，那么直接上级的个人偏见、个人之间的冲突和友情关系将可能损害考核结果的客观公正性。为了克服这一缺陷，许多实行直接上级考核的企业都要求直接上级的上级检查和补充考核者的考核结果，这对保证考核结果的准确性有很大作用。

（2）同事考核

虽然上级的考核很有价值，但是一些组织还是增加了同级考核来补充甚至取代那些由上级做出的考核。一般而言，员工的同事能够观察到员工的直接上级无法观察到的某些方面。特别是在员工的工作指派经常变动，或者员工的工作场所与主管的工作场所分离时，主管人员通常很难直接观察到员工的工作情况，如推销工作。这时就既可以通过书面报告方式来了解员工的工作业绩，也可以采用同事考核。在采用工作团队的组织中，同级考核就显得尤为重要。事实上，同级和上级是从不同的角度来看待某个人的绩效的。通常，上级掌握着更多的有关绩效期望和绩效结果的资料。而同事们则经常以一种不同的、更现实的眼光来看待某一员工的工作绩效。员工通常会把自己最好的一面展示给上级，但与其朝夕相处的同事却可能看到他较真实的一面，同事参与考核可以促进员工工作表现。同级考核可能会导致其他问题的发生。例如，当绩效考核的结果可能导致同级之间产生某种利益冲突时，将限制同事评分的可行程度。同事考核有时会受到个人感情因素、关系因素等影响而带有主观性。同事考核中还可能会存在“相互标榜”的问题，即所有同事都串通起来，相互将对方的工作绩效考核为较高的等级。研究结果表明，同级考核对于员工发展计划的制订非常适合，但对人力资源管理决策却似乎不适合。

（3）员工本人

关于员工自我考核的作用问题长期以来一直是有争议的。这一方法能够减少员工在考核过程中的抵触情绪，在工作考核和员工个人工作目标结合在一起时很有意义。但是，自我考核的问题是自我宽容，倾向于夸大自我的优点。例如，一项研究显示，当员工被要求对自己的工作绩效进行判断时，所有各种类型员工中有40%的人将自己放到绩效最好的10%（“最好者之一”）之中；剩下的人要么是将自己放入前25%（“大大超出一般水平”）之列；要么是将自己放入前50%（“超出一般水平”）之列。通常情况下，只有极少数的人（占该研究样本总数的2%左右）将自己列入低绩效等级范围之列，而那些总是将自己列入高绩效等级的员工，在很多时候则往往是低于一般绩效水平的。因此，自我考核比较适合于人员开发，而不适合于人事决策。不难发现，有效的工作规范和员工与主管人员之间良好的沟通是员工自我考核发挥积极作用的前提。此外，经验表明，员工和主管人员双方关于工作业绩衡量标准的看法的一致性越高，双方对考核结果的结论的一致性也就越高。

（4）下属

下属的考核有助于主管人员的个人发展，因为下属人员可以直接了解主管人员的实际工作情况、信息交流能力、领导风格、平息个人矛盾的能力与计划组织能力。在使用下属考核时，上下级之间的相互信任和开诚布公是非常重要的。在通常的情况下，下属考核方法只是作为整个考核系统的一部分。下属考核这种方法不仅为大公司（如施乐公司和惠普公司等）所采用，同样也为小公司所运用。这种方法能够使上级主管了解到下属员工是如何考核他们的。在一个缺乏开放、民主的组织文化的组织中，下属在考核上司的时候可能会有所保留，害怕被报复而不敢指出上司的缺点。因此，考核最好是匿名的。即使员工并没有作为日常绩效考核工作的考核主体，组织管理者在日常管理工作中也不可能忽视来自员工的意见。进行不定期的员工调查已经成为许多组织的日常工作。

（5）客户和供应商

在某些情况下，客户可以为个人与组织提供重要的工作情况反馈信息。虽然顾客和供应商考核的目的与组织的目标可能不完全一致，但是他们的考核结果有助于为员工晋升、工作调动和培训等人事决策提供依据。将客户和供应商纳入考核主体之中，有助于了解那些只有特定外部成员能够感知的绩效情况，或通过设定特殊的考核主体引导被考核者的行为。例如，对于一个教师来说，他在课堂上的授课情况为什么是其绩效的重要组成部分。而教师的上级主管却不可能了解教师授课的全部情况，他们最多只能抽取教师的部分课时进行听课和考核。作为教师授课对象的学生由于对教师的授课情况非常了解，而且教师的绩效中重要的组成部分是学生的满意程度，因此由学生考核教师的授课质量是非常必要和恰当的。更重要的是，由于客户的满意度为组织成功的关键影响因素，这类组织通过将客户作为考核主体，以促进员工更好地为客户提供服务。

（6）360°绩效考核

来自于不同角度的信息在考核员工业绩的不同侧面具有不同的效力，因此许多组织将这些信息综合使用，并产生了360°绩效考核和反馈体系。360°绩效考核是指从各个相关方面获得有关员工绩效的信息，包括上级、同事、本人、下属、客户和其他方面的信息（见图 5-1)。这种绩效考核更重要的目的是了解员工在哪些方面做得好，在哪些方面做得不好，从而在今后的工作中改进。它表明一个个体或团队主动获取绩效反馈信息的行为。360° 绩效反馈信息更主要的是用于发展的目的，而不是根据这些信息进行奖惩。

在采用 360° 绩效考核方法时，应注意以下几点。

1）更多强调的是“反馈”，而不是“考核”。360° 绩效考核最重要的是让被考核者了解自己的绩效信息，并不断提升自己的绩效。而很多企业主要将其作为背对背的考核，将矛头指向打分，并据此进行报酬奖惩。

2）是个人发展工具而不是打分工具。如果强迫每个人都要给其他人打分，大家会觉得这是一个负担，因而不愿去做。但是如果换一种思维方式：将 360° 反馈作为一种个人发展工具而不是打分工具，让每个人认识到来自别人的考核信息对自己的能力发展有帮助，每个人主动去获取反馈信息，这样大家就会觉得这是对自己有好处的事情，从而不会感到是一种负担了。

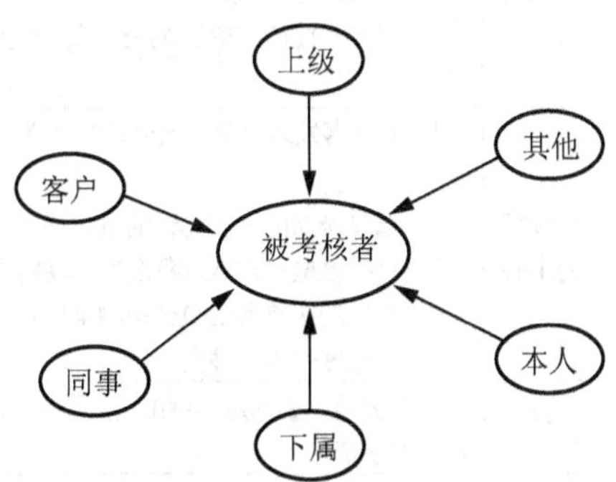

图 5-1　360° 绩效考核

3）考核的内容要有针对性。不同的考核者只对被考核者绩效的某个侧面有所了解，因此他们只能对自己熟悉的内容做出具体考核，而不是进行笼统的考核。

4）适合于特定的组织氛围。实践表明，360° 绩效考核方法只有在那些开放性高、员工参与气氛浓和具备活跃的员工职业发展体系的组织中才能取得理想的效果。

采用 360° 绩效考核来提取员工绩效信息既有优势也存在一定的局限性（见表 5-1)。在实际操作时，可以根据实际情况对 360° 绩效考核进行适当变通。例如，有的时候可以是 180°，对主管人员的考核采用上级、下属、自我考核的结合。同时，还需要采取相应的措施来保证考核信息的质量。

表 5-1　360° 绩效考核的优缺点

优点	缺点
比较公平公正； 加强了部门之间的沟通； 人事部门据此开展工作较容易； 提高员工对绩效反馈信息的认同度	收集信息的成本较高，也更为复杂； 来自不同方面的意见可能会发生冲突； 员工可能会串通起来集体作弊

经典案例

美国通用研发中心 360° 绩效考核案例

美国通用研发中心 360° 绩效考核表，如表 5-2 所示。

表 5-2 美国通用研发中心 360° 绩效考核表

项目	考核评定标准	上级	同事	下属	其他
工作目标	1．使他人清楚地理解公司研发中心的工作目标，使他人清楚地了解组织的方向； 2．激励他人致力于完成公司研发中心的工作目标，以身作则； 3．想得远，看得广，向想象挑战； 4．如果必要，需完善公司的工作目标以反映不断加剧的变化对公司业务的影响				
主人翁精神	1．在公司的所有活动中，加强公司的使命感及战略紧迫性，用积极的态度使他人了解公司碰到的挑战； 2．用专业技能有效影响公司及研发中心的行为和业务决策，无论成败敢于承担责任				
以顾客为中心	1．听顾客发表意见，把令顾客满意作为工作的最先考虑，包括令公司内部的顾客满意； 2．通过跨功能、多元化的意识展示对业务的全面掌握和认识； 3．打破壁垒，发展业务之间、功能之间、团队之间的相互影响的关系； 4．作出的决策要反映公司的全球观及顾客观； 5．将速度作为一种竞争优势				
责任心	坚持公司道德的最高标准；服从并宣传通用电气及公司研发中心的所有政策："做正确的事情"				
廉洁正直	1．言行一致，受到他人的完全信任； 2．实现对供应商、顾客、管理层和雇员的承诺； 3．表现自己坚持信仰、思想及合作的勇气和信心，表现自己对防止环境受到危害有不可推卸的责任				
鼓励最佳表现	1．憎恨、避免"官僚"，并努力实现简明扼要； 2．不断寻求新方法改进工作环境、方式和程序； 3．努力改进自己的弱项，为自己的错误勇于承担责任； 4．为最佳表现确定富有挑战性的标准和期望；承认并奖励取得的成就； 5．充分发挥来自不同文化、种族、性别的团队成员的积极性				
刺激变化	1．创造真正的积极变化，把变化看作机遇； 2．积极质疑现状，提倡明智的试验和冒险				
团队工作	1．迅速实施加以改进的好的工作方法； 2．提倡发表不同看法，因为这些看法对积极变化非常重要； 3．发挥既是一名团队领导，又是一名团队成员的积极作用； 4．尊重团队成员的才智和贡献，创造一种人人可以参与的环境； 5．将团队的目标和组织与其他团队的目标联系起来； 6．热情支持团队，即使团队处于困境当中，对团队的错误承担责任； 7．解决问题时不疏远团队成员				
自信	1．承认自己的力量和局限，从团队成员那里寻求坦率的反映； 2．境况不佳时也能保持性情不变； 3．公开诚实地和大家一起探讨问题，超越传统的边界分享信息，易于接受新思想				
沟通	1．向团队成员和供应商解释通用电气和研发中心的工作目标及挑战； 2．本着公开、坦率、清晰、全面及持续的态度进行沟通，欢迎不同意见； 3．和大家一起探讨开展一个项目、计划或程序的最佳做法； 4．积极倾听，对团队成员显示真正的兴趣				
授权	1．敢于将重要任务交给下属去做，而不是只让下属做不喜欢做的事； 2．让下属拥有与责任相匹配的权利，并给他们以完成工作所必需的资源保证； 3．促进下属和同事独立发展的能力，适当的时候应将功劳归于他们； 4．充分利用团队成员（文化、种族、性别）的多样性来取得成就				

续表

项目	考核评定标准	上级	同事	下属	其他
发展技能	1. 使工作/任务有利于雇员的个人发展与成长，和团队成员一起分享知识和专业技能； 2. 确定富有挑战性的目标以促进提高现有水平，开发新技能； 3. 给下属的表现和职业发展不断提供坦率的教导和信息反馈，并用书面形式记载结果； 4. 尊重每个人，信任每个人				

（资料来源：林筠．2006．绩效管理．西安：西安交通大学出版社：101～103.）

二、考核者的培训

考核主体是否能够与考核内容相匹配，考核者是否真正掌握了绩效考核的方法和要点等问题，都是在绩效考核中与考核主体一方有关的问题。考核者培训对于实现绩效考核的目标乃至绩效管理的目标都是一个非常重要的环节。

（一）考核者培训的目的

组织对考核者进行绩效管理培训的目的如下。

1. 增进员工和主管人员对绩效管理的了解和理解，消除各种误解和抵触情绪

员工和主管人员对于绩效管理往往都会有一定认识上的偏差，如果不消除这些偏差，将会给绩效管理的实施带来很大隐患。若当在实施了绩效管理之后再做纠正，将会带来很大的消极影响。

员工对绩效管理可能会有各种各样的想法。具体表现如下。

1）有的员工认为绩效管理是形式主义，走过场，抱着无所谓或反感的态度。

2）有的员工对任何正式的考核都会很敏感，认为是在找自己的缺点，内心会感觉自己的品格和能力受到质疑。

3）有的员工希望绩效管理公正、公平和公开。

4）有的员工对上司缺乏信任感，害怕自己受到不公正和不公平的考核，内心有抵触情绪。

5）有的员工非常想了解上司的考核，想知道上司对他们的特别要求，希望了解上司的期望和发展设想。

6）有的员工可能会因此产生升职和加薪的期望。

7）有的员工把绩效管理本身作为衡量上司管理能力的指标，想看看上司的水平到底怎样。

主管人员对绩效管理也有各种各样的想法。具体表现如下。

1）有的认为自己只不过是走一个过场，关键的责任还是在人力资源部门。

2）有的认为绩效管理是利用自己权力的机会，可以整一些人，也可以拉拢一些人。

3）有的想借此机会树立自己的权威。

4）有的担心给某些员工打不好的分数会影响相互之间的关系。

5）有的想借此机会在部门内部树立一些榜样。

6）有的担心下属给自己打不好的分数。

7）有的想借此激励先进，鞭策后进。

8）有的想借此机会与某些员工好好交流沟通。

员工和主管人员对绩效管理有这么多不同的看法，有些是对的，有些是错的，有些是好的，有些是不好的。绩效管理培训可以增加员工和主管人员对绩效管理的了解和理解，消除各种误解和抵触情绪；否则，将严重影响绩效管理实施的效果。

2. 掌握绩效管理的操作技能，保证绩效管理的有效性

绩效管理有许多操作技能，例如如何设定绩效指标和标准，如何评分，如何进行绩效沟通等。如果实施绩效管理的人不能掌握这些技能，就很难保证他们能正确地运用绩效管理这个管理工具，绩效管理的目的就无法达到。这些技能当中，有些是主管人员掌握的，有些是主管人员和员工都应该掌握的。

3. 掌握避免考核者误差的方法

考核者误差实际上是考核者在主观上发生的错误，因此通过培训使考核者了解这些误差产生的原因，掌握避免考核误差的方法，进而避免其发生，是保证绩效考核结果公平、公正性最直接也是最有效的方法。

（1）考核者误差的类型

要客观公正地对员工或主管的能力、绩效进行一次完整的考核，无论是对考核者还是对被考核者来说，都是一件相当头痛的事情。由于考核者受能力、感情、利益等的影响，在考核中做到绝对的公正无私几乎是不可能的，也是不现实的。无论考核者采用哪种考核方式，都会对某些员工造成相对的“不公平”，都将不可避免地出现或多或少的误差。考核者误差的类型一般有以下几种。

1）晕轮误差。晕轮误差通常又被称为晕轮效应（halo effect）。在绩效考核中，晕轮效应具体是指由于个别特性考核而影响整体印象的倾向。晕轮效应意味着，如果对下属某一绩效要素的考核较高，会导致对此人的其他绩效要素考核也会较高。有关晕轮效应的例子在日常生活中也经常发生。中国有句成语是“爱屋及乌”，反映的就是这种晕轮效应。在绩效考核中晕轮效应十分常见。例如，某位主管人员对下属的某一绩效要素（如口头表达能力）的考核较高，导致其对此员工其他所有绩效要素的考核也较高。同时，员工一般对那些对下属和颜悦色、比较客气的上级会有好感。这样的上级工作能力也许不强，但员工倾向于对该上级的其他方面也给予较高的考核。这种情况对于绩效考核的有效性十分有害。

2）逻辑误差。逻辑误差（logic error）是指考核者在对某些有逻辑关系的考核要素进行考核时，使用简单的推理而造成的误差。在绩效考核中产生逻辑误差的原因是两个考核要素之间的高相关性。例如，很多考核者认为“社交能力和谈判能力之间有很密切的逻辑关系”，于是，他们在进行绩效考核时往往会依据“社交能力强”，而对某员工做出“谈判能力当然也强”的考核。

晕轮误差与逻辑误差的本质区别在于：晕轮误差与被考核者个人因素有很大关系，并且

只在同一个人的各个特点之间发生作用，在绩效考核中表现为在对同一个人各个考核指标进行考核时发生作用；而逻辑误差与被考核者个人因素无关，它是由于考核者认为考核要素之间存在必然逻辑关系而产生的。

3）宽大化倾向。宽大化倾向（1eniency tendency）是全世界最为盛行的考核误差行为。受这种行为倾向的影响，考核者对考核对象所做的考核往往高于其实际成绩。这种现象产生的原因主要有：①考核者为了保护下属，避免留下不良绩效的书面记录，因此不愿意严格地考核部下；②考核者希望自己部下的成绩优于其他部门员工的成绩；③考核者对考核工作缺乏自信心，避免引起考核争议；④考核要素的考核标准不明确；⑤考核者想要鼓励工作表现有进步的员工。

在宽大化倾向的影响下，绩效考核的结果会产生极大的偏差。具体而言，会出现以下几种情况：①对绩效出色的员工来说，他们将会对考核的结果产生强烈的不满，进而影响其工作积极性；②既然做好做坏一个样，一些本来存在消极情绪的员工就会安于现状，不思进取，甚至没有以往工作积极；③对于抱负远大的员工来说，宽大化倾向的考核方式会让他们觉得自己的个人价值没有得到很好体现，进而可能会选择离开组织，造成组织优秀人才的流失；④对于绩效很差的员工来说，一方面他无法了解自己需要提高哪一方面绩效，甚至会误以为自己已经做得很不错了，从而继续维持现状，使绩效得不到提高，绩效管理的目标无法得到实现。另一方面，即使绩效差的员工意识到自己的不足，在组织内部宽大政策的影响下，他们也很可能不会积极主动地提高自己的水平。除此之外，由于该类员工有一个比较满意的考核记录，管理人员想解雇他也会由于缺乏理由而无法实现。

4）严格化倾向。严格化倾向（strictness tendency）是与宽大化倾向相对应的另一种可能的考核者行为倾向。严格化倾向是指考核者对员工工作业绩的考核过分严格的倾向。在现实中，有些考核者在考核其下属员工时喜欢采用比组织制定的标准更加苛刻的标准。

严格化倾向产生的原因如下：①考核者对各种考核因素缺乏足够的了解；②为了惩罚一个顽固的或难以对付的员工；③为了鼓励一个有问题的员工主动辞职；④为下一次有计划的解雇制造一个有说服力的记录；⑤为了缩减凭业绩提薪的下属的数量；⑥为了遵守组织的规定（组织不提倡主管人员给出高考核）。

由此可见，如果一名考核者对整个部门过分严格，该部门的员工在加薪和提升方面都将受到影响，会对公司产生对抗心理，从而出现消极怠工或者阳奉阴违的负面影响；如果对某一特定的员工考核过分严格，则有可能受到歧视员工的指控。因此，人力资源管理者必须采取措施使考核者明白如何避免这种情况的发生。

5）中心化倾向。中心化倾向（central tendency）是指考核者对一组考核对象做出的考核结果相差不多，或者都集中在考核尺度的中心附近，导致考核成绩拉不开距离。当发生这种错误时，所有员工均会获得平均或接近平均的得分，致使主管不能辨明谁是最佳和谁是最差的工作者。例如，在图示量表法中，设计者规定了从第一等级到第五等级的 5 个考核等级。主管人员很可能会避开较高的等级和较低的等级，而将他们的大多数下属都评定在第二、三、四 3 个等级上。

中心化倾向产生的原因有：①人们往往不愿意做出“极好”和“极差”之类的极端考核；②考核者对考核对象不太了解，难以做出准确的考核；③考核者对考核工作缺乏自信；④考核要素的说明不完整、考核方法不明确；⑤有些组织要求对过高或过低考核写出书面鉴定，怕引起争议。

6）首因效应。首因效应（primacy effect），又称第一印象误差，是指员工在绩效考核初期的绩效表现对考核者考核其以后的绩效表现产生延续性影响。例如，有一名员工在刚刚进入某个部门之初工作热情很高，不但超额完成业务量，还经常主动请求上级给他布置工作，这种员工自然人人都会喜欢，所以给上级留下了极为深刻的印象。实际上，他的热情只持续了一两个月，在以后的工作中表现并不出色，按理说在整个绩效考核期间他的平均工作绩效不是很好，但是上级还是根据最初的印象给他较高的考核。首因误差会给考核工作带来消极的影响，使考核结果不能正确地反映被考核者的真实情况。

7）近因误差。近因效应是指考核者只凭员工的近期（绩效考核期间的最后阶段）行为表现，即以员工在绩效考核期间的最后阶段绩效表现的好坏进行考核，导致考核者对其在整个考核期间的业绩表现得出相同的结论。例如，有的组织一年进行一次绩效考核。当评定某一个具体的考核要素时，考核者不可能回想起在整个考核阶段中发生的与该考核要素相关的员工行为。这种记忆衰退就会造成近因效应。另外，由于员工往往会在考核之前的几天或几周里表现积极，工作效率明显提高，因而考核者对近期行为的记忆往往要比对过去行为的记忆更加清晰。近因误差会使绩效考核得出不恰当的结论。例如，有的员工在最近一个月内表现不良，因而得到了较差的考核，而实际上他在之前的若干月内都保持着优异的绩效记录。

8）考核者个人偏见。组织行为学理论指出，当以某人所在的团体知觉为基础对某人进行判断时，就称这种行为受到了刻板印象（stereotyping）的影响。有些人也使用“考核者使用隐含人格理论”来指代这种现象。在这里将之称为“考核者个人偏见”。考核者个人偏见是指考核者在进行各种考核时，可能对员工的个人特征（种族、民族、性别、年龄、性格、爱好）等方面存在偏见，或者偏爱与自己的行为或人格相近的人，造成人为的不公平。

考核者个人偏见可能表现在：①对与自己关系不错、性格相投的人会给予较高的考核；②对女性、老年人等持有偏见，给予较低的考核等。企业应通过考核者培训，要求考核者从企业发展的大局出发，抛弃自己的个人偏见，进行公正的考核。

9）溢出误差。溢出误差是指因被考核者在考核周期之前的绩效失误而降低本次绩效考核等级。例如，某一名生产线上的员工在该绩效考核周期之前出现生产事故，影响了他上一期的工作业绩，而在本考核期间尽管他并没有再犯类似错误，但考核者可能会由于他上一考核期间的表现不佳而在该期的考核中给出较低考核等级。在考核中出现溢出误差对那些上一个考核期间表现不良的员工来说是一种十分不公平的情况，这将挫伤员工继续提高工作绩效的积极性。因此，为了避免这种考核误差的发生，应该鼓励考核者记录考核期间发生的关键事件。

10）板块效应。人们习惯把处于不同层次的社会群体视为较稳定的板块，而对处于该群体中的某一成员也认定具有板块特征，从而产生板块效应。例如，在绩效考核中，板块效应构成的偏差，时常表现为青年员工考核得分不高，这是因为社会普遍认为青年人缺乏经验，办事不够稳重，还有待锻炼，在板块效应作用下，考核者会将这个一般性、概括性的结论硬套到某一具体的青年考核对象上，从而导致得分较低。板块效应的弊端在于以假设代替了现实，以普遍现象代替了具体个体情况，以过去规律代替了现在变化。避免这种偏差，最重要的是考核者要更新观念，不能用传统的、滤色镜式的眼光看人，要注重事实，注重业绩。

（2）避免考核者误差可采用的措施

为了避免各种考核者误差，可以采用的措施有以下几个方面。

1）对考核者进行避免考核者误差方法的培训。避免考核者误差最首要的方法就是通过培训使考核者充分地认识各种考核误差的存在，从而使他们有意识地避免这些误差的发生。在一项典型的此类考核者培训中，主讲人先为考核者们放映一部关于员工实际工作情况的录像带，然后要求他们对这些员工的工作绩效做出考核。接着，主讲人将不同考核者的考核结果放到粘贴板上，并且将在工作绩效考核中可能出现的问题（如晕轮效应和中心化倾向等）逐一进行讲解。

2）清晰界定绩效考核指标。在考核指标界定清晰的情况下，绩效考核者能够根据所要考核指标的含义有针对性地做出考核，避免对被考核者某一方面绩效的看法影响了对其他考核指标的考核，从而避免晕轮误差、逻辑误差及各种错误倾向的发生。另外，界定考核指标同时还包括界定各考核指标之间的“关系”——要避免考核者主观臆断地找到所谓的逻辑关系，影响考核的准确性。

3）使考核者正确认识绩效考核的目的。前面所述，宽大化倾向和中心化倾向产生的一个重要原因是考核者不希望在本部门内产生种种矛盾和摩擦，或者影响本部门人员的利益。因此，只要考核者正确认识了绩效考核的目的，就能够避免上述情况的发生。应该让考核者认识到，绩效考核作为人力资源管理系统的核心环节对于各方面的人事决策起了十分重要的作用，正确的考核能够帮助员工更好地发展其职业生涯。因此，作为考核者并不是必然地与被考核者形成对立。通过科学的考核和其他与考核结果相关的各个人力资源管理环节，能够更加科学地对员工进行管理。

4）选择正确的绩效考核方法。在必要的时候，结合使用比较法（包括排序法、一一对比法、人物比较法和强制分配法），以避免宽大化倾向、严格化倾向和中心化倾向。客观地讲，要通过考核者培训绝对地避免各种考核者误区是不可能的。在一些情况下，为了作出某些管理决策，绩效考核的结果是将员工分出所谓的“三六九等”。这时，在其他考核方法的基础上结合使用强制分配法，能够达到这一目的。同时，宽大化倾向、严格化倾向和中心化倾向也就不会发生了。

5）提高考核者对绩效考核的信心。宽大化倾向和中心化倾向产生的原因之一是，考核者对被考核者缺乏足够了解而使其对于考核的结果缺乏信心，因而倾向于做出宽大化或中心化的考核。因此，解决这一问题的方法就是使考核者有足够的时间和渠道加强对被考核者的了解，在必要的时候甚至可以延期进行考核。另外，考核者缺乏信心还可能源于对考核系统本身缺乏信心。为了提高考核者对整个考核系统的信心，最重要的手段就是通过培训使他们了解考核系统的科学性和重要性，这样可以在一定程度上避免宽大化倾向、中心化倾向的发生。

6）通过培训使考核者学会收集资料的方法。首因误差、近因误差和溢出误差 3 类误差主要是由于考核所依据的事实不充分或不准确造成的。应该通过培训使考核者学会科学地收集考核中使用的事实依据，用来避免这 3 类误差的发生。

需要注意的是，在这里有一个重要的假设前提：绩效考核系统本身是科学的。如果绩效考核系统本身存在问题，那么上述种种解决考核者误差的手段都无法保证考核结果的科学性。上面谈到的6种方法并不能解决所有的考核者误差问题，而只是为解决考核者误差提供一些思路，具体问题还应结合具体情况作出决策。人力资源管理部门应该通过各种手段了解被考核者对考核结果的看法，及时找到考核中存在的各种问题，并有的放矢地逐一解决。

（二）考核者培训计划

对考核者进行培训之前，人力资源管理部门应制订完善的考核者培训计划。该计划一般应包括以下内容：培训目标、培训主题、培训对象、培训时间、培训方式、培训具体内容、培训流程等。

下面用一个实例来说明考核者培训计划的整个过程。该实例将整个考核者培训分为8个主题，每个主题的内容、形式、时间等各个方面都是不同的。表5-3～表5-6详细地阐述了这8个主题的课程设计。

表5-3　绩效管理培训主题1和主题2的内容

课程主题	主题1：绩效管理介绍	主题2：绩效考核中考核者的责任
培训目标	使受训者了解绩效管理的目的和操作方法，获得员工对绩效管理的接纳	使考核者了解和理解考核者对绩效管理操作过程的影响，以便更好地实施绩效管理
行为性目标	1. 了解组织关于绩效管理的政策和程序； 2. 了解自己在绩效管理中的角色； 3. 了解考核者和被考核者在绩效管理中的互动关系； 4. 列出绩效考核信息的用途； 5. 了解进行有效绩效管理应注意的事项	1. 讨论正确进行工作描述和较好的定义绩效标准的重要性； 2. 识别考核者的错误和偏差； 3. 掌握减少考核误差的方法
授课者	咨询顾问、专业培训师等	咨询顾问、专业培训师等
授课时间	1～2小时	8～14小时
授课形式	讲授与问答	讲授、角色扮演、案例分析、团队互动
受训者	参加绩效管理的所有员工	参加绩效管理的考核者和审核者（主要是主管人员）
受训者准备	阅读《员工绩效管理手册》	预习资料《绩效考核中的常见误差》
辅助材料	影视设备、投影仪	影视设备、投影仪、案例
课程内容介绍	1. 这是大多数绩效管理培训课程都具有的开始性课程。对任何绩效管理课程来说，比较符合逻辑的开端都是向员工解释组织为什么要使用绩效管理系统，它的目的是什么，有什么用途及组织现在要使用的是一套怎样的绩效管理系统等； 2. 课程概要性地讲解关于绩效管理整个过程的知识。讲师将通过讲解、举例让学员了解绩效管理的目的和过程，消除由于不了解绩效管理而带来的紧张和焦虑	1. 讲师将与学员讨论和分析目前绩效考核中存在的阻碍准确性的因素，包括绩效考核方法的设计、工作描述的准确性和绩效标准设定中的问题等； 2. 通过实际操作性的活动使学员学会做好工作描述的方法； 3. 识别考核者的错误和偏差，掌握如减少考核误差的方法

表 5-4 绩效管理培训主题 3 和主题 4 的内容

课程主题	主题 3：关键绩效指标设定	主题 4：对行为施加积极的影响
培训目标	使学员了解关键绩效指标的定义、内容；学会设定关键绩效指标	使考核者了解员工绩效中出现的问题和障碍，学会克服它们的方法
行为性目标	1. 讨论设定关键绩效指标的重要性； 2. 了解设定关键绩效指标的原则，学会建立客户关系示图和定义工作产出； 3. 学会设定关键绩效指标和标准	1. 识别员工存在的有关知识和技能、兴趣、动机、努力程度等绩效方面的问题； 2. 掌握针对各种具体问题给予督导和帮助的方法
授课者	咨询顾问、专业培训师等	咨询顾问、专业培训师等
授课时间	6～8 小时	4～6 小时
授课形式	讲授、案例分析、分组讨论	讲授、角色扮演、案例分析、小组练习
受训者	参加绩效管理的考核者和被考核者	参加绩效管理的考核者和审核者（主要是主管人员）
受训者准备	阅读预习资料《什么是关键绩效指标》和《客户关系示图》	回顾和识别自己在为下属提供教导和咨询时所遇到的问题
辅助材料	投影仪、案例、讲义	案例和关于教导的讲义
课程内容介绍	学习和讨论目前绩效指标设定中的问题，通过实际操作活动使学员学会利用客户关系示图定义工作产出和关键绩效指标的方法	教导和咨询的技能是主管和考核者必备的基本技能。讲师将帮助学员了解员工在绩效方面存在问题的可能原因，以及给下属提供一些教导和帮助的方法

表 5-5 绩效管理培训主题 5 和主题 6 的内容

课程主题	主题：5 正确使用考核工具	主题 6：记录工作现场的行为
培训目标	使考核者了解绩效考核中常用的考核工具，学会正确使用这些考核工具的方法	使考核者了解识别和记录实际工作现场行为的方法
行为性目标	1. 描述考核工具的设计； 2. 解释将被考核者的行为对应到考核量表中的方法； 3. 了解不同考核者之间的差异	1. 如实记录工作现场的行为； 2. 如何存储和提取行为记录
授课者	咨询顾问、专业培训师等	咨询顾问、专业培训师等
授课时间	6～8 小时	2～3 小时
授课形式	讲授、个人演说、小组练习	讲授、角色扮演、团队互动
受训者	参加绩效管理的考核者和审核者（主要是主管人员）	参加绩效管理的考核者（主要是主管人员）
受训者准备	回顾当前的考核工具，识别它们存在的问题、所存在的优势和不足	预习资料《记录工作现场的行为的必要性》
辅助材料	考核工具	视听设备、角色扮演脚本、案例、讲义、工作表现记录表
课程内容介绍	本课程通过讲解、练习等方法使考核者正确掌握考核工具的使用，并了解考核者对考核结果的影响	通过讲解、练习等方法使考核者正确掌握在工作现场记录员工工作表现的方法

表 5-6　绩效管理培训主题 7 和主题 8 的内容

课程主题	主题 7：准备绩效反馈面谈	主题 8：实施绩效反馈面谈
培训目标	使考核者了解有效地准备绩效反馈面谈的方法	使考核者了解有效地实施绩效反馈面谈，提高面谈技巧的方法
行为性目标	1．列出绩效反馈面谈中所要做的活动； 2．计划绩效反馈面谈的时间	1．对照有效的和无效的绩效反馈面谈技巧； 2．描述非言语行为在绩效反馈面谈中的作用； 3．掌握控制面谈的过程，使之不偏离预期轨道有方法
授课者	咨询顾问、专业培训师等	咨询顾问、专业培训师等
授课时间	2 小时	8～12 小时
授课形式	讲授、问答、个人作业	讲授、角色扮演、团队互动
受训者	参加绩效管理的考核者（主要是主管人员）	参加绩效管理的考核者（主要是主管人员）
受训者准备	预习绩效反馈面谈准备检核表	预习资料《如何有效的实施绩效反馈面谈》
辅助材料	案例、绩效考核工具、绩效管理政策和程序手册	视听设备、角色扮演脚本、案例、讲义、投影仪、幻灯片、录像设备
课程内容介绍	通过讲解、练习等方法，使考核者正确掌握如何有效地准备绩效反馈面谈，预计绩效反馈面谈中可能出现的问题，以及如何计划时间等	通过讲解、练习等方法使考核者正确掌握如何实施绩效反馈面谈，掌握面谈中的各种技巧。例如，如何建立双向沟通关系、如何利用非言语交流、如何控制谈话的方向等

（三）考核者培训的主要内容

考核者培训通常是由人力资源部负责，主管人员和员工共同参与来完成的。一般来说，考核者培训包括广泛层面的理念、制度等的培训和具体操作层面的培训。由于理念、制度培训的内容比较宽泛，在此主要介绍绩效考核操作层面的培训。

1. 考核者误差培训

考核者培训中的一项重要内容就是通过培训告诉考核者在考核过程中可能会产生的考核误差类型，以防止这些误差的发生。例如，在相关培训课程中，培训者先为考核者们放映了一部反映员工实际工作情况的录像带，然后要求他们对这些员工的工作绩效做出考核。接着，培训人员将不同考核者的考核结果展示出来，并且针对在工作绩效考核中可能出现的问题，如晕轮效应、严格化倾向等，逐一进行解释。最后，培训人员将会给出比较客观的考核结果，并对考核者们在考核过程中出现的各种错误一一进行分析。通过这种形式的考核者培训，考核者能够对种种考核者误差有更深刻的认识，从而有效地避免此类问题的发生。

2. 绩效标准培训

绩效标准培训是指通过培训向考核者和被考核者提供考核时的比较标准或者是参考的框架。考核者如何理解绩效标准将在很大程度上影响他们对每个被考核者的考核结果，被考核者如何理解绩效标准将对其绩效完成影响很大。进行绩效标准培训是实现绩效管理程序公平的前提条件。

3. 绩效考核指标培训

绩效考核指标培训是指通过培训考核者和被考核者，让他们熟悉在考核过程中将使用的各个绩效指标，了解它们的真正含义。考核者只有在正确理解各个绩效维度的基础上，才能够将绩效考核体系所要传达的信息传达给员工。另外，针对员工的绩效考核指标往往是由人力资源部门在与管理者进行充分沟通的基础上确定的。因此，对于绩效考核指标的培训，更重要的是让管理者接受专业人员的最终选择，不要由于制定过程中的矛盾影响了考核过程中对考核指标的理解。

4. 绩效信息收集方法培训

考核之前的信息收集阶段是绩效考核系统的一个重要环节。为了使考核的结果更有说服力，并且为考核之后的绩效反馈提供充分的信息，考核者必须充分收集各种与员工的绩效表现相关的信息。这方面的培训一般以讲座的形式进行。另外，还可以通过生动的录像来进行现场的演示或练习。需要注意的是，收集绩效信息不仅要依靠上级的观察，还可以通过员工口头汇报或书面工作进展报告来进行。事实上，根据不同职位的不同工作性质，能够获取有关工作绩效信息的渠道各不相同。在进行这方面的培训时，应根据考核对象的不同情况有针对性地进行。

5. 绩效考核方法培训

绩效考核中可能采用的具体方法是多种多样的，每种方法都有其优点和缺陷。应该通过考核者培训使考核者充分掌握在实际进行考核时需要采用的各种操作方法，填写表格的注意事项等，以充分发挥该考核方法所具有的优势，并使考核者对考核方法产生认同和信任感。这种认同将有助于绩效考核结果得到管理者乃至所有被考核者的认同。

6. 绩效反馈培训

绩效反馈是考核者与被考核者之间的沟通过程。通过这一过程，考核者将绩效信息反馈给员工，从而帮助他们改进自己的绩效。绩效反馈并不是一个简单的谈话，考核者应该通过沟通的过程帮助被考核者更好地认识自身在工作中存在的问题。通过考核者培训，管理者应该能够掌握绩效反馈中应当运用的各种技巧。

应该注意的是，绩效培训的主要内容要根据不同组织的情况而确定，并没有统一的模式，每一次的培训内容可以针对不同的问题来计划和安排。

第二节 绩效考核的主要方法

一、绩效考核方法的分类

绩效考核方法的确定是绩效管理中一个技术性很强的问题，也是绩效考核的重点和难点。绩效考核的对象是工作中的人或事，一般包括对员工工作能力、工作态度和工作业绩3方面的考核。不同的绩效内容，其绩效表现形式、可测量性及测量难易程度对绩效考核方法的要求不同。目前已经开发出一系列的绩效考核方法，这些方法各具特点。迄今为止，还没有一种方法可以堪称最优或能够满足实践中的所有要求。因此，在研究各种绩效考核方法特点、适用性的基础上，找出各种绩效考核方法之间的内在联系与规律性，进而研究其类别特征，对于把握和选择相适应的绩效考核方法，提高绩效考核方法实施的有效性具有重要意义。

（一）按照考核内容特征分类

按照考核内容特征可以将绩效考核方法分为结果导向型、行为导向型、特质导向型及战略导向型4种类型。

1. 结果导向型绩效考核方法

结果导向型绩效考核方法着眼于工作结果，关注“干出了什么”，而不是“干了什么”。在考核过程中先为员工设立一个工作结果的标准，然后再将员工的实际工作结果与工作标准对照。其考核的重点在于产出和贡献，而不是行为和过程。这类考核方法适用于其职位工作输出成果易于表现为客观、具体及可量化的绩效指标的被考核者，如企业一线操作工、业务员等。常见的结果导向型绩效考核方法有比较法、强制分布法、量表评定法等。该类方法的优缺点与适用范围如表5-7所示。

表5-7 结果导向型绩效考核方法的优缺点和适用范围

优点	缺点	适用范围
简单、易操作； 成本低； 便于员工之间进行对比与排队	只注重结果，过分强调量化指标，会导致短期行为或引发不利于组织长期发展的事件； 对于行为、特质等难以量化的指标无法进行考核	适用于考核可量化的、具体的业绩指标； 适合于企业操作工人、销售人员等工作相对简单，业绩易于比较的人员考核； 适用于被考核者的人数较少时

2. 行为导向型绩效考核方法

行为导向型绩效考核方法重点在于甄别与考核员工在工作中的行为表现，即工作是如何完成的。这类方法关注完成任务的行为方式是否与预定要求相一致，适用于职位工作输出成果难以量化或者强调以某种规范行为来完成工作任务的情景，诸如组织中的事务管理人员和行政管理人员等。常见的行为导向型绩效考核方法有关键事件法、行为观察量表法、行为锚定考核法等，具体优缺点与适用范围如表5-8所示。

表5-8 行为导向型绩效考核方法优缺点与适用范围

优点	缺点	适用范围
提供确切的事实证据； 利于绩效面谈； 利于引导并规范被考核者行为	对基础管理要求较高； 考核标准制定难度较大、操作成本较高	适用于考核难以量化的、主观性的行为； 适合于事务管理、行政管理等行为态度直接影响绩效结果的人员的考核

3. 特质导向型绩效考核方法

特质导向型绩效考核方法主要适用于考核员工的个性特征。所选的内容主要是那些抽象的、概念化的个人基本品质，诸如决策能力、对公司的忠诚度、主动性、创造性、交流技巧及是否愿意与他人合作等。常见的特质导向型绩效考核方法有混合标准尺度法、评语法。其优缺点与适用范围如表 5-9 所示。

表 5-9 特质导向型绩效考核方法优缺点与适用范围

优点	缺点	适用范围
利于导向员工注重潜能的开发； 利于对员工进行有计划的长期培养	很难提供确切、具体的事实依据	适用于能力等个性特征指标的考核； 适用于以员工开发为目标的绩效考核和对高级管理人员的绩效考核

4. 战略导向型绩效考核方法

战略导向型绩效考核方法着眼于企业发展战略，贯穿于绩效指标构建、执行、考核与考核的绩效管理全过程，是绩效管理的重要方法。使用这类方法可以帮助组织更有效地确定各层级绩效目标，保证目标体系的战略导向性、衔接性和一致性。常见的战略导向型绩效考核方法有平衡计分卡、关键业绩指标法、目标管理法。

（二）按照绩效考核标准划分

按照绩效考核标准划分，可将绩效考核方法分为绝对考核型和相对考核型两种类型。

1. 绝对考核型绩效考核方法

绝对考核是根据统一的标准尺度衡量相同职位的员工，即按绝对标准考核他们的绩效。这种利用客观尺度进行的绝对考核是绩效考核发展的大趋势。考核标准的表现形式在各种具体的考核方式中各不相同。例如，工作业绩的客观标准可以用数量、质量、时间等因素来表示，工作行为的客观标准可以用一些具体的关键事件的发生情况来衡量。绝对考核的标准不以考核对象为转移，是客观存在的、固定的。由于绝对考核的这个特点，可以采用这种方法对每个员工单独进行考核。常见的绝对考核方法有目标管理法（人与目标相比较）、量表法（人与客观标准相比较）等。

2. 相对考核型绩效考核方法

由于绝对考核标准有时很难确定，人们便提出了一种相对简单的替代方法，即相对考核法。所谓相对考核法，又称比较法，是以往国有企业的各类评比工作中最常使用的考核方式。这种方法不是事先统一制定的考核标准，而是通过在部门或团队内对人员进行相互比较做出考核。

此外，还有一种比较特殊的绩效考核方法，即描述法。描述法，又称事实记录法、叙述法、鉴定法等，顾名思义，是指考核者用描述性的文字对考核对象的能力、态度、业绩、优缺点、发展的可能性、需要加以指导的事项和关键性事件等做出考核，由此得到对考核对象的综合考核。通常，将这种方法作为其他考核方法的辅助方法，主要用于观察并记录考核需要的事实依据，以避免近因效应、溢出效应等考核误差的发生，并为绩效反馈提供必要的事实依据。

二、绩效考核的主要方法

（一）比较法

比较法是指通过比较，按考核员工绩效的相对优劣程度确定每位被考核者的相对等级或名次。比较法也被称为排序法，即排出全体被考核者绩效的优劣顺序。由于比较法是最方便的考核方法，考核结果也一目了然，因此得到了广泛的运用。但是采用比较法得出的考核结果无法在不同考核群体之间进行横向的比较，而且很难找出充分的理由说明最终考核结果的合理性，因此不宜作为奖金分配决策的依据。另外，比较法无法找出绩效差距产生的原因，对绩效提高没有太大帮助。在实践中，比较法一般不能单独使用，往往与后面介绍的描述法和量表法等结合使用。按照实施绩效比较过程的不同，比较法又有多种具体的形式。常用的比较法有直接排序法、交替排序法与配对比较法。

1. 直接排序法

直接排序法是指将员工按工作绩效由好到坏依次排列，这种绩效既可以是整体绩效，也可以是某项特定工作绩效。其优点是设计和应用成本都很低，比较简单，便于操作，能够有效地避免宽大化倾向、中心化倾向及严格化倾向。但这种方法是主观的、概括性的、不精确的，所评出的等级或名次只有相对意义，无法确定等级差，而且当几个人的绩效水平相近时，难以进行排列，容易发生晕轮效应。例如，某部门有5名员工，其排序结果举例如表5-10所示。

表5-10　直接排序法

顺序	等级	员工姓名
1	最好	张小明
2	较好	王亮
3	一般	李莉
4	较差	赵飞
5	最差	刘大宇

这种绩效考核方法适用于被考核对象比较少、组织较小、任务单一的情况，当员工的数量比较多、职位工作差别性较大时，以这种方法区分员工绩效就比较困难，尤其是对那些绩效表现一般的员工。

2. 交替排序法

交替排序法也称间接排序法。该方法基于个体所具有的知觉选择性的特征——人们比较容易发现群体中最具差异化的个体。绩效考核中，人们往往最容易辨别出群体中绩效最好的及最不好的被考核者。交替排序法的操作过程：首先，将绩效最好的员工列在名单开首，把绩效最差的员工列在名单末尾；然后，再从剩余的被考核者中挑选出绩效最好的列在名单开首第二位，相应的绩效最不好的列在名单倒数第二位，依此类推，不断挑选出剩余被考核者群体中绩效最好的和最不好的员工，直到排序完成。表 5-11 是使用交替排序法进行考核时所使用的考核表格。

表 5-11 交替排序法

顺序	等级	员工姓名
1	最好	张小明
2	较好	王亮
3	一般	李莉
3	差	赵飞
2	较差	刘大宇
1	最差	钱壮壮

3. 配对比较法

配对比较法也被称为成对比较法或两两比较法，是用配对比较的方法决定被考核者优劣次序。具体的操作程序是：将每一个考核对象按照所有的考核要素与其他考核对象一一进行比较，根据比较结果排出名次，即两两比较，然后排序。这种比较方式比排序法的简单排序方式更为科学、可靠。

例如，某公司运用配对比较法对 5 名员工进行绩效考核。首先，应设计出如表 5-12 所示的表格，标明要考核的绩效要素并列出需要被考核的员工名单。然后，将所有员工进行配对比较，将比较结果填入单元格中，用“0”表示两者绩效水平一致，“+”表示 A 栏上的人比 B 栏上的人绩效水平高，“-”的含义与“+”的相反。最后，将 A 栏每一名员工得到的“+”的次数纵向相加。得到的“+”越多，该员工的绩效考核得分越高。

表 5-12 配对比较法

考核要素：＿＿＿＿＿＿

B \ A	张小明	王亮	李莉	赵飞	刘大宇
张小明	0	-	-	-	-
王亮	+	0	-	-	+
李莉	+	+	0	+	+
赵飞	+	+	-	0	+
刘大宇	+	-	-	-	0
+号合计	4	2	0	1	3

配对比较法的优点是考虑了每一个员工与其他员工绩效的比较，准确度比较高。缺点是操作比较烦琐，特别是在需要同时考核的员工人数很多的情况下，这样的方法需要进行相当多次数的比较。配对比较法的另一个缺点是难以得出绝对考核，只能给出相对位置；有时还会造成循环：3 个人的绩效 A 优于 B，B 优于 C，C 又优于 A，这就无法进行了，而这又是由主观考核可能得出的结果。

（二）强制分配法

强制分配法基于正态分布规律，认为凡是有人的地方，就有左、中、右之分，员工绩效总是可以分成优秀、一般、较差这样几类。先确定好各绩效等级人数在被考核总人数中所占的比例，然后按照每个被考核者绩效的相对优劣程度，将其强制分配到其中的相应等级。最简单的强制分配法就是由考核者通过主观判断将考核对象归为特定的等级。但是在实际应用中，强制分配法一般不单独使用，而是与其他绩效考核方法结合使用。一般都是先使用某种考核方法根据每种考核要素，对每位考核对象进行考核，然后将考核结果综合计算，按强制分配法确定的比例分配到相应的绩效等级上。例如，可以规定如下的比例原则来确定员工的绩效结果分布：绩效最好的，10%；绩效较好的，20%；绩效一般的，45%；绩效较差的，15%；绩效很差的，10%。

特别需要指出的是，绩效考核不仅是为了在部门内部进行考核，还应反映出部门对组织绩效的贡献程度。因此，在确定部门员工的绩效等级分布比例时，应该充分考虑该部门的绩效情况。在使用强制分配法时，应根据部门业绩决定部门员工的绩效等级分布比例，而不是平均分配给每个部门相同的比例。例如，规定如表 5-13 所示的一种分数分布情况。

表 5-13 绩效考核分数比例分配（%）

部门绩效考核分数	部门内员工绩效考核分数				
	5	4	3	2	1
5	20	40	不限	不限	不限
4	15	30	不限	不限	不限
3	10	20	45	不限	不限
2	5	15	50	不限	不限
1	0	10	45	20	不限

在多数情况下，这种比例要求规定的都是上限，而不一定要强制分配进每一个等级。表 5-13 中，当部门绩效考核得分为 2 分时，对应部门员工绩效考核得 3 分的不能超过 50%，这意味着可以少于 50%。另外，表中的“不限”表示可以有任意多的人员得此分数。

强制分配法的主要优点为：考核过程简易方便；可以避免考核者过分偏宽、偏严或高度趋中等偏差；利于管理控制。强制分配法的不足之处：无法与组织战略目标联系；各考核等级间差异的内涵不清；主观性强；当考核对象人数太少时就不适用了。这种方法主要适合于人数较多情况下对员工总体绩效状况的考核。

（三）量表法

量表法是指将一定的分数或比重分配到各个绩效考核指标上，使每项考核指标都有一个权重，然后由考核者根据考核对象在各个考核指标上的表现情况，对照标准对考核对象作出判断并打分，最后汇总计算出总分，得到最终的绩效考核结果。应用量表法进行绩效考核，通常要先进行维度分解，再沿各维度划分出等级，并通过设置量表来实现量化考核。实际使用量表法时，要设计出一套可操作的考核表格。设计过程具体包括 3 个步骤：①选定考核维度并赋予权重；②确定考核量表的尺度；③界定量表等级。

量表法所采用的考核标准一般都是客观的职位职能标准，因此考核结果更客观、准确，并且可以在不同员工之间进行横向比较。但量表法也存在一定的不足之处，如量表的设计要耗费大量的时间和劳动，需要专家协助；考核指标往往过于烦琐，且解释不一致，导致主观误差；大多只限于对过去行为业绩的考核，不适合对将来作出推断和意见等。

量表法的形式有多种，但常用的有以下几种。

1. 等级择一法

等级择一法是指在事先规定各等级标准的基础上，由考核人员根据考核对象的实际状况决定其属于某一等级。等级择一法是一种简单而又实用的考核方法（表5-14）。

表5-14 等级择一法

考核指标	考核尺度				
	优秀	良好	满意	尚可	不满意
专业知识	5	4	3	2	1
沟通能力	5	4	3	2	1
判断能力	5	4	3	2	1
管理技能	5	4	3	2	1
工作质量	5	4	3	2	1
团队合作能力	5	4	3	2	1
人际关系能力	5	4	3	2	1
主动性	5	4	3	2	1
创造性	5	4	3	2	1
解决问题能力	5	4	3	2	1

2. 图尺度量表法

图尺度量表法是最简单和运用最普遍的业绩考核技术之一，一般采用图尺度表填写打分的形式进行。表5-15是典型的图尺度量表法。

表5-15 图尺度量表法

<table>
<tr><th>考核要素</th><th>考核尺度</th><th>权重/%</th><th>得分</th><th>事实依据及评语</th></tr>
<tr><td>专业知识：经验及工作中的信息知识</td><td>30 24 18 12 6
s a b c d</td><td>30</td><td>a</td><td>（略）</td></tr>
<tr><td>计划能力：对要完成工作的有效设计</td><td>15 12 9 6 3
s a b c d</td><td>15</td><td>b</td><td>（略）</td></tr>
<tr><td>沟通能力：以书面和口头方式清晰、明确地表达思想、观念或者事实的能力</td><td>10 8 6 4 2
s a b c d</td><td>10</td><td>a</td><td>（略）</td></tr>
<tr><td>⋮</td><td></td><td></td><td></td><td></td></tr>
<tr><td rowspan="2">s：极优
a：优
b：良
c：中
d：差</td><td>最终得分：62分</td><td colspan="2" rowspan="2">档次划分</td><td rowspan="2">s：80分以上
a：65～79分
b：49～64分
c：33～48分
d：16～32分</td></tr>
<tr><td>最终档次：s a b/c d</td></tr>
</table>

人们将等级择一法和图尺度量表法视为最为简便而又实用的考核方法。主要是因为这两种方法使用方便而且开发成本小，适用于组织中几乎全部的职务。另外，使用这种考核方法能够方便地在员工之间进行横向比较。当然，这两种方法也存在很多缺点。例如，由于抽象的考核尺度与组织的战略目标缺乏联系，这两种量表法无法对员工的行为起直接的指导作用；图尺度量表法和等级择一法也不能为具体的、易于接受的绩效反馈提供足够的信息。

3. 行为观察量表法

行为观察量表法是指描述与各个具体考核项目相对应的一系列有效行为，由考核者判断、指出被考核者出现各相应行为的频率，来考核被考核者的工作绩效。行为观察量表法的关键在于界定特定工作的成功绩效所要求的一系列合乎期望的行为。行为观察量表的开发需要收集关键事件，并按照维度分类。表 5-16 是一个行为观察量表法的例子。一个 5 分的量表被分为由“极少”或“从不”到“总是”的 5 个等级，相应分值为“1”到“5”。通过将员工在每一行为项上的得分相加得到总评分，高的绩效分值意味着一个人经常表现出合乎期望的行为。

表 5-16 行为观察量表法

说明：通过判断被考核者在考核期内出现下列每个行为的频率状况，用下列评定量表在指定区间给出你的评分。

5——总是

4——经常

3——有时

2——偶尔

1——极少或从不

中层管理人员的管理技能考核表

考核项目：管理技能

行为	打分
为员工提供培训与辅导，以提高绩效	
向员工清晰说明工作要求	
适度检查员工的表现	
认可员工重要的表现	
告知员工重要的信息	
征求员工意见，让自己工作得更好	

行为观察量表法的主要优点：能够向员工提供有效的信息反馈，指导员工的行为；利于管理人员利用量表中的信息监控员工的行为；使用方便，员工参与性强，容易被接受。

行为观察量表法的主要缺陷：需要花费大量的精力和时间用于开发行为观察量表；由于不同的工作要求有不同的行为，每一种工作因此需要一种单独的量表，除非当一项工作有许多任职者，否则为该工作开发一个行为观察量表将不具备成本效率；考核者的主观性影响较大，如对“有时”与“偶尔”的区分不容易界定。

行为观察量表法比较适合于对行为比较稳定、不太复杂的工作进行考核。

4. 行为锚定量表法

行为锚定量表法是由美国学者帕特里夏·凯恩·史密斯（Patricia Cain Smith）和洛恩·肯德尔（Lorne Kendall）于1963年提出的。它是量表法与关键事件法的结合。使用这种方法，可以对源于关键事件的有效和非有效的工作行为进行更客观的描述。在使用过程中，会通过一张登记表反映出不同的业绩水平，并且对员工的特定工作行为进行描述；考虑到熟悉某种特定工作的人能够识别这种工作的主要内容，由他们对每项内容的特定行为进行排列和证实。

运用行为锚定量表法进行员工绩效考核，通常有以下5个基本步骤。

1）寻找关键事件。让对工作比较了解的人员找出代表各个等级绩效水平的关键事件并对其进行描述。这些人员通常包括员工本人及其主管。

2）建立绩效考核等级。由前述人员将关键事件合并成为数不多的几个绩效要素，并对绩效要素的内容加以界定。

3）重新分配关键事件。由另外一组同样对工作比较了解的人对原始的关键事件进行重新排列，让他们将所有关键事件分别放入他们自己认为最合适的绩效要素中去。如果就同一关键事件而言，第二组中一定比例以上（通常是50%～80%）的人将其放入的绩效要素与第一组相同，那么这一关键事件的最后位置就可以确定了。

4）评定关键事件等级。第二组人评定关键事件的等级，以判断他们能否有效地代表特定绩效要素所要求的绩效水平。对行为进行评定大多会选择7点或9点等级尺度评定法。

5）建立最终的行为锚定考核体系。对于每一个绩效要素来说，都将会有一组关键事件作为其“行为锚”。每组中通常会有6～7个关键事件。

生产主管行为锚定等级标准如表5-17所示。

表5-17 生产主管行为锚定等级标准

等级	考核要素：计划的制订与实施
7优秀	制订综合的工作计划，编制好文件，获得必要的批准，并将计划分发给所有的相关人员
6很好	编制最新的工作计划完成图，使任何要求修改的计划最优化；偶尔出现小的操作问题
5好	列出每项工作的所有组成部分，对每一部分的工作作出时间安排
4一般	制定了工作日期，但没有记载工作进展的重大事件；时间安排上出了疏漏也不报告
3较差	没有很好地制订计划，编制的时间进度表通常是不现实的
2很差	对将要从事的工作没有计划和安排；对分配的任务不制订计划或者很少作计划
1不能接受	因为没有计划，且对制订计划漠不关心，所以很少完成工作

与其他绩效考核方法相比，行为锚定量表法有以下一些突出的优点。

1）绩效考核尺度更为精确。由于它是由那些对工作及其要求最为熟悉的人来编制行为锚定等级体系，因此行为锚定量表法应当能够比其他考核方法更准确地对工作绩效进行考核。

2）工作绩效考核标准更为明确。等级尺度上所附带的关键事件有利于考核者更清楚地理解“非常好”和“一般”等各种绩效等级上的工作绩效到底有什么差别。

3）具有良好的反馈功能。能将企业战略与企业所期望的行为有效结合，可以有效地向员工提供指导和信息反馈。

4）绩效考核要素之间的独立性较强。在设计过程中，将众多的关键事件归纳为 5～6 种绩效要素，使得各绩效要素之间的相对独立性很强。例如，在这种考核方法下，一位考核者很少会有可能仅仅因为某人的“工作积极性”所得到的考核等级高，就将此人的其他所有绩效要素等级都评定为高级。

行为锚定量表法的局限性主要表现为以下几个方面。

1）行为锚定量表法方案设计和实施的成本较高，需要相关专家参与设计和实施。

2）行为锚定量表法对于企业的基础管理水平及考核者的素质要求较高。

3）考核者在尝试从量表中选择一种代表某员工绩效水平的行为时，往往会有困难，因为有时一个员工的行为表现可能出现在量表的两端。

（四）关键事件法

关键事件法是指由考核者通过观察、记录被考核者的关键事件，而对被考核者的绩效进行考核的一种方法。关键事件法是由美国学者弗拉纳根（Flanagan）和巴拉斯（Baras）创立的。所谓关键事件，是指那些会对组织或部门的整体工作绩效产生积极或消极的重大影响的事件。关键事件法要求考核者通过平时观察，及时记录员工的各种有效行为和无效行为，是一种最为常见的典型的描述法。

在记录关键事件时，一般采用 STAR 法。图 5-2 所示是记录关键事件的 STAR 法的内容结构。借助于 STAR 法记录关键事件，可以有效把握关键事件的本质与核心。

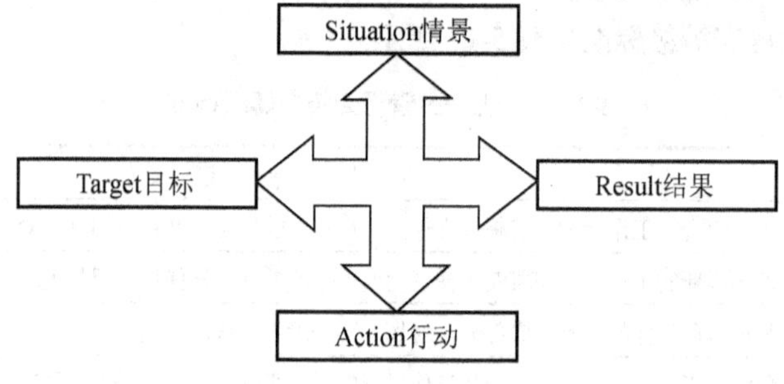

图 5-2　STAR 法内容结构

STAR 法是由 4 个英文单词的第一个字母表示的一种方法，又称“星星法”。记录的每个事件要从 4 个方面进行，即：

第一个方面是 S（situation）——情景，表示这件事发生时的情景是怎样的；

第二个方面是 T（target）——目标，表示这件事要达到什么样的目的；

第三个方面是 A（action）——行动，表示被考核者当时采取了什么样的具体行动；

第四个方面是 R（result）——结果，表示被考核者采取行动之后获得了什么样的结果。

关键事件法往往是对其他考核方法，特别是各种量表法的补充。关键事件法以事实为依据，而不是以抽象的行为特征为依据，考核者可以依据所记录的事实与被考核者沟通。因此，关键事件法在绩效反馈环节中的作用明显。关键事件法帮助考核者实事求是地进行绩效考核，不容易挫伤员工的积极性。因为对考核对象来说，低考核针对的不是他的人格，而是他的工作行为，而且是可以明确指出的特定行为，所以比较容易得到考核对象的认同。更重要的是，通过使用关键事件法，考核者在绩效反馈时能够更清晰地告诉考核对象，要想在下一期获得高考核，应该如何去行动。总结以上内容，关键事件法的优点有以下几方面。

1）能够将企业战略和它所期望的行为结合起来。

2）能够向员工提供指导和信息反馈，提供改进依据。

3）考核时所依据的是员工在整个考核期的表现，可以避免近因效应的误区。

4）设计成本很低。大多以工作分析为基础，所衡量的行为有效。

5）以事实为依据，容易被接受。

关键事件法的不足之处如下。

1）考核的结果依赖于考核者个人的考核标准，考核结果的主观随意性较大。

2）适用于行为要求比较稳定、不太复杂的工作；对于比较复杂的工作，要记录考核期间所有的关键事件是不现实的。

3）无法在员工之间进行横向比较，对于人力资源决策的参考性较差。

4）记录关键事件是一件非常烦琐的事，需要长期观察，会耗费大量时间，应用成本很高。

5）容易造成上级对下级的过分监视，造成关系紧张。

（五）评语法

评语法是指由考核者用描述性的文字表述员工在工作业绩、工作能力和工作态度方面的优缺点，以及需要加以指导的事项和关键性事件，由此得到对员工的综合考核。评语法也称描述法。

评语法主要适用于以员工开发为目的的绩效考核。评语法迫使考核者关注于与被考核者绩效相关的特别事例，因此能够减少考核者的偏见和晕轮效应。而且，由于考核者需要列举员工表现的特别事例，而不是使用量表评定法，因此也能减少趋中和过宽性误差。

评语法明显的局限性表现为：考核者必须对每一员工写出一篇独立的考核评语，需要花费较多的时间；另外，评语法所描述的不同员工的表现无法与提升相联系。这种方法最适用于小企业或小的工作单位，而且主要目的是开发员工的技能，激发员工的潜能。在通常情况下，不主张单独使用评语法，但在现实的绩效考核和绩效管理系统中，评语法往往作为手段之一与其他各类考核方法结合使用，起到了非常重要的作用。

第三节　绩效考核方法选择

一、绩效考核方法比较

前面已经介绍了各种绩效考核方法的具体内容和优缺点，从中可以看出不同的绩效考核方法具有不同的特点、带来不同的效果，因而适用于不同的组织及不同的考核对象。一套好的绩效考核方法，可以提供更多的信息，为决定调资、升职、调动、培训等提供更好的信息来源。

美国管理协会（American Management Association，AMA）曾经进行了一项研究，即对隶属于该协会的人力资源部门、财务部门、市场部门及信息系统部门的588个组织使用的各种绩效考核方法的频率进行了调查分析。被提到的最常用的方法是目标确立法，使用率为85.9%，接下来依次是文字叙述考核法（81.5%）、关键事件考核法（79.4%）、图表等级评定法（64.8%）、加权核对表格法（56.4%）、行为锚定等级考核法（35%）。最不常用的是平行比较法（16.3%）、强制选择法（22.8%）、硬性分布法（26.4%）。显然，大多数组织不止使用一种方法。表5-18对几种常见的绩效考核方法进行了简单的比较。

表5-18　几种常见绩效考核方法的比较

绩效考核方法	考核标准			
	成本 最小化	员工开发 （提供反馈指导）	分配奖金 发展机会	有效性 （避免考核错误）
鉴定法	一般	不确定	差	不确定
排序法	好	差	差/一般	一般
强制分配法	好	差	差/一般	一般
等级鉴定法	好	一般	一般	一般
行为对照表	一般	一般	好/一般	好
行为锚定考核法	一般	好	好	好

一种方法在一个企业取得了良好的应用效果并不意味着这种方法同样适用于另外一个企业，因为不同的绩效考核方法各有长处。在实现管理决策的问题上，一些简单的量表法就比目标管理法更有效，并能够节省大量的开发成本。一些较为复杂的量表法的开发成本较高，但能够更有效地对员工的实际绩效情况进行考核。这就引发了下一个问题：如何选择绩效考核方法。

二、绩效考核方法选择的影响因素

员工绩效考核方法的正确选择和使用不仅可以减少考核的混乱、错漏和误解，而且还可以减少考核的时间和考核体系的难度，从而最大限度地提高员工绩效考核的有效性。从企业管理实践来看，建立合理的绩效考核体系，采取科学的考核方法日益受到企业关注。但每种方法都各有千秋，都有各自的适应性，并不是每一种方法都适用于任何场合的绩效考核，企业应具体情况具体分析，选择适合自己特点的考核方法。绩效考核方法选择所需考虑的主要因素有以下几个方面。

（一）企业的主导目标

企业绩效考核的主导目标类型决定了其选择何种绩效考核方法。例如，有的企业追求的是如何快速地实现企业绩效目标，非常看重员工“干出了什么”，员工的留用与淘汰、奖励与惩罚的依据完全取决于员工完成预定目标的情况，即凡是达到预定目标的员工都留用或提薪，未达到预定目标的员工则辞退，而对由此导致的员工的频繁流动却并不十分在意，因此目标考核法比较适合这类企业。然而，有的企业追求的是建设一支高素质的稳定的员工队伍，至于企业短期的绩效目标完成情况并不是首先考虑的问题，因此这类企业多采用强制分配法进行末位淘汰，假如定的是5%的淘汰率，那么不管5%末位的员工是否都已达到预定的目标，也不管前95%的员工是否都达到了预定目标，只要是居于末尾5%的员工则予以辞退，以此促进员工队伍在合理的范围内进行新陈代谢，提升员工队伍的素质。

（二）工作特征

员工的工作可以从不同的角度划分出许多特征，在此用一个立体的三维坐标分别代表工作的3个方面的特征。这3个方面的特征分别是：工作的独立性程度、工作的程序化程度及工作环境的变动程度，如图5-3所示。

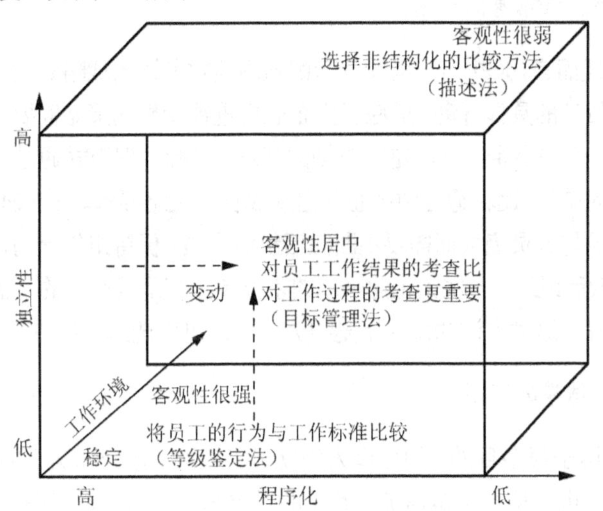

图5-3 工作特征对绩效考核方法选择的影响

下面分析这3个方面的工作特征是如何影响绩效考核方法选择的。

1. 工作的程序化程度

工作的程序化程度是指员工在工作过程中遵循某种程序化的工作规范的程度。流水线上工人的工作就是工作的程序化程度非常高的一个典型例子。对于这类工作来说，制定明确的工作规范往往比较容易。例如，对于包装流水线上的某个工人而言，每天的工作可能就是将流水线上基本成型的纸箱打包。对于这类工作，制定出明确的动作规范是非常容易的。因此，工作的程序化程度较高的工作适合使用以工作标准为考核尺度的各类量表法。与此相对应，由于很难对程序化程度较低的工作制定相应的工作标准，可以更多地考虑使用目标管理的方法或非结构化的比较法、描述法来进行绩效考核。

2. 工作的独立性程度

工作的独立性是指员工在工作中进行独立决策的权限大小。由于制定明确的工作标准和工作目标可能会影响员工的独立性程度，当工作的内容要求赋予工作者较强的独立性时，量表法和目标管理法等以客观考核尺度对员工绩效进行考核的方法就不再适用了。而对于那些独立性程度较低的工作来说，这种情况就不会发生。

3. 工作环境的变动程度

工作环境的变动程度对选择绩效考核方法的影响体现在：针对工作环境的变动程度较大的工作，要制定明确的工作标准或绩效目标通常比较困难，因此在这种情况下，应选择结构化程度较低的考核方法。当工作环境的变动程度较低时，结构化程度较高的量表法和目标管理法就可能适用了。

（三）绩效考核方法本身的适用性

从绩效考核模式而言，KPI 与平衡计分卡都强调绩效考核的战略导向，并以此将企业战略发展内化为企业及员工的具体行动，适应了大企业更重视管理的策略需要，虽然中小企业也有管理上的策略需求，但中小企业一般重视市场的开发，目标管理模式通过目标的层层传递，重在实现目标所期望的结果，比较适应中小企业追求成长的策略要求。在绩效考核方法的应用上，许多大企业由于组织与人员庞大而需要不断激活组织人员，保持组织活力，因此可选择强制分配法或排名法，以激活组织，一些大企业采用的末位淘汰制是很有效的。而对于本就具有创新动力的中小企业而言，这种方法的意义不是很大，因此可以选择目标或标准考核来进行。

（四）绩效考核结果的应用

考核结果可以用于很多目的，如可作为确立员工报酬、晋升和奖励的重要参照标准和员工岗位调配的依据，也可据此确定培训、开发的对象与内容等。员工绩效考核方法的选择也要考虑考核结果的用途。例如，比较法，由于它考核的基础是整体的印象，而不是具体的比较因素，所以较难发现问题存在的领域，因此不适合用来对员工提供建议反馈和辅导，而且在为奖金的分配提供依据方面的作用是有限的，但是如果企业进行业绩考核的目的是进行重大的人事决策（如晋升和提薪等），那么考核者就必须将员工进行相互比较，这时比较法就是不可或缺的了。

（五）企业文化

融洽和谐的企业内部人际关系和积极健康的组织氛围是选择使用某些考核方法的前提

条件。例如，360° 考核法的使用就对组织内部环境有较严格的要求，只有在企业内部员工之间人际关系和谐、上下级之间互相支持、部门之间交往模式非常健康的情况下，使用这种考核方法得出的结果才是公正客观的。绩效考核的精神就是要体现客观、公正、公平。对有着中国文化背景下的大企业而言，人际关系复杂，“老好人”现象特别突出，从而造成绩效考核流于形式，从而使企业失去活力，这不仅是国有企业，包括一些成长起来的民营企业也染上了这个毛病。很显然，KPI 模式讲求量化的管理，一切用数字说话，能够有效抑制这种文化的影响。中小企业的人际关系比较简单，在考核模式与方法的选择上就会灵活很多。

（六）考核方法的总成本

复杂的考核方法需要花费大量的时间和精力，如要请专家专门开发考核工具，要在考核运行中运用大量的统计分析，因此成本较高。出于降低管理成本的考虑，很多公司可能更愿意选择一些便于操作、简单易行的方法以减少考核时间、费用和精力。

一般而言，绩效考核的总成本包括实施成本、组织成本及考核信息收集与管理成本。企业规模的大小，直接影响绩效考核的成本，如收集信息成本。量化的考核方法成本要高于定性的考核方法，但定性的考核方法又会因为信息传递过程中的失真较大而增加成本，企业规模越大，绩效考核信息传递的失真就会越大，这甚至会超过量化的形式。因此，大企业倾向于采用量化的形式。

三、绩效考核方法选择的原则

1. 参与原则

企业强调员工对集体的归属和服从，这种观念体现在绩效考核中，表现为对个体考核的不重视及为长官意志服务的现象。因此，考核方法要强调考核主体和考核客体的共同参与，尊重双方的意见，调动员工工作的积极性和主动性。

2. 客观性原则

长期以来，企业在儒家思想与传统文化的熏陶下，人与人之间特别强调关系取向，所以在绩效考核时受到双方亲疏关系和等级关系的影响，主观偏见影响较大。因此，考核方法应该追求尽可能客观性的原则。

3. 易于操作原则

为方便企业管理，应尽量选择简便易操作的考核方法。当然，那些希望通过绩效考核提高管理规范性，也具备了一定管理基础的企业可以采取较为复杂的考核方法。

4. 多个考核主体原则

企业长官意识严重，考核主体通常为领导，容易出现考核的不公平。因此，要选择有多个考核主体进行考核的考核方法，以保证考核的客观性和准确性。

5. 结果便于区分原则

企业平均主义思想严重，常常导致考核结果趋中，因此应选择能使考核结果区分度大的考核方法。

上述五大选择原则中，客观性原则、易于操作原则和结果便于区分原则是特别重要的原则，企业在选择时可以依据这些原则进行比对和组合。

第四节 各类人员的绩效考核

在组织中不同层级员工的工作内容及其侧重点不同，因而考核的方式也各不相同。下面对高层管理人员、中层管理人员和一般员工的绩效考核做初步的介绍。

一、高层管理人员的绩效考核

高层管理人员必须从战略的高度把握组织发展的方向，他所作决策的正确与否直接影响到组织的发展。所以，判断高层管理人员是否能“做正确的事”成为对其进行绩效考核的关键所在。

（一）高层管理人员绩效考核的内容

目前，对高层管理人员的绩效考核更多的是从对股东负有直接责任的财务指标进行考核，涉及股东回报率、净资产收益率、资产回报率、销售增长率及产值、利润、成本等指标。也就是说，对高层管理人员的考核更多地注重具体的、可量化的且与组织运营相关的指标，是以业绩考核为基础的考核方式。此外，影响这些可量化的目标达成的因素还包括高层管理者的能力和素质，如工作能力、学习能力等。因此，组织对高层管理人员的绩效考核还应包括团队合作、持续学习能力、决策力等指标。

高层管理人员应具备的能力包括以下几个方面。

1）领导能力。作为高层管理人员，其负责管理组织的全局，因此必须具备一定的领导能力。

2）计划能力。作为高层管理人员，其工作中的决策往往是战略性的，因此在实施之前必须要有周密的计划。

3）预见能力。在工作中，计划的实施难免会遇到一些困难和阻力，高层管理人员在制订计划之前必须对此有充分的考虑。

4）管理能力。高层管理人员的工作以对组织的管理为主，无论是组织的人力资源管理还是财务管理等，都在一定程度上依赖于高层管理人员的管理能力。

5）创新能力。组织在考核中会不断遇到各种各样的问题，作为高层管理人员，必须有很强的创新能力，不断寻求更好、更新的方法去解决问题，以突破组织发展的瓶颈。

6）沟通和协调能力。高层管理人员由于职位的缘故，会更多地接触到部门与部门、员工与员工之间的矛盾；由于工作中的阻力，一些员工也会寻求与高层管理人员进行沟通交流，解决自己的实际问题；另外，高层管理人员与决策者的沟通对于自己部门或组织的发展也有着重要的意义。

7）人才培养能力。人才是一个组织长盛不衰的最重要因素。作为组织高层管理人员，在平时的工作中应当注重培养更多的人才，因为这些人才将是组织未来的希望。

上述能力可以在对高层管理人员的绩效考核中体现，而不仅仅是业绩考核。

（二）高层管理人员业绩考核指标的设计思路

对于组织的高层管理人员的考核重点在于整体绩效的提升，所以应用平衡计分卡的思想进行指标体系的设计是最有效的方法。围绕着组织的战略目标，运用平衡计分卡的方法，设计有关财务、客户、运营及学习成长方面的关键绩效指标和工作目标，并给予不同的权重。

1. 对高层管理人员的财务指标考核

财务性绩效指标可显示出组织的战略及其实施和执行是否正在为最终经营结果（如利润）的改善作出贡献。考核的主要内容一般为收入的增长率、成本降低率、劳动生产率、资产的利用率和投资回报率等。

2. 对高层管理人员的客户指标考核

平衡计分卡要求组织将使命和策略诠释为具体的与客户相关的目标和要点。主要考核内容为市场份额、老客户挽留率、新客户获得率、顾客满意度等。

3. 对高层管理人员的内部运营指标考核

建立平衡计分卡的顺序，通常是在先制定财务和客户方面的目标与指标后，才制定组织内部流程面的目标与指标。这个顺序使组织能够抓住重点，专心衡量那些与股东和客户目标息息相关的流程。主要考核对客户满意度和实现财务目标影响最大的业务流程改良/创新过程、经营过程、售后服务过程等。

4. 对高层管理人员的学习和成长指标考核

削减对组织学习和成长能力的投资，虽然能在短期内增加财务收入，但由此造成的不利影响将在未来给组织带来沉重打击。学习和成长指标涉及员工的能力提高、信息系统的构建、激励、授权与相互配合等。

（三）KPI 和自我述职形式的考核方法

KPI 和自我述职形式的考核方法主要涉及以下几个方面。

1. 业绩考核的 KPI 形式

对高层管理人员的“业绩考核”，一般采取 KPI 指标考核方式。为了动态监控组织的经营业绩，对管理人员的业绩考核周期可以根据组织的产品特点、市场状况和组织的管理能力具体确定，考核周期一般设为月、季、半年或 1 年。KPI 是根据平衡计分卡分解得到的指标。常见的对高层管理人员的 KPI 考核如表 5-19 和表 5-20 所示。在设计 KPI 时，应注意以下几个方面。

1）指标不宜过多，控制在 5～10 个，以免忽视了考核关键。

2）选择对经济效益影响大的指标。

3）选择可控性强的指标。

4）指标计算不要过于复杂。

表 5-19　常见的高层管理人员业绩考核表形式一

<table>
<tr><td>姓名</td><td></td><td>部门</td><td></td><td>职务</td><td></td><td>考核层次</td><td></td><td>考核期</td><td></td></tr>
<tr><td colspan="10">经营重点和 KPI 指标（80%）</td></tr>
<tr><td rowspan="2">房号</td><td rowspan="2">KPI
关键业绩指标</td><td rowspan="2">考核标准</td><td rowspan="2">权重</td><td colspan="2">达成情况</td><td colspan="2">达成情况</td></tr>
<tr><td>被考核者自评</td><td>得分</td><td>考核委员会考核</td><td>得分</td></tr>
<tr><td>1</td><td></td><td></td><td></td><td></td><td></td><td></td><td></td></tr>
<tr><td>2</td><td></td><td></td><td></td><td></td><td></td><td></td><td></td></tr>
<tr><td>3</td><td></td><td></td><td></td><td></td><td></td><td></td><td></td></tr>
<tr><td>⋮</td><td></td><td></td><td></td><td></td><td></td><td></td><td></td></tr>
<tr><td colspan="8">计划调整</td></tr>
<tr><td></td><td></td><td></td><td></td><td></td><td></td><td></td><td></td></tr>
<tr><td></td><td></td><td></td><td></td><td></td><td></td><td></td><td></td></tr>
<tr><td colspan="2">日常工作完成情况</td><td colspan="6"></td></tr>
<tr><td colspan="2">有关说明</td><td colspan="6"></td></tr>
</table>

表 5-20　常见的高层管理人员业绩考核表形式二

<table>
<tr><td colspan="6">经营重点和行动方案</td></tr>
<tr><td>序号</td><td>经营重点或 KPI</td><td>行动方案</td><td>负责人</td><td>规划完成时间</td><td>实际完成时间</td></tr>
<tr><td>1</td><td></td><td></td><td></td><td></td><td></td></tr>
<tr><td>2</td><td></td><td></td><td></td><td></td><td></td></tr>
<tr><td>3</td><td></td><td></td><td></td><td></td><td></td></tr>
<tr><td>4</td><td></td><td></td><td></td><td></td><td></td></tr>
<tr><td>⋮</td><td></td><td></td><td></td><td></td><td></td></tr>
<tr><td colspan="6">信息反馈</td></tr>
</table>

表 5-19 的填写说明：

1）KPI 完成情况的填写。填写报告考核期内 KPI 完成情况，并与同期水平相比明确工作的进展情况，审视计划期目标和目标的达成程度，说明差距和原因。如果计划调整，需将相应的经营重点和 KPI 指标进行调整，调整内容在“计划调整”栏中体现。

2）日常工作完成情况。日常工作完成情况是对 KPI 完成情况的补充，可以作为 KPI 考核的有效补充。

3）有关说明。承担不同职责的高层管理人员根据分管的情况，可以对以下内容进行说明，可以作为 KPI 考核的有效补充。①工作成绩，即针对 KPI 目标和影响 KPI 的原因，按照优先次序，列出最主要的三项不足和最主要的三项成绩，并扼要地指出原因；②市场数据及竞争对手比较、业务环境及最佳基准比较，即通过准确扼要的数据和指标，说明客户、竞争对手和自身的地位、策略、差异和潜力，特别关注变化、动向、机会和风险，关注影响公司和部门 KPI 实现的市场因素和环境因素，以及业界最佳基准；③核心竞争力提升的策略与措施，是指那些完成 KPI 和增强公司潜力的关键策略和措施，围绕组织目标，回顾业务策略、中心工作及核心产品/业务改进措施的落实情况和进展情况，并对策略及措施的实施结果进行计划。

表 5-19 为定期绩效考核表。表 5-20 的考核时间更加灵活，它按照经营重点分别将指标分解给分管不同方面的高层管理人员，如生产管理副总经理、销售副总经理、总会计师等人，分管的工作不同，负责的 KPI 项目不同，其要求完成的时间也不同。

2. 能力和态度考核的自我述职形式

在对高层管理人员进行能力和态度考核时，可以采用述职报告的形式进行，将组织对高层管理人员的能力和素质考核要求设计在考核表中，并逐项考核打分。表 5-21 是常见的高层管理人员述职综合考核表，当然，也有书面报告的形式。

表 5-21 常见的高层管理人员述职综合考核表

姓名		部门		职务		考核层次		考核期	
绩效改进和工作创新（20%）									
		自我总结				考核者评语及下期工作期望			
业绩改进（10%）						评语：			
						期望：			
工作创新（10%）						评语：			
						期望：			
考核得分		考核者打分（80%）				自评打分（20%）		合计得分	考核等级
KPI 完成：分（80%）									
业绩改进：分（10%）									
工作创新：分（10%）									

3. 综合考核汇总形式

表 5-21 的填写说明：

表 5-21 中的下半部分是综合打分表，KPI 得分来自于表 5-19 或表 5-20 的考核。

1）关于指标权重。“KPI 完成”在综合得分中占 80%，“业绩改进”和“工作创新”属能力类的考核，分别占考核总分的 10%。业绩指标是高层管理人员考核的重点，所以占的权重较大；也可以将能力考核的指标多设计一些，将指标权重重新分配，以适合具体组织考核的要求。

2）关于考核者权重。表 5-21 中“考核者打分”占 80%，“自评打分”占 20%。在设计中可以根据组织的实际情况具体确定各自的权重。

3）关于考核等级。考核等级是考核者对被考核者绩效进行综合考核的结论。考核等级可分为 5 个层次：A（优秀）、B（良好）、C（合格）、D（需要改进）、E（不合格）。表 5-22 是常见的对各个指标等级含义的解释。

表 5-22 常见的指标等级含义解释

等级	定义	含义
A	优秀	实际业绩显著超过预期计划/目标或岗位职责/分工的要求，在计划/目标或岗位职责/分工要求所涉及的各个方面都取得非常突出的成绩
B	良好	实际业绩达到或超过预期计划/目标或岗位职责/分工的要求，在计划/目标或岗位职责/分工要求所涉及的主要方面取得比较突出的成绩
C	合格	实际业绩基本达到预期计划/目标或岗位职责/分工的要求，既没有突出的表现，也没有明显的失误
D	需改进	实际业绩未达到预期计划/目标或岗位职责/分工的要求，在某些方面或某一主要方面存在着明显的不足或失误
E	不合格	实际业绩远未达到预期计划/目标或岗位职责/分工的要求，在很多方面或主要方面存在着重大的不足或失误

二、中层管理人员的绩效考核

中层管理人员是按照管理组织层次、上下级组织关系进行分类，位于高层管理人员和基层人员中间，贯彻高层管理人员的命令、指示及计划，对基层人员布置工作任务的管理人员。中层管理人员绩效考核的关键是“如何做事”。

（一）中层管理人员绩效考核的内容

对组织的中层管理人员的考核内容主要有以下几个方面。

1）业绩考核。无论是什么层次的员工，他们的业绩指标一定是被列为考核中的关键指标之一，中层管理人员也如此，他们的业绩完成情况对组织目标的实现至关重要。

2）专业知识和技能的考核。不同的中层管理人员有不同的管理内容，也要求其本身必须具备一定的基本素质和技能，这些技能对他们的管理能力起着非常重要的作用。

3）管理能力。中层管理人员的工作已经在一定程度上脱离了基层的工作，因此中层管理人员的管理能力在一定程度上就显得非常重要。

4）指导能力。中层管理人员还应当对自己的下级进行工作上的指导，帮助基层员工更好地完成工作。

5）沟通和协调能力。工作中不可避免地会发生矛盾和冲突，作为中层管理人员，他们的沟通和协调能力是解决员工间矛盾的重要方面。同时，各部门之间也会经常发生一些矛盾，这些矛盾如果不能尽快加以解决，将会影响到部门间的工作。能否很好地解决这些矛盾，很大程度上取决于中层管理人员的沟通和协调能力。

6）创新能力。考核中层管理人员是否可以经常在工作中对自己的工作方式、方法加以改进和完善。

（二）中层管理人员业绩考核指标的分解

依据组织的发展与战略目标，分解各个方面的业绩指标，形成对中层管理人员的 KPI，是目标分解的关键和难点。因为，只有系统地将组织的战略任务分解到中层管理人员，使组织的各项工作得到落实，才能使组织运行有序。图 5-4～图 5-7 分别从财务层面、客户层面、运营层面、学习和成长层面将关键绩效指标分解到各个部门，形成了对各个部门主管人员的 KPI。

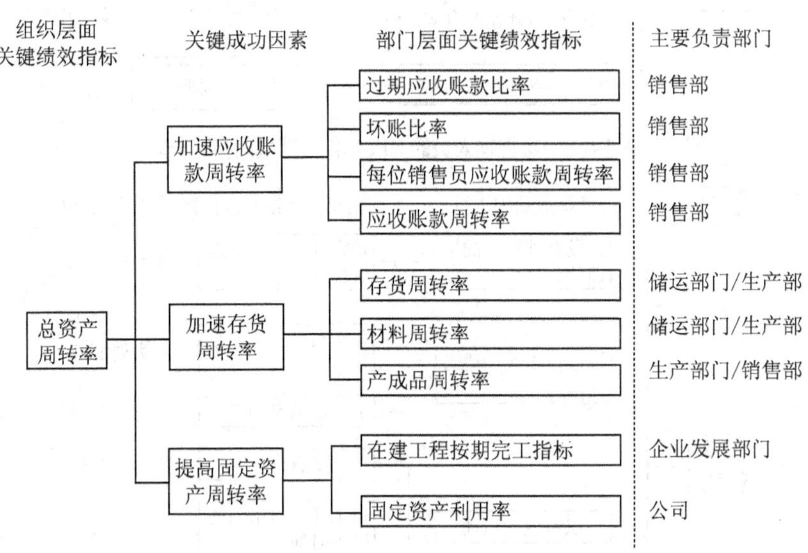

图 5-4　中层管理人员的 KPI 财务层面指标分解

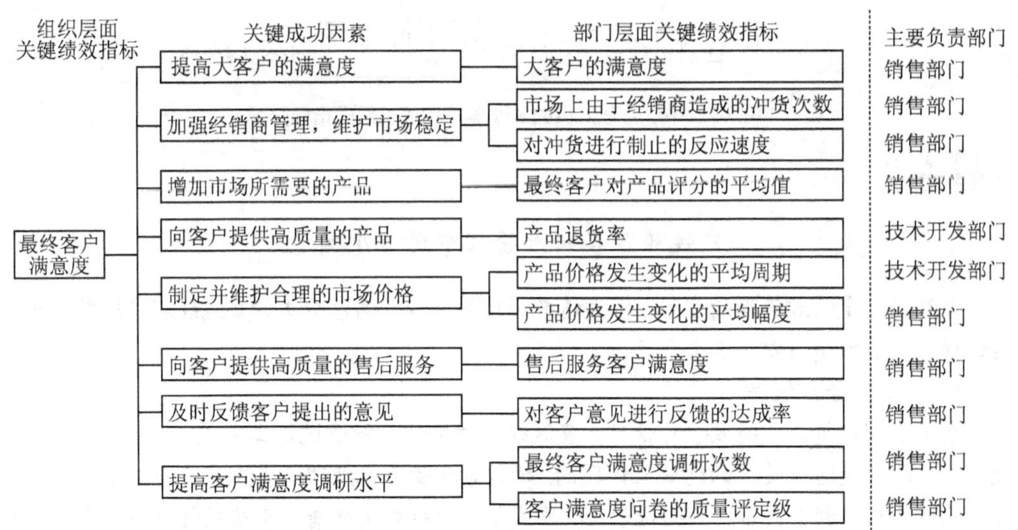

图 5-5　中层管理人员的 KPI 客户层面指标分解

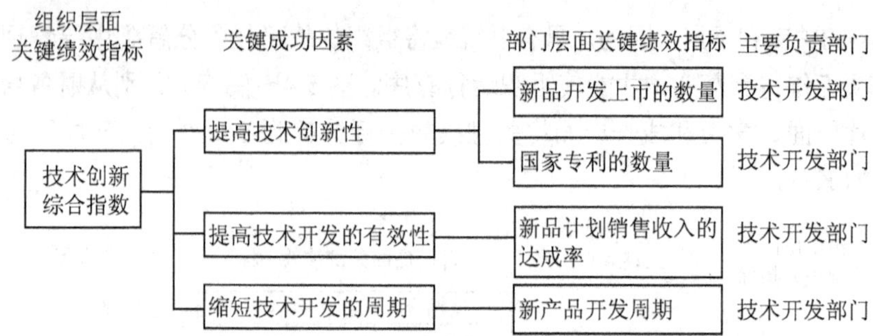

图 5-6　中层管理人员的 KPI 内部运营层面指标分解

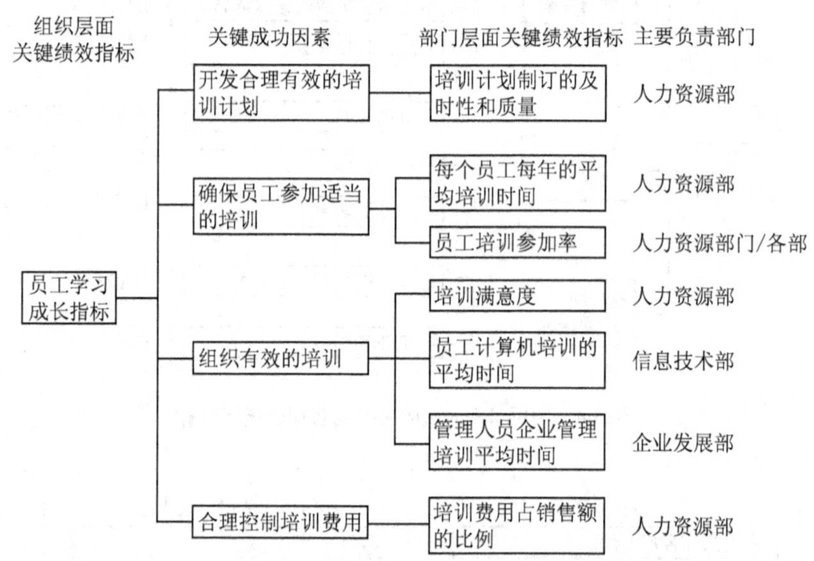

图 5-7　中层管理人员的 KPI 学习和成长层面指标分解

知识拓展

直线经理在绩效管理中的 5 个角色

直线经理是绩效管理的主体。根据绩效管理的流程及角色分工，直线经理在绩效管理实施过程中，应扮演好以下 5 个角色。

1. 员工的合作伙伴

直线经理与员工是绩效合作伙伴。直线经理的工作目标通过员工完成，因此可以说，直线经理的绩效是通过员工的绩效来体现的。绩效管理使直线经理与员工真正坐到了同一条船上，风险共担，利益共享，共同进步，共同发展。这也就意味着，在绩效管理过程中，直线经理有责任、有义务与员工一起制订绩效计划，帮助员工持续改进和提高绩效，促进员工实现绩效目标。

2. 员工的辅导员

绩效计划制订以后，直线经理要做的工作就是帮助员工实现目标。在员工实现目标的过程中，直线经理扮演的是辅导员的角色。

3. 绩效信息记录（收集）员

记录是指以直线经理为主体，将员工的绩效行为记录下来；而收集则是指不是由直线经理本人，而是由其他人员进行观察或记录，直线经理间接获取这些员工的绩效信息。

4. 员工绩效考核的公证员

在绩效管理过程中，一个备受员工关注的环节就是绩效考核。考核结果往往和员工的发展计划、培训开发、薪酬调整、奖金发放和人事变动等方面联系紧密，关系到员工的切身利益。同时，直线经理比其他人更了解下属员工的工作和行为表现，并对下属员工负有直接的管理责任。因此，在考核过程中，直线经理客观的评价显得至关重要。

5. 员工绩效问题的诊断专家

绩效改进是绩效管理过程中的一个重要环节。传统绩效考核的目的是通过对员工的工作业绩进行考核，将考核结果作为确定员工薪酬、奖惩、晋升或降级的依据。而现代企业绩效管理的目的不仅限于此，员工能力的不断提高及绩效的持续改进，才是其根本目的。所以，绩效管理工作不仅要找出员工绩效不佳的方面，而且还要找出导致这种绩效不佳的原因所在，并指导和帮助员工采取有针对性的措施加以改进和提高。

（资料来源：http://www.hbrc.com/news/view_467019.html，有改动）

（三）中层管理人员绩效考核方法

中层管理人员的考核常采取 360° 绩效考核方法，考核主体的考核维度及权重各有不同。表 5-23 和表 5-24 是中层管理人员绩效考核举例和自评报告举例。

表 5-23 中层管理人员绩效考核表

姓名		职务		考核人		
事业部		部门		考核区间		
考核尺度及分数		优秀（10 分）、良好（8 分）、一般（6 分）、较差（4 分）、极差（2 分）		评分	本栏平均	权重系数
工作绩效	工作达成度	与年度目标或与期望值比较，工作达成与目标或标准之差距，同时应考虑工作客观难度				4
	工作品质	仅考虑工作的品质，与期望值比较，工作过程、结果的符合程度（准确性、反复率等）				
	工作速度	仅考虑工作的速度，完成工作的迅速性、有效性，有无浪费时间或拖拉现象				
	工作量	仅考虑完成的工作数量，职责内工作、上级交办的工作及自主性工作完成的总量				
工作能力	计划性	工作事前计划程度，对工作（内容、时间、数量、程序）安排分配的合理性、有效性				3
	协调沟通	与各方面关系协调，化解矛盾，说服他人，以及人际交往的能力				
	应变力	应对变化，采取措施或行动的主动性、有效性及工作中对上级的依赖程度				
	指导控制力	对本部门或下属的激励、指导、培训情况，对本部门的管理控制情况				

续表

考核尺度及分数		优秀（10分）、良好（8分）、一般（6分）、较差（4分）、极差（2分）	评分	本栏平均	权重系数
工作能力	周全缜密	工作认真细致及深入程度，考虑问题的全面性、遗漏率			3
	人才培养	对人才的重视程度及对储备人才的培养情况			
	职务技能	对担任职务相关知识的掌握、运用，工作熟练程度			
工作态度	协作性	人际关系，团队精神及与他人（部门）工作配合情况			3
	以身作则	表率作用如何，严格要求自己与否，遵守制度纪律情况			
	工作态度	工作自觉性、积极性；对工作的投入程度，进取精神、勤奋程度、责任心等			
	执行力	对上级指示、决议、计划的执行程度及执行中对下级检查的跟进程度			
	品德言行	是否做到廉洁、诚信，是否具有职业道德			
考核得分		Ⅰ（1～4项平均分）×4+（5～11项平均分）×3+（12～16项平均分）×3=____分			
出勤及奖惩		Ⅱ 出勤：迟到、早退____次×0.5+旷工____天×2+事假____天×0.4+病假___天×0.2=____分			
		Ⅲ 处罚：警告____次×1+小过____次×3+大过____次×9=____分			
		Ⅳ 奖励：表扬____次×1+小功____次×3+大功____次×9=____分			
总分		Ⅰ___分－Ⅱ___分－Ⅲ___分+Ⅳ___分=___分			
考核等级		□A.　□B.　□C.　□D.			
考核者意见					

表5-24　中层管理者自评报告

姓名		部门		职位	
本部门经营策略重点					
计划完成情况	关键绩效指标及衡量标准		实际完成情况	完成方式或未完成原因	
	计划调整				
管理改进	项目		本期计划改进	基于事实和数据的完成情况	
	部门目标管理与促进企业决策				
	文化与团队建设				
	流程管理与部门协作				
	员工辅导与培养				
绩效改进	绩效改善情况自述				
自评	□杰出	□良好	□满意	□合格	□有待改进
被考核者签名			日期		
考核小组考评	以考核标准为依据，对照工作结果与预期目标做考核，适当考虑责任难度				
	□杰出	□良好	□满意	□合格	□有待改进
考核小组考评					
考核小组组长签名			日期		

三、一般员工的绩效考核

企业战略的执行、部门目标的实现都是由员工来完成的。如何保证一般员工能“正确地做事”是对其进行绩效管理的关键。对于一般员工来说，主要考核维度是业绩（任务完成率），态度（积极性、协作性、合作性、纪律性），能力（学习力、理解判断力、开拓创新力）等。下面以销售人员为例详细介绍。

（一）一般员工考核的主要内容

以销售人员为例，对其考核的主要内容如下。

1. 年度和月度业绩的考核

年度和月度业绩的考核将主要依据营销部和财务部联合统计的各类营销人员的月度和年度销售业绩，包括各类财务指标，如销售额、利润率、回款率、回款日期等。

2. 服务考核

销售的竞争从某种意义上说是服务的竞争，包括售前、售中和售后服务。因此，所有营销人员都必须做好对顾客的服务工作，无论销售是否完成，员工服务能力的考核取决于顾客当月和全年投诉率，一般员工的投诉率不应高于 5%。员工的服务能力不仅在顾客投诉率上得到反映，还应在为其他部门提供的服务上得到反映，此项考核由各部门分别完成。

3. 能力考核

通过员工的工作行为，观察、分析、考核其所具备的工作能力。能力考核可结合员工职业生涯规划和当月工作计划，从其工作的计划性及目标的完成情况，考核员工的工作效率和工作质量。

1）沟通能力。作为营销人员，将经常与顾客进行沟通和交流，其交流和沟通能力在一定程度上将决定员工的销售业绩。

2）创新能力。员工是否经常努力地自我启发、革新，对自己的销售方法、工作方式进行创新。

3）信息收集能力。作为营销人员，必须具备极强的信息收集和利用能力，对顾客和市场的相关情况应有所了解和掌握。

4）工作态度考核。通过员工日常工作的工作表现，考核员工的个人品格，工作态度由周围同事、上级领导进行考核。

4. 工作的安全性和规范性

不按照安全工作制度工作的员工可能会损坏设备或者受到身体上的伤害，或是由于操作不当，从而使公司遭受不必要的损失。

5. 工作的纪律性

1）出勤。出勤指员工的出勤情况，如迟到、早退、事假、病假等。
2）其他工作纪律的遵守情况。
3）团队协作能力和敬业精神。

（二）一般员工的绩效考核方法

对一般员工的绩效考核通常采取直接上级对其考核的方法。因为员工的直接上级具有判断员工行为与工作目标、组织目标一致性方面的优势。表 5-25 是对一般员工考核方法的举例。

表 5-25 员工工作表现/贡献考核表

姓名：	性别：	年龄：	部门：
考核日期：	任职时间：		职位：

考核标准和操作说明：
请在适当的栏内填写等级对应的字母。
A.（10 分）出色，绩效特别优秀，并始终超越本职位常规标准要求。
B.（8 分）优良，工作绩效经常超出本职位常规标准要求。
C.（6 分）可接受，工作绩效经常维持或偶尔超出本职位常规标准要求。
D.（4 分）需改进，工作绩效基本维持或偶尔未达到本职位常规标准要求。
E.（2 分）不良，工作绩效显著低于常规本职位正常工作标准的要求。
N. 此项目不适用于此人

工作相关标准	考核因素描述	评分等级	
		自我考核	主管考核
工作责任感	表现出维护组织利益与形象的具体行为		
	乐意接纳额外的任务和必要的加班		
	肯为工作结果承担责任		
	保持良好的出勤记录，没有不合理的缺席		
客户（包括组织内部的服务对象）服务意识	倾听客户问题，努力发现、理解客户需求		
	合乎组织规则地满足客户需求，提供清晰、完整的答案		
	提供额外的帮助		
	以愉悦和友善的态度提供服务		
工作品质	服从上级指示		
	遵守规章制度和业务规程		
	为后续的工作提供最大的便利		
	在无监督的情况下保持工作质量的稳定		
工作效率	准时完成工作任务		
	根据需要主动调整和加快进度		
	能在规则允许的范围内改进方法以提高效率		
工作技能	具备良好的理解能力，很好地理解工作任务需求		
	具备良好的发现和解决问题能力，及时发现问题，找出问题的原因，采取有效的措施解决问题		
	能根据当前工作的特点，对现有的方法和技术做出灵活的运用，并创造性地提出新的方法		
	具备必要的业务工作知识、技能和方法，能独立完成本岗位的工作		

续表

工作相关标准	考核因素描述	评分等级	
		自我考核	主管考核
团队合作	愿意与他人分享经验和观点		
	采用合适的方式表达不同意见		
	与同事和协作部门保持良好的合作关系		
	参与和支持团队工作，推进团队目标的达成		
	能为团队利益作出个人的牺牲		
个人发展	对自己的能力和判断有信心，愿意尝试有挑战性的工作任务		
	经常对自己提出新的要求和目标，愿意承担更大的责任		
	有清晰的个人发展计划和培训需求		
	以积极的态度接受与工作有关的培训		
	安排利用个人时间以提高专业技能		
工作相关标准	该分项平均得分	等级	
工作责任感			
客户服务意识			
工作品质			
工作效率			
工作技能			
团队合作			
个人发展			
工作绩效整体考核			
主要工作改善建议（个人填写）			
工作期望（主管填写）			
上级主管审核意见 签名：			

本章小结

绩效考核就是评定和估价员工个人工作绩效的过程和方法，是员工绩效形成的不可或缺的因素。考核主体包括上级考核、同级考核、自我考核、下属考核、客户考核与供应商考核。考核者容易出现的考核误区有逻辑误差、宽大化倾向、严格化倾向等。考核者培训的主要内容有考核者误区培训、绩效标准培训、绩效考核指标培训、绩效信息收集方法培训、绩效考核方法培训、绩效反馈培训。绩效考核的主要方法有比较法、强制分配法、量表法、关键事件法、评语法等。在进行绩效考核方法选择时，一般要考虑企业的主导目标、工作特征、绩效考核方法本身的适用性、绩效考核结果的应用、企业文化、考核方法的总成本等因素。在组织中，不同层级的员工工作内容及其侧重点不同，因而考核的方式也各不相同。

复习思考题

1．绩效考核主体主要有哪几种类型？试对不同的主体进行比较。

2．常见的考核者误差主要有哪几种？请结合实践中的情况，解释不同考核者误差的含义和可能产生的原因。

3. 绩效考核者培训的主要内容有哪些？

4. 试述主要绩效考核方法的优缺点及其适用性。

5. 在选择绩效考核方法时需要考虑哪些影响因素？试结合实例，解释各个因素是如何影响考核方法选择的。

6. 高层管理人员考核的主要内容有哪些？

案例分析

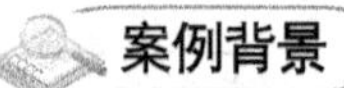

案例背景

强制分配法面临的困境

材料 1：K 公司是一家中型制造企业。半年之前总经理决定在公司推行绩效考核体系。在咨询顾问的帮助下，人力资源部制订出了详细的实施方案。但是在推行这套方案时却遇到了很大阻力，尤其是方案中的“强制分配原则”遭遇到了各部门的质疑。企划部张经理首先找到人力资源部，与 HR 主管大闹了一通。原来企划部只有 3 名员工，并且都是张经理从全公司挑选出来的“精英”，现在人力资源部制订的方案竟然要把 3 名下属的综合绩效强制分布出三个等级，张经理怎能不急？虽然最终迫于公司总经理的压力，绩效考核必须推行，但是企划部原来兄弟般的工作氛围已荡然无存，1 个月之内张经理的 3 名下属跳槽走了 2 人。

材料 2：Q 公司是一家产销研一体的大型公司。公司年初决定实施绩效管理，制度中规定，按照得分，90～100 是优秀，75～89 是良好，60～74 是合格，60 以下是不合格。同时，根据 GE “活力曲线”思想，规定各部门的优秀比例为 20%，良好为 35%，合格为 35%，不合格为 10%。一段时间下来，人力资源部傻眼了。考核做了几次，优秀比例没有低于 30%的，良好都是 50%以上，剩下的都是合格，不合格只有在人员离职时才会偶尔出现。更令人力资源部郁闷的是，给部门强调结果要遵循强制分布，部门的答复是：“我是按照你们给的分数定的结果呀，要调等级那你们自己来调吧”。

（资料来源：http://shequ.docin.com/app/teamMessage/showTeamTalk?cardId=841820&teamId=1979）

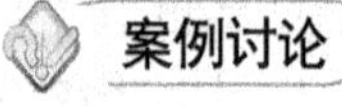

案例讨论

通过以上两个案例，分析强制分配法应用过程中容易出现哪些问题，如何解决？

实践环节

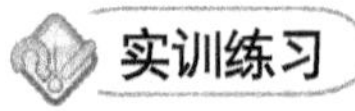

实训练习

不同类型人员的绩效考核

通过本章的学习，学生应该对绩效考核体系设计等有了更具体的了解，同时也清楚了在组织中不同层级、不同类型的员工考核的内容和方法也不尽相同。在这个练习中，由指导教师指定一个有代表性的组织，要求组织有一定的规模，内部人员类型较多，学生按照组织内员工类型分组，小组数量不少于员工类别数量。每组学生通过直接或间接方式获得相关信息，设计该类员工的考核内容与方法。

第一步，各小组通过访谈、问卷或文献资料等收集组织整体和所分析具体类型员工的相关基础信息。

第二步，各小组根据企业总体发展战略、组织结构、岗位职责等信息设计所研究类型员工的考核内容与方法。

第三步，各小组派出一名代表向所有参与者简要介绍本小组的设计结果。

第四步，所有参与者自由陈述对不同类型员工考核要点的意见或建议。

第五步，教师进行总结。

本练习的结果可以较直观地说明同一组织内不同类型员工考核的差异性，使学生加深对本章所学知识的理解。同时，参与者在练习过程中还可以锻炼人际交往能力、组织协调能力、归纳总结能力、口头表达能力和书面表达能力。

第六章　绩效反馈面谈

教学目标

通过本章的学习，学生应掌握绩效反馈面谈的一般方法，了解容易出现的问题，掌握绩效反馈面谈计划的设计，重点掌握绩效改进计划的设计，系统了解和掌握绩效反馈与面谈的基本技巧，掌握员工绩效改进计划的基本流程，了解绩效改进计划和实施中要注意的问题。

学习目标

- 掌握绩效反馈面谈的意义和原则；
- 掌握绩效反馈面谈的技巧和步骤；
- 了解面谈的分类；
- 掌握员工绩效改进计划的基本流程；
- 了解绩效改进计划和实施中要注意的问题。

关键词

绩效反馈　绩效改进　绩效考核　基本法则　汉堡原理

导入案例

A公司的绩效反馈面谈

A公司是一家机床制造合资企业，整体销售水平一直不尽如人意，财务状况令公司高层很是不满意。为了尽快扭转局面，A公司决定让一直负责营销的方副总经理转为担任物流和营销的总经理，并聘请一位具有深厚营销经验并熟悉中国市场的本土人士李明东先生来做营销副总经理。李明东到公司不久，就分别在广州、北京设立了两个营销部，这两个营销部经理由他过去的老部下担任，而上海营销部经理由原来的一位营销员担任。随后，他又陆续地从社会上招聘人员，尤其注重招募自己的老部下，并在进公司不久，又制定了人员激励机制时，且本着一个基本原则：队伍扩大，待遇降低，成本不变。在他的绩效考核体系里，营销人员的收入由4部分组成：

高层员工收入：底薪+福利+月度绩效工资+年底绩效工资，即年薪制。

中低层员工收入：底薪+福利+月度绩效工资+销售提成。

对于李明东的新政，营销组织成员大多数保持沉默。老员工明显感觉自己的收入降低了，即使考核能够顺利地拿到平均分，仍然不如过去的工资高，心里颇有怨言；新员工也感觉自己的收入和公司当初承诺的相差甚远，公司开的是空头支票，发现上当了。大家把唯一的希望寄托在了能够创造营销奇迹上。

新政实施不到两个月，李明东上班就收到了两份辞职报告，辞职的分别是北京和广州营销部的经理——他比较看重的两个人。因此，人事部决定对这些员工进行一对一的绩效反馈面谈，此次计划以刘东为例。

一、面谈的目的

1）希望李明东更好地引导员工行为，加强员工的自我管理，提高工作绩效，发掘员工潜能，同时实现员工与上级更好的沟通，创建一个具有发展潜力和创造力的优秀团队，推动公司总体战略目标的实现。

2）希望李明东更确切地了解员工队伍的工作态度、个性、能力状况、工作绩效等基本状况，为公司的人员选拔、岗位调动、奖惩、培训及职业规划等提供信息依据。

二、面谈的时间和地点

面谈时间：2015年10月14日14:00—16:00。

面谈地点：公司人力资源部会议室。

三、面谈前的准备

1）收集并填写好有关绩效考核的资料。

2）总结李明东近两个月来的业绩及工作表现。

3）准备李明东以往工作优秀表现历史绩效档案数据。

4）列出李明东工作表现中的缺陷及不足之处。

5）制订切实合理的个人发展计划。

四、面谈的过程

1）刘副总向李明东说出最近的工作业绩和工作表现，询问李明东是否在工作中遇到了瓶颈。

2）李明东叙述工作中遇到的问题及个人发展方面的计划。

3）刘副总与李明东一起讨论出现问题的原因，提出有待发展的项目、发展这些项目的意义与可行性、这些项目目前的绩效水平及预期达到的水平，发展这些项目的方式途径及需要的资源支持，完成这个项目的时间期限等方面的内容。

五、制订绩效改进计划

刘副总将其与李明东的面谈结果整理后反馈给李明东，指出其目前自身所存在的不足，制订了下一步的绩效改进计划，让李明东认识到下一阶段自己在工作当中的努力方向和注意事项。

企业员工绩效反馈面谈记录表如表6-1所示。

表6-1　企业员工绩效反馈面谈记录表

单位名称：A公司　　　面谈时间：2015年10月14日

姓名：李明东	部门：营销部	职位：营销部副总经理
任职起算时间：2012年12月至2015年10月	评价区间：2015年10月14日至2015年10月17日	
在工作中哪些方面较成功？	适时导入新产品发展规划和项目提案	
在工作中有哪些需要改善的地方？	组织与管理能力方面有待改善	
是否需要接受一定的培训？	是	
你认为自己的工作在本部门和全公司中处于何种状况？	承上接下的沟通管理作用	
你认为本部门工作谁最好、谁最差？	最好的：张鑫（上海营销部经理）；最差的：赵明智（广州营销部营销员）	
你认为全公司谁最好和谁最差？	最好的：刘副总（营销部总经理）；最差的：赵明智（广州营销部营销员）	
你对本次绩效考核有什么意见？	总体感觉不错	
希望从公司得到怎样的帮助？	希望公司能增加有关组织与管理方面的培训	
下一步工作和绩效改进的方向是什么？	组织与管理能力方面	
备注		

受评人：李明东　　面谈人：刘副总　　　　　审核人：总经理

注：① 此表的目的是了解员工对绩效考核的反馈信息，并最终提高员工的业绩。

② 绩效考核反馈面谈应在评价结束一周内由上级主管安排，并报人力资源部备案。

（资料来源：http://www.docin.com/p-104280652.html，有改动）

本案例说明了什么问题？你认为删掉这个环节对绩效管理是否有影响？

继绩效评价之后进行的绩效反馈面谈是一种正式的绩效沟通，但在许多企业中，此环节并未得以充分重视，它们往往将填写评价表格、计算评价结果作为绩效评价和管理的全过程。实际上，如果缺少将评价结果和管理者的期望传达给被管理者的环节，将无法实现绩效评价和绩效管理的全过程。通过绩效反馈面谈实现上级主管和下属之间对于工作情况的沟通和确认，找出工作中的优势及不足，并制订相应的改进方案，更加利于员工绩效与组织绩效有效结合。

第一节　绩效反馈面谈的意义和原则

绩效反馈面谈时管理者就上一绩效管理周期中员工的表现和绩效评价结果与员工进行正式面谈的过程。通过绩效反馈面谈，一方面可使员工了解自身的绩效水平，以强化优势，改进不足；另一方面，管理者可以将组织的期望、目标和价值观传递给员工，形成价值创造的最大化。

一、绩效反馈面谈的意义

（一）绩效反馈面谈有助于正确评估员工

员工在工作中同样的行为表现，往往不同的人会有不同的评价；即使对行为表现的评价一致，但对行为背后深层次的原因，不同的人所掌握的信息也是不一样的。管理人员对员工的评估只是代表管理人员的看法，而员工可能会对自己的绩效持有不同见解，如果管理人员将自己的评价强加到员工身上，无论评价正确与否，都将会影响员工的积极性。因此，管理者和员工进行绩效沟通，对员工的绩效表现达成一致看法是非常重要的。

（二）绩效反馈面谈使员工正确认识自己的工作成绩

员工的基本素质能力因人而异，每个人的个性与能力不同，都有长处和短处，关键是如何正确认识自己的长处和短处。当一个人做出成就时，希望获得管理者的肯定，绩效考核面谈的一个很重要的内容就是肯定员工的成就和优点，从而对员工起到积极的激励作用。有效的绩效反馈可以使员工真正认识到自己的潜能，从而知道如何发展自我。

员工在实际工作中很希望自己的组织能有提升自己的环境，不只是想听到肯定和表扬的话，而且需要管理者明确指出工作中有待改进的方面并提出建设性的意见和建议，希望由组织的发展而带动自身的发展，进而实现个人的职业生涯规划目标。

（三）绩效反馈面谈能保证绩效考核的公开、公正性

面谈是一种比较有效的沟通方式，可以把很多问题摆在明面上，使员工相信绩效考核是公平、公正和客观的，否则员工就有可能怀疑绩效考核的真实性。反馈面谈可以促使管理者认真对待绩效考核工作，而不是仅凭个人的好恶进行考核。

（四）绩效反馈面谈有助于达成绩效改进计划

通过绩效反馈面谈，双方对绩效评定的结果达成一致意见后，员工和管理人员可以在绩效考核面谈中一同制订绩效改进计划。员工可以提出自己的绩效改进计划并向管理者提出需要的资源支持；管理者和员工应该充分讨论改进计划的可行性并协助员工制订具体的行动计划。

在组织中绩效管理是一个循环往复的过程，是绩效管理的重要环节。绩效反馈环节的顺利结束就意味着一个新的绩效管理周期的绩效计划制订的开始。可以根据上一绩效期间的绩效结果并结合绩效改进计划来制定下一绩效期间的绩效目标。

二、绩效反馈面谈的原则

组织中由于存在岗位分工的不同和专业化程度的差异，很多信息不一定是正确的，如管理者掌握的和员工自身认识到的可能存在很大差异，所以在主管与员工之间存在着信息不对

称的情形，为了不断提升员工关注的层级，努力实现组织内评估双方的信息均衡分布，在主管与员工之间进行反馈沟通应该是经常的、及时的，管理者在进行组织绩效反馈面谈时应秉持一个重要的原则，即 SMART 原则。

（一）直接具体原则（specific）

面谈交流要直接而具体，不能作泛泛的、抽象的、一般性评价。对于主管来说，无论是赞扬还是批评，都应有具体、客观的结果或事实来支持，使员工明白哪些地方做得好，差距与缺点在哪里，既有说服力又让员工明白主管对自己的关注。如果员工对绩效考核有不满或质疑的地方，向主管进行申辩或解释，也需要有具体客观的事实作基础。这样，只有信息传递双方交流的是具体准确的事实，每一方所作出的选择对另一方才算是公平的，评估与反馈才是有效的。

（二）互动原则（motivate）

面谈是一种双向的沟通，为了获得对方的真实想法，主管应当鼓励员工多说话，充分表达自己的观点。因为思维习惯的定向性，主管似乎常常处于发话、下指令的角色，员工是在被动地接受；有时主管得到的信息不一定就是真实情况，下属迫不及待的表达，主管不应打断与压制；对员工好的建议应充分肯定，也要承认自己有待改进的地方，一同制定双方发展、改进的目标。

（三）基于工作原则（action）

绩效反馈面谈中涉及的是工作绩效，是工作的一些事实表现，员工是怎么做的，采取了哪些行动与措施，效果如何，而不应讨论员工个人的性格。员工的优点与不足都是在工作完成中体现出来的。性格特点本身没有优劣好坏之分，不应作为评估绩效的依据，对于关键性的影响绩效的性格特征需要指出来时，必须是出于真诚地关注员工发展的考虑，而不应将它作为指责的焦点。

（四）分析原因原则（reason）

反馈面谈需要指出员工不足之处，但不需要批评，而应立足于帮助员工改进不足之处，指出绩效未达成的原因。出于人的自卫心理，在反馈中面对批评，员工马上会做出抵抗反应，使得面谈无法深入下去。但主管如果从了解员工工作中的实际情形和困难入手，分析绩效未达成的种种原因，并试图给以辅助、建议，员工是能接受主管的意见甚至批评的，反馈面谈也不会出现攻守相抗的困境。

（五）相互信任原则（trust）

没有信任，就没有交流，缺乏信任的面谈会使双方都感到紧张、烦躁，不敢放开说话，甚至充满冷漠、敌意。而反馈面谈是主管与员工双方的沟通过程，要想使沟通顺利进行，达到理解和达成共识，就必须有一种彼此互相信任的氛围。主管人员应多倾听员工的想法与观点，尊重对方；向员工沟通清楚原则和事实，多站在员工的角度，设身处地为员工着想，勇于当面向员工承认自己的错误与过失，努力赢取员工的理解与信任。

第二节　绩效反馈面谈前的准备

在做好绩效反馈面谈准备之前，应当充分认识绩效反馈面谈对于企业如何提升员工绩效有着重要的意义；在绩效反馈面谈前应掌握面谈的基本原则，做好面谈前基本资料准备，以便于更好地开展此项工作。

一、拟订面谈计划

管理者在进行绩效面谈时应事先拟订好反馈面谈的计划。常言道，细节决定成败。作为一项在组织中让管理者颇感劳心费神的工作，绩效反馈面谈的任何一个细节都不可忽视。管理者与每一位员工面对面地探讨其一段时期内的绩效考核结果，并分析原因，找到提升业绩的解决方案，这本身就不是一件易事；如果还要让员工心悦诚服，则更是难上加难。因此，忽视其中的任何一个细节，都会"差之毫厘，谬以千里"。所以，要做好绩效反馈面谈前的计划工作。为了提高和保证绩效面谈的质量和效果，考评者应当注意做好以下两项准备工作。

（一）明确绩效面谈的基本内容

面谈考评者应明确面谈的主题，预先告知被考评者面谈的时间、地点，以及应准备的各种绩效记录和资料。在进行绩效面谈之前，考评者必须明确本次绩效面谈的目的、内容和要求，即需要明确本次面谈主要交流和沟通的主题是什么，通过面谈要达到什么样的目的，解决什么样的问题。

管理者在进行绩效反馈面谈前，要根据本次面谈的目的，事先计划好谈话内容，并且根据此次谈话的内容，在面谈通知中一定要给被考评者提供明确的信息，如面谈是单向的还是双向的，下属可否对上级主管的工作表现或本单位的绩效进行评述，等等。尽管借助于文字和口头的通知方式，会增加一定的工作量，但却是十分必要的。如果参与绩效面谈的双方，都能预先做好思想、技术、物质上的准备工作，做到心中有数，将会使绩效面谈取得良好的效果，对组织发展具有更积极的意义。

（二）正式下达面谈通知做到双向沟通

为了保证绩效面谈的质量，不但考评者要有充分的思想准备，被考评者也应当有充分的心理和资料的准备，考评者应在面谈的1～2周之前，以文字通知的形式预先告知被考评者，具体说明绩效面谈的内容、会见的时间和地点，以及应准备好的各种原始记录和资料。同时，考评者还必须以口头的形式，将上述要求亲自通知到每个被评估者，再次作出确认，以使绩效面谈的准备工作真正落到实处。如果仅仅让行政人员编排一份简单的绩效面谈的时间安排表，或者发送一份面谈的通知书就敷衍了事，则会带来很多不必要的误解和麻烦。

（三）拟订绩效面谈计划

面谈的主管人员应根据自己的工作安排，与员工进行适当的沟通之后，拟订一个行之有效的面谈计划，面谈是主管和员工两个人共同完成的工作，需要双方都做好充分的准备，在面谈计划下发的同时也要将面谈的重要性告知员工。所以，准备工作也分为主管人员面谈的准备和员工自身的工作绩效的面谈准备。一般，拟订绩效面谈计划需要注意的工作主要有以下几个方面。

1）选择合适的时间。目的是保证双方都有空余的时间。尽量不要安排在刚上班或快下班时，时间尽量避开整点，确定后要征询一下员工的意见，并提前 3 天通知员工。

2）预备好面谈场地。选择好面谈场所。尽量选择不受干扰的场所，要远离电话及其他人员，避免面谈中途被打断。场所一般不宜在开放的办公区进行，最好是小型会议室或接待室，如采用公司小会议室，会更体现会谈的正规性；另外还可以通过座位的适当安排，缓解员工的紧张心情等。

3）准备较全面的面谈信息。以便于有理有据地进行面谈工作。

4）做好充分的心理准备。由于对象不同，面谈中表现的情绪和行为肯定大不相同，因此在面谈前要对面谈对象有较深的了解，做好应急措施。

5）拟定好面谈程序。计划好如何开始、如何结束，面谈过程中先谈什么、后谈什么，拟采用的相关对策，以及各阶段的时间分配等（参见图 6-1、图 6-2 和表 6-2）。

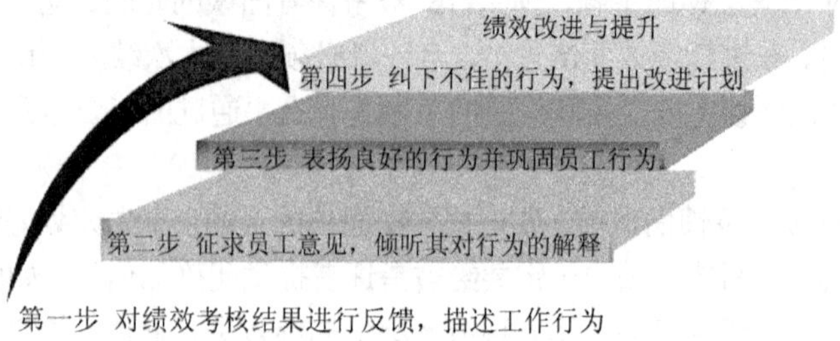

绩效改进与提升
第四步 纠下不佳的行为，提出改进计划
第三步 表扬良好的行为并巩固员工行为
第二步 征求员工意见，倾听其对行为的解释
第一步 对绩效考核结果进行反馈，描述工作行为

图 6-1 绩效反馈面谈的程序

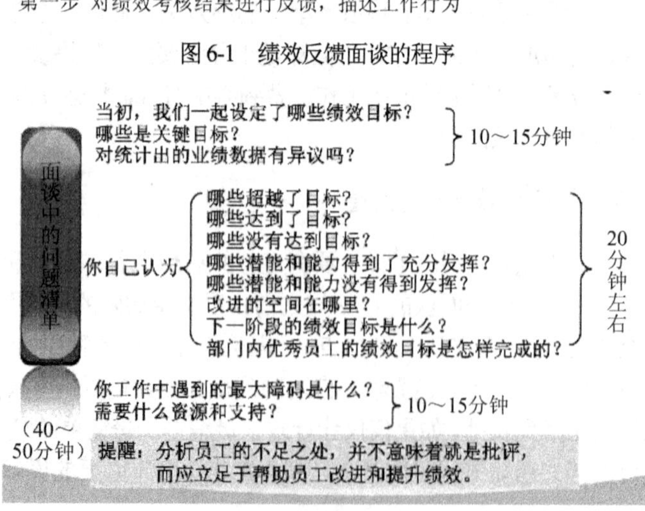

图 6-2 绩效反馈面谈中的问题清单

表 6-2　绩效考核面谈表

部门		职位		姓名	
考核日期	年　月　日				
工作成功的方面					
工作中需要改善的地方					
是否需要接受一定的培训					
本人认为自己的工作在本部门和全公司中处于什么状况					
本人认为本部门工作谁最好、谁最差？全公司呢？					
对考核有什么意见					
希望从公司得到怎样的帮助					
下一步的工作和绩效的改进方向					
面谈人签名		日期			
备注					

二、收集相关信息资料

要想达到良好的反馈面谈质量和效果，考评者与被考评者事先都要十分重视面谈前的准备工作。反馈面谈的质量和效果主要取决于双方所提供的数据资料是否翔实和准确程度。在绩效面谈中，如果主管与下属之间不是以反映客观绩效的真实数据资料为依据，那将是：主管列举不出确凿的数据说服下属，下属也列举不出足够的事实证明自己，从而使绩效面谈失去意义。

（一）面谈者应准备的资料

考评者确认了面谈以后，可有目的地整理汇总被考评者的各种相关资料，一般情况需要准备两方面的资料。

1）拟定纲要。拟定面谈大纲：如何评价和向员工反馈上一阶段的工作表现和能力提升情况；员工有哪些突出优点，你如何表扬；员工存在哪些问题，你如何提出；你的具体建议是什么；你对员工下一阶段工作目标的期望、提升与发展其能力的规划是什么。思考面谈反馈要素，须注意，不管面谈的重点是什么，其出发点永远是“帮助属下成长，明确工作方向，改进绩效”。

2）准备员工绩效的相关资料。准备好面谈资料，例如员工平常工作表现的相关记录及信息，做到有理、有据。收集资料的重点有：公司/部门/模块/现阶段的目标、工作重点；下属的本年度工作计划；下属上一阶段工作表现的记录和评估结果；下一阶段的工作计划；其他人的评价（其他同事的日常工作反馈、投诉等）。同时还需准备好员工评价表、员工的日常表现记录、员工的定期工作总结、岗位说明书、薪金变化情况等，整理出员工本阶段的最大优点和亟待改进的几点不足。这样，面谈时就会有针对性。

阅读资料

人力资源倡议活动

人力资源倡议活动应该将产生所希望水平的绩效作为其首要目标。表 6-3 演示了人力资源倡议活动如何促成绩效的前提条件得到满足。

表6-3 人力资源倡议活动

前提条件	人力资源倡议活动用以促成	个人绩效的需要	群体/组织绩效的需要
能够做的事项	1. 选拔； 2. 人员安排； 3. 发展； 4. 绩效管理； 5. 角色/职务设计	1. 聘用了正确的人选； 2. 人员利用充分； 3. 充分/及时培训； 4. 足够的资源； 5. 角色设计恰当	1. 人际/冲突管理技能； 2. 单位中存在的所需技能和知识； 3. 过程是恰当的
允许做的事项	1. 文化； 2. 角色/职务设计； 3. 管理的性质	1. 支持行使恰当的自主权； 2. 足够的资源； 3. 角色设计恰当	文化支持表彰群体的优异，而不会创造破坏性的竞争
希望做的事项	1. 奖励； 2. 认可； 3. 文化	1. 与绩效挂钩的奖励； 2. 行为和结果都得到了恰当的奖励； 3. “英雄”是高绩效者； 4. 提供内在的满足感	1. 奖励不鼓励个人竞争； 2. 绩效原则/标准不与常规/价值观冲突
了解它是什么	1. 愿景/使命； 2. 文化； 3. 绩效准则、标准和反馈	1. 清楚的方向； 2. 阐明的价值观； 3. 持续的反馈； 4. 全体所接受的绩效准则、标准和反馈	1. 清楚的方向； 2. 阐明的价值观； 3. 持续的反馈； 4. 全体所接受的绩效准则、标准和反馈

（二）被考评者应准备的资料

被考评者在接到绩效反馈面谈的通知后，应本着对自身负责的态度认真准备所需资料，要有充足的时间整理汇总以前工作表现的记录并进行自我评估，写出自评报告，并将总结报告和主要资料及时呈送上级主管审阅。在面谈之前，如果考评者能够将自己所掌握的有关资料与下属的自评报告及所提供的资料进行对比，将会大大提高绩效面谈的质量，提高绩效考核的针对性和有效性。被考评者应该准备的资料主要有以下几个方面。

1）准备表明自己绩效的相关资料或证据。例如，以事实为依据说明自己在哪些方面做得好，在哪些方面做得不够，填写自我评价表。员工要客观地做好自我评价，这样能够便于与主管考核结果达成一致，有利于面谈的顺利进行及个人发展目标的切实制定。

2）准备好个人的发展计划。被考评者在面谈时提出个人发展计划，有利于主管有针对性地进行下期工作等项的安排，达到双向的统一。因为绩效管理的一个重要的作用是不断提高员工的绩效水平，即更关注员工将来的绩效和发展。

3）做好互动的准备。被考评者应把面谈当作一次与管理者进行互动的机会，充分利用面谈的时间向主管人员表达自己的努力及需要得到帮助的地方；对如何提高自己未来的绩效可与主管进行更深入的交流。准备好向主管人员提出的问题，这一过程是员工改变主管对员工评价和下期绩效计划的关键；安排好自己的工作，避免因进行面谈而影响正常的工作。

阅读资料

面谈项目检查表的内容如下。

1. 计划阶段

1）安排面谈时间并提前 10 天或 2 周通知员工。

2）要求员工在面谈前准备有关的自我批评、工作目标、发展计划等。

3）清楚地宣布“这将是正式的年度绩效考核”。

2. 准备面谈

1）整理并回顾一年的工作记录。重点放在有所改进的工作模式上。

2）准备一些高于或低于平均水平的典型事例。

3）如果绩效符合或高于期望值时，决定如何巩固；如果绩效低于期望值时，决定如何改进。

4）评估结果做出后，放置一旁二三天后再复核。

5）按照企业绩效考核体系规定的步骤执行。

3. 执行面谈

1）选择一个舒适的、不易被打扰的、适合坦率和公正面谈的地点。

2）每次重点谈一个问题，考虑这个问题的正反两方面。

3）面谈应该是特别的和描述性的，不应为普遍的或判断性的。因报告发生的情况不要作出评价。

4）讨论面谈双方的不同观点并加以解决，争取使评估结果达成一致。

5）共同讨论和设计正确的成长和发展计划。

6）维持一个专业的和正确的评估讨论方法。

第三节　绩效反馈面谈的实施

绩效反馈面谈的实施是在充分计划后开始的工作。绩效考核反馈面谈是人力资源的深层次管理，绩效考核是对员工发展过程的“诊断”，反馈面谈则是对员工发展过程的“治疗”。在组织的绩效管理中，通过面谈能够增进组织与员工的沟通和理解，帮助员工发现自身的不足，是员工一次学习和纠正问题，明确方向和目标的大好时机。面谈中的信息可为组织进行员工培训和企业发展提供有利依据。

一、面谈的分类

从绩效面谈的内容和形式上看，绩效面谈可以有多种分类方式。

（一）按照具体内容区分绩效面谈

按照具体内容区分，绩效面谈可以有以下几种。

1. 绩效计划面谈

绩效计划面谈是一种事先的工作面谈，主要是针对组织中工作初期的工作内容进行的面谈，具体是指在工作初期，上级主管与下属就本期内绩效计划的目标和内容，以及实现目标的措施、步骤和方法所进行的面谈。该项工作是整个绩效管理工作的基础，确定了工作的目标及后续绩效考核的结点，能够正确引导员工的行为，发挥员工的潜力，不断提高个人和团队的绩效。该过程中上级主管要向员工提供工作的绩效结果，请员工注意在目标设计中双方达成一致的内容，请下属做出事先的承诺，包括对于结果指标和行为指标的承诺。某些大型公司年初责任状的制定面谈，即为绩效计划面谈的一种形式。该过程中管理者应对任务的整体情况和下属的工作能力进行细致分析，制定出既切合实际，又使下属感到有一定压力的目标，言谈中以鼓励为主，以激发下属的工作积极性。

2. 绩效指导面谈

绩效指导面谈是一种事中的绩效管理面谈，是组织在工作过程中，根据下属不同阶段的实际表现，主管与下属围绕思想认识、工作程序、操作方法、新技术应用、新技能培训等方面的问题所进行的面谈。该过程是绩效面谈中的核心工作，能否有效地把该项工作开展好，是整项工作任务能否较好完成的关键。绩效指导面谈应按工作的结点或工作的进展程度，定期进行。有些管理者认为，只有在下属工作出现问题时才需要进行指导面谈，这是不正确的。有效的指导面谈能够提高下属的积极性、能动性。绩效指导面谈需要注意：管理者要摆好自己和员工的位置，双方应当是具有共同目标完全平等的交流者，具有同向关系，管理者不应是评价者或判断者。

在面谈过程中，应以表扬为主。俗话说，知人者智，自知者明。但人们经常是自己不自知，对自己的短处、劣势或不足看得过轻，甚至根本看不清。“好大喜功”是人之常情，每位员工都希望自己的工作得到管理者的认可。因此，在面谈过程中，反馈的信息不应当针对被考评者，而应当针对某一类行为，也就是“对事不对人”，而且应当是员工通过努力能够改进和克服的。例如，发现员工某一种工作行为效率较低或无效，面谈中和他共同探讨如何提高工作效率，让他自己意识到自己行为的低效或无效，并制定出新的行为标准，要比批评员工“脑子笨，人格有问题”恰当得多，前者可使员工感到自己能力在提高，经验更加丰富，对本职工作更加热爱，而后者往往使员工自暴自弃，对自己的未来缺乏足够信心，放弃在工作和学习方面的努力。

管理者应选好面谈的时间、地点，所准备的相关面谈资料应具有绝对的真实性。有效、及时的信息反馈是非常重要的。当管理者发现员工的某种行为不是最佳的行为时，应及时提出以使员工的绩效有较大提高；而如果没有及时指出，员工会认为自己的行为是正确的，在思维上逐渐形成定式，当管理者再进行指正时，员工会产生抵抗心理。管理者反馈的信息应当真实，也就是面谈中的信息需要经过核实和证明，虚假的信息会使员工感到茫然委屈。例如，某位员工半年内迟到过一回，主管领导了解后马上与该员工面谈，第一句话就是“你这段时间怎么老迟到”，员工进行辩驳，管理者坚持自己的观点，结果可想而知。验证信息准确性的最简单方法，就是让参与者再复核一下信息，看看与管理者最初的看法是否相同。此外，地点也非常重要，在大庭广众之下，管理者强烈地指责和批评，对员工的影响很大，员工会寻求各种方法来保护自己，这种自我防卫机制一旦形成，会严重制约和影响组织绩效的提高和发展。

3. 绩效考核面谈

绩效考核面谈是指在整项工作完成之后，即绩效管理末期，主管与下属就本期绩效计划的贯彻执行情况，以及员工工作表现和工作业绩等方面所进行的全面回顾、总结和评估，并将结果及相关信息反馈给员工。面谈阶段，管理者应准备充足的资料，对员工取得的成绩应予以肯定，并指出产生优秀结果的有效行为，从而加强员工的有效行为。

4. 绩效总结面谈

绩效总结面谈是指在本期绩效管理活动完成之后，将考评结果及有关信息反馈给员工本人，管理者应给予适当引导，让员工发挥主观能动性，并为下一期绩效管理活动创造条件的面谈。

（二）按照具体过程及其特点区分绩效面谈

按照具体过程及其特点区别，绩效面谈可分为以下几种。

1. 单向劝导式面谈

单向劝导式面谈，又称单向指导型面谈。它是通过对员工现实工作行为和表现进行剖析，说明哪些行为是正确的、有效的，哪些行为是错误的、无效的，并根据工作说明书，尽可能说服下属，让他们接受并提出新的、更高的工作目标，不断提升其绩效水平。采用这种面谈方式，对于改进员工行为和表现，其效果是十分突出的，尤其适用于那些参与意识不强的下属。但由于这种单向性的面谈，缺乏双向的交流和沟通，容易堵塞上下级之间的言路，难以给下属申诉的机会，使沟通渠道受阻。使用这种方式要求主管具备劝服员工改变自我的能力，并且能够熟练运用各种激励下属的模式和方法。

2. 双向倾听式面谈

双向倾听式面谈并没有严格的程序和格式。这种面谈形式，为下属提供了一次参与考评，以及与上级主管进行交流的机会。在面谈中，首先要求下属回顾总结自己的工作；然后上级主管根据下属的自评报告，在综合归纳各个方面考评意见的基础上，提出自己的看法，并作出总体的评估；最后，再听取下属的意见，应当给下属充分地发表意见的机会，使其毫无顾忌地表达自己对考评结果的直接感受和真实看法，遇到不同意见时，也应当允许下属保留自己的看法。采用这种面谈方式时，上级主管应具有与员工沟通其工作优缺点的能力，要求主管能够认真地倾听员工的不同意见，对员工的陈述或过激的言辞不予反驳，不加评论，以缓解员工的抵触情绪。采用这种方式，可以在员工受到挫折时，减少或消除员工的不良情绪。双向倾听式面谈要求参加者事先准备一些问题，而且要掌握提问和聆听的时机。它的目的是让下属了解上级对其优缺点的评价，并就此作出反应。这种形式的主要缺点是难以向被考评者立即提出下一步工作改进的具体目标，因此虽然员工对考评结果感到满意，但其工作的改进程度不会太大。

3. 解决问题式面谈

基于上述各种面谈方式的一些不足，出现了一种通过绩效面谈解决下属实际问题的新形式，即解决问题式面谈。使用这种面谈方式时，应创造一种活跃的、开诚布公的，能够进行有效交流的环境和氛围，主管应倾听员工的陈述，对员工的感受作出正确的回应，并针对上次面谈以来，员工所遇到的困难、需求、工作满意度等各种问题，逐一解决，为此需要组织相关的培训，以提高考评者的管理水平。

4. 综合式绩效面谈

综合式绩效面谈是将上述各种面谈方式，经过合理的搭配综合而成的一种绩效面谈方式。当上级主管经过专门的管理技巧培训，掌握了一定的技能以后，在实现绩效面谈的多重目标时，该方式就显得十分有效了。所谓综合式绩效面谈，也就是在一次面谈中，采取灵活变通的方式，从一种面谈形式转换过渡到另一种面谈形式。例如，单向劝导式面谈适用于评估绩效计划目标的实现程度，而解决问题式面谈更适用于促进员工的潜能开发和全面发展。将两个目标区分开来进行面谈，显然需要耗费很多的时间和精力，如果采用综合式绩效面谈，则可以“一箭双雕”，效率较高。

二、绩效反馈面谈的技巧

绩效反馈面谈是管理者的一项管理技能，领导者要做好绩效反馈面谈工作、控制好绩效反馈面谈的局面，掌握一定的面谈技巧是非常必要的。

（一）选择一个安静的环境

面谈的环境非常重要，因为环境会影响一个人的心情。在面谈中，让下属保持轻松的心情非常重要。选择面谈的环境一般要注意几点：①噪声一定要小，尽量不要受外界环境的干扰，面谈双方一定要将手机关闭；②最好不要在办公室里面谈，以免受其他人员干扰，打断正常的面谈；③面谈时最好不要有第三者在场。

（二）营造彼此信任的氛围

信任是沟通的基础。绩效面谈实际上是上下级之间就绩效达成情况的一次沟通，所以同样需要在面谈双方之间营造信任的氛围。信任的氛围可以让下属感觉到温暖和友善，这样下属就可以更加自由地发表自己的看法。信任首先来自平等，所以在面谈中双方尽量不要隔着桌子对坐——利用一个圆形的会议桌更容易拉近与下属的距离；信任还来自尊重，当下属发表意见时，主管要耐心地倾听，不要随便打断，更不要武断地指责。

（三）明确绩效面谈的目的

在开始进行绩效面谈时，主管就应该向下属明确面谈的目的，以便下属能够清楚面谈的意义及面谈的内容。在阐述面谈的目的时，主管应尽可能使用比较积极的语言，如“我们今天面谈的主要内容是讨论如何更好地改善绩效，并且在以后的工作中需要我提供什么指导，以便我们能够共同完成目标。”

（四）鼓励下属充分参与

一次成功的绩效反馈面谈是互动式的面谈，在面谈过程中双方应进行有效的互动沟通。主管应避免填鸭式的说服，即使对下属工作有不满意的地方，仍需要耐心倾听下属内心的真正想法。如果下属是一个非常善于表达的人，就尽量允许他把问题充分暴露出来；如果下属不爱说话，就给他勇气，多一些鼓励，同时尽量用一些具体的问题来引导下属多发表看法。

（五）关注绩效和行为，而非个性

在面谈中要坚持“对事不对人”的原则。下属可能在某些个性方面有欠缺，但在绩效面谈中主管应重点关注下属的绩效表现，如果下属个性方面的欠缺和工作无关，则尽量不要发表意见。

（六）以事实为依据

如果主管发现下属在某些方面的绩效表现不好时，尽量收集相关信息资料，并结合具体的事实指出下属的不足，这样不仅可以让下属心服口服，更能让下属明白业绩不佳的原因，有利于更好地改进工作。以事实为依据要求主管平时要注意观察下属的行为表现，并能够养成随时记录的习惯，从而为绩效面谈提供充实的信息。

（七）避免使用极端化字眼

如果下属的业绩表现欠佳，一些主管在和下属面谈时容易情绪化，甚至使用一些非常极端化的字眼，极端化字眼包括总是、从来、从不、完全、极差、太差、决不、从未、绝对等语气强烈的词语，如“你对工作总是不尽心，总是马马虎虎”“你这个季度的业绩太差了，简直是一塌糊涂”“你从未让我满意过，照这样下去，你在公司绝对没有任何发展前途”，等等。极端化字眼用于对否定结果的描述中时，一方面下属会认为主管对自己的工作评价缺乏公平性与合理性，从而会增加不满情绪；另一方面，下属受到打击，会感到心灰意冷，并怀疑自己的能力，对建立未来计划缺乏信心。因此，主管在面谈时必须杜绝使用这些字眼，多使用中性字眼，而且还要注意用相对缓和的语气。

（八）灵活运用肢体语言

肢体语言在沟通中也发挥着重要的作用。主管可以灵活运用肢体语言为双方的沟通营造信任的氛围。一是身体姿势的选择。如果主管坐在沙发上，不要陷得太深或身体过于后倾，否则会使员工产生被轻视的感觉；也不要正襟危坐，以免使员工过分紧张。二是注视方法的选择。面谈时，主管不应长时间凝视员工的眼睛，也不应目光游移不定，这些都会给员工造成心理上的负担。比较好的方式是将员工下巴与眼睛之间的区域作为注视范围，进行散点柔视，不仅使员工对主管增加亲切感，而且也能促使员工认真聆听评价结果。

（九）以积极的方式结束面谈

面谈结束时，主管应该让下属树立起进一步把工作做好的信心。同时，要让下属感觉到这是一次非常难得的沟通，使他从主管那里得到了很多指导性的建议。这就要求主管在面谈结束时使用一些技巧，用积极的方式结束面谈。例如，可以充满热情地和员工握手，并真诚地说："我感觉今天的沟通非常好，也谢谢你以前所做出的成绩，希望今后你能够更加努力地工作，如果需要我提供指导，我将全力帮助你"。

需要记住的重要的一点是，语言信息常常是人们在无意识的状态下接受、反应、诠释进而储存下来的。人们在谈话中常说道"我感觉……""我不敢肯定……""她不是我这种类型……""她使我感到不轻松……""他使我想起……"或是"有些事关于她"等，这些话并没有指明人们到底要说什么。人们能够在一些非语言信息组合的行为中获取信息。也就是说，这些非语言信息的组合可以使人们对这些行为作出分析与判断。人们能够注意到，是什么可以使人们对这些行为作出分析判断，是什么可以使人们在非语言沟通中作出无意识的反应，这对于用意识去把握这种反应十分重要。

经典案例

一个失败的绩效面谈案例

刘经理：小张，有时间吗？

小张：什么事情，头儿？

刘经理：想和你谈谈，关于你年终绩效的事情。

小张：现在？要多长时间？

刘经理：嗯……就一小会儿，我9点还有个重要会议。哎，你也知道，年终大家都很忙，我也不想浪费你的时间，可是HR部门总给我们添麻烦。

小张：……

刘经理：那我们就开始吧。

（于是小张就在刘经理放满文件的办公桌对面，不知所措地坐了下来）

刘经理：小张，今年你的业绩总的来说还过得去，但和其他同事比起来还差了很多，可你是我的老部下了，我还是很了解你的，所以我给你的综合评价是3分，怎么样？

小张：头儿，今年的很多事情你是知道的，我认为我自己还是做得不错的呀，年初安排到我手里的任务我都完成了呀，另外我还帮助其他的同事做了很多的工作……

刘经理：年初是年初，你也知道公司现在的发展速度，在半年前部门就接到新的市场任务，我也对大家宣布了，结果到了年底，我们的新任务还差一大截没完成，我的压力也很重啊！

小张：可是你也没有因此调整我们的目标啊？！

秘书小王直接走进来说："刘经理，大家都在会议室里等你呢！"

刘经理：好了好了，小张，写目标计划什么的都是HR部门要求的，他们那里懂公司的业务。现在我们都是计划赶不上变化，他们只是要求你的表格填得完整好看，而且他们还对每个部门分派了指标。大家都不容易，你的工资也不错，你看小王，他的基本工资比你低，工作却比你做得好，所以我想你心理应该平衡了吧。明年你要是做得好，我相信我会让你满意的。好了，我现在很忙，下次我们再聊。

小张：可是头儿，去年年底评估的时候……

刘经理没有理会小张，匆匆和秘书离开了自己的办公室。

（资料来源：http://www.chinahrd.net/article/2012/12-24/32518-1.html）

三、常见的绩效面谈情况及处理

（一）绩效面谈中容易出现的5种角色

1）审判官。倾向于下属的不足，或者包办谈话，绩效面谈往往也就成了批评会、批斗会、员工慑于主管的权力，口服心也不服。

2）一言堂的长辈。面谈者一言堂，不给下属发言的机会，上司将商讨问题变成了下达指示，没有下属的说话机会，这根本就不是绩效反馈面谈。

3）老好人。怕得罪人，结果是打分非常宽松，每一个人的分数都很高，绩效面谈成走过场，让下属感觉面谈没有实际作用。

4）挑战者。给予很高的绩效目标，对员工要求很高，不愿意妥协，员工真正做到多少，不做公正合理衡量。

5）报复者。心胸狭窄，处事不公，以一个人的好恶作为判断标准，拼命揪住“小辫子”不放，致使员工愈发抵触，双方矛盾重重。

（二）绩效面谈中经常遇到的几种人员类型及面谈技巧

1）对优秀的下级。这种情况面谈起来最顺利，但考评者需要注意两点：一是要鼓励下级的上进心，为他定好个人发展计划；二是不要急着许愿，答应几时提拔或给何种特殊物质奖励之类。

2）对与前几次相比没有明显进步的下级。考评者应开诚布公，与他讨论是不是现在的岗位不太适合他，要不换个岗位；与他讨论是否需要对他进行一些培训，要让他意识到自己有哪些不足。

3）对绩效差的下级。造成绩效差的可能原因有多种，如工作态度不良、积极性不足、缺乏训练、工作条件恶劣等。必须具体分析，找出真正的原因并采取相应的措施，切忌不问青红皂白，认定准是这位下级的过错。

4）对年龄大、工龄长的下级。对这种下级一定要特别慎重。他们看到比他们年纪轻而资历少的人后来居上，自尊心会受到伤害，或者是对他们未来的出路或退休感到焦虑。对他们要尊重，要肯定他们过去的贡献，要耐心关切地为他们出主意。

5）过分雄心勃勃的下级。有雄心绝对是优良品质，但过分了则不好。他们会急于被提升或奖励，虽然他们此时还没有进展到这种程度。对他们要耐心开导，说明政策是论功行赏，用事实说明他们还有一定的差距，但不能泼冷水，可以跟他们讨论未来进展的可能性与计划；不过也不能让他们产生错觉，以为达到某一目标时就一定马上能获奖或晋升，要说明努力进步，待机会到来，自会有水到渠成的道理。

6）对沉默内向的下级。这种人不爱开口，对他们只有耐心启发，用提问非训导性的问题或征询意见的方式，促使其作出反应。根据其反应了解其内心想法，然后再遵循以上技巧与原则作出灵活的处理。

7）对发火的下级。对这种人首先要耐心地听他讲完，尽量不马上跟他争辩和反驳。从他发泄出的话中可以知道他气愤的原因，然后与他共同分析，冷静地、建设性地找出解决问题的办法来。

第四节　绩效改进计划

绩效改进是绩效考核的后续应用阶段，是连接绩效考核和下一循环计划目标制定的关键环节。绩效考核的目的不仅仅是作为确定员工薪酬、奖惩、晋升或降级的标准，员工能力的不断提高及绩效的持续改进才是其根本目的，而实现这一目的的途径就是绩效改进。

绩效改进计划是管理者与员工充分讨论后，由员工自己制订的，包括改进项目、原因、目前水平和期望水平、改进方式、期限。在制订绩效改进计划时要注意切合实际、时间约束和具体明确。

一、绩效改进计划的内容

在组织中绩效考核仅仅是从反光镜中往后看，而绩效改进计划是往前看，以便在不久的将来能获得更好的绩效，而不是关注那些过去的、无法改变的绩效。由于绩效考核的最终目的是改进和提高员工的绩效，因此制订与实施绩效改进计划是达成绩效考核结果最重要的途径，也是成功实施绩效管理的关键。

绩效改进计划通常包括以下几方面的内容。

（一）员工有待发展的项目

员工有待发展的项目通常是指员工在工作能力、方法、习惯等方面有待提高的方面，可能是现在水平不足的项目，也可能是现在水平尚可但工作有更高要求的项目。一个人需要改善和提高的项目可能很多，但不可能在短短的半年或一年时间内全面得到改善和提高，所以在员工绩效改进计划中应选择那些最为迫切需要改进且易改进的项目。

（二）选择发展这些项目的原因

选择某些有待发展的项目列入到员工绩效改进计划中一定是有原因的。这种原因通常是员工在这方面的水平比较低，而工作任务完成或员工未来发展又需要员工在这方面表现出较高的水平。如果等工作面临需要的时候再改进就已经不适应工作的要求了，直接会导致绩效结果失败。

（三）员工目前的水平和期望达到的水平

绩效的改进计划应该有明确清晰的目标，因此在制订员工绩效改进计划时要指出员工需要提高项目的目前表现水平是怎样的？期望达到的水平又是怎样的？

（四）发展这些项目的方式

将某种有待发展的项目从目前水平提高到期望水平可能有多种方式，如自我学习、理论培训、研讨会、他人帮助改进等。对一个项目进行发展可以采用一种方式，也可多种方式同时实施。

（五）设定达到目标的期限

任何目标的确定都必须有时限的要求，否则这一目标就没有实际意义。同样，在员工绩效改进计划中，要确定经过多长时间才能将有待发展项目的绩效从目前水平提升到期望水平。

二、制订员工绩效改进计划的基本流程

通常说来，制订员工绩效改进计划需要经历以下过程。

第一，员工与主管人员进行绩效考核结果沟通。在主管人员的帮助下，使员工认识到自己在工作中哪些方面做得好，哪些方面做得不够好，目前的差距有哪些。

第二，员工与主管人员双方就员工绩效方面存在的差距分析原因，找出员工在工作能力、方法或工作习惯等有待改进的地方。

第三，员工与主管人员根据未来的工作目标的要求，在工作能力、方法或工作习惯方面有待改进的方面中，选取员工目前最为迫切需要改进且易改进的方面作为个人未来一定时期内将要发展的项目。

第四，双方共同制订改进这些工作能力、方法或工作习惯的具体行动方案，确定个人发展项目的期望水平、实现期限以及改进的方式。

第五，列出员工有待发展的项目达到期望水平所需要的资源，并指出哪些资源需要主管人员提供帮助和支持。

三、实施绩效改进计划的具体操作步骤

（一）确定绩效差距

可以通过描述工作要求的绩效与员工的实际绩效差异来确定绩效差距，如表 6-4 所示。

表 6-4 要求达到的绩效和实际达到的绩效

要求达到的绩效	实际达到的绩效
对于工作中出现的问题没有及时通知主管人员和同事	保证其他同事、相关人员及时了解可能会影响到产品或服务的潜在问题
在每月 15 日之前完成工作报告	没有在 15 日之前提交报告，需主管人员提醒
每天上午 8:30 之前开始工作	周三该员工 9 点才到工作岗位，周五 8:50 才开始工作
按时完成生产任务	在过去的 3 周内，有 5 次超过了最后期限
100%完成销售计划	销售计划只完成了 90%

（二）分析绩效不好的原因

对员工绩效不佳的原因进行分析，是为其提供绩效改善建议的前提。一般情况下，员工绩效不理想的原因主要有以下两个方面。

（1）能力问题

员工的自身能力存在问题，具体可以归结为：①知识结构不佳；②技能欠缺；③经验缺乏。

面对这样的员工：①应该调整其知识结构；②通过培训等手段和途径增补其技能；③还需要让其在工作环境中尽可能多地尝试，以丰富其工作经验。

（2）态度问题

员工如果出现态度问题，就意味着其对工作具有抵触情绪，属于不愿意型。这种类型的员工的主要特征有：①自身价值观与公司的价值观不相符；②在认知上与公司存在差异；③在情感上，对公司的氛围以及文化不能接受。

对于这类员工的绩效问题，其能力已经不是解决问题的重点了，关键在于要争取他们的配合、协调与他们的关系，并尽可能与他们加强沟通。

阅读资料

员工没达到绩效要求的主要原因调查

请在下面每一个问题后面，选择“是”或“否”。

1）他们不知道应该如何去做 □是□否
2）他们不知道为什么要这么做 □是□否
3）他们不知道应该做什么 □是□否
4）他们认为管理者的方法不起作用 □是□否
5）他们认为自己的方法更好 □是□否
6）他们认为其他的事情更重要 □是□否
7）他们认为做过之后没有获得满意结果 □是□否
8）他们认为自己的工作已经符合要求了 □是□否
9）他们曾经没有做反而受到不恰当的奖励 □是□否
10）他们曾经按要求完成任务时却受到了不恰当的惩罚 □是□否
11）他们曾经没有完成工作但没有得到应有的惩罚 □是□否
12）他们预料这样做不会得到负面后果 □是□否

（3）企业内外部环境因素

企业内部资源的缺乏、制度不完善（如责权利分配不合理）、岗位变动等影响员工的工作效率和工作质量。而企业外部的环境，如宏观经济的变动，国家新政策的出台、全行业的萎缩等，以员工个人力量是无法抗拒的，甚至连企业也回天乏术。在这种情况下，要做的不是绩效改进而是绩效目标的调整了。所以，在行动之前，要先查明原因，看清方向，避免徒劳无功。

（三）决定是否采取改进措施

确定了具体绩效差距，找到绩效不佳的原因，然后决定是否有必要采取改进措施以消除差距，并采取改进方法。绩效改进措施如表 6-5 所示。

表 6-5　绩效改进措施

绩效不佳的原因	改进办法
员工主观原因：工作积极性不高	采用适当的激励机制
员工客观原因：与客户的沟通技巧不够；时间管理不佳	提供沟通和时间管理方面的培训
部门经理：对员工的培训不够	认真分析业务流程，可放权的部分适当放权
企业内部环境：今年的行业竞争更加激烈	由开发部经理牵头与销售部门协调，力图建立一个有效的、规范的部门间沟通方式

一旦确定需要采取改进措施，就要帮助员工制订行动计划。

（四）找出可能的改进办法

让员工的直接主管与他们一起，通过“头脑风暴”和“鱼骨图”的方式，找出所有可能的改进办法，最好能按员工、主管领导和外部环境，分门别类，列出一张详细的表格，有针对性地找出问题。

（五）制订绩效改进计划

1）确定改进目标。目标的选取应由上下级共同完成。基本上应以员工的要求为中心，在反馈面谈中，通过双方的沟通来决定。对于自己选择的，而不是被强加的目标，员工的积极性会更高，动机也更强；而且员工更了解自己的情况，哪些问题确实需要改进。因为有些在上级眼中认为很严重的问题，在员工看来可能根本不是问题。另外，应选择从容易改进的目标着手。如果改进计划顺利完成，能够树立员工的信心，有助于后续改进计划的实行。

2）对改进办法进行筛选，选出最有效、最经济的一种办法或几种办法综合考虑，确保计划实际可行。已选中的改进办法为主干，增加具体的行动计划，详细列出每一步工作的具体实行手段。要给每一步的工作制定截止日期，以便检查。

3）要填写一份书面的正式的绩效改进计划，单位主管领导和员工都保留一份，如果有必要，人事部门也可备案。“色”是美食的重要组成部分，外形美观的菜肴能够引起食客的食欲。同样，一份完整、正规的改进计划，相比一份潦草的草稿或仅仅是口头协议，更能够使员工产生认真对待的心理。

（六）实施、检查、制订新的改进计划

绩效改进计划的实施，可以看成是一个小型的、短期的绩效管理过程。在此期间，单位主管领导与员工间的沟通依然很重要，提供帮助，不断地督促和检查必不可少。

如果员工的总体绩效已达标准，则考查作业停止并通知受考员工。对该员工的工作仍应保持密切的注意。观察其是否有退步的迹象，如果确有低落现象，考查需再度开始并告诉员工；如果已有明显进步，但是还需要再继续改进，此时应重拟一份绩效改进计划并与受考员工一起研究；如果进步甚微或完全没有进步，单位主管领导应清楚地告诉该员工他正在察看阶段，如果在规定期限内不能达到标准，他就会被调职或降薪。

此程序继续至该员工的整体考绩达到标准，或期限到期，改进工作终止，如表 6-6 所示。

表 6-6 绩效计划建立所需的支持条件

条件	界定职位工作职责	设定关键绩效指标	设定工作目标	分配权重	指标检验
主要目的	理解所涉及职位关键业务内容及主要工作成果	结合企业战略重点，设定可衡量的具有代表性的关键绩效指标	根据工作内容，不得与职责、设定工作目标、考核难以量化的关键工作领域，作为关键绩效指标的补充	根据各关键绩效指标及工作目标的战略重要性，以及员工对结果的影响力大小确定权重	检查目标分解情况的延续性、一致性、支持性
所需信息	组织结构图、部门职责、业务流程、工作内容	企业战略、业务流程及经营计划、职位工作职责描述	企业战略、业务流程与经营计划、职位工作职责描述	企业战略、业务流程及工作计划、职位工作职责描述	企业战略、业务流程及经营计划、职位工作职责描述
参与者	高层规划、人力资源部组织	上下级员工共同参与	上下级员工共同参与	上下级员工共同参与	人力资源部组织进行

四、绩效改进计划和实施中要注意的问题

（一）具备实际操作性

绩效改进方案一定要具备实际操作性，要有“行动步骤”。如果停留在理论上，改进方案根本没有存在的必要。绩效改进方案的指导性一定要强，最好能详细到具体的每一步骤。

（二）要符合制订绩效改进计划的基本原则

在制订绩效改进计划之前，主管和员工应该对一些问题达成共识，把握以下 5 个基本原则。

1. 平等性原则

主管和员工在制订绩效改进计划时是一种相对平等的关系，他们共同为了员工业绩的提升和业务单元的成功而制订计划。

2. 主动性原则

管理者有理由相信员工是真正最了解自己所从事工作的人，因此在制订绩效改进计划时应该更多地发挥员工的主动性，更多地听取员工的意见。

3. 指导性原则

主管影响员工的领域主要是从根据组织和业务单元的目标出发并结合员工个人实际，给员工绩效的改进提出中肯的建议，实施辅导，并提供必要的资源和支持。

4. “SMART”原则

绩效改进计划是指导绩效改进实施的标准，因此一定要有可操作性，其制定的原则也要符合“SMART”原则，即做到具体的、可衡量的、可达到的、现实的和有时限的。

5. 发展性原则

绩效改进计划的目标着眼于未来，所以在制订与实施计划时要有长远的、战略性的眼光，

把员工个人的发展与企业的发展紧密结合起来。

（三）改进方案与目标制定相结合或独立制订

绩效改进方案可以与计划目标制订相结合，也可以独立制订，目的都是提高员工的绩效。计划目标的范围较大，既包括了以前做得好的日常工作内容，也包括了需要提高的改进内容。与之相比，绩效改进方案虽然也是根据上一阶段绩效考核结果而制订的，但其更具有针对性，是着重针对绩效低下的原因而制订的。在实际工作中，由于时间等因素的限制，可以将制订绩效改进方案与计划目标相结合，通过一份计划反映绩效改进方案，如图 6-3 所示。

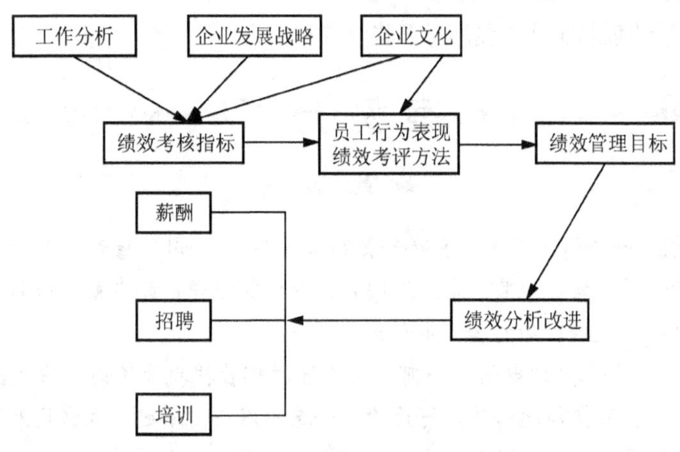

图 6-3　绩效管理与其他人力资源管理流程的关系

（四）绩效改进方案的形式可以多样，但关键是要控制过程，给员工以指导

任何方案都需要付诸实施，绩效改进工作可以有各种各样的方案，但是改进的过程只有一个。绩效改进能否成功，关键就在于是否能控制改进的过程。只有各级主管在过程中给予员工指导和帮助，修正改进方案，才能保证绩效改进的效果。绩效改进是绩效管理工作最终的落脚点。因此，只有认认真真地抓好绩效改进计划的落实，才能达到企业实施绩效管理的最终目的。

本章小结

本章主要阐述了绩效反馈与面谈，包括以下几个方面的内容：第一，绩效反馈面谈的意义和原则；第二，绩效反馈面谈前的准备，包括拟订面谈计划，资料的准备；第三，绩效反馈面谈的实施，面谈的分类与技巧，绩效面谈应注意的问题；第四，绩效改进计划，包括制订员工绩效改进计划的基本流程，绩效改进计划的实施步骤，绩效改进计划实施中要注意的问题。

复习思考题

1. 简述绩效反馈面谈的意义和原则。
2. 简述绩效反馈面谈的分类及类型。
3. 一般绩效反馈面谈计划的工作主要有哪些？
4. 绩效反馈面谈应注意哪些问题？
5. 简述绩效反馈面谈的两个基本法则。
6. 简述设计绩效改进计划的目的。
7. 绩效改进计划和实施中要注意哪些问题？

案例分析

如此面谈

2015年年底的一个周三下午，安徽合肥高新区某IT公司销售部员工张三被其主管——销售部赵经理请到了二楼会议室。张三进门时，看见赵经理正站在窗户边打手机，脸色不大好看。约5分钟后，赵经理匆匆挂了电话说：

“刚接到公司一个客户的电话……前天人力资源部长找我谈了谈，希望我们销售部能带头实施面谈。我本打算提前通知你，好让你有个思想准备。不过，我这几天事情比较多，而且我们平时也常沟通，所以就临时决定今天下午和你聊聊。”

等张三坐下后，赵经理接着说：“其实刚才是蚌埠的李总打来的电话，说我们的设备出问题了。他给你打过电话，是吧？”张三一听，顿时紧张起来：“经理，我接到电话后认为他们自己能够解决这个问题的，就没放在心上。”张三心想：这李总肯定向赵经理说我的坏话了！于是变得愈加紧张，脸色也变得很难看。

“不解决客户的问题怎么行呢？现在市场竞争这么激烈，你可不能犯这种低级错误呀！这件事等明天你把它处理好，现在先不谈了。”说着赵经理拿出一张纸，上面有几行手写的字，张三坐在对面没看清楚。赵经理接着说：“这次的绩效考评结果我想你也早就猜到了，根据你的销售业绩，你今年业绩最差。小张呀，做市场是需要头脑的，不是每天都出去跑就能跑到业务的。你看和你一起进公司的小李，那小伙子多能干，你要向他多学着点儿！”张三从赵经理的目光中先是看到了批评与冷漠，接着又看到了他对小李的欣赏，张三心里感到了刺痛。

“经理，我今年的业绩不佳，那是有客观原因的。蚌埠、淮南等城市经济落后，产品市场还不成熟，跟江浙地区不能比。为了开拓市场，我可费了很多心血才有这些成绩的。再说了，小李业绩好那是因为……”张三似乎有满肚子委屈，他还想往下讲却被赵经理打断了。

“小张，你说的客观原因我也能理解，可是我也无能为力，帮不了你啊！再说，你来的比他们晚，他们在江浙那边已经打下了一片市场，有了良好的基础，我总不能把别人做的市场平白无故地交给你啊。你说呢？”赵经理无奈地看着张三说。

“经理，这么说我今年的奖金倒数了？”张三变得沮丧起来。

正在这时销售部的小吴匆匆跑来，让赵经理去办公室接一个电话。赵经理匆匆离去，让张三稍等片刻。于是，张三坐在会议室里，心情忐忑地回味着经理刚才讲过的话。大约过了3分钟，赵经理匆匆回到了会议室坐下来。

“我们刚才谈到哪儿了？”赵经理显然把话头丢了。张三只得提醒他说到自己今年的奖金了。

“小张，眼光要放长远，不能只盯着一时的利益得失。今年业绩不好，以后会好起来的。你还年轻，很有潜力，好好干会干出成绩来的。”赵经理试图鼓励张三。

“我该怎样才能把销售业绩做得更好呢？希望经理你能多帮帮我呀！”张三流露出恳切的眼神。

“做销售要对自己有信心，还要有耐心，慢慢来。想当年我开辟南京市场时，也是花了近一年的时间才有了些成效。那个时候公司规模小，总经理整天带着我们跑市场。现在我们已经有了一定的市场占有率了，公司知名度也有所提高，应该讲现在比我们那时候打市场要容易些了。”

张三本正打算就几个具体的问题请教赵经理时，赵经理的手机突然响了，他看了一眼号码，匆忙对张三说：“我要下班接儿子去了，今天的面谈就到这里吧，以后好好干！”说罢匆匆地离开了会议室，身后留下了一脸困惑的张三……

（资料来源：http://www.doc88.com/p-6923722578382.html）

案例讨论

针对本案例，你认为赵经理与小张的绩效反馈面谈存在哪些问题？应该怎样做才能使绩效面谈更加有效？

实践环节

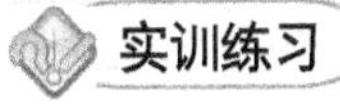

实训练习

角色扮演练习——考核者：董凯

[背景介绍]

罗珊是一家中型公司技术开发部的经理。她是一年前担任这个职务的。作为一名“不脱产的经理”，她一边从事技术工作，一边担负这个小组的管理工作，管理4名技术员和1名办事员。她是向技术部总经理董凯汇报工作。由于5年来在该公司的出色表现，罗珊很自然地担任了这个职位。组内的同事都很喜欢她，尊重她的技术能力。因为她的技术非常好，所以她不愿意放弃自己已参与的某些工作，于是当她的部下工作不得力时，她只得靠加班加点来弥补。尽管从理论上讲她的工作一半是技术性的，一半是管理性的，但实际上她花费的70%以上的时间埋头于技术工作，而在管理工作中，她的大部分时间用在参加会议和完成文字工作上。她的上司董凯认为罗珊应该把她现在做的技术工作至少削减一半，这样才能使她有更多的时间用在提高部门整体生产率以及员工的发展上。

罗珊的工作职责及衡量指标如下：

应负责任	衡量要素	绩效目标及衡量指标
组织实施开发计划，以保证项目按期保质完成。	组织增幅	1. 技术的稳定性和完善性
		2. 任务完成情况
制订可行计划，合理调配资源，以控制和降低开发成本	生产率提高	3. 新产品开发成功率
	成本控制	4. 技术重用率
考核激励部门员工，提升士气	管理重点	5. 对工程项目的支持程度：流程下游工程部门满意提高 20%
		6. 员工士气：部门内部满意度提高 20%
指导和培养开发工程师，提升下属的技能	人员培养	7. 接班人培养：至少一名接班人
		8. 开发团队的实力：两个人能胜任主要工作。团队协作程度提高
总结项目开发情况，建立开发档案	管理重点	9. ISO 90001 执行情况

目前罗珊存在的问题是标准 5～8 没能达到。

董凯将对罗珊进行绩效改进考核。首先，他为与罗珊共同设立绩效改进目标做好了充分准备，他要充当好沟通罗珊个人目标与组织目标的角色，并且要切实帮助罗珊提高绩效。董凯认为，业绩目标基于以往的基础估计不会有太大分歧，难点是如何使罗珊认可其改进目标，为此他在谈话前准备了下表：

改进要求：增加管理上所花时间 发展目标：在 9 个月中将至少 1/2 的技术工作交给下属		雇员：罗珊，技术开发部经理 管理者：董凯 部门：技术开发 日期：9 月 9 日
可能的解释和原因		可能的行动措施
个人态度	喜爱技术工作并不愿放弃 顾虑管理位置的不稳定性 个人发展方向不明确	讲明责任划分并选出重点 分析工作元素，明确相互关系 帮助认识个人潜力，分析职业发展方向
知识技能	缺乏管理知识和技能 缺乏管理经验	经常给予管理辅导和鼓励 增加罗珊的商谈时间 安排适当的管理培训
外部障碍	工作负担超重 对于员工培训不充分 外部用户的压力	检查、精简、重新组合 根据需要进行正式或非正式培训 管理者充当罗珊与外界的缓冲器

现在您就是考核者董凯，请您准备与被考核者罗珊进行绩效改进考核面谈，并就沟通结果填写《绩效改进考核表（A）》：

准备时间：10 分钟

谈话及填表时间：30 分钟

步骤：

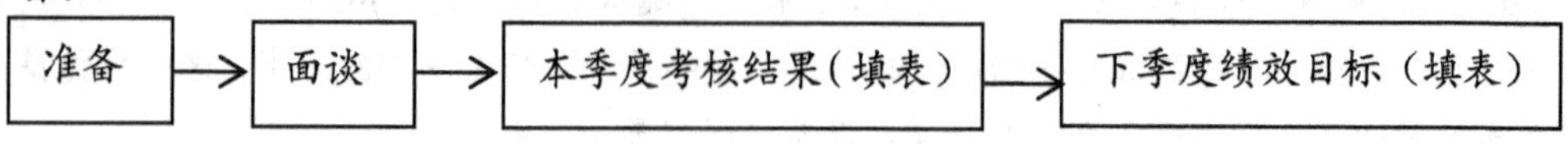

绩效改进考核表（A）

<table>
<tr><td>姓名</td><td></td><td>工号</td><td></td><td>部门</td><td></td><td>职位</td><td></td><td>时间</td><td></td></tr>
<tr><td colspan="10">月度绩效改进工作计划及总结</td></tr>
<tr><td rowspan="5">第一月</td><td colspan="4">工作计划/任务内容</td><td colspan="2">计划目标/衡量指标</td><td colspan="3">绩效改进总结</td></tr>
<tr><td colspan="4"></td><td colspan="2"></td><td colspan="3"></td></tr>
<tr><td colspan="4"></td><td colspan="2"></td><td colspan="3"></td></tr>
<tr><td colspan="4"></td><td colspan="2"></td><td colspan="3"></td></tr>
<tr><td colspan="4">被考核者： 考核者：
日期：</td><td colspan="5">被考核者： 考核者：
日期：</td></tr>
<tr><td rowspan="5">第二月</td><td colspan="4">工作计划/任务内容</td><td colspan="2">计划目标/衡量指标</td><td colspan="3">绩效改进总结</td></tr>
<tr><td colspan="4"></td><td colspan="2"></td><td colspan="3"></td></tr>
<tr><td colspan="4"></td><td colspan="2"></td><td colspan="3"></td></tr>
<tr><td colspan="4"></td><td colspan="2"></td><td colspan="3"></td></tr>
<tr><td colspan="4">被考核者： 考核者：
日期：</td><td colspan="5">被考核者： 考核者：
日期：</td></tr>
<tr><td rowspan="5">第三月</td><td colspan="4">工作计划/任务内容</td><td colspan="2">计划目标/衡量指标</td><td colspan="3">绩效改进总结</td></tr>
<tr><td colspan="4"></td><td colspan="2"></td><td colspan="3"></td></tr>
<tr><td colspan="4"></td><td colspan="2"></td><td colspan="3"></td></tr>
<tr><td colspan="4"></td><td colspan="2"></td><td colspan="3"></td></tr>
<tr><td colspan="4">被考核者： 考核者：
日期：</td><td colspan="5">被考核者： 考核者：
日期：</td></tr>
<tr><td colspan="10">季度管理改进计划及总结</td></tr>
<tr><td colspan="2">项目</td><td colspan="4">本期计划及实施办法、监控点</td><td colspan="4">改进完成情况总结</td></tr>
<tr><td colspan="2">干部培养</td><td colspan="4"></td><td colspan="4"></td></tr>
<tr><td colspan="2">流程优化工作</td><td colspan="4"></td><td colspan="4"></td></tr>
<tr><td colspan="2">组织建设及其他</td><td colspan="4"></td><td colspan="4"></td></tr>
<tr><td colspan="2">计划调整情况</td><td colspan="4"></td><td colspan="4"></td></tr>
<tr><td colspan="2">本季度主要改进点总结</td><td colspan="4"></td><td colspan="4"></td></tr>
<tr><td colspan="10">被考核者： 考核者： 日期：</td></tr>
<tr><td colspan="10">季度绩效改进自我评价（只须总结主要的经验及教训）及关键事件。（由被考核人填写）</td></tr>
<tr><td colspan="10">以数据和事实为依据，直接主管对下属季度绩效及改进情况进行概括和评价，并提出改进点。（由考核人填写）
直接主管：</td></tr>
<tr><td>一级考核</td><td colspan="9">等级：A 杰出 □B 优秀 □C 良好 □D 需改进 □E 需大力改进 □
考核者： 日期：</td></tr>
<tr><td>二级调整</td><td colspan="9">调整意见：
调整等级：A 杰出 □B 优秀 □C 良好 □D 需改进 □E 需大力改进 □
评定人： 日期：</td></tr>
<tr><td colspan="10">反馈、沟通记录，考核双方对考核结果的确认（由被考核人填写）
被考核者： 考核者：</td></tr>
</table>

注：A 表对应管理干部，以测为主，以责任结果为导向。

第七章　绩效考核结果的运用

教学目标

绩效管理是组织实现企业战略目标的基础工作，绩效考核结果运用作为其中的一个子系统，在循环的管理系统中具有承上启下的作用。结果能否合理、科学地运用，直接决定了绩效考核的成败，影响着绩效管理系统的正常运作。通过本章学习，应掌握绩效考核结果的运用范围及有效性，重点了解制订个人发展计划的 Daylon-Hudson 法。

学习目标

- 了解绩效考核结果运用的意义；
- 掌握绩效考核结果运用的范围；
- 掌握绩效考核结果运用的有效性；
- 掌握制订个人发展计划的过程；
- 掌握个人发展计划的内容；
- 了解绩效考核与员工的奖励和晋升；
- 掌握员工潜能评价。

关键词

绩效考核　绩效反馈　员工绩效　个人发展计划　潜能评价　绩效管理体系

导入案例

民营企业绩效管理系统失败案例

A公司是一家民营高新技术企业，以前未对员工实施绩效管理，薪酬中的绩效工资只与公司的经营效益挂钩，而与员工的个人工作绩效无关。去年为了完成公司经营目标，A公司希望通过建立绩效管理体系将组织和个人的目标联系起来。A公司的绩效管理体系主要包括以下几个部分：制订工作计划，开展工作追踪，实施绩效考核，考核结果反馈，考核结果运用。绩效考核的周期为1个月。A公司首先在年底确定公司级的下年度经营目标，并将目标分解到了季与月，然后根据上述目标确定各部门的相应工作目标与工作计划；各部门的经理在每月月底，根据部门工作目标与工作计划对下属员工提交的个人工作计划进行调整，并由员工确认；每个月由各级主管人员根据工作计划对直属员工进行工作追踪，并在月底对员工的工作表现进行评价考核，向人力资源部提交绩效考核报告；对于绩效考核结果，主要用于调整员工的月度薪酬（绩效工资部分）及作出相关的雇佣决定。受到调整的月度薪酬（绩效工资部分）在月薪中所占比例为20%。

（资料来源：http://bbs.hr369.com，有改动）

在实施绩效管理初期，A公司的员工绩效有一定程度的提高，但随着绩效管理工作的持续实施，员工的工作绩效难以达到预期目标，员工的主动离职率也有较大幅度的提高，从中层管理人员到基层员工对绩效管理的负面反馈不断增多，公司的年度经营目标未能达成。A公司在目标设定、资源配置、结果运用等方面均存在问题，从而直接导致绩效管理失败。绩效管理的目标设定及其问题如下。

1）公司缺乏清晰的长期战略。公司的高层管理者未能提出一个清晰、可行的长期战略目标，年度经营目标的设定不具有战略意识，直接影响部门及员工工作目标的设定，从而造成个人目标与企业目标的相关性很差。

2）员工个人目标设定不符合SMART原则。设定工作目标必须遵循SMART原则，即目标必须是特指的（specific）、量化的（measurable）、双方同意的（attainable）、可实现的（realistic）和有时间限制的（time bound）。

A公司在建立绩效管理体系时，目的不仅仅是为员工薪酬调整和晋升提供依据，而是要通过该体系使个人、团队业务和公司的目标紧密结合，提前明确要达到的结果和需要的具体领导行为，提高管理者与员工的沟通质量，强化管理人员、团队和个人在实现企业目标、提高业务素质等方面的共同责任，从而提高组织效率，实现企业战略目标。

但是，A公司的考核标准是如何设定的呢？它们是否能够达到这一目的？A公司的绩效考核内容分为硬指标考核项与软指标考核项两大部分。两部分指标对员工绩效考核结果的影响各占50%。硬指标考核项主要是工作业绩考核；软指标考核项共包括目标管理、职责履行、学习提高、工作态度和沟通协作等5个方面9项指标，每项指标都按100、80、60、40、20分为五等。

根据软指标考核项目的评判标准，要想达到100分，工作要做得近乎完美；要想达到80分，工作业绩要超过标准，做得比较优秀；而合乎工作标准，只能达到60分；略有不足就只能得 40 分；与标准差距较大则得 20 分。按照这样的评分标准，绝大多数员工只能达到 60 分，想要取得 80 分或 100 分几乎是不可能的。而员工月薪中的绩效工资部分是与绩效考核结果挂钩的，员工的实际绩效工资金额=标准绩效工资×绩效考核分数。也就是说，一位工作基本达到要求但没有超标准表现的员工，他的硬指标考核可以为 90～100 分，但是软指标考核只能在 60～70 分，因此最终绩效考核分数最高也只有 85 分。公司实行绩效管理只是为了克扣员工的薪酬，从而忽略或不愿承认自己绩效管理的益处，进而对绩效管理采取敷衍、不合作的态度，而公司希望通过绩效管理激励员工的目的也就成了泡影。

A 公司以及与其经历类似的企业，为改善绩效管理系统的实施效果，在公司战略、培训资源等问题暂时无法解决的情况下，可以首先调整绩效考核结果运用的问题，取得员工的理解和支持；其次加强管理人员的管理技能培训；最后再解决公司战略、培训资源的问题。

第一节　绩效考核结果的运用范围及有效性

一、绩效考核结果运用的意义

组织中绩效管理体系建立后，就应展开绩效考核工作，然后将绩效考核指标运用到组织管理中去。绩效考核运用在组织管理中发挥着承上启下的作用。这主要体现在，一方面它是组织人力资源管理等职能开展的基础，另一方面它是企业提升管理水平促进绩效改进的途径之一。绩效考核是以企业经营目标为出发点，对员工工作进行考评，并把考核结果与人力资源管理的其他职能相结合，发现企业中存在的问题并且不断改进；绩效考核的目的是为了运用到管理实践中，只有不断运用不断改进，才能达到企业的管理目标。

（一）通过考核结果的运用可以提高组织管理水平

管理者对组织中成员的工作进行考核以后，可以根据最终的考核结果采取各项有效措施，对绩效目标能起到助推器的作用。如何发挥绩效考核的作用，实现公司与员工的双赢是绩效管理的关键所在。考核结果的合理转化和利用是发挥绩效考核作用，提高制度化管理水平的关键。绩效考核本身只是一种手段，而不是目的。因此必须重视考核结果的运用。只有及时合理地将考核结果运用于管理工作的各个环节，健全激励机制，增强员工自身压力和危机感，才能调动和扩大员工的工作积极性。

（二）通过考核结果发现问题可促进组织的人力资源管理

对于企业而言，通过绩效考核结果，能够发现企业中存在的问题并不断改进，在提高绩效的同时，增加人力资源价值；在充分进行工作分析后，通过考核结果的运用，能够作出正确的用人决策，使正确的人做正确的事情，对组织中人力资源工作有很大促进作用，并且能够奖励及留住表现最好的员工，为组织目标的实现做好人力资源准备工作。

（三）通过考核结果员工个人可审视自己的工作结果

对于员工而言，绩效考核结果不仅能够使自身获得参与目标设定的机会，获得对技能及行为的反馈，不断改进学习，获得讨论与计划个人发展及职业生涯的机会，增加认同感，而且还与个人利益密切相关。尤其是组织管理者可以运用绩效考核的结果跟员工一起探讨存在的问题，对员工自身潜力的调动有很大好处，使员工能将组织目标和自身特点结合起来，更好地制订个人发展计划。

二、绩效考核结果运用的范围

绩效考核结果可运用到组织各个层面的管理，绩效管理是一个闭合的循环管理系统。系统中包括绩效计划、绩效实施、绩效考核、绩效反馈与沟通、绩效考核结果运用等多个子系统。绩效考核结果运用是其中一个关键的子系统，包括绩效改进和导入以及其他人力资源管理环节的应用。它是绩效管理产出效益的重要环节。

（一）绩效考核反馈是员工与上级进行沟通的机会

绩效管理最直接的目的是提高员工的工作绩效。现代绩效管理的目的是使员工的能力不断提高以及持续的绩效改进，因此绩效考核结果最突出的运用就表现在为绩效改进服务中。传统的绩效考核目的是通过对员工工作业绩进行考核，并把结果作为确定员工薪酬、奖惩、晋升或降级的标准，而现代企业中的绩效管理是把考核结果及时反馈给员工。通过反馈，管理者与员工及时进行沟通，有利于他们认识自己的工作成效，发现自己工作中的短板，认识和解决当前存在的问题，使得员工真正认识到自己的缺点和优势，扬长避短，积极主动地改进工作。沟通有助于管理者建立与员工之间的绩效伙伴关系。管理者向员工传递需要改进绩效的方面，并与其共同探讨改进工作绩效的手段，使员工在工作循环中不断提高自身技能，实现个人目标和组织的目标。

（二）绩效考核的结果是管理人员衡量员工优缺点的途径

绩效考核结果可以帮助上级在执行管理的过程中，依据不同对象的具体情况采用不同程度的强化行为激励与指导员工，让员工的绩效朝着与管理者商定的方向发展，从而达到使符合期望的行为发生或者增加出现的频率、减少不期望行为的发生或者消除不期望的行为的目的。

无论处在哪个工作层次的员工，都有助于消除潜在的问题，并为员工制定新的目标以达到更高的绩效；有助于为员工制订发展和成长计划，有助于改善员工的工作方式，为提高员工工作建立一个合理的基础，使管理者在绩效考核中的角色由法官转变为教练，承担着督导与培训责任。建立主管与员工之间的绩效伙伴关系，表现在结合绩效考核结果的现状制订合理的绩效改进计划，实施适合个人发展的职业生涯规划，为员工晋升和培训工作提供依据。

（三）绩效考核的结果是组织薪资或绩效奖金调整的依据

企业除了基本工资外，一般都有绩效工资。绩效工资是直接与员工个人业绩相挂钩的，这是绩效考核结果的一种普遍用途。它是为了增强薪酬的激励效果，在员工的薪酬体系中部分与绩效挂钩，薪资的调整也往往由绩效成果来决定。

（四）绩效考核是组织人员晋升或降级等职务调整的依据

绩效考核结果可以为职务变动提供一定的信息，若员工在某方面的绩效成果突出，就可以通过晋升让他在某一方面承担更多的责任；若员工在某方面的绩效不够好，可能是因为员工本身能力不足，不能胜任工作或者目前从事的职务不适合他，可以通过职务调整，使他从事更适合他的工作；若是员工本身态度不端正的问题，经过提醒和警告仍无济于事，则考虑将其解雇。同时，绩效考核结果也可以作为组织成员提高竞争意识与危机感的手段。

（五）绩效考核结果是组织中教育培训需求和人才培育的依据

绩效考核结果可以作为培训开发有效性的判断依据。员工绩效不佳的原因往往在于知识、技能或能力方面出现了“瓶颈”。企业可以通过绩效考核结果及时认识到这种需求，组织员工参加培训或者接受再教育。培训是一把双刃剑。盲目开展培训，对员工能力的提高没有什么效率，对于企业的发展也没有什么效率，但绩效考核结果可以有效地克服盲目培训。

（六）绩效考核结果可以作为招募和甄选员工有效性的一个依据

根据绩效考核结果的分析，可以确认采用何种评价指标和标准作为招聘和甄选员工的依据，以利于提高绩效的预测效度，提高招聘的质量达到降低招聘成本的目的。

三、绩效考核结果运用存在的问题及分析

随着越来越多的企业建立了自己的绩效考核制度，绩效考核工作也越来越受到重视，但是许多组织在对考核结果的运用方面却差强人意。究其原因，企业绩效考核结果的运用存在以下问题。

（一）管理者重考核轻运用

大部分组织的管理者心目中的考核无非是奖优罚劣，亦即传统的红萝卜加大棒。一些组织的领导人员特别是高层领导除了对以“选拔”干部为目的的考核较为重视以外，对工作中员工的绩效并不重视。在他们看来，考核仅仅是人事部门的例行工作罢了，与其他人事工作也没有必要联系。更与企业经济效益和发展不沾边。在这种错误认识下，管理者容易在考核工作中违背本应遵循的原则甚至错误地执行考核结果，而员工则会惧怕、逃避和拒绝考核，从而给企业带来不应有的管理矛盾，最终会影响到企业的士气和战略。产生这种错误认识的主要原因在于管理者没有明确绩效考核的最终目的，因此也就谈不上对绩效考核结果的合理运用了。

（二）管理者对绩效考核结果缺乏反馈沟通

如今有许多企业在进行绩效考核时都存在某些误区：只重视考核结果的获得，而忽视结果的正确处理。一些企业的绩效管理过程只进行到绩效考核即告完成，因此往往填写完评估表格，算出绩效考核的分数就算是绩效考核结束了。企业上下齐心协力，辛苦努力才使每个人都有了一个考核结果，却被锁进抽屉，放进了档案室尘封起来，无任何用武之地，甚至连

管理者都充满了疑惑。而不少企业则在考核结束后，仅仅是公布了一下考核结果，就开始了强制执行“机械式”的奖惩升迁，完全不考虑员工的反应。这些主要是由于企业没有建立一个良好的沟通和反馈机制，或者是广大考核者和被考核者认为没有沟通反馈的必要，或者认为考核结果与员工进行沟通太麻烦等原因。这就造成了在绩效管理过程中，考核者和被考核者没有进行良好的反馈沟通，仅是为了完成考核而考核，导致很多在工作和沟通方面存在的问题没有通过反馈得以解决。由于反馈沟通的不足，对绩效改进没有起到较大的作用，更谈不上达到绩效考核目的——让广大员工发现自己的不足，然后在主管的辅导及自己的努力下，去改善和改进工作。

（三）管理者在绩效考核中出现的问题导致考核结果无法运用

考核的过程就是比较的过程，是将所收集信息与考核标准进行客观对比的过程。由于在考核的过程中存在考核标准有缺陷和对标准的掌握尺度宽严不一等人为问题，使得考核结果产生偏差。例如，一直被评价为“工作出色”的部门，员工的工作成绩大家有目共睹，但是考核结果反而不如其他被评为“表现一般”的部门。原来是部门主管打分时标准过高，尺度过高、过严。又如，“老好人”现象：一场考核下来，满眼 90 多分甚至满分，没有几个是不优秀的，大家你好他好我也好，彼此没有任何差异。

与考核标准有关的问题有：考核标准不严谨，如考核项目设置不严谨，考核标准说明含糊不清，加大了考核的随意性；考核标准大而笼统，没有具体的评价指标，考核标准中有过多难以衡量的因素，致使对标准的理解不同，难以使员工信服；考核的内容不够完整，无法正确评价员工的真实工作绩效；德、能、勤、绩等定性化指标过多，造成考核者判断的主观随意性，在一定程度上失去了公正性与有效性。

由于考核者主观随意性及某些心理倾向，如晕轮效应、宽严倾向、平均倾向、成见效应和近因效应等，使得绩效考核结果出现了偏差。

以上两个因素可导致考核结果偏离实际，以致无法正确地运用结果。

（四）绩效考核结果没有与员工利益挂钩

在企业人力资源管理中，绩效考核是进行人事决策的基础，对于人员的培训与发展、薪酬调整和晋升调岗，都具有非常重要的参考价值。但是，目前国内的企业能够把考核结果直接与薪酬、晋升和培训等挂钩的，是少之又少，即使有部分企业勉强应用了绩效考核结果，也常引起大家的不满，因此在一定程度上挫伤了广大员工对考核的积极性，同时对于绩效长时间较好的员工也没有一个培训和人事异动机制。久而久之，绩效考核工作就会流于形式，导致广大员工对待绩效管理的积极性不高，甚至有抵触情绪。

四、绩效考核结果运用的有效性

将绩效考核的结果运用到组织管理中产生管理效益，是进行绩效考核的主要目的。如何有效解决绩效考核结果运用中的一些问题，是很多绩效管理专家重点研究的课题，一般可以采用以下几种方法。

（一）在组织中建立完善的绩效管理体系

在组织中建立完善的绩效管理体系可以使绩效管理发挥两方面效益：一方面，它有利于增进员工和管理者对绩效考核的理解，有助于消除各种误解和抵触情绪；提高组织管理者对绩效考核结果运用的重视程度，让管理者和员工认识到绩效考核的最终目的是改善员工的工作表现；通过提高员工工作效率来提高企业绩效；在实现企业经营目标的同时，提高员工工作的积极性，提升员工的满意度和忠诚度，最终达到企业和个人发展的“双赢”；让企业真正树立起“以人为本”的管理理念，视绩效考核为满足员工追求高层次需要的手段，把做好绩效考核结果运用工作当作对员工实现自身价值和提高企业绩效的有力促进。另一方面，绩效培训有利于考核者和被考核者掌握绩效管理的操作技能，保证绩效管理的有效性；有助于使管理者与员工对于评价指标、评价标准理解的达成统一；使考核者掌握具体的评价方法，熟悉绩效考核中各种表格的使用；了解具体的评价程序以避免考核者误区的发生，了解如何尽可能地消除误差与偏见；帮助管理者学习如何进行绩效反馈和绩效指导。

（二）提高绩效考核水平

如果在绩效考核过程中出现的问题导致考核结果无法运用，多数是一个专业或者说是技术上的问题，可以通过提高绩效考核专业或技术水平来有效避免。以平衡计分卡这个被绩效考核广泛流行的管理工具为例，按照平衡计分卡的做法，员工绩效考核表上布满了从公司的战略目标衍生而来的具体的、可量化的指标。无论张三，还是李四，目标完成的情况很容易在这些指标中得到体现。从中也可以说出，被考核者是否表现出了业绩考核表中所要求的那些指标。正是因为有了可量化和行为化和而这些指标体系已嵌入整个企业管理系统中，就不会出现因为个人主观因素而造成评分不公平的问题，“老好人”现象也就无从产生了。

（三）建立绩效考核结果申诉制度

组织中建立申诉制度是完善绩效考核体系必须完成的环节，如果缺乏申诉制度，许多问题的发现和解决将缺少科学根据。

1. 组织中绩效考核申诉产生的原因

1）被考核员工对考核结果不满或者认为考核者在评价标准的掌握上不公平。
2）员工认为对考核标准的运用不当，有失公平。

2. 组识中绩效考核申诉应注意的问题

1）在处理考核申诉时，要注意尊重员工个人，申诉处理机构应该认真分析员工所提出的问题，找出问题发生的原因。

2）要把处理申诉过程作为互动互进的过程，当员工提出申诉时，组织应当把它当作一个完善绩效管理体系、促进员工提高绩效的机会，而不要简单地认为员工申诉是“员工有问题”。

3）处理考核申诉应当把令申诉者信服的资料数据和考核结果的处理反馈给员工。

（四）实现绩效考核结果运用与员工利益挂钩

传统的绩效考核结果运用是把结果运用到薪酬、晋升和培训等。所以，假如结果没有得到真正的应用，没有和薪酬、晋升和培训等切实挂钩，绩效管理只能是流于形式。行为科学认为，员工是社会人，是一个有理性的人。假如绩效考核对他的工作改善、自我提升和晋升加薪等没有影响或者作用非常微小，那么他就不会去重视、配合绩效考核工作，也会挫伤那些长期绩效较好员工的积极性。所以，绩效考核结果必须得到应用，必须与薪酬、晋升和培训切实挂钩，才能真正发挥实效。

（五）通过绩效考核的反馈沟通实现绩效改进

绩效考核工作完成以后应该及时与员工进行绩效考核结果的沟通反馈，这是做好绩效管理的关键。绩效反馈是管理人员与员工在考核期内的具体表现进行双向沟通，使得员工认识到自己在考核期内主要的工作成绩与不足的过程。在进行绩效反馈的过程中，应自始自终地把握一个重点——反馈不是为了通知员工本次绩效考核的结果，更不是为了跟员工"算账"，而是为了使双方达成共识，让员工认识到在上一考核期内自己的工作中还存在哪些不足，以改进工作提升能力为主要出发点。因此，在关于绩效考核结果的沟通中，管理人员应重在与员工就各项考核指标的完成情况进行沟通，分析各项指标未能完成的主要原因，并在此基础上制订绩效改进计划。一方面落实下一考核期的共同性指标；另一方面则应针对员工上一期工作中存在的主要问题，进一步明确下一期的个性化考核指标及具体考核标准，为员工指出工作改进的目标与方向，鼓励员工把工作做好，从而促使员工工作改进、能力提升，进而推动企业战略目标的有效达成。

管理者要做好绩效的反馈工作，需要掌握倾听技术和绩效反馈技术，首先培养自己的倾听素质：呈现出恰当而肯定的面部表情并辅之以恰当的目光接触；避免出现隐含消极情绪和动作；呈现出自然开放的姿态；不要随意打断下属。其次，历练自己的反馈技术：多问少讲；沟通的重心放在自身；反馈应具体；对事不对人，尽量描述事实而不是妄加评价；应侧重思想、经验的分享，而不是指手画脚地训导；把握良机，适时反馈；反馈谈话的内容与书面考评意见保持一致，不能避重就轻，否则会带来不好的效果。最后，增强领导者自身的人格魅力，用爱心和诚信架起真诚的沟通桥梁。

组织绩效考核的结果对组织成员建立绩效改进计划提供了依据，通过绩效考核文字或数字型的结果挖掘更深层次的原因，提出有价值的综合性绩效改进意见。在对绩效问题进行诊断分析，大致确定了绩效改进的方向和重点后，就要选择一个具体的确实可行的方法。只有选择了适合本企业的正确的方法，才能保证绩效改进的顺利实施。绩效改进的方法主要有四种：波多里奇的卓越标准、六西格玛管理、ISO 管理体系、标杆超越法。具体选择哪一种或者哪几种绩效改进方法取决于企业的实际需要和环境要求。

经典案例

肯德基的绩效传导

某日和同事到肯德基去吃快餐。为了提高效率，我们在去的路上就商量好吃奥尔良鸡腿堡。然后，我去找座位，他去点餐。当他端上餐盘的时候，他对我说，服务员说这个得克萨斯比那个奥尔良好吃多了。我开玩笑说，你是不是中了服务员小姐迷人微笑的招了？但我忽然反应过来，这两天肯德基狂轰滥炸的广告在推这个得克萨斯新口味的汉堡，这个效果有效地反映到服务员的具体工作之中，最后让奥尔良变成了端到眼前的得克萨斯。

为什么奥尔良变成了得克萨斯呢，这个问题至少包括四个层面：

1. 绩效传导机制——奥尔良变得克萨斯

从一个微观层面来看，在肯德基对下属各单体店的考核体系中一定存在一个考核指标，大概可以叫作新品销售额。

这样一个指标当然是与每个单店的收入挂钩的，因此对于每个店长就形成了一个非常清晰而强烈的导向：卖出更多的新产品是这段时间内的一项重要工作。

接下来，店长就可以根据肯德基提供的新品销售指南对员工进行培训，就像网络上描述的那位员工不断地询问顾客各种信息的情形一样，向顾客推荐、询问是否愿意尝试得克萨斯是每个售货员必须做的。

当然，这个指标还形成多部门的协同，一方面是营销体系猛烈的市场攻势，一方面是物料供应系统的支持（如各类原材料、包装等），还必须包括提前进行的培训（如汉堡制作、销售行为等），然后才是销售执行，而且还要包括在全国各城市统一的步调。这种组织动员能力是多么的强大。

通过这个分析可以知道：

1）绩效指标是一个指挥棒，通过指标的层层分解可以实现多层级的协调行动；

2）大多数员工只去做被要求做的，当然还必须清楚地告诉员工如何去做。

2. 指标从哪里来——为何要做新品

但是，这个绩效新品销售的绩效指标是从哪里来的呢？很显然，如果从企业经营的战术层面来理解，对于一家餐饮企业而言，持续成功地推出新产品是一项非常重要的能力。推出新产品一方面要依赖从市场需求开始的整个研发和市场营销计划，另一方面则依赖销售渠道的销售。任何新产品在推出初期都面临一个尴尬的问题，即新品被销售者充分认知是一个或长或短的过程，这个过程中就需要销售体系顶住压力，持续推进，直至大卖；否则，很可能一个非常有潜力的产品由于执行不力而不能得到相应的市场地位。

3. 配套体系——光有指标体系还不够

光有绩效指标是不够的，还必须有配套体系，一是与绩效指标相关联的奖惩机制，这是非常容易理解的；二是与具体执行相配套的操作手册、培训体系。

指标以及与之关联的奖惩机制保证了将各层级行动引导到与企业长期发展相一致的方向上、并有充分动力去贯彻执行；但是方向正确、动力充分并不能解决如何做的问题，那么具体的操作手册和培训体系则是贯彻实施的保证。好比军队打仗，战略正确、士气高涨是必须的，但是还必须得战术执行到位。

4. 员工能力——组织能力下谈员工能力

通过上面的分析，可以断定组织能力是一个企业制胜的关键。在任何时候去谈员工能力的时候，都不能忘记组织能力这个大前提。也就是说，在肯德基的组织体系之下，每一个员工都非常有力，而如果将该员工从这个大体系下剥离出来，他可能与其他企业的员工差别并不大。

也就是说，企业应当是一个蚂蚁军团，弱小的蚂蚁组成了一个庞大而高效运转的组织，令大象这类庞然大物也退避三舍；因此不要舍本逐末，过度强调个体员工能力，即使一个能力超强的员工，在一个组织能力低下的组织内，也可能是碌碌无为的。

（资料来源：http://www.lhjol.com/）

第二节　支持个人发展计划

一、个人发展计划的内容

个人发展计划（individual development plan，IDP），是指员工在一定时期内完成的有关工作绩效和工作能力改进与提高的系统计划。个人发展计划通常是在主管人员的帮助下，由员工自己制订并与主管讨论达成一致意见的实施计划。主管人员应承诺提供员工实现计划所需要的各种资源和帮助。这个计划的建立基于两个目的：一是帮助员工在现有工作上改进绩效；二是帮助员工发挥潜力，使其在经过一系列学习之后能有升迁的可能，其重点仍是改进现有工作绩效。

个人发展计划通常包括以下几方面的内容。

（一）有待提升的项目

有待提升的项目通常是指在工作能力、方法、习惯等方面需要提高的地方。这些有待提高的项目可能是现有水平不足的项目，也可能是现有水平尚可但工作需要更高水平的项目。这些项目应该是通过努力可以改善和提高的。一般来说，在个人发展计划中应选择一个最为迫切提高的项目，因为一个人需要提高的项目可能有很多，但不可能在短短的半年或一年内完全得到改善，所以应该有所选择。而且人的精力是有限的，也只能对有限的一些内容进行改善和提高。

（二）提升这些项目的原因

把有待发展的某些项目列入到个人发展计划中一定是有原因的，这种原因通常是由于员工本人在这方面的水平比较低，而工作又需要表现出比较高的水平。

（三）目前水平和期望达到的水平

个人发展计划应该有明确清晰的目标和需要达到的标准，因此在制订个人发展计划时要指出需要提高的项目目前表现的水平怎样，期望达到的水平又是怎样的。

（四）提升这些项目的方式

将某种待提升的项目从目前水平提高到期望水平可能有很多种方式，如培训、自我学习、开小组座谈会、他人帮助改进等。同时，还应当确定责任部门或负责人，以便更好地帮助员工监督其很好地完成个人发展计划。对一个项目进行发展，可以采取一种方式，也可以采取多种方式。

（五）设定达到目标的期限

预期在多长时间内能够将有待提升的项目提高到期望水平，指出评估的具体期限。

图 7-1 所示是根据个人计划的内容制订出的个人发展计划表的步骤。

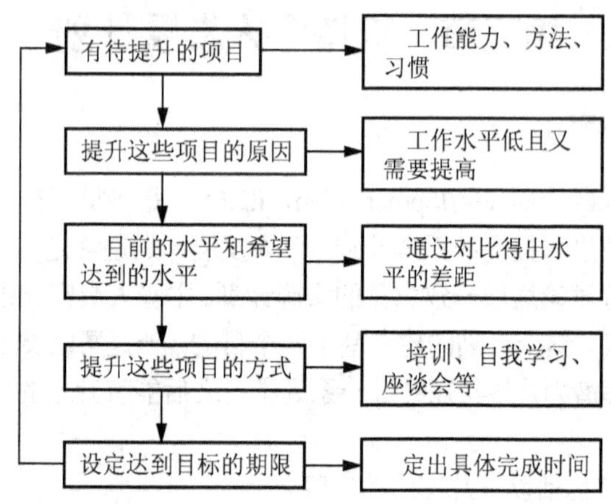

图 7-1　制订个人发展计划的步骤

二、制订个人发展计划的过程

通常来说，制订个人发展计划需要经历以下过程。

1）主管人员与员工进行绩效考核沟通。在主管人员的帮助下，员工会很快认识到自己在工作当中哪些方面做得好，哪些方面做得不够好，认识到目前存在的绩效差距。

2）主管人员与员工共同就员工绩效方面存在的差距分析原因，找出员工在工作能力、方法或工作习惯方面有待提升的方面。

3）主管人员与员工根据未来工作目标的要求，选取员工目前在工作能力、方法或工作习惯中最为迫切需要改进的地方，作为个人发展项目。

4）双方共同制订改进这些工作能力、方法、习惯的具体行动方案，制定个人发展项目的期望水平和目标实现期限以及改进的方式。必要时确定实施过程中的检查核实计划，以便分步骤地达到目标。

5）列出提升个人发展项目所需的资源，并指出哪些资源需要哪些人员提供帮助。

张强的个人发展计划

张强是金龙医疗设备公司的一名销售代表。他到这家公司担任销售代表已有一年的时间。在这一年中，上级主管给他设定的销售业绩指标是 20 万元。他完成了这个业绩指标，实际销售额为 21.9 万元。但是，像张强这样的销售代表的平均销售额为 35 万元，张强距离这样的水平还有很大的差距；而且，由于张强以前不是在医疗设备行业中工作，对一些专业知识不够熟悉。

进一步分析发现，张强目前存在的有待改进的方面，首先是销售技巧方面，具体表现在与客户沟通时，如何倾听客户的需要；另外，对于一些专业领域上的知识他还需进一步学习；再者，他的销售报告写得也不是很令主管满意，在这方面需要学习提高。从积极的方面来看，同事们普遍评价张强善于与人合作，与同事的关系相处得很好，也乐于帮助别人；主管认为他还是乐于学习的，在这一年中，进步还是很快的；客户对张强的工作态度反映较好，只是有时对客户需要的理解方面会出现些偏差。

针对目前现状，张强在主管的帮助下制订了如表 7-1 所示的个人发展计划。

表 7-1 个人发展计划

2016 年 3 月 5 日

姓名		张强	职位	销售代表	
直接主管		王晓	部门	业务一部	
有待发展的项目	发展原因	目前水平	期待水平	发展的措施与所需的资源	评估的时间
客户沟通技巧	与客户沟通是销售代表的主要工作，本人在这方面有较大的欠缺	客户沟通评估分数 2.5 分	3.5 分	参加“有效的客户沟通技巧”培训；自己注意体会和收集客户反馈 与优秀的销售人员一同会见客户，观察学习他人与客户沟通时好的做法	2016 年 12 月
医疗设备专业知识	销售人员需要了解较多的产品知识，而本人以前对这些方面的知识接触甚少	专业知识评估分数 3 分	4 分	阅读有关的书籍、资料；参加产品部举办的培训班；向他人请教	2016 年 5 月
撰写销售报告	销售人员需要以书面的形式表达销售情况，与主管和同事交流信息	销售报告评估分数 3 分	4 分	学习他人撰写的销售报告；主管给予较多的指点	2016 年 8 月

（资料来源：http://www.chinahrd.net）

三、制订个人发展计划的 Daylon Hudson 法

Dayton Hudson 公司对个人发展制定了一套实际的方法。此法的研究是由该公司组织计划发展部副总经理保罗 • 乔所领导的。用过此法的公司均反映非常好。

他们编印了一本叫作《个人发展计划》的小册子，供经理们参考使用。这个计划有两个

目的，一个是帮助员工在现有工作上改进绩效和帮助员工发展潜力；另一个是经由一系列预先安排的学习阶段准备未来可能的升迁。重点放在改进现有的工作绩效上。

这套计划直接从绩效考核延伸出来。从表 7-2 中可以看出绩效与本计划间的关系，也可以看出是专为改进现阶段工作绩效而设计的。它可以帮助员工克服其缺点并发扬其优点。表 7-3 所示是为准备升迁所用的表格。

表 7-2　个人发展计划（改进个人工作绩效用）

应改变项目	个人发展计划	达成与否
1. 过去 12 个月未尽的职责或其弱点 2. 计划培养的个人优点		

表 7-3　个人发展计划（升迁用）

理想的职位	准备的步骤	达成与否

在 Dayton Hudson 公司所用个人发展的具体计划中包括了公司外部的、公司内部的和自我要求三个提升的途径，具体如表 7-4 所示。

表 7-4　“个人发展计划”提升方案

改进事项		
公司外部活动	公司内部活动	个人自我改进活动

表 7-5 是一张已填好的表格，用以提升一名员工在时间管理方面的绩效。重点放在公司内部及自我要求的活动。主管与部属合作协助员工的成长，其效果将远大于公司内外任何其他的助力。

表 7-5　改进时间管理能力的“个人发展计划”

改进事项		
公司外部活动	公司内部活动	个人自我改进活动
（由部属完成） 读书：如何控制你的时间与生命 参加时间管理讲习会	（由主管完成） 派部属加入由精于时间管理的经理所领导的专案小组或安排与其会谈； 以一周的时间，每天示范给部属看主管如何安排控制自己的时间； 要部属安排看主管为他所做的“工作项目表”及“工作完成 / 未完成检查表”。对于任何有效的表现均应特别予以鼓励	（由部属完成） 与一名善于利用时间的经理面谈请教，并选择 2～3 项工作亲自练习 每天订出“工作项目表”并排定优先顺序； 将每一项成绩予以记录 把“工作项目表”逐项加上预计完成的时间 记录是否依时完成 不要让自己利用加班或早到来清除积压的工作 检视过去 3 个月的行事日历。找出不必要的事情及花费过多时间的事情。然后，计划下个月的行事，并予以改进

第三节　绩效考核在人力资源管理系统中的应用

一、绩效考核引导员工的行为

（一）促使员工发展趋向组织的目标

之所以对绩效考核的结果予以运用，其原因在于绩效考核实际上也是一项功利性极强的管理工具。从某种意义上来说，它直接关系到员工的收益，这些收益包括金钱、个人成长以及在组织内部的绩效提升。因此，只要考核能够把员工导引到正确方向上，那么就能对企业的目标和战略的达成产生很强的功利性。

1. 组织成员对组织目标的了解

在这个技巧的运用过程中，组织的成员也必须要了解组织的目标以及为实现这个目标个人所必须达到的标准，也就是在一个组织中的成员需要有对其自身明确的定位。

2. 衡量员工好坏的标准

很多企业都希望实现使命感、价值观在组织内部的有效传递；而最有效的传递方法，就是将这些内容与普通员工的工作和日常行为相结合。在这个结合的过程中，绩效考核实际上就是一个使公司价值观和战略落到实处的有效工具。从这个角度来说，衡量一个员工的好坏，应该主要看其为组织目标所作贡献的大小；与此同时，员工自身也可以得到成长。

（二）帮助主管与员工建立绩效伙伴关系

传统的考核是一种单向的，管理者好像高高在上的法官，在指责和挑剔员工的毛病；而现代绩效考核强调的是双向的，也就是强调主管要和员工之间建立绩效伙伴关系。所谓绩效伙伴关系，就是用考核建立一种连带负责关系。通过绩效考核要达到的第二个目的或者是应用，就是要建立主管与员工之间的这种绩效伙伴关系。员工的绩效直接与主管相关联，主管就会有助于帮助员工去提高能力，改进工作。

1. 领导型态

当目标明确且管理双方已经能够定时进行沟通以后，领导者下一步的任务就是去准确地诊断出员工的工作能力和工作意愿水平，然后依据实际情境采取恰当的领导型态。

员工在相关任务中是不是热情的初学者？是否信心不足且技能水平一般？还是过去就成功完成过该任务，已经对该任务驾轻就熟？不同的员工需要领导者给予不同的管理型态。当初次接触到一项工作任务时，员工通常不具备相关的知识和技能，这时大多数员工需要领导者采取指令式的领导型态。因为他们需要知道工作目标是什么，怎样去完成。

随着工作能力的略微提高，员工的工作意愿就会下降。这时，领导者应采取教练式的领导型态——继续帮助员工提升技能，并同时给予高度支持以提高他们的工作意愿。

当工作能力继续提升，大多数员工将步入一个自我怀疑的阶段，这时，员工会对自己能够达成任务目标心存怀疑。这些员工需要的是支持式的领导型态，他们需要被倾听，需要获得更多的鼓励，而不是大量的指导，因为他们其实已经具备了完成任务的能力。

最终，员工将达到最后一个发展阶段，具备足够的工作能力和工作意愿。这时，领导者应当采取的领导型态是授权——给员工更多的自主，因为他们已经有足够的能力和意愿去完成工作任务。

2. 授权

有效授权不等于放权，并不是说将权力授给其他人后，授权者可以撒手不管或者对局面失去控制与把握，如若那样，则不是有效授权，而是盲目放权。盲目放权可能给企业带来混乱。因此，需要在授权的同时有严格的监督机制，以检视权力的运用情况，从而使授权更加有效。

有效授权也不同于委派。委派是以命令和说服为主，只是委派任务和目标，对方的责任不强，也缺乏主动性。有效授权的核心是授予对方责任和主动权，让被授权者有创造的空间，能采用自己的方法去完成目标。

授权是有效地将一部分工作转交给他人，是一个双向过程，需要信赖与沟通，最重要的还是心态。通过有效授权，授权者将庞大的企业目标轻松地分解到不同人身上，同时将责任过渡给更多的人共同承担，让团队每一个职员更加有目标，更加负责任，更加投入，更有创造性地工作，产生“四两拨千斤”的巨大力量和“九牛爬坡，个个出力”的协作精神。

（三）招募与甄选有效性的依据

人员的更替以及人才的流动对于一个企业的经营运作是必不可少的，因此对于员工（尤其是关键岗位的员工）的招募和甄选就成了企业人力资源管理的一个重要内容和环节。在这里需要强调的是，通过企业的绩效考核，考核的结果可以成为招募与甄选员工非常有效的依据。以下是一家地产公司营销人员的绩效考核结果（表 7-6）。

表 7-6　某地产公司营销人员考核数据（万元/年）

学历	工资	销售额
大学生	15	200
高中生	10	150
差别	5	50

依据这些考核数据，就可以确定招聘销售人员是选择大学生还是应该选择高中生。从投入产出比来看，高中生的业绩要优于大学生，而且高中生作为学历较低的人员，要比大学生更适应销售工作的需要。由此可见，在招聘和甄选的环节，不能以学历作为唯一的标准，而是需要具体分析其绩效指标才能获得最好的结果。

二、绩效考核与培训开发

（一）培训与开发有效性的依据

绩效考核对于发现当前员工的知识盲点、帮助员工进行知识的沉淀和管理而言，都是一个很有效的方法和途径。但是，在发挥绩效考核作用的过程中，有以下两点是需要注意的。

1. 培训是把“双刃剑”，培训并非越多越好

并不是对员工培训的越多，员工提高的就越多，因为培训过多反而会给员工带来一种排斥意识。这就意味着，在培训这个环节，需要通过不断的尝试找到对员工而言具有针对性的、能够解决实际问题的课程和内容。

2. 培训的风险

培训的风险是指各类人员把培训的内容用于与培训目的背道而驰的方面。以企业内的直线经理人为例，培训的越多，他们掌握的专业知识和专业技能就越丰富，而他们很可能将这些知识都运用到如何规避矛盾上去。为了避免这种情况的发生，企业在进行培训的时候一定要明确培训的目的，令员工真正地学以致用。同时，在绩效考核中也需要把握对培训风险的控制。

（二）用于个人发展计划制订

个人发展计划通常包括的内容有：有待发展的项目，发展这些项目的意义和可行性，这些项目目前的绩效水平以及预期达到的水平，发展这些项目的方式、途径以及需要的资源支持，完成这个项目的时间期限等。

有待发展的项目一般选择在工作能力、关键业绩指标等方面有待提高的地方。这些有待发展的项目很可能是目前水平较低的地方，也可能是水平尚可但对组织、部门绩效进一步提升有制约作用的项目。一般来说，对于每一个绩效期间，选择一个最为迫切需要提高的项目制订个人发展计划，因为一个人需要提高的项目虽然很多，但人的精力是有限的，一定期间内不可能所有的地方都会提高。

在对员工实施绩效管理之后，可以发现他们各自的特长，从而能够知道他们更适合从事哪种类型的工作，进而为他们在组织内部建立职业发展的通道。在这个过程中，实际上培训与开发是能够有效地进行综合的。

三、绩效考核与员工奖励、晋升

（一）岗位工资的晋级调整

根据考核结果，制订工资晋级方案，发挥其对员工的激励作用。下面是某连锁超市的年终员工工资晋级方案。

年终考核结果为优秀者，岗位工资晋升两级；考核结果为良好者，岗位工资晋升一级，考核结果为基本合格者，岗位工资降低一级；考核结果为不合格者，解除劳动关系或调换工作岗位。

各直营店副店长、部长级、组长级、员级岗位年度绩效考核结果根据季度绩效考核结果计算，优秀 1 次计 16 分，良好 1 次计 8 分，中等 1 次计 4 分，合格 1 次计 2 分，基本合格 1 次计 1 分，不合格 1 次计 32 分。算出各个岗位员工总分值，分值由高到低全部门强制排

序，总分为负者为年终考核不合格。

员工（店长除外）年终考核等级分布比例与直营店的考核结果直接相关，具体数值如表 7-7 所示。

表 7-7 员工（店长除外）年终考核等级分布比例（%）

店部考核结果	员工考核结果比例					
	优	良	中等	合格	基本合格	不合格
优秀	25	25	20	20	10	0
良好	20	25	20	20	15	0
中等	20	20	20	20	20	0
合格	15	20	20	25	20	0
基本合格	10	20	20	25	25	0
不合格	5	10	20	30	25	0

工资晋级可以和年度考核挂钩，也可以和平时的阶段考核联系。以下是某企业月度考核工资晋级（降级）方案。

月度考核不合格者，降 1 级岗位工资；连续 3 个月度考核基本合格者，降 1 级岗位工资；连续 3 个月度考核为优者，晋升 1 级岗位工资，但每年最多晋级不超过 2 级。

（二）职务晋升调配

员工的历史考核记录为职务晋升和干部选拔提供基础依据。可以对员工的历史绩效进行统计分析，选拔出业绩比较稳定和优秀的员工纳入晋升后备人员名单。

通过分析历史考核结果，发现员工工作表现和其职位的适应性问题，查找出原因并及时进行职位调配。员工在某方面的绩效突出，可以让其在此方面承担更多的责任，如果员工在某方面的绩效不够好，可以通过职位的调整，使之从事更加适合的工作。

四、绩效考核与员工淘汰、员工潜能评价

（一）淘汰员工的有效工具

企业在进行裁员的时候，应该将“裁员”表述成为“加大考核力度”，因为前者是后者的必然结果。如此用词上的转换并不是在咬文嚼字地做文字游戏，而是企业公平精神的体现，也是一种策略。实际上，企业内部的淘汰环节有很多，绩效考核也是其中的一个组成部分。

（二）试用期管理的有效工具

绩效考核的结果应在员工的试用期就得到很好的应用。

1. 试用期时间长度的设定

在企业里，通常对新进员工会设定 2～3 个月的试用考核期，在试用期结束的时候再通过某种形式的考核来确定该员工的去留。之所以将试用期的时间设定得如此长，一般的考虑是让新员工能够熟悉工作的环境和内容，这样后面的考核才能有具体的内容。实际上，这个

时间太长了。在有些公司，新员工进来一周之内就进行两次测试，半个月之内进行三次考核。合理的试用期时间应该在1个月之内，1个月之后就应该明确新员工在这几个方面的情况：①工作的一般能力；②拥有的特殊能力；③是否适合在公司工作；④适合承担哪方面的工作；⑤试用期之后是否转正。

2. 试用期考核的具体方法

在较短的试用期内实施考核，确认的是新员工工作的一般能力。在这里，提供一个比较另类的考核方式——拉响假警报。

所谓“假警报”，是指人力资源管理者在管理下属的时候（特别是有个助理的时候），通过制造某种假象来考查和评估下属潜质、发现问题的一种手段。这种手段最大的好处是能够迅速地鉴别下属的能力。具体使用的时候要注意不能让考查对象有所察觉。因此，从某种意义上来说，在企业里面不“折腾”人是不对的，只有“折腾”他，他才能变得越来越经得起“折腾”。

（三）员工潜能评价和职业发展指导

将绩效考核的结果应用于员工潜能评价和职业发展指导之中，关键是应对和处理好四类员工的职业发展问题。

1）A类员工。这类员工的特点是，其业绩随着时间的延长在稳步地增长，而到了一定的时间之后，还会突然地大幅上升。对于这样的员工应该第一时间确定其为企业未来培养的对象，并明确地告诉他本人。

2）B类员工。这类员工的特点是，刚进入公司很短的时间之内就持续优秀，体现出相当强的能力。对于这样的员工，应该马上予以提升，否则将会使其流失。

3）C类员工。这类员工的特点是其工作业绩不够稳定，通过辅导能够有一些好转，但是还是会有起伏。对待这样的员工，应该在其身边安排一个可以随时替代他的人，促使他向好的方面转化。

4）D类员工。这类员工的特点是，随着时间的推移，其在包括工作业绩在内的各个方面都在下降。应该及早地放弃这样的员工。

本章小结

绩效管理是现代企业经营管理活动中最基本的活动，是实现企业战略目标的基础工作。绩效考核结果运用作为其中的一个子系统，在循环的管理系统中具有承上启下的作用。绩效考核结果能否合理、科学地运用直接决定了绩效考核的成败，影响着绩效管理系统的正常运作。因此，企业管理者必须高度重视绩效考核结果的运用，不但要积极做好传统的绩效考核结果运用以提高员工的积极性，而且要建立和完善绩效考核结果反馈沟通与绩效改进机制以培养员工的责任感与向心力和提升企业绩效水平，从而实现绩效管理系统的良性循环，实现企业各项经营管理目标，达到企业和员工的“双赢”。

复习思考题

1．简述绩效考核结果运用的意义。
2．绩效考核结果运用有哪些范围。
3．简述绩效考核结果运用的有效性。
4．简述制订个人发展计划的方法。
5．简述制订个人发展计划的过程。
6．简述个人发展计划的内容。
7．简述绩效考核与员工潜能评价。
8．绩效考核与员工奖励晋升是什么关系？
9．如何运用绩效考核结果展开培训开发工作？

案 例 分 析

案例背景

绩效考核完成后该做些什么

又是一个财政年度的年末，A公司除了忙着做今年的会计决算和来年的财政预算外，经理和员工们又开始了一年一度的被他们称之为“表演”的绩效考核了。

王经理直接管理着16名员工，因此他又将忙于填写16份内容相差不多的绩效考核表。由于人力资源部门已经催了很多次，所以他必须在周末的时候完成这些表格；否则，下周一又该接到人力资源部经理的催“债”电话了。

他确实想到了一个好办法：把表格发给每位员工，让员工自己在上面打分，然后派人收齐，在上面签上名，再交给人力资源部。问题似乎很快就得到了解决，纸面上的工作都按人力资源部门的要求完成了，人力资源部门也很满意，于是每个人都又结束“表演”回到了“现实的工作”中。忙碌一时的绩效考核工作就这样“完成”了。

王经理的绩效考核工作是不是真的完成了呢？如果你是王经理的老板，你会对他的这些表现满意吗？

我相信你不会！因为他的工作完成得并不出色。

实际上，在绩效考核结束后，作为直线经理，仍有大量的工作需要做，因为绩效考核的完成并不代表着绩效管理的结束！

执行一个完善的绩效管理系统，仍有大量工作等待着经理们去处理，去完善。其实，对于整个绩效管理工作来说，绩效考核的完成不是整个工作的结束，而是刚刚渐入佳境。如果后期的工作不能及时跟进，不做或者不能尽心去做，那么前面的工作都将徒劳无功。你认为呢？

（资料来源：http：//www．hr.com.cn，有改动）

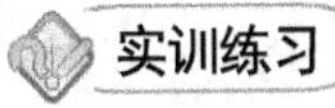

案例讨论

1）A 公司的绩效考核系统存在哪些问题？

2）结合本案例的情景，说说在完成绩效考核之后，部门直线经理还要做哪些工作？

3）你认为 A 公司的绩效考核制度存在哪些需要改进之处？

实践环节

实训练习

制订个人发展计划

通过本章的学习，学生应掌握制订个人发展计划的流程与方法。将全班同学分成若干 5 人小组，每个小组以企业管理者的身份为企业的某个员工制订一份个人发展计划（每个小组可以选择不同的企业和员工）。

第一步：选择制订个人发展计划的对象，最好是选择绩效考核工作开展的比较好的企业，这样可以缩短实训的时间。

第二步：收集该员工的基本情况和绩效资料（对于没有开展绩效考核的企业，需要完成一定程度的绩效考核工作）。

第三步：按照课中所讲的流程完成对该员工个人发展计划的制订。

第四步：由各组组长在课堂上汇报小组的工作过程和成果。

第五步：教师进行总结。

本练习可以训练学生学会如何在实际工作中制定个人发展计划；巩固绩效考核的有关知识；掌握收集资料的方法；学会如何按流程完成工作；通过练习，加深对本章所学知识的理解。

第八章 绩效薪酬

教学目标

绩效薪酬是将员工的收入与绩效水平挂钩的薪酬制度。只有将绩效考核的结果与薪酬相联系，才能够使绩效考核发挥应有的行为引导作用。通过本章的学习，学生主要应系统地掌握绩效薪酬的内涵、优缺点及绩效薪酬制度的特征，了解企业各类人员的薪酬模式，学会绩效薪酬设计的原则与操作流程，重点掌握个人绩效薪酬制、群体绩效薪酬制及长期绩效薪酬制的含义和主要形式，学会薪酬预算与控制。

学习目标

- 掌握绩效薪酬的内涵及优缺点，了解企业各类人员的薪酬模式；
- 了解绩效薪酬设计的原则与操作流程，掌握绩效薪酬制度的特征；
- 重点掌握个人绩效薪酬制、群体绩效薪酬制及长期绩效薪酬制；
- 掌握薪酬预算的含义、目标及方法；
- 掌握薪酬控制的含义及方法。

关键词

绩效薪酬　薪酬模式　绩效薪酬制度
薪酬预算　薪酬控制

导入案例

百度公司的绩效薪酬制度

百度公司的薪酬结构由三部分组成：一是保障性薪酬，与员工的业绩关系不大，只与其岗位有关；二是变动薪酬，紧紧与员工绩效挂钩，依照员工的业绩在公司范围内评选季度的或年度的“百度之星”。这虽只是一种荣誉的给予，但也影响到年终关于绩效加薪的考核，而年度奖金发放和绩效工资变动也是依照当年绩效考核的成绩赋予相应的绩效加薪；三是公司在1999年成立之初就将全公司范围内的员工股票期权计划纳入了薪酬制度中。与搜狐、新浪等其他的高科技网络公司不同的是，百度的股票期权计划是所有员工都享受的，包括公司的前台员工也被纳入这项计划之中。这是百度公司给予员工最好的福利计划了。

百度公司的股票期权计划，俗称“金手铐”制度，完全源自美国硅谷高科技公司流行的期权计划。百度公司成立之初，在知名度较小、竞争力较弱的情况下，公司提出这一薪酬计划的目的在于使员工的目标定位在远期的回报实现上，而不过分强调现期的收益。在员工入职时，公司将两套薪酬方案摆在员工面前供其选择：一是“较低的基本工资+较高的股票期权”；二是“较高的基本工资+较低的股票期权”。当然，这个“高、低”水平的界定仅是就这两套方案比较而言。此外，公司规定赠与的股票期权要分4年拿到，员工在入职的第一年可以获得全部期权的1/4，而从工作的第二年开始，每过一个月员工能获得1/48的期权。2004年初，公司内部又对员工所持有的期权做了进一步的裂股，由一股分为两股，这也是在公司上市前给予员工的最后一次福利优惠。

百度公司在执行薪酬制度时，不仅看公司内部情况，还将薪酬放到一个系统中考虑，主要有两方面：一是如何保持自己的薪酬制在市场上有很大的竞争力；二是人力成本因素。由于公司采取的是全员股票期权计划方案，因此在设计基本薪酬方案，尤其是在确定基本薪酬水平时，将其定位在略低于同行业公司的价位上。公司内职位越高的员工其基本薪酬水平与行业相比差距越大，是综合考虑不同职位的员工所持股票期权数量的多少来制定的，因为职位越高的员工的薪酬方案更应与公司的战略业绩挂钩，且其掌握的股票期权数量也相当可观。而对于新员工，由于不可能继续执行全面的赠与期权，因此对于他们采取的是高于市场薪酬水平的薪酬策略，这样有利于保持公司在劳动力市场的薪酬竞争力水平。而同时公司承诺，新员工若入职后达到软件leve3级以上，公司依据其优异的业绩赠与期权。

百度公司在每年调整绩效工资时做到了完全透明，让每个员工知道他加薪的原因。公司每年给员工加薪的主要目的是保证百度在人才市场上的竞争力。每年年末是全公司的绩效考核期，针对员工个人的业绩考核结果，给予一定幅度的加薪。加薪时，员工的主管会找员工谈话，告知最终的绩效考核结果，共同分析业绩不佳的原因和总结业绩突出的因素，并就考核结果与员工沟通，听取员工的反馈意见，同时做好一切有关政策、制度的解释工作，最后双方要对绩效考核及加薪结果统一确认。即使是在日常薪酬管理中，公司将薪酬制度和等级规定都完全透明化，任何员工都能查到有关自身的薪酬政策和制度的相关解释。

在薪酬和晋升方面，百度公司根据工作表现决定薪酬，薪酬和职业发展与学历、资历、专业的关系越来越淡化，基本跟员工的职位和业绩挂钩。在以技术见长的百度公司里，人力资源部门为员工尤其是技术类员工设计了技术、管理的双通道的职业发展渠道，并制定了相应的薪酬级别，同时对技术和管理的等级也规定级别的对照关系。比如，技术类别的等级就包括软件工程师、高级工程师、架构师、首席架构师等9个技术等级，而员工的薪酬水平完全依照员工所处的技术等级来制定。为配合技术级别制度，公司还成立了技术职称评选委员会，由公司内公认的技术高超的员工兼职担任，每年举行两次技术等级评选，一旦某员工的职称确定，公司马上给予相应的薪酬等级。

此外，公司对于一些以团队为单位的项目，还采取团队奖励计划。对于团队完成的每一个项目，公司都依据团队成员的贡献大小，给予团队奖励，或为团队成员普遍加薪。这些方案使得百度公司的薪酬管理相当灵活并富有成效。

除了基本薪酬和奖金制度外，百度公司还提供了多样的员工福利项目。例如，高科技公司因工作强度和时间较长，公司就为员工提供免费早餐和报销加班交通费；对于一些工作任务特殊的员工还实行通信费用报销制度。除了给员工所上的法定保险外，公司还另外为员工购买其他一些商业保险。此外，公司还为各部门提供专门的team-building资金，用于部门内的活动。最能体现百度“硅谷文化”的福利措施是从2005年初开始，公司在全国范围内招聘保健医生，所开出的价码是年薪10万再加上一部分股票期权。由于高科技公司工作的快节奏和高强度，工程师经常出现特有的“硅谷综合症”，即紧张、焦虑、思维不畅。针对这一现象，公司决定聘请一位专业的保健医生，以解决员工的身体保健、心理保健等问题。这也是百度“工程师文化”的突出表现之一。

（资料来源：刘李豫. 百度公司的薪酬管理[J]. 经营与管理，2006（1））

你如何评价百度公司的绩效薪酬制度？由此能看出制定绩效薪酬制具有哪些重要性？

第一节 绩效薪酬概述

绩效和薪酬是人力资源管理体系中最重要的两个环节。如果把绩效看成是对员工的价值评价，那么薪酬则是对员工的价值分配。也就是说，绩效构成了薪酬分配的基础，而薪酬决定了绩效的评估效果。

一、绩效薪酬的内涵

绩效薪酬是将员工的收入与绩效水平相挂钩的薪酬制度。这种激励性薪酬方案——一种激励性的计件工资报酬制度，是由“科学管理之父”弗雷德里克·W.泰勒（Frederick W. Taylor）创立的。早在19世纪晚期，泰勒作为米德韦尔钢铁公司的基层管理人员，就十分关注“有组织的怠工”现象。他发现，工人有以尽可能慢的速度工作把产量维持在可接受的最低水平的倾向。当时，已经存在简单的计件工资制，但实施的效率并不高。工人根据产品数量和计件工资率来确定其收入。然而，部分雇主往往根据工人生产率的提高相应地削减计件工资率。这种行为导致工人只愿生产能够得到可以维持其生活的工资水平的产量，以避免由于生产率的提高导致计件工资率的下降。泰勒针对这一问题提出，应根据科学、正规的观察和分析方法确定标准的、能被广为接受的日工作标准。由此产生了著名的科学管理运动。泰勒所倡导的激励性的计件工资报酬制度基于科学的工作标准，成为激励性薪酬制度的最初形式。

20 世纪 30 年代，科学管理运动让位于行为科学理论。行为科学理论将人性假设引入“社会人”的时代，成为当时受到广泛关注的一种管理哲学。在当时，产生了以注重满足工人社会需要为特征的管理手段，这种关注导致了绩效薪酬计划的复兴。绩效薪酬方案的宗旨在于：通过将员工的薪酬水平与绩效水平挂钩的做法，鼓励员工像考虑个人利益一样考虑企业的战略目标，从而促进企业战略目标的实现。绩效薪酬是与绩效管理制度密切相关的薪酬体系。在实践中，以能力为基础的薪酬制度和以技能为基础的薪酬制度常常与绩效薪酬制度相结合加以运用。

二、绩效薪酬的优缺点

（一）绩效薪酬的优点

1. 体现公平性

劳动结果最能集中体现劳动的实际情况，而绩效薪酬将员工的收入与其可量化的绩效目标实现情况之间建立起正相关关系，尤其是与可精确计量的实物产出相联系，而不是以主观的绩效考核结果为基础，可以促使员工关心自己工作的结果，这比不分业绩好坏的“大锅饭”体制相比更具公平性，可以有效改变在传统薪酬体制下，员工出工不出力，上班看报、喝茶、打电子游戏、上网聊天等情况。

2. 激励与约束并存，监督成本降低

绩效薪酬直接与绩效改善联系在一起，高绩效员工可以得到较高数额的绩效奖金，以此来激励高绩效员工，而对业绩不佳的员工不奖励或少奖励，甚至没有绩效奖金，这可以被看作是对低绩效员工的一种鞭策和“负激励”，从而实现激励与约束的并存。

另一方面，与根据工作时间支付固定报酬的薪酬制度相比，绩效薪酬不需要为了维持某种合理的生产水平而对员工进行过多的直接监督，员工会受到一种内在的激励而自己去控制自己的工作速度和工作质量，这样企业的监督成本或代理成本就会大大降低。

3. 指引努力方向，培育企业文化

由于绩效薪酬往往有明确的绩效目标，还可以向员工提供企业关于其绩效的反馈信息，因此它能够把员工的努力集中在企业认为重要的一些目标上，从而有利于企业通过灵活调整员工的工作行为来达成企业的重要目标。同时，绩效薪酬模式突出了一种关注绩效的企业文化，使员工们认识到了薪酬与努力是成正相关关系的，可以促使员工将其个人努力投入到实现企业目标的重要活动中去。

4. 盈亏共享，减轻固定成本开支

由于绩效薪酬中的报酬支付实际上变成了一种可变成本，可以有效避免出现员工生产率很低，但是员工的薪酬水平却不能变动的情况。因此，它的实施减轻了企业在固定成本开支方面的一些压力，有利于企业根据自身的经营状况灵活调整自己的支付水平，可以缓解固定成本过高以及裁员的问题。

5. 有助于吸引和留住成就导向型和表现优异的员工

通过对企业的研究发现，如果薪酬基于个人的绩效，低绩效者的离职率就高；如果个人的绩效不与薪酬挂钩，则高绩效者的离职率就高。

总之，科学的绩效薪酬制度将有利于员工个人及组织总体绩效水平的改善，这是以上各优点所带来的必然结果。

（二）绩效薪酬的缺点

1. 员工绩效如不能准确衡量，将动摇绩效薪酬体系的公平性

绩效薪酬同样存在相对比较的公平问题，即使绩效薪酬使员工的收入有所增加，员工也不会仅仅关注薪酬增加的绝对值，而是要与他人的薪酬与绩效比进行相对比较。要使绩效与薪酬之间建立起合理的关系，首先必须对员工的绩效进行正确的考核与衡量，而对员工的工作行为和工作成果的准确评价和衡量是非常困难的。

2. 员工对于个人绩效的过分关注对团队工作是不利的

这主要是针对个人绩效薪酬制度而言的，它有可能导致员工之间或者使员工群体之间的过度竞争。这种各自为战的情况，可能有助于个人业绩的提升，但可能忽略组织的整体目标，不利于组织的总体利益的实现。同时，如果绩效的指标设计不合理，员工很可能会只做那些有利于他们获得报酬的事情，而不去考虑是否对整个组织利益有利，如销售人员只顾完成销售额指标，而对售后服务缺乏兴趣；员工努力追求产品的数量，而对产品质量只追求达到质量的起码要求这一最低水平，而不会主动去改进产品的质量，等等。

3. 不利于提高员工的综合素质与开发员工的潜能

现代工作的复杂程度越来越高，而知识性员工的产出往往不宜直接量化，单纯以绩效薪酬来对员工进行衡量将无助于员工学习新的知识与技能，同时绩效薪酬制度对于需要进行长期性、试验性的科研工作也是不利的，容易导致员工的短期行为。

4. 绩效薪酬的波动性太大

在以职位、技能、能力为基础的薪酬模式中，员工所处的职位、所具有的技术水平或能力水平在短期内具有一定的稳定性，不会随时改变，因此其薪酬水平也具有一定的稳定性和连续性。但在以绩效为基础的薪酬模式下，员工的薪资收入是由其动态的绩效表现决定的，薪酬数额在短期内会随特定绩效目标的完成情况而波动，因此员工之间的薪酬差距将拉大，员工的安全感较低。

5. 导致定额标准上升

绩效薪酬会刺激员工不断提高业绩水平，而业绩水平的提高又可能导致企业出台更为苛刻的业绩标准，增大员工的工作压力，这样就会破坏企业和员工之间的心理契约，如对推销员销售额标准的不断加码。

6. 增加管理层与员工之间发生摩擦的机会

由于绩效薪酬与员工的切身利益直接相关，而其本身又具有可变性，不像职位薪酬那么明确，因而在设计和执行过程中容易产生矛盾与争执，如工作机会不均等、绩效指标不合理、考核结果不公正等。

三、企业各类人员的薪酬模式

（一）管理人员的薪酬模式

组织的管理人员可以按其所处的管理层次区分为高层管理人员（高管人员）、中层管理人员和基层管理人员。对这三类管理人员进行薪酬管理的侧重点有所不同，比如高层管理人员，主要是对整个组织的管理负有全面责任，他们的主要职责是制定组织的总目标、总战略，掌握组织的大政方针并评价整个组织的绩效。他们在与外界的交往中，往往代表组织以“官方”的身份出现。高层管理者的工作重点在于决策，因此他们所要掌握的知识更趋向于观念技能，如经营预测、经营决策、管理会计、市场营销和公共关系等。

1. 高级管理人员

高级管理（以下简称高管）人员的薪酬体系主要由基本薪酬、短期激励、长期激励和福利 4 部分组成。

（1）基本薪酬

基本薪酬是高级管人员的基本收入。一般会占到薪酬总额的 1/3～2/3 不等。基本薪酬对高管人员来说属于固定收入，虽然在激发其积极性方面所起的作用并不是很明显，但能为他们提供可靠的收入。

（2）短期激励

对高管人员的短期激励主要是奖金。奖金是企业高管人员薪酬的重要组成部分。通常意义上的奖金都是以组织的经营绩效为基础的。由于高管人员对于企业总体经营绩效的达成情况有着比普通员工更大的影响力，因此给予他们的奖金与企业总体经营业绩之间的关系更为紧密，使高管人员能够在企业经营绩效的改善中获得自己应得的薪酬。

（3）长期激励

近年来，以各种股票计划为主要内容的长期激励方案越来越受到欢迎。究其原因主要有三点：第一，高管人员的绩效表现对于组织经营状况的重要性已日益显露出来，高管人员在企业当中的作用越来越大，然而所有者对其工作和努力程度进行有效监管的难度较大，而长期激励是对其进行有效激励的最佳途径之一；第二，长期激励方案与组织的长期经营绩效具有紧密的联系，通过经济上的利益关系促使高管人员和企业的经营目标保持一致，从而激励他们关注企业的长期发展以及持续性地达到更高的绩效水平；第三，长期激励计划给企业提供了一种合理避税的机会。

（4）福利

高管人员通常都会享受到名目众多的福利和服务。除了针对普通员工的福利以外，还有特别针对高管人员的福利。留住管理者对于组织而言是至关重要的，而特定内容的福利和服务在吸引和挽留这些核心员工方面又有着不可低估的功效。针对高层管理人员的福利主要包括在职福利和退休福利。

2. 一般管理人员

一般管理人员是企业中从事基础作业管理的人员。由于其地位的特殊性，现在人们更多地关注如何运用薪酬机制对其进行有效的激励，以便更好地为组织目标服务。

一般管理人员的薪酬模式为：基本薪金（基薪）+奖金+福利。三者在一般管理人员整体薪酬中所占的比例没有统一的标准，而是随地区、行业、企业经济性质的不同会有所差别。据调查，在一般管理人员的整体薪酬中，基薪占60%左右，奖金占20%左右，福利占20%左右，这可能是一个较为合理的比例范畴。

（1）基薪

一般管理人员的基本薪金的确定可采取职位等级工资制，针对不同等级的职位赋予不同的薪金水平。一般管理人员职位等级的晋升取决于其管理能力、管理幅度、管理责任、管理难度和管理业绩。随着一般管理人员职位等级的晋升，其薪金也应逐步提升。

（2）奖金

一般管理人员的绩效表现为部门产量的增加、质量的提高、收入的上升、成本的节省、工作量完成的大小、收益的提高等。一般管理人员的奖金设计要充分体现其业绩水平，以更好发挥奖金的激励作用，进一步提高其业绩水平；同时又要有利于改善一般管理人员与普通员工的关系，拉近一般管理人员与普通员工之间的距离。

（3）福利

对于一般管理人员的福利计划也要体现其特点。在福利项目上可以为一般管理人员提供“自助式福利套餐”，任一般管理者自己选择福利项目组合。

（二）企业技术人员的薪酬模式

狭义的企业技术人员是指公司内部从事技术研究、产品开发的人员；广义的企业技术人员是指企业中具有专门知识或有专业技术职称，并在相关职位上从事技术研究、产品开发、市场研究、财务分析、经济活动分析、人力资源开发与法律咨询工作的专门人员。这里所指的是狭义上的企业技术人员。

任何一个企业，技术人员都是一个需要稳定的群体。但由于企业的具体情况不同，企业技术人员的工作也有所差异，所以企业针对技术人员的稳定策略也不一样。例如，对搞产品研发的技术人员就应该坚持高业绩、高回报导向原则；而对从事技术维护的技术人员则可以实行稳定薪酬的保障原则。企业技术人员的薪酬模式主要有以下几种。

1. 单一的职位（高）薪酬制

单一的职位（高）薪酬制特别适用于从事基础性研究，即在短期内无法确定准确的工作目标，进而无法把工作成果作为薪酬决定基础的研究人员。

2. 较高的职位薪酬＋奖金制

较高的职位薪酬+奖金制以技术职位等级和能力资格为基础，首先确定较高水平的薪酬，然后以较高的职位等级为基础，按照企业奖金占薪酬的一定比例确定奖金水平。此种模式一般与技术人员的具体业绩联系不大，收入也较为稳定，基本保证了技术人员在职工收入排序中的地位，但激励作用一般。

3. 较高的职位薪酬+科技成果转化提成制

较高的职位薪酬+科技成果转化提成制激励作用较大，多适用于担负新产品开发的技术人员。科技成果转化提成的操作办法有产品销售收入提成、销售净收入提成、利润提成等。具体提成计算依据和考核方式多种多样，如在三年内按销售收入“三、二、一”提成，在4年内按利润比例提奖+比例股权配奖等。

4. 科研项目薪酬制

科研项目薪酬制是将技术人员的薪酬列入科研项目费，按项目实行费用包干。这是一种按任务定薪酬的办法，其目的是鼓励技术人员快出成果。采用这一模式，往往还有后续的其他激励措施，如销售收入提成奖励或项目推广入股等。项目推广入股的具体形式有赠送干股、科研成果折股、股票期权和业绩股票等。

5. 谈判薪酬

对于一些核心技术骨干或产品研发带头人，企业可以采取任期制的办法，比照市场价格直接与其谈判决定这些人员的薪酬。谈判薪酬决定机制的好处是公开、公平、公正，有利于吸引和留住企业所需的关键技术人才。

阅读资料

某公司专业技术人员的薪酬设计——技能取向型薪酬激励

某公司为国有电信企业，下设两级分公司，按行政区域设置。员工大约2万人，分布在公司总部和各级分公司，专业技术人员占全部员工数的51%。过去该公司的薪酬体系为单一职位薪资制，员工薪资增长主要依靠管理职位提升，因此专业技术人员都不太愿意从事技术性工作，而喜欢从事管理，千方百计向管理方面靠。这样的直接后果是：一方面管理队伍膨胀；另一方面高素质专业技术人才匮乏。为此公司特意聘请专家进行薪酬体系改革，改变过去单一职位薪资制，为专业技术人员增设了技能取向型薪资模式。

技能取向型薪资模式是指根据专业技术人员的专业技术职务设计薪酬，而专业技术人员的专业技术职务提升与其专业技能成长紧密相关。

该公司根据专业技术人员技能成长规律，为专业技术人员的职业生涯设计两条不同的路径，一条是以职位等级提升为主线，另一条是以专业技术职务提升为主线。与此相配套的薪酬设计也并行设计管理和专业技术职务两条跑道，专业技术跑道比管理跑道低半个等级，由此构建了职位等级薪资与专业技术职务薪资并行的薪酬体系。

职位等级薪资是公司在综合考虑各级管理职位工作的责任、难度、重要程度以及对任职者的资格要求等因素的基础上建立起来的等级薪资制度。该制度仅针对管理职位，而不针对任职者。任职者根据其所在职位等级，享受所在等级薪资。

专业技术职务薪资则是在职位等级薪资之外，针对专业技术人员专业技能发展变化的特点确立的、以公司设立的专业技术职务为对象建立起来的薪资体系。公司根据专业技术工作的性质和需要，设立专业技术职务级别，在专业技术岗位上工作的员工，根据被聘用的专业技术职务，享受相应的薪资等级。专业技术职务薪资不针对专业技术岗位，只针对专业技术职务。

专业技术职务薪资与职位等级薪资的对接：①每一个专业技术职务都有相应的职位等级与之相对应（表 8-1），相应的职位等级的薪资就是对应的专业技术职务的薪资，员工专业技术职务不变，其薪资等级也不变；②专业技术人员从一个专业技术职务晋升到上一级专业技术职务，其薪资等级跟随提升；③职务薪资与职位等级薪资横向调整，指专业技术人员调任与之平行的管理职位，职务薪资变更为职位等级薪资，职位等级不变；④职务薪资变为晋升职位等级薪资，指专业技术人员晋升至较高职位等级的管理职位，职务薪资变更为职位等级薪资，并相应调高职位等级。

表 8-1 专业技术职务与管理职位等级对应表

职位等级	管理职位	技术职务	学历	薪资标准	系数 S				
					A	B	C	D	E
一	总裁			1.7500S	5.7	5.6			
二	副总裁	资深专家		1.5500S	5.5	5.4	5.3		
三	总监	高级专家		1.3500S	5.3	5.2	5.1	5.0	
四	副总监	专家		1.2500S	5.0	4.9	4.8	4.7	
五	经理	主任工程师		1.1500S	4.7	4.6	4.5	4.4	4.3
六	副经理	高级工程师		1.1250S	4.4	4.3	4.2	4.1	4.0
七	主管	工程师		1.1000S	4.1	4.0	3.9	3.8	3.7
八	副主管	一级专业助理		1.0875S	3.8	3.7	3.6	3.5	3.4
九	主办	二级专业助理		1.0750S	3.5	3.4	3.3	3.2	3.1
十	副主办	三级专业助理		1.0625S	3.2	3.1	3.0	2.9	2.8
十一	一级助理	四级专业助理	博士	1.0500S	2.9	2.8	2.7	2.6	2.5
十二	二级助理	五级专业助理	硕士	1.0375S	2.6	2.5	2.4	2.3	2.2
十三	三级助理		本科	1.0250S	2.1	2.0	1.9	1.8	1.7
十四	四级助理		大专	1.0125S	1.8	1.7	1.6	1.5	1.4
十五	五级助理		中专	1.0000S	1.5	1.4	1.3	1.1	1.0

专业技术职务等级与员工专业技能成长的关系如下。

1）专业技能成长，专业技术职务等级晋升，薪资增长。这样为专业技术人员开辟了一条薪资增长渠道，增加了增资机会，改变了过去那种单纯依靠管理职位晋升实现增资的局面。

2）专业技术人员享受较高起点的薪资标准。依据该公司规定，在专业技术岗位处于实习阶段的中专、大专、本科、硕士、博士分别可拿到相当于管理岗位五级、四级、三级、二级、一级助理的薪资；实习期满正常情况下可分别被聘任为五级、四级、三级、二级、一级专业助理，分别享受相当于管理岗位二级、一级、副主办、主办、副主管的薪资待遇。

3）专业技术人员的技术职务晋升速度通过规定专业技术职务任职资格来调整，与员工学历紧密挂钩，学历越高，晋升速度越快，薪资增长较快；学历越低，晋升速度越慢，薪资增长也较慢。

4）专业技术人员的技术职务及薪资晋升速度与员工专业技能成长相伴随，呈现快—缓—止的趋势。处于培育期和成长期的员工，专业技能成长较快，员工专业技术职务晋升速度也较快，薪资增长也较快；进入成熟期，专业技术职务的晋升速度放慢，薪资晋升速度也开始放慢。对于部分专业技能突出或者具有多方面才能的复合型专业技术人才，还可以通过提前晋升较高专业技术职务或者晋升至较高管理职位，保持更快的薪资增长速度。进入鼎盛期，专业技术人员的专业技能提升受到限制，专业技术职务或者薪资也已晋升到一定程度，或者已接近公司内最高水准，此时薪资晋升趋于停止。

5）为了促进专业技术职务与职位等级并行发展，培养复合型管理人才，该公司还规定相应职位等级的管理人员应当具备同职位等级或低一职位等级专业技术职务工作经验。部分具备一定管理潜能的优秀专业技术人员可安排在相应管理职位从事管理工作，这样有利于管理队伍的调整和不断更新。

技能取向型薪酬体系的优点表现在：一是把员工薪资提升与员工专业技能提升结合起来，使员工在提升自己专业技能的同时使其薪资也不断得到提升，有力地调动了员工学习和提升技能的积极性；二是把员工薪资提升与员工职业发展结合起来，拓宽了员工的职业晋升渠道，有利于员工的职业发展，提高企业的职业管理水平。

（资料来源：刘军胜. 专业技术人员薪酬设计[J]. 企业管理，2003（3））

（三）企业营销人员的薪酬模式

广义的企业营销人员包括企业中从事产品信息调查分析、营销策划、营销推广、直接销售，以及售后服务等工作的员工；狭义的营销人员就是指直接销售产品的工作人员。这里讨论的对象主要是指狭义的营销人员，但并不否定实践中有些企业将上述广义的营销人员统一纳入一个薪酬体系加以管理的做法。目前市场流行的营销人员的薪酬模式大概有以下几种。

1. 纯薪金模式

纯薪金模式指的是对营销人员实行固定的薪资制度，而不管当时销售完成与否。纯薪金制在美国有28%的企业运用，其基本模式为

$$个人收入＝固定薪资 \tag{8-1}$$

2. 纯佣金模式

纯佣金模式，即营销人员的薪资收入全部来自于销售额提成。提成比例是企业预先规定的，营销人员的收入是完全变动式的。纯佣金模式在美国有20%的企业采用。其基本模式为

$$个人收入＝销售额（或毛利、利润）\times 提成率 \tag{8-2}$$

3. 薪金佣金模式

薪金佣金模式是指营销人员的收入包括基本薪金和销售提成两部分。在这种薪酬模式下，营销人员一般都还有一定的销售定额，当月不管是否完成定额，均可得到基本薪金即底

薪；如果营销人员当月完成的销售额超过设置的销售定额，则超过部分按比例提成。薪金佣金模式的基本模式为

个人收入＝基本薪金＋（当期销售额－销售定额）× 提成率 (8-3)

4. 薪金佣金奖金模式

尽管薪金佣金模式兼顾了纯薪金模式和纯佣金模式的优点，但是仍然存在着一些弊端，比如薪金佣金模式在兼顾纯佣金模式特点的同时，也冲淡了纯薪金模式促进团队合作的积极功能。鉴于此，一些企业提出了薪金佣金奖金混合模式。按照这一模式，营销人员的薪资收入由薪金、佣金、奖金三部分组合而成。在这种模式下，企业一般给销售部门整体一个一定时期的销售定额，销售部门将这个整体的销售定额按照一定比例分解给每一个营销人员作为单个营销人员的销售定额。营销人员不论是否完成定额，都获得基本薪金；营销人员超额完成定额，超额完成的部分可按比例提取佣金；销售部门超额完成整体销售定额可提取部门奖金总额，销售部门将奖金总额按个人完成销售额占部门整体完成销售额的比例分发给每一个营销人员。

5. 总额分解模式

总额分解模式是指事先确定销售部门营销人员薪资收入总额，然后在本月结束后，按个人完成的销售额占销售部门总销售额的比例来确定其个人薪资收入的模式。其基本模式为

个人薪资＝销售部门薪资总额 ×（个人月销售额 / 销售部门月销售额） (8-4)

其中：

销售部门薪资总额＝单人核定薪资×人数 (8-5)

实施总额分解模式的目的在于鼓励营销人员之间竞争，提高工作效率，因此必须保证参与分解的人数要达到一定规模（如 7 人以上），以避免集体串通作弊，达不到实施总额分解模式的真正目的。

（四）企业生产人员的薪酬模式

广义的企业生产人员包括生产一线的班组长、设备维护人员、直接操作机器或手工生产产品的人员；狭义的企业生产人员是指生产一线直接操作机器或手工生产产品的人员。这里讨论的是狭义上的企业生产人员。

生产人员薪酬制度的常见模式主要有以下 4 种。

1. 职位薪酬制

职位薪酬制，即根据生产人员所具体从事的职位计发薪酬的制度。职位薪酬制有一职一薪制、一职多薪制和复合职薪制等，其最新的演进是宽带薪酬制。一般来说，在自动化程度较高的企业，对生产人员较适宜采用职位薪酬制。

2. 职位薪点制

职位薪点制是在职位薪酬制和结构薪酬制基础上发展起来的一种薪酬制度。将其运用于

生产类职位，一般来说，应设置这样一些薪点，如职位薪点、表现薪点、业绩薪点等。也就是说，按照职位薪点制，生产人员的薪酬应当为

$$\text{薪酬}=\text{职位薪点}+\text{表现薪点}+\text{业绩薪点} \tag{8-6}$$

3. 计件薪酬制

生产人员适用的计件薪酬制种类繁多，但最基本的有两种：一种是简单计件薪酬制，即

$$\text{薪酬}=\text{生产数量}\times\text{单位产品薪酬} \tag{8-7}$$

另一种是差别计件薪酬制，即

$$\text{薪酬}=\text{计件标准产量}\times\text{单位产品薪酬}1+\text{超计件标准产量}\times\text{单位产品薪酬}2 \tag{8-8}$$

4. 综合薪酬制

综合薪酬制可从不同的角度加以理解，其实结构薪酬制就是一种综合薪酬制。而针对生产人员所使用的综合薪酬制一般是指将计时薪酬与计件薪酬相结合而形成的薪酬制度，如基本薪酬+计件薪酬制、职位薪酬+计件薪酬制、基本薪酬+效益薪酬制等。

当然，生产人员的整体薪酬中也不能缺少福利内容。生产人员的福利，一部分是具有企业均等化特征的福利，另一部分应当包括与个人绩效挂钩的差别福利。

（五）外派人员的薪酬模式

随着科技的发展和企业规模的扩大，越来越多的企业开始跨国经营，这就不可避免地出现了员工的国际流动。企业为了把企业文化、经营管理模式和其他成功的经验带到国外的子公司，就需要把本国的员工派到国外去任职。而这些员工去国外后往往担任重要的关键岗位的领导职务，对他们进行适当的薪酬激励，提高他们的积极性，将对企业的长远发展起着至关重要的作用。而且派驻国外往往需要相当长的时间，对于没有移民打算的关键员工，如何提高其出国工作的积极性，如何让其在国外安心工作，都需要在薪酬福利上下工夫。

外派人员的薪酬构成为

$$\text{薪酬}=\text{基本薪酬}+\text{奖金}+\text{补贴}+\text{福利} \tag{8-9}$$

企业外派人员薪酬的具体内容如下。

1. 基本工资及激励工资

基本工资和激励工资的确定标准包括三类，以总部的（母国）薪酬体系为标准、以东道国薪酬水平为标准、以国际化员工薪酬体系为标准。前两种类型很容易理解，即把外派人员的基本工资和激励工资纳入总部的薪酬体系或东道国的薪酬体系，而第三种所谓国际化员工薪酬体系，主要针对那些具有高度流动性、经常在国外工作的人员，根据他们的工作特点而专门给他们设计的一套薪酬体系。

2. 商品服务补贴

商品服务补贴主要针对外派人员的衣、食方面，目的是要外派人员保持与在本国等同的购买力。特别是东道国的物价指数高于母国时，这项补贴更是必不可少。

3. 住房补贴

在外派人员的补贴和津贴中，住房补贴是必不可少的一部分。公司通常鼓励外派人员租房，这样有利于在外派人员结束外派任务时，较便利地把房屋处理掉。在支付住房补贴时要考虑这两个因素：第一，外派人员的家庭人数；第二，外派人员工作所在地的房价水平。根据这两个因素支付给外派人员适量的住房补贴。

4. 个人纳税补贴

外派人员通常要缴纳两次个人所得税，外派人员在国外取得收入首先要缴纳收入发生地的个人所得税；另外，外派人员还须向其母国纳税。这就涉及一个税务补贴的问题。

5. 教育补助金

对于有孩子的外派人员来说，到国外工作，还面临他们孩子上学的问题。他们愿意自己的孩子找那种讲母国语言且教育水平较高的学校，以使自己的孩子能接受到同国内同样的良好教育。而这样的学校收费通常是较高的。因此，公司还得为外派人员支付一笔教育补助金。

6. 困难补助金

困难补助金是指因工作所在地处于特殊的自然环境、特别的政治和社会环境下支付给外派人员的补贴。识别困难地区通常有以下三种标准：第一，生活条件艰苦，没有好的住所，缺乏食物或消费服务，缺少娱乐设施，没有便利的交通工具；第二，恶劣的自然环境，如气候条件恶劣，处于高纬度或高海拔地区；第三，不稳定的社会、政治局势，如该地区经常发生暴乱、内战等。公司根据不同地区的不同困难情况支付给外派人员不同的困难补助金。

7. 工作外调津贴

工作外调津贴，即因为员工外调而支付给员工的一种奖励。通常分为两种支付形式：一种是，在员工外派时就一次性支付给员工一定数量的奖金，以示公司对其外派的鼓励；另一种是，在员工外派时先支付给员工较小比例的奖金，在员工外派结束后，再根据其外派期间的业绩，支付给员工另外一笔奖金。

第二节　绩效薪酬制度

一、绩效薪酬设计的原则与操作流程

（一）薪酬设计的原则

一个合理的薪酬体系不但可以充分体现岗位和员工的价值，还可以起到良好的激励、督促作用，有助于企业更有效地实现战略目标。企业进行薪酬设计时要考虑组织外部和内部各种环境因素的影响，在设计的过程中必须遵循一定的原则，具体表现为以下几个方面。

1. 公平原则

企业员工对薪酬多少以及薪酬发放是否有公正的认识与判断，是进行薪酬制度设计必须考虑的因素。公平不是绝对的，它与人的主观感受相关。因此，公平不仅仅是结果的公平，更要关注过程的公平。

一般而言，薪酬制度设计的公平性体现在以下 3 个方面。

1）外部公平性。它强调企业在设计薪酬时必须考虑到同行业薪酬市场的薪酬水平和竞争对手的薪酬水平，保证企业的薪酬水平在市场上具有一定的竞争力，能充分吸引和留住企业发展所需的关键性人才。

2）内部公平性。即员工之间的薪酬公平，同一组织中不同职务所获薪酬有一个匀称的比例关系，体现为不同员工之间所获薪酬与其贡献和绩效成正比。员工关注一家企业内部不同工作之间的薪酬对比问题，他会将自己的薪酬与比自己低的级别、高的级别、不同技能类别及不同职能部门相同级别的薪酬对比。内部公平性会影响到员工之间的合作、员工的工作态度及对企业的忠诚度。

3）个人公平性。员工会将自己所获得的薪酬与他自身在工作中付出的努力相比较。如果企业支付的薪酬与员工个人的努力及其工作结果相关性很小，那么那些积极工作、有着良好表现和较高工作绩效的员工就会产生不公平感，挫伤他们的积极性，甚至会导致离职率的增加。

公平理论可以较好地解释员工如何感觉薪酬制度设计公平与否的心理过程。从下面公式可以看出，当员工感觉不公平时，会以“比较对象”的工作方式为“模范”，即工作上表现为减少对工作的投入，降低个人的工作效率，采取消极抵制的工作态度；当员工感觉公平时，员工满意感强，对企业的忠诚度也会随之增强，工作行为表现为热情高效，积极乐观，富于团队合作与奉献精神。

$$K_1=\frac{\text{员工对自身收入的感受}}{\text{员工对自身工作投入的感受}} \tag{8-10}$$

$$K_2=\frac{\text{员工对比较对象收入的感受}}{\text{员工对比较对象工作投入的感受}} \tag{8-11}$$

式中：K_1——投入与收入心理平衡比，比值越大，心理越满意；

K_2——对比心理平衡比，数值为 1 时，心理感受最公平。

$K_1=K_2$，感觉公平。

$K_1>K_2$，多报酬，不公平。

$K_1<K_2$，少报酬，不公平。

2. 竞争原则

当今企业间的竞争不再是单纯的设备的竞争，而更是人才的竞争。人才的竞争已经成为了市场竞争的焦点。薪酬制度设计的目的之一就是为本企业吸引到优秀的人才，促进企业的发展。为此，企业的薪酬制度必须有足够的竞争力和吸引力，以战胜竞争对手，招聘到宝贵的人才，并长久地留住他们。

企业要想拥有真正的人才，必须制定出一套对人才具有吸引力并在行业中具有竞争优势的薪酬制度。如果企业制定的薪资水平太低，那么必然在与其他企业的人才竞争中处于劣势，甚至连本企业的优秀人才也会流失。

企业究竟要付出多大的成本才能制定出具有竞争力和吸引力的薪酬制度，要视企业财力、市场人才供需状况等因素而定。一般来说，企业的薪酬标准至少要等于或高于市场行情，才能具有一定的吸引力去吸引到优秀人才。

3. 激励原则

通过薪酬制度来激励员工的责任心和工作积极性是最常见和最常用的方法。一个科学合理的薪酬体系对员工的激励最持久，也最有效。

每个人的能力不同，对企业的贡献也不同。激励原则就是根据员工能力和贡献大小，按企业内部分类、各级职务的不同而对员工进行激励。企业的薪酬标准也要适当拉开距离，充分利用激励效果，调动其积极性。

4. 经济原则

薪酬设计的经济原则强调企业设计薪酬时必须充分考虑企业自身发展的特点和支付能力。它包括两个方面的含义：从短期来看，企业的销售收入扣除各项非人工费用和成本后，要能够支付起企业所有员工的薪酬；从长期来看，企业在支付所有员工的薪酬及补偿所用非人工费用和成本后要有盈余，这样才能支撑企业追加和扩大投资，获得可持续发展。

人工成本还与企业的成本构成以及所处的行业性质有关。在人工成本占企业总成本比例较高的劳动密集型企业中，经济原则对企业薪酬超标准的制约力量较强，以控制企业产品的成本处于一个较低水平；而在人工成本占企业总成本比例较低的一些资本密集型、技术密集型企业中，适当提高员工的薪酬水平对企业总体经营压力的影响并不大，而且这些企业的生存和发展也通常比劳动密集型企业更依赖于核心人力资源的工作积极性和创造性。

经济原则与竞争原则、激励原则三者是对立统一的。当三者同时作用于企业时，竞争原则和激励原则是受到经济原则制约的，因为管理者所考虑的不仅仅是薪酬系统的吸引力和激励性，也会考虑企业财力大小、承受能力大小等问题。

提高企业的薪酬标准，虽然可以提高竞争力，增强激励性，但同时不可避免地导致了人力成本的上升。要降低人力成本，需要合理配置劳动力资源。劳动力资源数量过剩或资源配置过高，都会导致人力成本的上升。只有企业劳动力资源的数量需求和配置保持一致，学历技能等的要求与配置大体相当时，这些资源的利用才具有经济性。

5. 战略导向原则

薪酬设计的战略导向，是指将企业薪酬体系的构建与企业发展战略有机地结合，使薪酬成为实现企业发展战略的重要杠杆。它强调企业设计薪酬时必须从企业战略角度进行分析，制定的薪酬结构要能体现企业发展战略的要求。所以，在进行薪酬制度设计的过程中，一方面要时刻关注企业的战略需求，要通过薪酬制度设计反映企业的战略规划；另一方面要把企业战略转化为对员工的期望和要求，并进一步转化为对员工的薪酬激励。

企业在薪酬设计时必须充分考虑自身的发展战略，同时薪酬设计还必须结合企业自身的发展阶段，因为不同的阶段对薪酬策略的要求是不一样的。

在创立期，企业的薪酬政策关注的是易操作性和激励性，表现为非常个人化的随机性报酬，在薪酬评价上以主观为主，总裁拥有较大的决策权；处于高速成长期的企业，在制定薪酬政策时，必须考虑到薪酬的激励作用，这个时候设计的薪酬中工资较高，奖金也相对非常高，长期报酬和福利水平也比较高；企业处于平稳发展期或者衰退期时，制定的薪酬政策又不一样了。制定薪酬策略，应从企业总体发展战略出发，根据企业文化、不同的发展战略、不同的市场地位和发展阶段，选择不同的薪酬策略，达到有力地支持企业总体发展的目的。薪酬策略与企业发展战略的关系如表 8-2 所示。

表 8-2 薪酬策略与企业发展战略的关系

发展战略	企业发展阶段	薪酬策略	薪酬水平	薪酬结构类型	
				性质	薪酬结构
以投资促进发展	合并或迅速发展阶段	以业绩为主	高于平均水平的薪酬与高、中等个人绩效奖结合	高弹性	以绩效为导向
保持利润与保护市场	正常发展至成熟阶段	薪酬管理技巧	平均水平的薪酬与中等个人、班组或企业绩效奖相结合	高弹性	以绩效为导向
				高稳定	年功工资
				折中	以能力为导向 以工作为导向 综合薪酬
收获利润并向别处投资	无发展或衰退阶段	着重成本控制	低于平均水平的薪酬与刺激成本控制的适当奖励相结合	高弹性	以绩效为导向
				折中	以能力为导向 以工作为导向 综合薪酬

6. 合法性原则

合法性原则是建立在遵守国家相关法律、法规、相关政策和企业一系列管理制度基础之上的合法性，特别是国家有关强制性规定。例如，我国在 1993 年 11 月颁布并实施的《企业最低工资规定》，是以保障工人基本权益和基本生活需要为强制性规定的。还有关于职工加班加点的工资支付问题等。总之在薪酬设计中，对国家的这些政策、法律和法规都必须遵循不能违反，这是薪酬设计最起码的要求。

对企业来说，做到薪酬的合法性是必须的，这种合法是建立在遵守国家相关政策、法律、法规和企业一系列管理制度基础之上的合法。如果企业的薪酬系统与现行的国家政策和法律、法规、企业管理制度不相符合，则企业应该迅速进行改进使其具有合法性。

7. 团队奖励原则

在协作性企业中，基于团队的奖励对组织的绩效具有十分重要的作用，使人们意识到只有团队协作，自己才能获益。尽管从激励效果来看，奖励团队比奖励个人的效果要弱，但为了促使团队成员之间相互合作，同时防止上下级之间由于工资差距过大导致出现低层人员心态不平衡的现象，所以有必要建立团队奖励计划。对优秀团队的考核标准和奖励标准，要事先定义清楚并保证团队成员都能理解。

具体的奖励分配形式归纳为三类。一类是以节约成本为基础的奖励，即将员工节约的成本乘以一定的百分比，奖励给员工所在团队；另一类是以分享利润为基础的奖励，它也可以被看成一种分红的方式；第三类是在工资总额中拿出一部分设定为奖励基金，根据团队目标的完成情况、企业文化的倡导方向设定考核和评选标准进行奖励。

8. 多元化原则

随着时代的发展以及企业间合作与交流的深入，在现代企业中，员工的来源越来越多元化了，使得员工的个人特征也具有多元化的特点，相应的员工的个人需求也日趋多元化，这就决定了企业的薪酬制度也要适应员工这种多元化的要求。为了达到这一目的，许多企业开始采用弹性薪酬制度的管理，尽量做到在对每一位员工支付薪酬待遇时，考虑其个人需求，甚至允许其在一定范围内进行自主选择。

（二）绩效薪酬体系的操作流程

绩效薪酬体系的操作流程为了解企业战略—设计绩效项目—设计绩效标准—评估绩效结果—绩效薪酬兑现—评估实施效果—了解企业战略，如此周而复始。

如同任何最终方案一样，绩效薪酬也是集大成的系统，每一步骤具体包括的内容如下。

1. 了解企业战略

1）公司的战略发展方向、经营目标是什么？
2）公司成功的关键因素是什么？
3）业务成功的最有效衡量标准是什么？
4）为使公司获得持久竞争优势，期望员工做些什么？

2. 设计绩效项目

1）绩效项目的设计原则。
2）绩效项目的分类。
3）绩效项目的权重比例。

3. 设计绩效标准

1）期望原则。
2）参考原则。
3）SMART 原则。

4. 评估绩效结果

1）主观因素与客观因素的关系。
2）个人努力与团队努力的关系。
3）财务指标与非财务指标的关系。

5. 绩效薪酬兑现

1）在基薪方面的应用。
2）在奖金方面的应用。
3）在持股计划方面的应用。

6. 评估实施效果

1）在企业效益方面的效果。
2）在团队士气方面的效果。
3）在人工成本方面的效果。

二、绩效薪酬制度的特征

各类绩效薪酬方案具有不同的特征，卓越的绩效薪酬制度又具有一系列有共性的特征。了解这些特征将有助于企业更好地整合各类绩效薪酬方案，形成适合于本企业的绩效薪酬制度。这些特征包括以下几个方面。

（一）薪酬战略与企业的发展战略保持一致

每个企业都要采用不同于其他企业的战略确立自己的竞争优势。薪酬战略必须与企业的发展战略保持一致，才能够为实现企业战略服务。为了使薪酬制度能够更好地为企业的战略目标服务，薪酬制度所鼓励的员工行为就应该围绕着企业的关键成功要素进行。例如，对于一个想领导市场潮流的企业而言，薪酬方案应该使企业能够吸引那些具有冒险精神和学习精神的人才；对于想通过降低生产成本取得竞争优势的企业而言，薪酬方案则应当对那些有利于提高经营效率或降低成本的行为进行奖励。企业可以选择适合的薪酬制度来支撑企业战略，使员工的行为与企业所倡导的行为保持一致。

（二）绩效与薪酬之间的相关性和一致性

强化理论和期望理论都说明，只有在绩效和薪酬之间建立一种明确的相关关系，才能够使薪酬制度真正发挥激励作用。实际上，实现绩效和薪酬之间的一致性是使薪酬与战略一致的最直接的手段。通过建立绩效与薪酬之间的相关性，企业可以利用绩效管理手段引导员工的行为，从而使员工的行为有利于企业战略的实现。

（三）整合各类薪酬计划，形成一个完整的薪酬方案

各类薪酬计划具有不同的特点，综合使用各种薪酬计划能够增强企业的竞争优势。绩效突出的企业通常都能够很好地利用各种薪酬计划的特点，使它们为特定的目的服务，用一种计划的优点抵消另一种计划的不足，使各种薪酬计划构成一个完整的体系。每个计划都是该体系中不可或缺的一部分。例如，有的计划侧重给予员工稳定的、基本的生活保障，有的计划则强调鼓励员工的突出贡献，有的计划侧重短期结果，有的计划则强调奖励有利于企业长期发展的行为，有的计划基于组织或团队的绩效鼓励员工的团队合作，有的计划则强调员工

个人的创新和突破。企业根据战略发展的要求和自身人员的条件整合各种绩效薪酬方案，形成一套提升企业核心竞争力的薪酬方案。

（四）制度的灵活性

之所以强调制度的灵活性，主要出于两方面的考虑：一方面，世界上没有完美的薪酬制度，任何企业都应该根据自身的特点设计适合的薪酬制度；另一方面，企业所面临的情况也在不断变化，只有具有一定的灵活性，才能够持续地根据现有的状况对薪酬制度进行恰当的调整。

三、个人绩效薪酬制

个人绩效薪酬制或称个人绩效奖励计划，是指针对员工个人的工作绩效提供奖励的一种报酬制度。它的基本特征是将员工的薪酬收入与个人绩效挂钩，重在奖励个人的工作绩效，给予员工差别化的薪酬。在这种制度下，薪酬根据员工的行为表现和业绩进行相应的变化，而由于员工自身的业绩和行为在一定程度上能受到自己控制，因此员工可以控制自己薪酬总量水平的高低，从而达到薪酬对员工业绩调控的目的。个人绩效薪酬制是最古老的一种绩效奖励计划，同时，相对于群体绩效薪酬制，个人绩效薪酬模式也更为常见。个人绩效薪酬制的形式非常多，下面介绍主要的几种。

（一）计件工资制

最原始也最常见的绩效薪酬形式就是适用于生产工人的计件工资制。计件工资制，指的是企业通过确定每件产品的计件工资率，将生产工人的收入与产量直接挂钩。计件工资制适用于那些生产的产品品质单纯、易于控制、变化少的生产工人。计件工资制以工作的实际业绩计酬，计算简便，并能够有效地激发员工的生产效率，从泰勒时代一直使用到今天。
国外常见的计件工资制形式有以下几种。

1. 直线计件工资制

$$Y=P\times PR \tag{8-12}$$

式中：Y——收入；
P——产量（在此不考虑品质系数，仅指正品的产量）；
PR——计件工资率。

2. 泰勒式的计件工资制

当产量位于标准产量以下时，

$$Y=P\times PR_1 \tag{8-13}$$

当产量位于标准产量以上时，

$$Y=P\times PR_2 \tag{8-14}$$

式中：PR_1——较低的计件工资率；
PR_2——较高的计件工资率。

3. 有保障的计件工资制

$$Y=\overline{Y}+P\times PR \tag{8-15}$$

式中：$\overline{Y}$——不论产量如何，员工均能够得到的基本工资。

4. 美瑞克计件工资制（D. V. Merrick piecework）

这种计件工资制与一般计件工资制的不同在于，强调鼓励新员工尽快提高产量水平。对于新员工产量增加的部分给予不同的计件工资率 PR_3。

（二）绩效加薪

当前，为了鼓励员工不断创造高绩效，很多企业都将加薪和员工绩效相联系，实行绩效加薪，也就是以员工绩效考核结果为基础决定其基本薪酬的增加幅度。通常是在年度绩效考核结束时，企业根据员工的绩效考核结果以及事先确定下来的绩效加薪准则，决定员工在第二年可以得到的基本薪酬。提高后的基本薪酬将一直延续到下一次绩效考核，并且下一次的提薪以员工提高后的基本薪酬为基础。可见，绩效加薪是基本薪酬的永久性、累积性增加，会不断扩大企业的薪酬基数。

在实践中，许多企业由于各种基本制度不健全，造成绩效加薪没有章法可循，结果使得作为重要激励手段的加薪不能起到应有的效果，甚至造成负面影响。薪酬调整是一项要求很高的专业技术，加薪效果的好坏不仅在于加薪本身，更取决于薪酬体系的科学性和薪酬调整程序的合理性。绩效加薪的主要形式如下。

1. 以绩效为基础的绩效加薪形式

加薪幅度只和绩效考核等级相联系（表 8-3）。

表 8-3 只以绩效水平为基础的绩效加薪（%）

绩效考核等级	绩效加薪幅度
A（绩效超常）	115～125
B（绩效优秀）	100～120
C（绩效良好）	90～110
D（尚有改进余地）	80～95
E（绩效不佳）	无

这种形式在绩效加薪形式中最为简单，其运用也非常普遍。加薪的唯一依据就是员工绩效考核等级的高低，等级越高，加薪的幅度越大。这种形式的优点在于企业容易控制和掌握加薪的成本预算，便于管理和与员工沟通。但由于加薪幅度不考虑员工基本薪酬的高低，使得在绩效等级相同的条件下，基本薪酬高的员工其绝对加薪幅度要比基本薪酬低的员工大。这种做法一方面有其合理性，因为即使绩效水平相同，基本薪酬高的员工对企业的贡献也比基本薪酬低的员工大；但另一方面，会使基本薪酬高的员工薪酬增长过快，增加企业薪酬成

本，同时导致企业内部薪酬差距过大，影响员工团结与合作。

2. *以绩效和相对薪酬水平为基础的绩效加薪形式*

这里的相对薪酬水平包括两种情况，一种是外部相对薪酬水平，指员工当前薪酬水平和市场平均薪酬水平的差距，以此为基础设计的绩效加薪（表 8-4）；另一种是内部相对薪酬水平，指员工个人薪酬在企业薪酬等级体系，也就是企业薪酬范围内的相对位置，通常用四分位的级别来表示，以此为基础设计的绩效加薪（表 8-5）。

表 8-4　以绩效和外部相对薪酬水平为基础的绩效加薪（%）

绩效考核等级 / 与市场薪酬的差距	A	B	C	D	E
超过 16%左右	6	4	3	1	0
超过 8%左右	8	6	4	2	0
基本持平	10	8	5	4	0
低于 8%左右	14	10	8	5	0
低于 16%左右	18	15	10	8	0

表 8-5　以绩效和内部相对薪酬水平为基础的绩效加薪（%）

绩效考核等级 / 薪酬水平	A	B	C	D	E
第四分位	5	3	1	0	0
第三分位	7	5	3	0	0
第二分位	9	7	6	2	0
第一分位	12	10	8	4	0

确定员工的相对薪酬水平要求把企业各薪酬等级的薪酬标准从小到大按顺序排列，将这些数据分为等量的四组，每组包括 25%的数据。而将这些数据分成四等份的数值称为四分位数，其中，第一、四分位数表示有 25%的数据小于或等于该数值；第二、四分位数表示有 50%的数据要小于或等于该数据；第三、四分位数表示有 75%的数据要小于或等于该数据。如果某员工的薪酬小于或等于第一、四分位数，即称该员工的薪酬处于第一、四分位；如果某员工的薪酬大于第一、四分位数而小于或等于第二、四分位数，即称该员工的薪酬处于第二、四分位。其他以此类推。

3. *以绩效和相对薪酬水平为基础，同时引入时间变量的绩效加薪形式*

绩效加薪的一种更为复杂的形式是在绩效等级和相对薪酬水平的基础上改变加薪的时间间隔，表现出色的员工每 6 个月就可获得加薪的机会，而表现不好的员工则可能要等 15 个月甚至 2 年才能获得加薪（表 8-6）。这种绩效加薪形式的优点在于一方面能够为绩效优异的员工提供大量的、频繁的加薪，强化了绩效与加薪之间的联系，激励员工达成更为优秀的绩效；另一方面，在企业经营状况下滑时，适当降低加薪频率的做法，要比在正常加薪频率下提供低于市场水平的加薪幅度的效果要好一些。例如，一个企业可以在 18 个月的时间内加薪 6%，而不是在 12 个月的时间里加薪 4%，前者更容易为员工所感知，激励效果更明显。

不过，这种绩效加薪形式如果操作不当，也有可能给企业带来额外的成本负担，并且其管理和沟通的难度都比较大。

表 8-6 以绩效和相对薪酬水平为基础同时引入时间变量的绩效加薪（%）

薪酬水平 \ 绩效考核等级	A	B	C	D	E
第四分位	5 12～15 个月	3 15～18 个月	1 18～21 个月	0	0
第三分位	7 10～12 个月	5 12～15 个月	3 15～18 个月	0	0
第二分位	9 8～10 个月	7 10～12 个月	6 12～15 个月	2 15～18 个月	0
第一分位	12 6～8 个月	10 8～10 个月	8 10～12 个月	4 12～15 个月	0

（三）一次性奖金

一次性奖金也是一种非常普遍的绩效加薪计划。从广义上讲，它属于绩效加薪的范畴，但不是在基本薪酬基础上的累积性增加，而是一种一次性支付的绩效加薪。

对企业而言，一次性奖金的优势是很明显的：它可以有效解决企业固定薪酬成本增加的问题，也保障了既有薪酬等级和薪酬水平的稳定性，同时还保护了那些薪酬水平已处于薪酬范围顶端的高薪酬员工的工作积极性。对员工而言，一次性奖金相对于绩效加薪的优势要少很多，虽然员工一次可以拿到很多奖金，而不是像绩效加薪那样，要在 12 个月甚至更长时间里慢慢获得基本薪酬的增加，但是从长期来看，员工实际得到的奖金肯定要比绩效加薪情况下少得多。那些即将面临退休的员工对这个问题尤为关注，因为在传统的薪酬体系中，退休金只和员工的基本薪酬挂钩而与一次性奖金没有任何关系。为了解决这个问题，有的企业将一次性奖金算入到员工的退休金确定基础当中，有的企业则将一次性奖金与福利联系起来。例如，把为员工购买人寿保险作为对员工绩效的一次性奖励。

奖金计发可以采取多种形式，常见的有如下几种。

1）业绩分值法，即根据奖励对象的业绩考评分值，按每分平均得奖标准计发奖金额度，用公式表示为

个人奖金额=（奖金总额 / 业绩考评总得分）×个人业绩考评得分　（8-16）

2）职位系数法，即根据不同工作职位贡献大小确定职位权重系数，计算出每人的职位系数平均所得奖金额，最后以每人所在职位的实际工作任务完成程度折合个人职位计奖系数来计发奖金，用公式表示为

个人奖金额=[奖金总额 / Σ（各职位人数 × 各职位权重系数）]×个人职位计奖系数　（8-17）

3）时间节约法，即根据员工完成工作任务所节约的时间来计发奖金，超时则扣减奖金。用公式表示为

个人奖金额=（标准工作时间－实际工作时间）× 单位时间奖金额　（8-18）

4）定额完成法，即根据员工完成定额（或计划）的不同情况计发奖金，未完成定额则扣减奖金。用公式表示为

个人奖金额=（实际工作量－定额工作量）× 超定额奖金率　　(8-19)

5）效率提升法，即工作效率（如单位时间工作完成量）高低计发奖金额，低效率则扣减奖金。用公式表示为

个人奖金额=（标准工作效率－实际工作效率）× 效率奖金　　(8-20)

经典案例

迪士尼公司灵活的奖励机制

位于佛罗里达州奥兰多市的迪士尼公司成立于1955年，创建以来，公司一直致力于娱乐业的发展，成为集卡通设计、电视网络、电影、主体公园、文化用品、服装服饰为一体的大型娱乐企业集团。其业务扩展到世界各地，先后在欧洲、日本及我国香港建立迪士尼公园并取得了良好的效果。随着公司业务的扩大及企业知名度的提高，公司员工数量的不断增多，人力资源管理工作也日益重要。公司的成功受很多因素的影响，但如何激励员工是所有企业都想知道的，而迪士尼公司是如何做到的呢?

人力资源部负责人里雷说："我们并不刻意去激励员工，而是创造支持性的工作环境，让员工自然感受激励的存在。"迪士尼公司的具体做法是，创建一系列识别程序，主动去发现员工的先进事迹并及时给予奖励，如为员工创建一张"为你喝彩卡"。具体有如下举措:

1）公司除去了对出勤的奖励，公司不希望顾客看到生病的员工，影响公司形象。

2）人力资源部会传达公司的奖励制度与标准；每个部门可以根据自己的实际，在公司基准上制定自己的奖励制度，正是这一分权奖励系统，使公司内部保持了一种共同参与的氛围。

3）取消部门考核，考核不是考核部门，而是考核部门的领导责任。

4）公司部门可以根据自己部门的情况制定考核基准，只要对有效运转、降低成本、留住顾客有利。

5）以何种方式奖励，经理会征求新员工同意。

正是这种灵活的奖励制度，让迪士尼公司的员工保持高士气，公司才得以不断发展。

（资料来源：王跃军．"神秘王国"迪士尼的人力资源管理[J]. 民营科技，2008（2））

（四）年薪制

年薪制，表面是在付薪周期的时间尺度上，相对于"月薪制""周薪制""日薪制"来说的；其实，它是相对于一线蓝领员工、一般白领员工（行政管理人员或专业技术人员），专门针对企业中高层管理人员，即那些身居关键岗位、责任利益权重较大并须与整体业绩挂钩的经营管理人员，而专门实施的一种绩效薪酬制度。

由于管理人员与整个企业经营绩效密切相关，其绩效薪酬的支付一般以年度为时间单位，采取在底薪基础上加年度红利（风险收益）的形式，这就是通常所说的"年薪制"。其中，底薪可以根据企业规模、员工平均工资和物价水平等因素，并考虑其所享受的各种福利待遇的高低，综合平衡后加以确定，按月发放；风险收益通常到年终根据企业经营效益状况而定，可正可负、可多可少，可以现金红利形式支付，也可以采取期股期权激励计划方式。

究竟哪些经营管理人员适合实行年薪制而具有获得年度红利的资格条件，通常有两种参照系：一是根据管理者职位对企业经营绩效影响的权重程度来确定，被认定属于“关键职位”者可以享受年度红利；二是按照底薪水平高低来确定，凡超过某个设定阈值（如年薪为5万元）的，就可以参加年度红利计划。一般来说，凡中高层经理人员，其努力程度和经营管理能力与企业总体经营状况有直接关联效应，工作业绩好坏只能以年度或更长时间衡量者，都纳入年薪制实施范围。

关于年度分红基金额度大小，可以按公司净收益的一个固定比例抽取，也可以规定必须首先预留一定数额的利润后，或只有企业经营绩效达到一定要求后，才可以按照相应的比例提取。至于个人年度红利分配额的确定，其通行做法是：首先，制定所有具备资格的管理职位年度红利的基础标准；然后，再根据每个管理人员的个人工作绩效考核结果，按照一定比率和范围加以上下调整；最后，分别计算出每个管理人员个人实际获得的年度红利额。这里的关键问题是绩效考核系统的可靠性和合理性，这里涉及设置哪些绩效考核指标，各项考评指标目标及标准如何确定和计算，以及公司绩效、团队绩效及个人绩效考核得分权重大小怎么把握等一系列操作技术问题。为了保证经营管理者承担经营风险责任，通常要求年薪制实施对象缴纳一定数额的风险抵押金或年薪预留金。一般来说，中高低不同层级管理者年度红利额及在年薪中的比例要拉开档次，呈阶梯状分布。例如，高层管理者获得的红利可能相当于年薪的50%以上；中层管理者为20%；基层管理者可能只有10%或更少。

年薪制在西方企业组织中较为普遍。西方企业内部治理结构较为完善，经营管理者年薪制一般由公司董事会设立专门薪酬委员会负责制定相关规定，并责成人力资源职能部门操作实施。1992 年后，中国企业改革进入攻坚阶段，在政府有关部门的推动下，各地纷纷出台有关国有企业“经营者年薪制”的试行办法，但由于存在特殊制度性障碍，各方面利益矛盾难以协调、争议很大，年薪制曾一度受阻，后才逐渐放开、缓慢推进。近年来，年薪制作为一种经理薪酬基本制度，已在中国各类企业中普遍推行开来。此外，许多大学对教授也实行年薪制，或者按年发给教授津贴。但由于个人所得税按月计缴，以及产权制度和领导人事体制等方面的原因，目前在中国推行年薪制尚有障碍。

四、群体绩效薪酬制

群体绩效薪酬制也称群体奖励计划或团队绩效奖励制度，它是将员工的薪酬与所在群体（或企业、部门）的绩效相联系并以群体（或企业、部门）为主要激励对象的一种绩效激励制度。以群体绩效而不是个人绩效作为考核对象，是群体绩效薪酬制度的一个重要特点。它通常可以划分为班组或小团队奖励计划、收益分享计划和利润分享计划三种形式。

（一）班组或小团队奖励计划

班组或小团队奖励计划是团队奖励计划中最简单也是最容易接近个人奖励计划的一种。它与个人奖励计划的不同在于，每个成员只有在班组或小团队的目标完成后才能获得个人的奖励，如果仅是个人的目标实现而团体的目标没有实现也不能获得奖金。班组或小团队奖励计划其实是计件工资制和标准工时制的变化形式，用来衡量团队业绩的指标既可以是产量系数，也可以是效率系数。其具体有以下 3 种分配方式。

1）组员平均分配，这样可以在一定程度上有利于加强个人之间的合作，但另一方面也可能因为缺乏奖励层次而形成吃平均主义“大锅饭”的不良局面。

2）组员根据其对班组绩效的贡献大小得到不同的奖金，相对来说，奖金与个人的贡献挂钩更具有激励性，但是对个人的贡献评价提出了很高的要求，否则会产生个人之间在利益分配上的矛盾。

3）根据每个组员的基本工资占班组所有成员基本工资总数的比例确定奖金。这种方式基于一种基本的付酬理念，即拿高工资的人比拿低工资的人对组织的贡献大，而且这种方式比较容易衡量和实施。

（二）收益分享计划

收益分享计划是通过提供给员工参加企业收益分享的权利来进行团队员工激励的一类分配方式的总称。一般而言，收益分享计划是在企业和员工之间分配由于成本节省或者员工参与提出具有建设性意见而带来的收益。这类分享计划通常有几种不同的方案，常见的有斯坎伦计划、拉克计划和提高分享计划。

1. 斯坎伦计划

斯坎伦计划是由美国联合钢铁公司的工会主席约瑟夫·斯坎伦（Joseph Scanlon）于1937 年首次提出的，主要强调员工的参与，对员工支付生产效率提高的奖励，其计算的主要依据是企业的实际销售率或生产额。基本思路是：在每个行业中，企业的销售额或生产额都包括一个平均劳动力成本，用这个平均劳动力成本比率乘以该企业的销售额或生产额，得到应该支付的工资总额，然后再用这个工资总额减去实际的工资总额，得到奖金总额。该计划最核心的特点在于强调员工的参与及合作，通过收益的分享与分配机制来推广员工之间相互合作的管理哲学，同时推崇通过积极参与使个人目标与组织目标达成一致，激励员工通过实现个人目标而实现团体目标，最终与员工分享由于他们的成本节省建议而带来的收益。

斯坎伦计划强调员工的参与，而参与制度包括两个层次的正式建议机构：部门委员会和行政委员会。前者负责鼓励和帮助员工提出建议，并对建议进行收集和初步分析鉴定，然后将把经过初步筛选的建议提交后者，并由后者决定是否采纳，一旦建议被采纳且成功地发挥了节省成本的效用，全体员工都将获得收益分成。这一计划的公式为

斯坎伦比率＝劳动力成本 / 产品销售价值　　(8-21)

式中：产品销售价值——销售收入和存货价值之和。

斯坎伦比率较小时，说明劳动力成本比产品销售价值低。这个比率越小，说明劳动力成本得到了越多的节省，节省下的收益就作为奖金分配给大家。

2. 拉克计划

拉克计划是由艾伦·W. 拉克（Allan W.Rucker）在 1933 年提出的，其基本原理类似于斯坎伦计划，两者都强调鼓励员工的合作与参与。拉克计划使用一个增加值公式来计算生产力：

拉克比率=增加值 / 计划参与人的雇用总成本（如薪金、工资、工资税和边缘薪酬）　　(8-22)

式中：增加值——产品销售价值和产品原材料的购买价值之间的差额，即

增加值＝净销售额 －原材料成本、购买供给和服务的成本 （8-23）

增加值与计划参与人的人工成本之比就是拉克比率，实质上是以拉克比率作为衡量生产力水平的奖金支付基准，分配方式与斯坎伦计划大致相同。两者的区别在于，拉克计划更关注多方面的成本节省，斯坎伦计划只关注人工成本的节省；拉克比率越大，说明公司的绩效越好；相反，斯坎伦比率越小，说明人工成本得到了节约，对公司越有利。此外，两者都需要通过一些专门的委员会实施，而这些委员会在组织这些奖金计划实施的同时也负责培养和营造这些计划背后所倡导的合作和参与氛围。

3. 提高分享计划

提高分享计划是由米歇尔·费恩（Mitchell Fein）于 1973 年提出的。该计划是根据劳动时间来衡量生产力水平，而不是像以上介绍的两种计划那样以节约成本作为分配的收益。这一计划的目的是要激励员工以尽可能少的时间生产出尽可能多的产品，更适用于激励生产性质的工作团队。该计划的支付周期要短，一般按周支付。

该计划的奖金是通过劳动时间比率公式来进行计算的。它首先要求通过对历史资料的分析或相关研究来确定生产力标准，这种标准一般是生产单位确定标准小时数，实际劳动时间与这个标准工时数的比率就是所谓的“劳动时间比率”。通过这个比率来作为奖金支付的基准，任何由于少于预定标准时间完成工作所带来的收益都将在员工中分享。但是需要注意的是，提高分享计划有“回购规定”。它规定了该计划下奖金发放的最高限额，一旦生产力提高所产生的奖金量超出了这个限额，超出的部分由公司储存起来，如果积累多了，说明生产力水平获得了普遍的提高，公司此时可以考虑调整原来的绩效标准。

斯坎伦计划、拉克计划和提高分享计划三者的区别和主要特点见表 8-7。

表 8-7 斯坎伦计划、拉克计划和提高分享计划三者的区别和主要特点

特征	斯坎伦计划	拉克计划	提高分享计划
目标	提高生产力	提高生产力	提高生产力
节约关注	劳动力成本	劳动力成本、原材料成本和服务成本	实际生产时间
计划内涵	提倡合作和参与	提倡合作和参与	提倡高效率、迅速
员工参与方式	部门和审查委员会	部门和审查委员会	无
奖金支付周期	按月	按月	按周

（三）利润分享计划

利润分享计划是针对企业全体员工激励目标而实施的一种群体绩效薪酬计划。其基本做法是：按照事先规定的分享办法和比例，将公司一定时期超过既定目标的部分利润支付给员工，以增强员工组织归属感、责任心、参与积极性及团队合作精神，更多地以主人翁姿态去考虑问题并积极改善工作行为和绩效状态。

利润分享计划最流行的形式是“现期利润分享计划”，即利润分享额采用现金的形式按期发放。例如，日本很多企业的雇员每隔半年即可得到一定数额的反映企业绩效的红利，总额通常相当于雇员 5～6 个月的基本薪资。当员工取得这部分收入时，通常需要缴纳个人收

入所得税。另一种利润分享形式叫做“延期利润分享计划”，即在某种委托监管机制下，企业按预定比例把一部分利润，逐期存入信托公司的员工个人账户，员工在退休、终止合同或死亡时才领取，并享受税收优惠，如果提前支取则要受到严厉的税收处罚。

在正常情况下，大多数员工都应参与利润分享计划，但所分享数额可能因基薪多少、贡献大小而有所不同，也可能因供职年限不同而有所差别，如2年可以分享20%，3年可以分享30%，5年可分享50%，7年后可分享100%，等等。从时序上来看，有些企业按固定比例支付分享利润额，如果达到某种业绩目标，员工就可以按照既定比例（如8%）分享利润额；有些企业实行分等级递进比率计算利润分享额度，如利润达到1000万元，则留存3%作为分享基金，超过部分则按6%留存分享基金；也有些企业既设置利润分享最低门槛，又设置利润分享最高限额，只有在适当的利润区间内员工才可按既定比例分享。

实施利润分享计划，可使员工所得报酬与企业经济效益相挂钩，员工与组织形成一种“同甘共苦”的命运共同体。也就是说，当经营成功时，员工可以分享利润；当经营困难时，劳工成本也会自动降低。但是，在实际运作过程中，利润分享计划与企业经营业绩之间的联系往往不很清楚，除了中高层管理者而外，一般员工往往难以将自己的工作行为与企业经营业绩挂钩，加上很多企业采取延期支付方式，使利润分享计划衍生成一种退休福利计划，结果实际正面激励效应大打折扣。

阅读资料

沃尔玛的利润分享计划

沃尔玛公司作为从事连锁经营的商业公司，公司经营者认为，如果公司与员工共享利润，不论是以工资、奖金还是以红利、股票折让等方式，流进公司的利润就会不断增长。关键要建立管理者与员工的良好关系，让员工更好地为顾客服务。1972年沃尔玛公司开始实施利润分享计划，这一举措在很大程度上促进了沃尔玛公司的前进。这一计划保证每一个在公司工作了一年以上以及每年至少工作1000小时的员工都有资格分享公司的利润。通过运用一个与利润增长有关的公式，把每个有资格的员工工资的一个百分比归入他的计划份额，员工离开公司时可以现金方式或以沃尔玛公司股票的方式取走属于自己的份额。1991年沃尔玛公司的这一额度为1125亿美元。这些计划份额的管理者通过利用这些资金进行投资，使得员工个人账户存款数额大增。到1992年利润分享数额已经达到约18亿美元，这些都是公司“合伙人”的权益。

现在，沃尔玛公司80%以上的员工或借助利润分享计划，或通过雇员认股计划直接拥有公司的股票。沃尔玛公司为使每个员工都像合伙人那样参与公司业务，还推行了许多奖励计划，并在管理中不折不扣地实现，这是因为管理者懂得员工的重要性，与其实现真正的伙伴关系。

（资料来源：俞辉. 基于新CAS9的利润分享计划实例解析[J]. 财会通讯，2015（13））

五、长期绩效薪酬制

长期绩效薪酬制又称长期激励计划，主要指根据超过一年（通常是3～5年）的绩效周期来评定员工业绩并据此对员工进行激励的薪酬制度。

长期绩效薪酬制把员工的收益与组织的长期绩效联系在一起，激励员工为组织长期绩效考虑，避免员工的短期行为。长期绩效薪酬制的最初目的是激励和引导企业高层管理人员的行为。随着这项计划的发展，越来越多的企业开始将这项计划运用到中层管理人员甚至是普通员工的激励当中。

长期绩效薪酬制的主要形式是股票所有权计划，主要包括股票持有计划、股票期权计划和期股计划。其中，股票持有计划包括经营者持股计划和员工持股计划；股票期权计划和期股计划主要是针对高层管理人员。

（一）股票持有计划

1. 经营者持股计划

经营者持股计划，即管理层持有一定数量的本公司股票并进行一定期限的锁定。这是一种实股或现股激励。激励对象得到公司股票的途径可以是：由公司补贴、被激励者购买；公司无偿赠与；公司强行要求受益人自行出资购买；在股本结构中设立职位股，经营者只享受红利分配，不具有所有权，等等。其中以第一种形式最为常见。激励对象在拥有公司股票后，成为自身经营企业的股东，与企业共担风险，共享收益。参与持股计划的被激励者得到的是实实在在的股票，拥有相应的表决权和分配权，并承担公司亏损和股票降价的风险，从而建立起企业、所有者与经营者三位合一的利益共同体。

实股激励中的股票来源有股票赠与和股票购买等方式，西方企业还设有“蓄水池股票”。我国一些企业在实际操作中，将年薪制与经营者持股结合起来，如将经营者年薪收入中的风险薪酬的一部分或延期支付部分转化为股权。

2. 员工持股计划

传统的股票所有权计划主要是针对企业中高层管理人员的，目前有向普通员工扩展的趋势。以员工持股的形式，吸引企业大多数普通员工参与股票所有权计划，对促使员工关注企业的长期绩效和经营结果，同样可能是有效的。

员工持股计划是指公司内部员工个人出资，享受优惠价认购本公司的部分股份，并委托公司员工持股会在一段时间内集中管理股份的一种产权组织形式。

员工持股计划首先在美国获得了较广泛的发展，后来其他国家也纷纷仿效。美国从 1956 年起在个别企业试行这一计划（最早被称为雇员持股计划），1974 年这一计划在联邦和州法律上得到承认。到 1998 年，全美实行员工持股计划的公司有 1.1 万多家，大约有 1100 万雇员正在成为资本工人，他们已拥有超过 500 亿美元的资产。在 20 世纪 90 年代，新兴的高科技公司普遍引入了员工持股计划。美国实行雇员持股计划的企业多为中型（多为制造型或销售型，雇员人数在 100～1000 人）或小型（多为服务型，雇员人数不超过 100 人）企业，原则上中小型企业应全部或基本上由雇员拥有。

一般在实行时，公司要制订一个雇员持股计划，并向员工公布和宣传这个计划。然后，公司在支付员工工资时，从雇员的工资支票上减去一小部分用于让雇员购买公司股份。大多数情况下，公司会打折向员工出售股份。雇员持股计划往往要实行一个很长的周期，5～20 年不等，员工分期购买，并没有大幅削减员工的总收入，但经过 3～5 年，在每个员工个人股票账户中都有数量不少的股份。随着员工持股数量的增加，一方面员工的收入逐年增加，另一方面也在一定程度上缓解了劳资之间的矛盾。

有关研究表明，员工持股计划增加了提供物质刺激的机会，加强了雇员的合作精神和对企业的义务感。员工持股计划的实施使公司变得更加赢利和具有竞争性，上交税收也更多。

我国的员工持股是随着企业股份制改造而出现的。党的十五大以后，全国掀起了新一轮的股份制改造热潮。但是，由于《公司法》中对组建有限责任公司、发起设立股份有限公司有股东人数限制，而大多数国有企业，希望改制过程中让全体员工都持股，由此职工持股会"应运而生"。一般是企业改制前，先组建职工持股会，职工持股会到民政部门进行社团法人资格登记，由职工持股会作为法人股东之一成立有限责任公司或股份有限公司（发起设立方式）。到目前为止，员工持股主要存在于五类公司：定向募集公司、股份合作制公司、有限责任公司、发起设立的股份有限公司、部分上市公司。在各类公司中，定向募集公司和股份合作制公司占的比例最高。

员工持股计划的实施，可以加大国有企业的改革力度，推动公司治理结构的完善，提高公司的市场竞争力，弱化员工失业所造成的社会压力。但目前员工持股计划在我国的探索试点为期不长，远未达到成熟的地步。根据我国劳动保障部门的指导意见，实行股份制改造或产权管理清晰的竞争性企业，可以进行职工持股试点。在试点中要坚持职工持股自愿原则，职工持股资格、认购股份数额和股份认购方案，要通过职工集体讨论或其他方式民主决定，并经股东大会或产权单位同意后执行。经营管理人员、业务和技术骨干的持股数额可适当高于一般员工，但企业股份不能过分集中在少数人手里。经营者持股数额一般以本企业职工平均持股数的5～15倍为宜。要严格资产评估，防止国有资产流失。

为推动员工持股计划的顺利实施，还应继续完善相关的法律法规，制定相应的财政税收金融支持政策。

经典案例

华为公司的员工持股计划

迄今为止，员工持股制度已在华为推行达13年，伴随着华为成为国际性的公司，而成为全世界关注的话题。根据2014年4月英国《金融时报》探访华为总部后发布的最新数据，华为员工持股比例已达99%，覆盖人数近8万人。

1990年，处在创业期的华为第一次提出内部融资、员工持股的概念。主要的策略是按照工作的级别、绩效、可持续贡献等给予内部员工股票，员工以工资、年底奖金出资购买股份，资金不够的，公司协助贷款，员工享受分红权，但不享受公司法中股东所享有的其他权利；员工所持股份在退出公司时价格是按照购股之初的原始价格回购，员工也不享有股东对股票的溢价权。

2001年后，华为公司实行了相应的员工持股改革：新员工不再派发长期不变1元1股的股票，而老员工的股票也逐渐转化为期股，即所谓的"虚拟受限股"（下称"虚拟股"）。虚拟股由华为工会负责发放，每年华为会根据员工的工作水平和对公司的贡献，决定其获得的股份数。员工按照公司当年净资产价格购买虚拟股。拥有虚拟股的员工，主要的收益变化是除了可以获得一定比例的分红，还可以获得虚拟股对应的公司净资产增值部分。

2008 年，华为再次调整了虚拟股制度，实行饱和配股制，即规定员工的配股上限，每个级别达到上限后，就不再参与新的配股。这一规定也让手中持股数量巨大的华为老员工们配股受到了限制，给新员工的持股留下了空间。经过调整后的虚拟股制度一直沿用至今。

华为对基数庞大的持股计划，除了有限地公布一些程序上的内容，对持股计划中所涉及的资金流动、相关分配的算法则一直保持缄默。这一切的答案都在《华为基本法》里，尽管该文件年代久远，但包括任正非在内的华为各高层关于员工持股的言辞以及员工持股计划相关策略调整，都未曾背离过《华为基本法》，只是针对《华为基本法》其中的论述进行更为细节的功能性运用和衍生。

1998 年正式出台的《华为基本法》之于华为是一份纲领性和制度性的文件，是华为价值观的总结，代表着任正非本人的管理思想。多年来，内容部分曾做过修订，但关于涉及员工持股的价值分配章节的内容，一字未动过。

在《华为基本法》第一章第四部分第十七条中，可以找到华为关于员工持股的纲领性的陈述：我们实行员工持股制度。一方面，认同华为的模范员工，结成公司与员工的利益与命运共同体。另一方面，将不断地使最有责任心与才能的人进入公司的中坚层。

这个表述契合了合伙人制度中的几个关键概念：一是模范员工，二是利益与命运共同体，三是中坚层。按照这个理解，华为就像是个大的合伙人组织，所以员工持股计划，以及基于此展开的外界无法想象的自动降薪等一系列行为，就很符合华为的行事逻辑。这些行为并非只是任正非号召力和强权式推进的结果，而是根据《华为基本法》，这些都理所当然，大家是共同体，共享利益共进退。任正非的话也是对此的佐证，他说，华为的文化是“利益分享，以奋斗者为中心的文化”。《华为基本法》中的条例是任正非自己立下的，只要《华为基本法》不改，员工持股就会一直进行下去。

任正非本人多次指出，华为能够从一个 2 万元起步、没有任何创新能力的小企业成长为一家 15 万名员工、全世界拥有 150 多个办事处、年销售收入达 395 亿美元（根据 2014 年 3 月 31 日公布的 2013 年财报数据）的大公司，员工持股计划发挥了巨大作用。

华为曾经有四次“紧要关头”：创业期、网络经济泡沫时期、非典时期、全球性金融危机时期。员工持股计划成为华为渡过难关的秘密所在。

作为贡献者的员工得到了什么？最近的数据是在华为允许《金融时报》探访其总部时给出的，员工持股计划 2014 年对华为公司股票的定价为每股 5.42 元人民币，员工购买数万股需要几十万元。2010 年每股分红 2.98 元，2011 年为 1.46 元。2013 年每股分得的红利为 1.41 元人民币，相当于以当前价格买入将获得 26%的收益率。

抛开收益、技术、人才等硬指标的考量，员工持股计划也是维持任式领导风格的重要因素，为华为内部去阐释和强调奋斗精神提供了逻辑上可以自我说服的基础。

员工持股计划把所有的人都聚集到了一个平台上，在理解华为的成功上，必须要认识到员工持股计划的根基作用，有了这个根基，《华为基本法》的存在才能发挥出应有的效应，华为的管理方式只能是以此为基础架构的超越，而不是改变或者颠覆。

（资料来源：王旭芳，王海燕. 股权激励或内部集资的分析研究——基于华为公司员工持股计划的案例分析[J]. 国际商务财会，2012（8））

（二）股票期权计划

股票期权就是给予经营者在未来一段时间内按预定的价格（行权价）购买一定数量本公司股票的权利。

股票期权并不是股票，是一种权利而非义务。股票期权的受益人在规定时间内，决定购买股票，则公司必须卖给他们，若他们决定不购买股票，则公司或其他人不能强迫他们购买。股票期权只有在行权价低于本公司股票的市场价时才有价值。股票期权是公司无偿赠予经营者的。经营者获得股票期权是免费的，但实施股票期权时，必须按行权价购买股票。

股票期权的赠予与计划必须是一个成文的计划，包括股票期权的受益人、股票期权行权所需股票来源渠道、股票期权的赠予与时机和数目、股票期权行权价的确定、股票期权的授予和行权、权利变更及丧失、股票期权的执行方法、对股票期权计划的管理等。该计划的制定与实施必须经过股东大会的批准，其中参与计划的人不能享受股票期权。股票期权计划实行若干年后（一般为 10 年）自动结束，如果要继续施行，需要再次得到股东大会批准。

期权方案应规定获受人范围，一般仅限于公司决策层成员和技术开发人员。具体人员由董事会选择，董事会有权在有效期内任一时间以适宜的方式向其选择的雇员授予期权，期权的授予数目和行权价格均由董事会决定。

股票期权行权所需股票的来源渠道有两个：一是公司发行新股票；二是通过库存股票账户回购股票。库存股票是指一个公司将自己发行的股票从市场购回的部分，这些股票不再由股东持有，其性质为已发行但不流通在外。公司将回购的股票放入库存股票账户。当期权持有人在行使期权时，公司利用发行新股或出售库存股票，根据股票期权或其他长期激励机制的需要留存股票，在未来某时再次出售。

经理人一般在受聘、升职和每年一次的业绩评定的情况下获赠股票期权，一般受聘与升职时获赠股票期权数量较多，股票期权的赠予幅度通常没有下限，但有些公司规定有上限。

股票期权行权价的确定一般有三种方法：一是现值有利法，即行使价低于当前股价；二是等现值法，即行使价等于当前市价；三是现值不利法，即行使价高于当前股价。由于我国股票期权还处于探索阶段，加上公司经营的体制环境不太宽松，经理人无法完全行使应有的控制权，因此适宜实行现值有利法。

通常情况下，股票期权不可在赠予后立即执行，公司将股票期权赠予受益人时，并没有授予他们行权的权利。受益人只有在股票期权的授予期结束后，才能获取行权权。股票期权的行权权一般是按照授予时间表分批进行，行权权的授予时间表可以是匀速的，也可以是加速度的，公司授予时间因获受人身份不同而异。公司的董事会有权缩短经理人持有的股票期权的授予时间，在某些特殊情况下，甚至可以在当日将所有不可行权的股票期权变为可以行权的股票期权。

（三）期股计划

期股是指公司所有者预留一定数量的股票锁定在经理人员的个人账户中，公司经理人员在达到预期业绩或预约时间后予以兑现。只要经营业绩达标，不用花钱或花很少的钱即可获得约定的股份。但在兑现前，期股只有分红、转让、继承等部分权利，股票收益将在中长期兑现。期股制的核心是股票，它具有强制性，一旦经理人员选择了期股必须承担购买股票的义务，如果公司经营不好造成股票价格下跌，经理人员就会遭受很大损失。

期股计划的显著作用就是使经理人员分享一定的剩余索取权，并承担风险，故对其激励具有长期性和行为的约束性，有利于企业资产的增值和发展。

期股制度主要由 5 个要素构成：①实施激励主体，即期股制度的决策者，一般应是企业资产所有者或其授权机构；②期股收益人，即期股的购买及拥有者，一般是具有经营决策权的高层经理人员；③期股的有效期，即选择权的有效时间，超过此期限则失去此项权利；④期股协议购买价格，即施权价；⑤期股的购买数量，此数量因企业而异，既要考虑发挥其激励与约束作用，又不能损害所有者权益。

股票期权与期股对经理人员的激励效果是不一样的。在期权激励方式中，经理人只承担很小的风险，因此期权数量设计中不受其风险承担能力的限制。通过增加期权的数量，可以产生很大的杠杆激励作用。这种激励方式一方面将鼓励经理人员创新与冒险，另一方面也有可能使经理人员过度冒险。而期股激励的基本特征是“收益共享，风险共担”，即经理人员在获得股权增值收益的同时，也承担了股权贬值的风险。因此这种激励方式将引导经理人员努力工作，并以较为稳健的方式鼓励公司，避免过度的冒险。由于受经理人承担风险能力和实际投资能力的限制，这种股权形式下股权的数量不可能很大，相应的可能会影响激励的效果。因此，一般来讲，期权激励的效果要大于期股激励的效果。

第三节　薪酬预算与控制

一、薪酬预算

（一）薪酬预算的含义及目标

1. 薪酬预算的含义

薪酬预算是指企业在薪酬管理过程中对薪酬成本支付方面所进行的计划与权衡。早期的预算，一般被认为是一种限制支出的工具，它首先是在政府机构或其他机关团体采用，而后来逐渐被应用到企业中。在国外，预算这种方法很早就在企业里得到广泛的应用；而在中国，以前的预算总是与计划相联系，在市场经济体制下才逐步开始从计划中脱离出来成为社会经济活动中重要的成本控制工具。任何一种经济活动，要使最少的投入得到最优的产出，那么通过预算来进行成本控制就是一个非常关键的环节。

薪酬预算要求企业把薪酬外部竞争力及企业薪酬决策中的各种问题，如薪酬结构、薪酬水平尤其是薪酬成本等放在一起综合考虑。同样，在决定更新企业的薪酬结构，为员工加薪或者是实施收益分享计划时，薪酬预算也是企业确保薪酬成本不超出企业承受能力的一个重要防范措施。同时，企业财力资源是有限的，企业如果在薪酬管理方面支付的成本上升，那么在其他管理举措上的投入就必然会相应地减少，而一旦这种偏差过大，就会有影响企业战略目标实现的危险。因此，如果企业没有对薪酬进行科学有效的预算，那么就有可能会影响企业经营的稳定性和效率。为了避免这种情况，企业应该建立科学的薪酬预算体系，追求薪酬操作上的规范化，进而实现企业经营的高效率，增强其在劳动力市场上的竞争力。

2. 薪酬预算的目标

从某种意义上讲，薪酬实际上是企业和员工之间达成的一项隐性契约，它体现了雇佣双方就彼此的付出和给予达成的一致性意见。正是凭借这一契约，员工和企业之间的交换才得以实现。因此，在进行薪酬预算的时候，企业一般会希望凭借这一举措实现以下两方面的目标。

（1）合理控制员工流动率，同时降低企业的劳动力成本

和所有的交换一样，发生在企业和员工之间就劳动力和薪酬所进行的交换也要遵循经济学中最基本的规律：双方都想在提供最小投入的情况下从对方身上获得最大的产出。具体到企业方面，当从员工方面得到的收益逐渐增多的时候，企业在购买劳动力时需要支付的成本也在逐渐上升。因此，在企业劳动力成本的变动过程中，一定会出现能够满足企业的边际劳动力成本等于它所获得的边际劳动力收益，即达到所谓的均衡状态的一点。而薪酬预算最为重要的目标就在于找到这一均衡点，以实现劳动力成本和企业收益之间的平衡，保证企业所有者的收益最大化目标能够得以实现。

（2）有效影响员工的行为

具体来说，薪酬预算能够施加影响的员工行为主要包括两个方面，即员工的流动率和他们的绩效表现。

1）员工的流动率受到雇用关系中诸多因素的影响，而薪酬水平是其中非常重要的一个影响因素。企业期望与大多数员工建立起长期而稳定的雇用关系，以充分利用组织的人力资源储备，并节约在招募、筛选、培训和解雇方面所支出的费用；而员工通常会要求得到至少等于、最好超过其自身贡献的回报，否则就有可能会终止与企业的雇佣关系。鉴于此，企业在进行薪酬预算的时候，必须考虑如何才能有效地控制劳动力成本，同时还能保持一个较合理的员工流动率。

2）员工的绩效表现对于企业而言也至关重要。为促使员工产生优良的绩效，一种最简单的方法就是直接把绩效要求与特定岗位结合在一起，员工在与企业建立起雇用关系的同时就已经明确了其需要达到的绩效标准。从薪酬预算的角度来说，如果企业在绩效薪酬或者浮动薪酬方面增加预算，而在基本薪酬的增长方面则注意控制预算的增长幅度，然后再根据员工的绩效表现提供奖励，那么，员工们必将会重视自身职责的履行以及有效业绩的达成，而不是追求岗位的晋升或只是加薪方面的盲目攀比。

（二）薪酬预算的方法

一般来说，薪酬预算的方法有两种，一种是自下而上法；一种是自上而下法。名称虽然很普通，却形象地反映了两种方法各自的特点。

1. 自下而上的薪酬预算法

自下而上法，顾名思义，“下”指员工，“上”指各级部门，以至企业整体。自下而上法是指从企业的每位员工在未来一年薪酬的预算估计数字，计算出整个部门所需要的薪酬支出，然后汇集所有部门的预算数字，编制企业整体的薪酬预算。

通常，自下而上的方法比较实际，且可行性较高。部门主管只需按企业既定的加薪准则，如按绩效加薪，按年资或消费品物价指数的变化情况等调整薪酬，分别计算出每个员工的增薪幅度及应得的薪酬额。然后计算出每一部门在薪酬方面的预算支出，再呈交给高层的管理人员审核和批准，一经通过，便可以着手编制预算报告。

2. 自上而下的薪酬预算法

与自下而上法相对照，自上而下法是指先由企业的高层主管决定企业整体的薪酬预算额和增薪的数额，然后再将整个预算额分配到每一个部门。各部门按照所分配的预算数额，根据本部门内部的实际情况，分配到每一位员工。

由此可见，自上而下法中的预算额是每一个部门所能分配到的薪酬总额，也是该部门所有员工薪酬数额的极限。至于部门主管如何将这笔薪酬分派给每一个员工，就看部门主管自己的决定了。

部门主管可以按企业所定的增薪准则来决定员工分配的薪酬数额，根据员工的不同的绩效表现来决定增薪率的高低，或者采取单一的增薪率。不过，这样会导致底薪较高的员工的薪酬增加较多，而底薪较低的员工实际得益较小。

一般来说，自下而上法不易控制总体的人工成本；而自上而下法虽然可以控制住总体的薪酬水平，却使预算缺乏灵活性，而且确定薪酬总额时主观因素过多，降低了预算的准确性，不利于调动员工的积极性。

由于两种方法各有优劣，通常企业会同时采用这两种方法。首先决定各部门的薪酬预算总额，然后预测个别员工的增薪幅度，并确保其能配合部门的薪酬预算总额。如果两者之间的差异较大，也要适当调整部门的预算总额。

自上而下的薪酬预算步骤如下：①企业对其总体业绩指标进行预测；②确定企业所接受的总人工成本总额或薪酬总额；③按照一定比例把它分配给各个部门，由管理人员进一步分配到员工身上。

自上而下的薪酬预算方法包括劳动分配率基准法、销售净额基准法、损益平衡点法等。

二、薪酬控制

（一）薪酬控制的含义

广义上的薪酬控制是对企业的整个薪酬体系运行状况进行监控，以保证企业的薪酬体系发挥作用。一般意义上的薪酬控制仅指企业薪酬成本控制，也就是在本节中所要讨论的薪酬控制。员工所领取的薪酬，对企业来说是在支付劳动力成本。现代社会竞争的激烈性使得企业不得不将成本控制纳入其必须认真考虑权衡的范畴。但这种控制不是简单地压缩劳动力成本，而是要在保证薪酬外部竞争性和内部公平性的基础上采取有效控制措施，减少一些不合理和不科学的劳动力成本支出。同时，由于企业在进行薪酬预算时通常对市场薪酬水平、薪酬变动幅度等因素只进行大致的估计或预测，而现实中的不确定因素使得薪酬预算往往有所偏差。因此，针对实际情况及时纠正薪酬预算就非常有意义。此外，企业在进行薪酬预算时采用的内部信息往往也未必精确。于是为了保证企业整个薪酬体系有效地运行和薪酬管理目标的顺利实现，对薪酬进行控制就是企业薪酬管理的一个不可或缺的环节。

经典案例

美国标准件公司的薪酬控制

美国标准件公司是生产建筑和运输工具的多产品制造公司。1981 年，该公司赢利为每股 4.07 美元。而 1982 年则下降到每股 2.20 美元。为了控制劳动力成本，该公司冻结了薪资，将高级职员的薪酬削减了 5%，并通过解雇和提前退休的办法使公司职员减少了 17%。对此，该公司副总裁深有感触地说：“这是一个艰难的过程，但并不十分糟糕。如果在一个 10 年期间，你不得不考虑采取紧缩措施的话，那么，你很可能需要勇敢地应付一些你从未经历过的局面。”

如果说在经济上升时期不一定非要解雇那些工作平平的经理人员，那么，在经济下降时期，这一令人不愉快的任务就难以避免了。肯定地说，任何为削减管理费用所做出的严肃认真的努力，都必须把焦点集中在高级管理人员的薪资名单上。这是因为一个高级管理人员给公司造成的实际费用支出大约等于其本人年薪的两倍。进一步的分析可以说明造成这种高额成本的原因：1983 年，高级经理人员的福利费用平均等于其基本工资的 38%，办公费、秘书费和差旅费相当于其基本工资的 62%，因此，如果解雇一个年薪 7.5 万美元的高级经理而又不另聘新人，每年就可以节省开支 15 万美元。

（二）薪酬控制的方法

当企业发现其薪酬成本过高，超过自身最大支付能力时，无疑要进行薪酬成本控制，其中最主要的就是对薪酬费用总额的控制。薪酬费用总额一方面取决于企业的雇用量；另一方面取决于员工的平均薪酬水平以及基本薪酬、可变薪酬、福利与服务等薪酬各部分的构成，它们自然也就成了薪酬控制的主要着眼点。

1. 通过雇用量进行薪酬控制

雇用量取决于企业里的员工人数和他们相应的工作时数，通过控制这两个要素来管理劳动力成本可能也是最为简单和最为直接的一种做法。很显然，在支付的薪酬水平一定的情况下，企业员工越少，经济压力也就相应越小；而如果薪酬水平保持不变，但是每位员工的工作时间却可以延长，那么企业就更为有利可图了。

（1）控制员工人数

在企业面临劳动力成本压力时，裁员显然会有助于控制劳动力成本、改善现金流量。但裁员不当可能会导致熟练工人的大量流失，直接影响到企业的人力资本储备。鉴于此，为了更好地管理企业的劳动力成本，许多企业会选择和不同的员工团体之间建立不同性质的关系：与核心员工之间的关系一般是长期取向的，而且彼此之间有很强的承诺；与非核心员工之间的关系则以短期取向居多，只局限于特定的时间段内。同时，非核心员工与核心员工相比，其成本相对较低，而流动性却更强一些。采用了这种方式以后，企业可以在不触及核心员工利益的前提下，通过扩张或收缩非核心员工的规模，来保持灵活性并达到控制劳动力成本的目的。

（2）控制工作时数

与变动员工人数相比，变动员工的工作时数往往来得更加方便和快捷，所以这种做法在企业里的使用更为频繁一些。但要注意的是有关工时的法律法规方面的问题。举例来说，在很多国家都有明文规定，员工的工作时间在超过正常周工作时数以后，额外工作时间里的薪酬应该按照原有薪酬水平的1.5倍来计算。因此，对于企业而言，就需要在调整员工人数和调整工作时数两种做法之间选择，选择的依据是哪一种调整方式的成本有效性更高。事实上，在实践中，当一个国家的劳动法管辖效力不高的时候，许多企业都会通过变相增加员工的工作时数来达到降低自己劳动成本的目的。这种情况在我国经济发达地区的一些劳动密集型加工企业中也经常能够看到。

2. 通过薪酬水平和薪酬构成进行薪酬控制

对薪酬的控制，更主要的还是要通过对薪酬水平和薪酬构成的调整来实现。此处的薪酬水平主要是指企业总体上的平均薪酬水平，而薪酬构成则主要涉及基本薪酬、可变薪酬和福利支出这些薪酬的各个具体组成部分及其所占的比重大小。

（1）薪酬冻结

由于基本薪酬的刚性，直接降薪极易遭到员工的抵制，即便强制实行，也往往会极大地挫伤员工的积极性，弄不好还会导致业务骨干“跳槽”离去。因此，对薪酬的控制一定要谨慎行事，尽可能不要采取直接降低员工基本薪酬的做法。而实行薪酬冻结，即让员工的薪酬在一段时间内保持不变，一般不会引起员工的反感，有时还会使员工反思自己的业绩和表现，激励员工作出更大的努力。暂时的薪酬冻结使企业的实力增强，节省下来的一部分资金可以用于提高产品质量或开辟新的营销网络。其最根本的一点是稳定了员工的情绪，保证了企业生产的连续性，从而为战胜竞争对手提供了机会和支持。

（2）延缓提薪

对于应该提薪的员工，暂时推迟1～2个月，等到企业摆脱了困境，经济效益好转之时再予以提薪。不妨向全体员工说明企业所面临的现状，争取造成同舟共济的气氛，团结一心，共渡难关。

（3）调整薪酬构成

从薪酬构成模块的分析中可知，基本薪酬刚性最强，而各种形式的可变薪酬、福利等项目则具有一定灵活性。因此，在提高薪酬水平给企业的薪酬控制带来的影响方面，基本薪酬与可变薪酬既有着相同点，也有着不同之处。相同点在于，任何一次加薪所能发挥的影响都取决于加薪规模、加薪时间、加薪的员工参与率这些基本因素；不同之处则在于，大多数可变薪酬方案都是一年一度的，通常是在每个财务年度的年底进行支付，因此它们对于企业的影响也是一次性的，并不会作用于随后的年份。

因此，从劳动力成本方面来看，可变薪酬相对于基本薪酬所占的比例越高，企业劳动力成本的变化余地就越大，管理者可以采取的控制预算开支的余地也就越大。这对于今天这种崇尚灵活性和高效率的企业环境来说，无疑是一种不错的选择。

（4）控制间接薪酬支出

控制间接薪酬支出即适当压缩企业在一些福利项目方面的开支，从而达到控制薪酬成本的目的，具体措施主要有：要求员工减少请假、缩短假期；缩小医疗保险范围或者要求员工自己负担一部分医药费用；调整差旅费支出；对使用长途电话的次数和时间进行适当控制，等等。适当压缩部分福利项目的开支，可以避免强行降薪带来的不利影响。毕竟与基本薪酬相比，人们对福利的享受或要求弹性稍大一些。

本章小结

所谓绩效薪酬，是将员工的收入与绩效水平挂钩的薪酬制度。

绩效薪酬的优点是：体现公平性；激励与约束并存，监督成本降低；指引努力方向，培育企业文化；盈亏共享，减轻固定成本开支；有助于吸引和留住成就导向型和表现优异的员工。

绩效薪酬的缺点是：员工绩效如不能准确衡量，将动摇绩效薪酬体系的公平性；员工对于个人绩效的过分关注对团队工作是不利的；不利于提高员工的综合素质与开发员工的潜能；绩效薪酬的波动性太大；导致定额标准上升；增加管理层与员工之间发生摩擦的机会。

企业各类人员的薪酬模式主要包括管理人员的薪酬模式、企业技术人员的薪酬模式、企业营销人员的薪酬模式、企业生产人员的薪酬模式、外派人员的薪酬模式。

绩效薪酬制度的特征包括：薪酬战略与企业的发展战略保持一致；绩效与薪酬之间的相关性和一致性；整合各类薪酬计划，形成一个完整的薪酬方案；制度的灵活性。

绩效薪酬制度主要包括个人绩效薪酬制、群体绩效薪酬制、长期绩效薪酬制。

薪酬预算，指的是企业在薪酬管理过程中对薪酬成本支付方面所进行的计划与权衡。一般来说，薪酬预算的方法有两种，一种是自下而上法；一种是自上而下法。

广义上的薪酬控制是对企业的整个薪酬体系运行状况进行监控，以保证企业的薪酬体系发挥作用。一般意义上的薪酬控制仅指企业薪酬成本控制。

复习思考题

1. 什么是绩效薪酬？绩效薪酬有哪些优缺点？
2. 试述企业各类人员的薪酬模式。
3. 薪酬设计的原则有哪些？
4. 简述绩效薪酬体系的操作流程。
5. 绩效薪酬制度的特征有哪些？
6. 简述个人绩效薪酬制的含义和主要形式。
7. 简述群体绩效薪酬制的含义和主要形式。
8. 简述长期绩效薪酬制的含义和主要形式。
9. 简述薪酬预算的含义及方法。
10. 简述薪酬控制的含义及方法。

案例分析

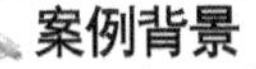

案例背景

E公司的奖励风波

E公司是一家从事工业原材料研发、生产和销售的公司。该公司研发人员的待遇由基本工资和提成奖金组成。公司基本工资偏低，按照研发人员个人开发出来的产品销售后毛利的一定百分比进行提成奖励。公司成立后的几年，因为行业竞争不太激烈，产品毛利率比较高，公司研发人员较少，基本工资加上提成有一定吸引力。

2012年以来，竞争越来越激烈，同行纷纷提高工资待遇吸引优秀人才。E公司管理层也意识到市场正在发生变化，企业核心能力必须从生产和销售向产品和技术研发方向转变，必须构建自己的研发优势。所以不断引进人才，包括很多有经验的博士生、硕士生和应届本科生。但在不断引进人才的同时，公司内有经验的人才却纷纷流失。在此过程中，E公司坚信以产品毛利的一定比例对研发人员进行提成的制度是合理的，所以不能改，否则担心员工的研发活动会不以市场为导向。

同时，公司管理层发现研发部的问题越来越严重。研发人员只是对自己开发的产品负责，对其他事情毫无兴趣。研发部不是一个团队，而是单兵作战，老员工不愿意与他人分享经验，每当有员工离职都给公司带来重大创伤。公司想发展的产品没有人开发，开发难度大销售量小的产品也没有人开发，因为不同产品的市场容量相差很大，导致员工之间的收入差距非常大。新的开发人员来了以后只能自己摸索，从头做起，浪费了大量的时间和试验材料等。

发现这些问题后，为了激励研发人员开发公司战略产品和难度大的产品，管理层对重点新产品开发项目进行评估"定价"，产品开发成功后按照"定价"进行奖励；反之，如果开发不成功，根据定价的一定比例进行处罚。但是政策实施后，不但没有提高新产品开发速度，研发人员反而越来越害怕开发新产品了。

对待目前奖金分配制度，管理层和研发人员各执一词。管理层坚持认为研发产品的目的就是要在市场上取得成功，以研发人员开发产品的市场销售毛利的一定比例来进行提成奖励是天经地义的。否则，如何评价技术人员的表现，衡量研发人员的绩效呢？虽然研发人员之间的提成的确存在差距，但是如果研发人员有能力，未来的收入同样是会很高的。高收入要靠自己多开发新产品来争取。公司不赚钱，研发人员奖金从哪里来呢？

但是，研发人员认为不公平，开发什么产品是上级分配的，而产品在市场上的表现由市场容量和销售人员的努力决定，和研发人员关系不大。所以，提成是由产品分配而不是由研发人员的努力决定的，并且产品的毛利和产品开发难度没有对应关系。很多非常难以开发的产品市场容量很小，导致提成很少。很多研发人员，尤其是销量小的产品开发人员认为，付出和收益不成正比，纷纷提出要开发市场容量大的产品，并表示干到合同期满就辞职。

（资料来源：郭雅洁. e公司薪酬激励体系诊断及对策的分析研究[D]. 华中科技大学，2013，有改动）

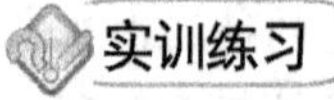

案例讨论

1）请剖析该公司的奖金激励制度，说明其为什么不能起激励作用的原因。

2）如果你是领导，你认为怎样才能做到最合理有效？

实践环节

实训练习

绩效薪酬设计

通过本章的学习，学生应该对各类绩效薪酬的内涵及优缺点等有了更具体的了解，同时了解绩效薪酬的设计原则与操作流程。在这个练习中，每个小组选择一个目标组织或企业，调查这家企业的薪酬管理制度，结合对该企业的实地调研及员工访谈，了解管理层薪酬设计的目标，调查该企业员工对企业薪酬的满意度。同时了解同行业企业的薪酬现状，在充分调研的基础上给出你对这家企业薪酬设计方面的建议。小组成员以 5 人左右为宜。

第一步，各小组组织小组成员通过各类渠道了解该企业的产品、行业情况、行业地位、经济数据、社会声誉等。

第二步，各小组通过小组成员的社会资源，与该企业建立联系，通过与高层沟通了解企业战略、薪酬制度，通过与员工沟通了解员工对薪酬的满意度，通过与同行业比对了解企业薪酬在同行业的竞争力。时间控制在本章内容结束后的两周之内。

第三步，各小组就小组成员获得的有关所选择企业的薪酬制度、员工满意度等信息进行汇总和分析，作出小组共同认可的企业薪酬报告，主要有薪酬制度分析、员工满意度分析和同行业情况分析，同时给出改进建议。

第四步，各小组派出一名代表向所有参与者简要介绍本小组的工作成果，注意控制发言时间。

第五步，所有参与者自由陈述对报告的意见或建议。时间控制在每位陈述人 2 分钟以内。

第六步，教师进行总结。

本练习的结果可以使参与者较深刻地理解各类绩效薪酬的内涵及优缺点，了解了绩效薪酬的设计原则与操作流程，加深对本章所学知识的理解，提高参与者的实际工作能力。

第九章 团队绩效管理

教学目标

在组织扁平化的趋势下，各种各样的工作团队已经成为企业中越来越普遍的组织形式，组织的绩效往往不仅仅是个人绩效的简单叠加，而主要表现为团队绩效。通过本章的学习，学生可系统地了解和掌握团队绩效管理的基本理论和团队绩效考核的基本操作技能，以便更好地学以致用。

学习目标

- 掌握团队绩效的含义与特征；
- 了解团队绩效与部门绩效的区别；
- 掌握团队绩效考核的基本原则和实施步骤；
- 掌握各种团队绩效考核的方法。

关键词

团队绩效 绩效考核 指标体系

导入案例

A公司的跨团队绩效考核

A公司是国内一家IT企业，从事通信技术与产品的研究、开发、生产与销售。该公司雇用了2万多名员工，为电信运营商提供通信领域的网络解决方案，是中国的主要电信供应商之一。

前几年，这家公司一直按照典型的矩阵化模式运作。以产品研发体系为例，按照产品、资源两条线，以产品部为单位，将各个资源部门的人员分配到不同的产品部中；大大小小的产品部中，存在着不同职能的人员。当原有的产品结束后，产品部解体，各职能人员又回到资源部门并被重新安排到新的产品部中。

在上述矩阵式组织结构下，许多员工同时在多个产品部（即项目开发团队，以下简称项目组）中兼职，造成在绩效考核过程中，资源部门是否征求项目组意见、员工的最终评价结果与项目组评价关联程度如何，都很难监控；项目组人员分散于各资源部门、各个层面，也难以对他们的考核过程进行跟踪、监控和统一管理。为此，该公司参考国外绩效考核流程，并结合实际情况实行改革，制定出一套跨团队的绩效考核管理办法。

现将考评流程和结果作以详尽阐述：

1. 考评流程

整个流程系统使用Lotus Notes平台，用电子流的形式进行考评。这个系统会将上季度工作目标自动导入到本季度考评表中，自动创建考评表。员工只需在考评数据库中查找已经创建的考评表即可。

绩效考核按以下流程进行。

首先，人力资源部门启动考评。

然后，通知员工开始填写考评电子流。

接着，进入评价环节。这个环节分三个步骤进行。

第一步，绩效考核参考人对照预期计划、目标或岗位职责要求，对任务完成的进度、质量及季度工作中的优点和改进点进行评价，并在项目组内按照比例控制原则给出考核等级。

第二步，参考人评价完毕，电子流自动汇总到资源部门主管那里。资源部门主管召开由各项目经理参加的集体评议会，结合每个员工完成部门工作的状况，对其业绩、改进点进行最后的评价，对项目经理不一致的意见进行协调沟通，并按照比例控制原则对项目经理给出的考核等级进行调整，确定每个员工的最终绩效考核结果。根据集体评议结果，考评责任人填写电子流。

第三步，各大部门的人力资源管理委员会审计各部门考评结果及比例。

接下来，进行分层沟通和辅导。

各考核责任人在结果确定后的5个工作日内与员工沟通、反馈绩效考核结果，同时根据各主管的意见确定员工下季度个人绩效目标。此过程分层次进行。

1）各大部门负责人与各分部门主管沟通，结合分部门团队绩效，对考评结果、成绩和改进点进行沟通，制定下季度目标。

2）各部门主管与项目经理沟通，结合项目组的绩效，对考评结果、成绩和改进点进行沟通，制定下季度目标。

3）各项目经理与项目组成员沟通，结合上季度个人目标，对考评结果、成绩和改进点进行沟通，制定下季度目标。

4）与被评为D（需改进）的员工签订“绩效限期改进计划表”。

最后，员工根据实际情况反馈考核结果满意度、沟通满意度。各大部门人力资源委员会与反馈问题的员工进行沟通及处理员工投诉。考核程序结束，完成闭环。

2. 结果分布

按照部门经理、项目经理和高级工程师、工程师和助理工程师三个层次分层评价，每个层次考评结果分为A、B、C、D四个等级，比例为10%、40%、45%、5%，即A和B加起来的比例不超过50%，其中A的比例不超过10%。整个部门三个层次人员的A与B的比例加起来不能超过50%，其中A不超过10%。

（资料来源：http://www.chinahrd.net/case/info/49951）

由上述案例可以看出，季度绩效考核结果在公司和部门的运用是跟员工的利益密切相关的，同时也反映了员工只有努力做好本职工作，作出良好的业绩，才能有更多的机会和利益，亦即员工利益与公司利益的一致性，融小我于大我。这就是个人绩效和团队绩效的关系。你认为上述案例的考核流程中有哪些问题需要进行改进和调整？

第一节　团队绩效管理概述

一、团队绩效的基本概念

团队是相对于部门或小组而言的。部门和小组的一个共同特点是：存在明确内部分工的同时，缺乏成员之间的紧密协作。团队则不同，队员之间没有明确的分工，彼此之间的工作内容交叉程度高，相互间的协作性强。个人作为团队中的一员，在团队中扮演的角色与传统的职能分工体系中部门员工扮演的角色是不同的。传统分工体系中的部门员工是严格按照上级的指示工作。而在团队中，员工成为与团队成员彼此依赖、共同为团队目标负责的团队成员。

（一）团队的界定

1. 团队的概念

并不是任何一群因某一共同任务而组合在一起的人都可以称之为团队。管理学家罗宾斯（Robbins）认为，团队就是由两个或者两个以上的、相互作用、相互依赖的个体，为了特定目标而按照一定规则结合在一起的组织。桑德斯卓姆（Sundstrom，1990）强调，相互依存性和责任分享的观念，将团队定义为一小群具有相互依存性的个人，共同为团队的结果一起向组织负责。麦肯锡咨询公司顾问卡岑巴赫（Katzenbach，1993）从团队的任务角度指出，团队的含义是“由少数有互补技能、愿意为了共同的目的、业绩目标而相互承担责任的人们组成的群体”。英国管理顾问威廉姆斯（Williams，1999）从工作群体人员彼此依赖水平和个人与集体目标的相同程度两个方面来界定团队，并通过团队与工作群体的对比，进一步明确团队的概念，他认为，如果群体内的每一个成员的工作都与其他人的工作有内在的联系，只有所有成员都取得成功，他们才能获得最终的成功，这种群体的人员就具有高度的依赖性，在这种情况下的群体就是一个工作团队；另一方面，如果个人的目标比群体的目标更重要，这种群体就不是一个团队，只有当个人的目标同群体的目标高度一致时，群体才可能成为一个团队。管理学大师罗宾斯（1997）认为，团队是一种为了实现某一目标而由相互协作的个体所组成的正式群体。罗宾斯的这一定义突出了团队与群体的不同，所有的团队都是群体，但只有正式群体才能是团队。罗宾斯对团队的定义强调了团队的协作特性。

我国也有些学者对团队进行研究，王垒（1997）认为，团队不是一群散在个体的集合，而应该是一个整合的团体。严志庆（2000）等人定义说，团队是一群认同于共同的目标，且为完成共同任务而一起工作的个体组成的高效且具有团队凝聚力的群体。徐芳（2003）指出，团队是由两个或者两个以上的人组成，通过彼此协调各自的活动来最终实现共同的目标。徐芳对团队的定义强调人员组成等于或者大于两人、通过协作来工作，同时团队具有共同的目标。

有多少教科书就有多少种关于团队的解释。这里把团队定义为：团队是由员工和管理层组成的一个共同体，该共同体合理利用每一个成员的知识和技能协同工作，解决问题，达到共同的目标。也就是说，团队是指在工作中紧密协作并相互负责的一小群人，他们拥有共同的目的、绩效目标以及工作方法，且以此自我约束。

团队在组织中的出现，根本上是组织适应快速变化环境要求的结果。“团队是高效组织应付环境变化的最好方法之一”。为了适应环境变化，企业必须简化组织结构层级和提供客户服务的程序，将不同层级中提供同一服务的人员或服务于同一顾客的不同部门、不同工序人员结合在一起，从而在组织内形成各类跨部门的团队。团队可以把以前按顺序而又前后脱节的工作放在一起进行。团队可以随时组建，一旦完成工作，便可随时解散。它所完成的工作是用其他方法无法完成的。可以说，不管是从事新产品研发，还是改进工艺流程，团队均可把多种优势、技能和知识糅合在一起。同时，它还给出一种重要启示：每个人都有一定的创造性，在合适的时候让他们的智慧共同闪光，将迸发出无穷的力量。

2. 高绩效团队的特征

组建团队的最终目的是为了提高绩效。然而，团队这种组织形式并不能自动产生高绩效。高绩效团队必须具有以下特征。

（1）共同的目标

共同目标是团队存在的基础，是团队凝聚力的源泉，也是团队能否产生高绩效的关键。成功的团队，必须有其清晰的目标，并且要将其共同目标转化为切实可行的绩效目标，作为团队绩效考核的依据。高效的团队对所要达到的目标有清楚的了解，并坚信这一目标包含着重大的意义和价值，而且这种目标的重要性还激励着团队成员把个人目标升华到团队目标中去。在有效的团队中，成员愿意为团队目标作出承诺，清楚地知道希望他们做什么工作，以及他们怎样共同工作最后完成任务。这个共同的目标要具有明确的导向作用，它要能够为团队成员指引方向。目标决定了团队最终要达成的成果。

（2）矩阵式的合成团队

高效的团队是由一群来自于企业内部不同部门的有能力的成员，为了完成特定任务而组成的。一个高绩效的团队应该是三类不同技能类型的人的互补匹配：一要有技术专长者，而且在多个有技术专长的成员间在一定程度上具有互补性；二要有能发现问题、解决问题，并权衡各种建议，然后作出有效决策的成员，这在任何组织都是必需的，而且对于团队这种相对民主的组织，技巧性的决策往往十分的重要；三要有若干善于倾听反馈意见、解决冲突及其他人际关系技能的协调人员。此外，人们的个性千差万别、技能各有不同，如何使成员的工作性质与个性特点相匹配，这是工作团队构建的又一关键问题。团队成员定位不同于正式组织结构中的“岗位”或担任特定职责的“职务”，他们在团队中各自扮演一定的“角色”。角色不是由工作合同、职务说明书或岗位规范明确规定的，而是根据个人的天赋偏好、技能特长自主地经过磨合形成的，是在应对不断出现的新情况、新问题并以合作精神来处理解决这些矛盾和问题的过程中逐步形成的。所以，选择团队成员的基本原则是要保证发挥个人优势，并使工作任务分配与团队成员偏好风格相匹配，使成员在集体层次和个人层次上都能为团队的目的、目标和任务承担责任，最大限度地发挥专业化分工、信息共享及互补整合效应。

（3）恰当的领导

目标决定了团队最终要达成的结果，但高绩效团队还需有领导角色来提供具体行动的方向和方式，决定诸如怎样安排工作日程，需开发什么技能，如何解决冲突以及怎样作出和修正决策等问题，确定各成员具体的工作任务内容，并使工作任务适应团队成员个人的技能水平，等等。在团队运作中，领导角色并不一定是组织正式任命的职位，而在相当大程度上是每个成员都应担当的职责，实际上每个团队成员都可以通过扮演不同角色在维持关系和完成任务的过程中发挥领导作用。团队成员这种特殊“领导力”的形成和发展是工作团队建设一项具有挑战性的任务。在团队，优秀的领导者不一定非得指示或控制，高效团队的领导者更多的往往是担任教练和后盾的角色，他们对团队提供指导和支持，但并不试图去控制它。他们向成员阐明变革的可能性，鼓舞团队成员的自信心，帮助他们更充分地了解自己的潜力。

（4）适度的团队规模

团队的规模一般不应太大，否则相互交流就会遇到障碍，这样很难达成一致意见，从而难以形成凝聚力、忠诚感和相互信赖关系，并难以顺利开展高效率工作。美国组织行为专家斯蒂芬•P.罗宾斯认为，如果团队的成员多于 12 人，他们就很难顺利开展工作。最好的工作团队一般不会太大。首先，成员过多，在相互交流时会遇到很多困难，更糟糕的问题是无法在讨论问题时达成一致的意见；其次，成员过多还会导致“搭便车”的现象，造成凝聚力、忠诚度和相互信赖的缺乏，而这对于高绩效团队而言是必不可少的。

（5）团队精神

团队精神是团队成员为了团队的利益与目标相互协作，尽心尽力的意愿与作风。它的作用是把成员的技能、积极性、创造性向着同一个方面进行整合，以形成强大的合力指向组织共同的目标。没有团队精神，要形成高绩效的团队是不可能的。成员间相互信任是团队精神的显著特征。也就是说，每个成员对其他人的品行和能力都确信不疑。信任需要我们花大量的时间去培养而又很容易被破坏，而且只有信任他人，才能换来他人的信任，不信任只能导致不信任。所以，维持群体内的相互信任，还需要引起管理层足够的重视。传统的组织是靠明确的领导的与被领导的关系来维系，在团队中，由于这种关系的削弱或消失，成员之间关系的维系就靠相互之间的信任。组织文化和管理层的行为对形成相互信任的群体内氛围很有影响。如果组织崇尚开放、诚实、协作的办事原则，同时鼓励员工的参与和自主性，它就比较容易形成信任的环境。高效的团队成员对团队表现出高度的忠诚和承诺，为了能使群体获得成功，他们愿意去做任何事情。把这种忠诚和奉献称为一致的承诺。对成功团队的研究发现，团队成员对他们的群体具有认同感，他们把自己属于该群体的身份看作自我的一个重要方面。因此，承诺一致的特征表现为对群体目标的奉献精神，愿意为实现这一目标而调动和发挥自己的最大潜能。这些都是团队精神所必不可少的。

（6）良好的内部沟通

这是高效团队一个必不可少的特点。高绩效团队需要成员之间有默契的配合，这就需要群体成员通过畅通的渠道交流信息。此外，管理层与团队成员之间的信息反馈也十分重要，它有助于管理者指导团队成员的行动，消除误解。

在传统的组织中，成员是以个体为基础进行工作，每一个员工的角色由工作说明、工作纪律、工作程序等一系列正式制度明确规定。但对于高效的团队来说，其成员是为了完成一个项目，来自不同的部门，一旦项目结束，这个团队就会解散。所以，团队成员的角色具有灵活多变性，总在不断地进行调整。这就需要成员具备较强的沟通能力，以应对时常变换的关系。

（7）有效的团队绩效考核

由于团队特殊的运作方式，要求团队成员在团队和个人两个层次上都负有责任，因而传统的以个人导向为基础的考核体系必须有所改变。团队绩效的考核，不仅要对团队的绩效目标进行考核，还要对团队成员的工作表现及团队绩效对组织目标实现的贡献进行考核。工作团队存在的一个问题是"搭便车效应"。在团队中，由于个人贡献往往无法直接衡量，个人就可能会隐身于群体中而成为惰化的一员。高绩效团队必须通过恰当的绩效考核系统，使其成员在集体层次和个人层次上都为团队目标的实现而积极承担责任，以最大限度地消除于职责权益不清所造成的搭便车倾向，并使工作团队的协同整合效应显著大于搭便车效应，从而获得高水平的团队绩效。

（8）生命周期性

团队不是固定的组织，而是针对特定的任务而设立的临时组织，活动结束，团队即宣告解散，成员便会回到各自的所在部门。

表 9-1 给出了团队与部门的比较。

表 9-1　团队与部门的比较

分类	团队	部门
目标	共同目标	部门目标分解，个人目标为主
角色	角色不定，领导角色分担	角色固定，领导角色固定
活动方式	强调协作	强调分工
结果	集体绩效	个人绩效为主

（二）团队绩效的概念

由于研究者的研究目的不同，对团队绩效概念的界定也不同。下面是几种具有代表性的观点。

哈克曼（Hackman，1987）和桑德斯卓姆（1990）对团队绩效进行了广义的定义，认为团队绩效是指团队实现预定目标的实际结果，主要包括三个方面：①团队生产的产量（数量、质量、速度、顾客满意度等）；②团队对其成员的影响（结果）；③提高团队工作能力，以便将来更有效地工作。

在至今众多的有关团队绩效的研究中，诺尔德（Nalder，1990）、古佐和谢伊（Guzzo & Shea，1992）等关于团队绩效的定义最为流行。

诺尔德（1990）认为团队绩效主要包括三个方面：①团队对组织既定目标的达成情况；②团队成员的满意感；③团队成员继续协作的能力。

右佐和谢伊（1992）则提出了“输入—过程—输出”模型。其中，输入包括成员的知识、技能和能力，团队的构成，组织情景、报酬系统、信息系统、目标方面的因素；过程包括团队成员的相互作用、信息的交换、决策参与的模式和社会支持等；输出包括团队的产品、团队的发展能力、团队成员的满意感等。

近年来国内学者也开始关注团队的绩效管理，如徐芳（2001）认为，团队绩效和个体绩效、组织绩效是分不开的，团队绩效是由团队核心素质以及团队合作的程度决定的，如果组织能够通过共享价值观和共同愿景将个体绩效、团队绩效与组织绩效紧密结合在一起，则组织的战略目标就能实现。因此团队绩效首先要基于组织的绩效，要在组织的绩效的基础上确定团队的绩效，在团队的基础上确定团队成员的个体绩效。团队绩效包括团队的工作成果、团队成员的工作成果和团队未来工作能力的改善三方面内容。徐芳（2003）用系统的观点来考查团队绩效，更加完善了对团队绩效内容的界定。她认为，绩效是一个系统的过程，可以用矩阵来表示。绩效矩阵展示的是绩效的三个横向内容和三个纵向内容。三个横向内容分别是潜在绩效、行为绩效与结果绩效；三个纵向内容分别是个体绩效、团队绩效和组织绩效。

本书把团队绩效定义为：团队绩效是基于团队成员个人成就乘数效应而获得的集体活动成果，是连接个人绩效与组织绩效的中介和桥梁，是组织业绩获得和提升的关键要素和环节。

表 9-2 所示是团队绩效与部门绩效考核的比较。

表 9-2 团队绩效考核与部门绩效考核的比较

团队	部门
团队领导的考核	部门负责人的考核
1．作为团队工作的协调者，团队领导的绩效与整个团队的绩效挂钩，团队成员的绩效可以被看作是领导绩效的一部分。对团队的考核就是对团队领导的考核 2．团队领导一般是从某部门中抽调过来的，因此他可能承担两项职责，一是在团队中所承担的非正式职责，二是在部门所承担的正式职责，这两项职责都是其考核的一部分	1．作为整个部门的任务分配者和管理者，对部门的考核可以看作是对部门负责人的考核 2．部门负责人必须完成该职位所承担的各项职责，职责是否完成也属于部门负责人考核的一部分
1．以团队集体考核为主，考虑其个人业绩 2．除在团队中承担非正式的职责外，还承担其所属部门的某项职责，考核时都必须考虑	1．以个人考核为主，参考部门考核结果 2．在部门中承担的职责也是考核对象
考核结果的应用	考核结果的应用
1．集体工资（如在汽车行业中对生产工人采用的集体计件工资） 2．集体奖励计划 3．其他	1．个人绩效工资 2．个人奖金 3．其他

二、影响团队绩效的因素

影响团队绩效的因素主要有以下几个方面。

1. 团队凝聚力

团队凝聚力与绩效存在着很大的相关性，毫无疑义，团队的力量大于个人的力量之和。团队的力量是巨大的，有很多事情必须靠团队里每一个成员的相互协作、共同努力才能完成。团队的建立，关键在于凝聚力。

众们所熟知的“木桶原理”，很多人只注意到一个木桶的容量多少是由木桶中最短的那块木板的长度决定的，其实装水的多少还由每块板的缝合程度来决定，如果两块板之间存在缝隙，最终也是装不住水的，凝聚力的强弱就有如木桶的缝合度，只有具有强凝聚力的团队才能“装水”。

团队凝聚力是团队对其成员的吸引力和成员之间的相互吸引力，它包括“向心力”和“内部团结”两层含义。当这种吸引力达到一定程度，而且团队队员资格对成员个人和对团队都具有一定价值时，就说这是个具有高凝聚力的团队。

高凝聚力的团队具有以下特征：①团队成员归属感强，愿意参加团队活动并承担团队工作中的相关责任，维护团队利益和荣誉；②成员之间信息沟通快，互相了解比较深刻，关系和谐，并具有民主气氛。

团队凝聚力是维持团队存在的必要条件，如果一个团队丧失了凝聚力，团队就会像一盘散沙，这个团队就难以维持下去，并呈现出低效率状态。凝聚力较强的团队，其成员工作热情高，做事认真，并有不断的创新行为。因此，团队凝聚力也是实现团队目标的重要条件。

为了形成强大的凝聚力，要培养团队成员整体搭配的团队默契，应给予每位成员自我发挥的空间，同时，更重要的还要破除个人英雄主义，搞好团队的整体搭配，形成协调一致的团队默契，努力使团队成员懂得彼此之间相互了解、取长补短的重要性。如果能做到这一点，团队就能凝聚出高于个人力量的团队智慧，随时都能创造出不可思议的团队绩效。凝聚力来自于共同的目标。

2. 团队的领导

一个高绩效的团队首先必须有一个灵魂人物，核心人物。他发号施令，指明方向，鼓舞士气，承担责任。如果一个团队找不出这样的人，那么人数再多也没有用。因为团队没有带路人，没有人承担责任，大家不知道听谁的，谁说了算。多数企业的团队之所以做不好，就是因为他们没有把团队核心人物找出来。千军易得，一将难求，高绩效的团队必须有卓越的领导人。

团队氛围对团队绩效有很大影响，而领导力风格又对团队氛围有直接影响。在团队中，领导的威信不完全像在科层组织结构中那样依靠职务职权来维系，领导者必须践行企业的价值观，从而表现出对高投入度企业文化的支持。让团队成员也参与到艰难的决定中。领导者具有很大影响力，团队成员随时观察他们的一言一行。研究表明，在团队如果直接管理者对工作不投入，那么其下属不投入工作的可能性会增加4倍。

3. 团队的目标

团队的绩效目标可以有许多形式，如数量、速度、质量、成本、客户满意度等。团队因一个特殊的任务和特定的目标而存在，目标将成员凝结在一起，目标的清晰与否必然影响着任务绩效的完成状况。无论是普通（面对面的）团队还是虚拟团队，目标整合的过程总是能够提高成员的参与程度，提高对成员的激励和成员的绩效，增加成员的满意度。

目标的设定必须遵循 SMART 原则。

根据目标制定具体的策略，明确其主要内容、目的、实施计划与时间表、组织方式和资源配置、负责人、考核方式等。同时，目标应有效地宣传，让团队内外的成员都知道，以此激励所有的人为这个目标去工作。

4. 团队的激励

团队的激励不仅包括对集体层面的激励，也包括对团队成员个体层面的激励。激励是提高团队士气、取得高绩效成果的有效药方。团队的特殊性决定了激励需要从员工愿望或工作动力中进行考虑，没有这些就无所谓激励。例如，让员工对其工作有关的决定参与越多，越能激发他们为公司的目标努力去工作。参与的最高境界就是让员工自己去作决定。允许他们提出建议，只要决策者们能够慎重考虑其建议，员工们就会被很好地激励起来，他们就会朝着目标去努力。所以，团队里面的成员和管理人员相互激励、相互信任，相互帮助，多一些共识，少一些分歧，多交流一些意见和经验，少出现一些钩心斗角，就能很快地提高团队的高绩效，使企业在市场中立足。

5. 团队成员的多样化

成员在性格、性别、态度以及知识背景或经验方面的差异影响着团队的绩效，成员多样化能提高团队绩效。团队的建立本来就是将完成某一特定任务而需要的不同类型的人组织在一起的。个人掌握的知识、技能是有限的，观点也是狭窄局限的。当掌握不同知识技能的员工聚集在一起时，这个团队就拥有更多的知识技能，分析问题的观点也更广阔和全面，对于问题的把握更准确。

6. 团队成员的素质

团队应从知识、技能和态度几个方面对团队的核心素质进行界定。每个成员要具备足够的专业知识，良好的工作意愿，拥有的技术能力及实际行动。一个高绩效的团队与这些条件是密不可分的，因此团队领导者就要有效地进行培训和指导。要获得良好的培训效果，在培训下属时要遵循 PDCA 原则，即 “计划—执行—考核—行动” 的管理方法。具体来说就是先制订培训计划，再来实施这个计划，每次培训结束后再进行效果评估，最后安排强化作业来巩固培训效果以达到培训的目的。

7. 团队反思

团队反思是团队成员公开地反省团队目标、战略和过程，并根据对内部和外部情况的预期对团队的行动进行调整。既包括团队的认知过程，又包括团队的行动过程和执行能力。由于团队反思必须不断监控环境的变化并及时作出正确反应，从而提高团队绩效，这恰恰反映了团队应对不确定性的能力。因此，团队反思的概念一经提出，就受到了学者们的关注，并随后开展了一系列的理论和实证研究。

从一些学者的研究中可以看到，团队反思对直接或间接地提高团队绩效有显著效果，在研发团队、创新项目团队中表现得尤为突出。有人研究了团队反思对于少数派意见与团队绩效之间关系的调节作用，认为少数派意见利于促使团队对问题的深入思考，以防未经深思熟虑而达成的意见所带来的损失，从而提高绩效。而如果分歧过大又容易议而不决，错失重要的机遇。团队反思通过对团队沟通的重要影响进而作用团队绩效，起到促进作用。团队反思是团队研究领域的新兴的问题，虽然已有学者对团队反思与团队绩效的关系进行了研究，但是要更好地揭示两者之间内在的联系需要综合考虑一些条件情景变量，有待于更多学者进行深入的思考和探究。

8. 团队冲突

矛盾的普遍性原理告诉人们，团队冲突的存在是必然的，盲目的压制反而剥夺了团队自我调节和稳定成长的功能。因此，在正视团队冲突的同时必须积极地对其进行管理，引导、疏通，促进团队健康成长。有研究表明，冲突的管理有助于不同类型团队对任务进行反省，从而有助于不同类型团队绩效的提高。

9. 维持和谐

团队管理和一般的部门管理有很大的不同，那就是，团队任务的最终完成，更多的是讲究团队各位成员的同心协力，讲究团队作战、团体力量。可以想象，单靠一两个人的力量和能力，基本不可能产生令人满意的工作结果。从维持和谐的角度出发，绩效考核时，在给每位团队成员激励和奖励的同时，给一两位被认为是最优秀的项目成员给予特别奖励。

知识拓展

团队绩效“焵”[①]分析

在近阶段的管理理论及实践中，团队和团队工作的概念异常流行。反映出在当今变化无穷且充满挑战的环境中，组织想在动态的竞争中获得优势，必须不断采取有效策略保持组织的效能。

然而，从20世纪80年代以来，尽管以团队为主题的研究层出不穷，且人们对如何提高团队绩效，以及如何控制影响绩效的因素也提出了各式各样的理论，但这些分析理论大多仍停留在定性分析或初步讨论的层次上，未能建立起组织行为最大绩效的理论模型。为此，可以尝试在对能量品质与团队“品质”相似性研究的基础上，构建分析团队绩效的生态模型，探索实现团队绩效量化及追求其最大值的方法。

① 音同“用”，工质的一个力学状态参数。常用单位为千卡/千克。

1. 概念与分析方法

能量守恒定律告诉人们，能量不能被创造也不能被消灭，只能从一种形式转化为另一种形式，而在数量上它们是相等的，但能量守恒定律不能够说明下面一些物理现象：热能不可能以 100%的效率连续不断地转变为功；热不可能自发地由低温物体流向高温物体；空气会自动地充进真空容器中，却不会自发地从真空容器中跑出；水和盐会自发地形成溶液，但如果不用某些附加的办法不可能把盐和水分开，等等。因此，能量守恒定律（即热力学第一定律）只解决了系统变化前后能量数量的关系，没有解决系统变化的方向问题。人们知道 1000℃的热能比 100℃的热能更有价值，这究竟是为什么呢？原来，问题的关键在于能量有品质的高低之分。品质高的能量用途多和大，品质低的能量用途就少和小，品质差到一定程度就变成了废热。在环境和海洋中，蕴藏了数量无限的能量，人们却不能方便地利用它，就是这个道理。研究还发现，即使是同一种形式同等数量的能量，在不同的背景下使用，其效果也可能是不同的。例如，50℃的热能在 30℃的环境下使用，其价值并不很大，但若在－30℃的环境下使用，其价值就大得多，如可用来供暖等。可见，能量的品质还与使用的环境相关。

正因为能量有其“量”和“质”两方面的特征，因而从“量”和“质”两方面来全面考查系统所具有的能量，就显得十分必要。概念的提出，正是从能量的品质问题开始的。在热力学中，它还有另外一个名字：“可用能”，意即能量中可用的部分。早在 1973 年，吉布斯等人就提出了一个新的热力学函数，称为“烱”（exergy）。他们试图用这个函数来描述一般能量中最大的可转换为功的份额，并以此来衡量能量的品质。

“烱”的定义是，一定形式的能量或一定状态的物质，经过完全可逆的变化过程后（传热、传质、化学反应等），达到与环境完全平衡的状态，在这个过程中该能量或物质所能做的最大功称为“烱”，用符号 E_x 表示。“烱”的单位与功或能的单位相同，均为 kJ，“烱”的大小只是能量中最大可能转化为功的那部分。

“烱”分析方法已经广泛应用于能源科学中，并已取得了令人信服的成果。其基本思想是，能量不仅有数量的大小之分，还有品质的高低之别，能量的品质是与使用它的环境相关的，因而不同的能量有不同的价值。

2. 对组织行为进行“烱”分析的可能性

组织行为最讲究整体性。一个组织应是由多人组成的一个系统，每个人都各具自己的素质。在军事上表现为个人的作战能力，在和平环境里，表现为个人的工作能力，或其他能力。这与热力学系统是由多粒子组成的，每个粒子都具有自己的运动能量和做功能力有很好的相似性。下面，以一支军队为例来说明追求“最大值”的方法。

假设这支军队的作战人员共为 N 人。第 i 个作战人员的作战能力，包括精神状态、军事技能以及其他方面的杀敌本领为 h。那么，这支军队理论上最大的作战能力为

$$H=\sum_{i=1}^{N} hi \tag{9-1}$$

事实上，这支军队的战斗力并没有那么强，它还要受到是否指挥得当和环境是否有利的影响。令 S 表示由于缺乏有序度和指挥失当等所引起耗散度总和。如果组织得井井有条、人心所向及计划周密等，S 可取最小值。再令 C 表示环境因素，包括天时、地利和人和等外部条件。外部条件越糟糕，则 C 的值越大。最后，得到该组织系统所具有的最终作战能力为

$$E_x=\sum_{i=1}^{N}hi-CS=H-CS \tag{9-2}$$

可见，要求组织行为的最大“㶲”值，三个方面的因素是不可少的：①各作战人员均拥有较高的品质，即有较好的作战能力；②组织内部有很好的协调性；③外部环境优越，对己方非常有利。上述三者缺一不可。组织或团队作为整体来说，与热力学系统有很好的相似性，因此用“㶲”理论来分析团队的品质是可行的。

3. 团队绩效的“㶲”分析模型

追求团队绩效的目的是非常明确的，即要在激烈的竞争中保持优势，谋求发展。因此，所有关于团队绩效的分析模型都应指出产生团队最大绩效的方向。

从热力学对系统能量的“㶲”分析可以知道，提高系统能量的“㶲”值有三个方向：①提高系统的总焓值；②降低系统的总熵值；③降低环境温度。基于这种分析思想及团队与热力学系统的相似性，建立起团队绩效的“㶲”生态学模型。该模型的数学表达式为

$$E=H-CS \tag{9-3}$$

式中：E——团队绩效，具体地说，它代表团队的活性与能力，对军队是作战能力，对研究团队是科研能力等；

H——团队中各个体工作或战斗能力的总和；

S——团队中总的不协调性；

C——环境影响因素。

（资料来源：郑宏飞. 团队绩效的“㶲”分析[J]. 人类工效学，2003（3））

三、团队绩效的特征

（一）团队绩效大于个人绩效

团队是指在工作中紧密协作并相互负责的一小群人，他们拥有共同的目的、绩效目标以及工作方法。因此，企业对团队绩效的考核不是看团队成员的绩效，而是看团队的整体绩效，团队绩效就是一切。

（二）团队绩效不具有连续性

由于团队一般都是以项目为单位的，项目完成了，团队的使命可能也就结束了，因此团队的绩效不具有连续性。

（三）结果导向

绩效可以分为行为导向型和结果导向型。高绩效团队是“一切以结果为导向”，无论员工在工作中工作态度怎么好，工作方法如何先进，但是如果工作结果与最初的目标不相一致，这个团队都是失败的。高绩效团队中的每一个成员，每时每刻所思考的都应是如何实现当初的目标，他们知道结果决定一切，因为结果象征着团队所创造的价值，而企业的发展正是依靠每一个团队所创造出来的价值。

（四）高绩效团队应该具备的特质

1. 统一目标——任务特质

每个团队的建立或存在都有一个特别的任务，团队队员以完成这个任务为主要目标。因此，团队队员应该充分了解团队存在的理由，团队的界限及团队在组织中所扮演的角色、地位和功能。但是，目标的实现是要通过转换为具体的任务才能完成的。任务的内在结构包含三个因素：规划（即对行动过程、时间安排以及资源需求的决策），执行（即计划的实施）和控制（即对绩效和进度的监控，在必要时采取纠正措施）。

2. 程序认同——团队规则

在团队工作中，规则引导个人行为方式的标准化，在标准化的工作氛围中，人人都可达到最大的工作效率和最快的个人核心能力的提升。

责任分享包括两个层面：一是在团队队员共同分摊团队的工作过程中；二是针对团队的最后成果而言，团队的特色在于顺利完成团队目标的同时，全体队员将分享该成果，共同接受组织的激励与奖励；相反，当团队无法顺利完成特定任务时，则全体队员将共同承担这一失败的责任。因此，团队中必须明确划分每个成员的工作职责，要有严格的配合工作流程的责任分析机制。

另一方面，高绩效团队的成员必须经过系统的培训，成为有一定的工作经验而且具备技术、人际交往、解决问题等不同类型的技能。

3. 信息沟通——工作氛围

人们习惯于将群体性组织视为生产的函数“黑箱”，给定了一定的输入，就能期望得到相应的输出。由有情感的人组成的团队却没有那么简单。一般情况下，所有的情感都有可能影响到团队的组织绩效，无论是团队成员的生活情感、道德情感还是审美情感，但最关键的应该是那些更容易在团队成员之间引起互动关系、更容易影响团队组织绩效的那些情感，也就是成员之间的情感互动作用所产生的基于团队层面的情感。

第二节　团队绩效考核体系建立

一、团队绩效考核的原则

团队绩效是基于团队成员个人成就乘数效应而获得的集体活动成果，是连接个人绩效与组织绩效的中介和桥梁，是组织业绩获得和提升的关键要素与环节。因此，团队绩效考核的重点应该放在团队成员行为的目标聚焦效应、角色配置效应和行动协同效应这样三个关键方面来，通过有效的绩效考核激励机制，将团队绩效目标与成员个人绩效目标以及组织绩效目标有机地联系在一起，实现组织目标、团队目标和个人价值。

团队绩效考核除了遵循绩效考核的一般原则外，还应遵循以下原则：

（一）将团队绩效目标与成员个人绩效目标以及组织绩效目标有机地联系在一起

团队和一般的部门不同，团队是为了完成特定任务而组织起来的一个集体，在这个集体中，对个人的要求是协作完成团队目标，而不像一般的部门那样，将部门目标分解为个人目标。所以，在团队，一些在一般考核中鼓励个人绩效的考评常常会损害团队绩效目标的实现。但不对个人做任何的考核显然也是不对的，所以要解决应该怎样在考核个人绩效贡献的同时能够有利于团队绩效整合的问题。围绕这个问题，在确定团队绩效考核指标时，先要从组织战略愿景及绩效目标出发，看看有哪些目标是该团队可以影响和决定的，然后探索团队及其成员要做出什么样的努力、达到什么样的业绩状态才有助于实现组织这些目标，最后筛选和确定出若干关键绩效指标，并采取适当方法对其进行考核评估。

（二）将团队人力资源配置效果与成员个人绩效目标以及组织绩效目标有机地联系在一起

与个人的绩效受其工作行为的影响一样，团队的绩效也受团队的行为方式的影响。具体表现为，团队成员对自我角色的认识、工作的自觉性以及成员之间的协作性等。所以在团队绩效考核时，切不可只看团队的工作结果，更不能只看个人的工作成果，要结合团队功能的发挥情况去考核一个团队的绩效。

（三）将团队的绩效管理与成员个人价值的实现以及组织的可持续发展有机地联系在一起

在进行团队考核时，要从团队及其成员自我学习、自我提高的角度，考查和反映团队成员自我超越和团队创新学习的能力；从团队及其成员相互配合的角度，考核团队管理水平、成员配合的默契程度；从团队在组织中的职能定位的角色，分析和考核团队职能发挥程度和具体职责履行情况；从组织高层领导对团队的战略要求角度，全面刻画和综合反映团队绩效总目标、总任务和总成果的实现情况。

二、团队绩效考核的流程

按照现代绩效管理的思想，团队绩效考核是一个大的概念，它包括实施考核在内的一系列工作。

（一）准备阶段

准备阶段的工作主要是确定考核方法和考核指标。

1）确定工作要项。工作要项是指工作结果对组织有重大影响的活动或虽然不很重要但却是大量重复的活动；工作要项的选取建立在工作内容和要求都明确的基础上。

2）确定考核指标。就是对工作要项的标准给予明确定义，并就这些标准与员工进行沟通。这些标准应以员工岗位的特定需求为基础，并立足于组织长远的发展目标。绩效标准应当明确、可衡量、切合实际、难度适中且有区分度。在确定团队绩效考核指标体系时，既要有个人绩效考核指标，也要有团队绩效考核指标。团队绩效考核指标根据企业战略目标和团队整体目标确定。成员个人绩效考核指标的确定分别考查其任务绩效和周边绩效。“任务绩效”主要是指员工完成工作任务中与组织目标实现密切相关的工作要项；“周边绩效”则是指工作以外的努力程度，在更多支持团队和其他员工的心理环境以达成整体目标的过程中所体现出的工作绩效。

3）确定考核者。一般来说，考核人员可以包括上司、员工自己、下属、同事、小组成员和客户。这在第五章里已有论述，不再重复。需要指出的是，由于团队考核的特殊性，在确定团队绩效考核的主题时，还应包括针对团队意义基础上的上级、同级与下级，以便完成对团队绩效指标的考核。此外，在团队绩效考核主体的确定上，还可以有外界考绩专家或顾问。专家或顾问有考绩方面的专门技术、经验与理论修养，而且他们在组织中没有复杂的人际关系的干扰，较易做到公允的考核，也可以省去管理者本需花费的考绩时间。外界考绩专家也受被考评者所欢迎，因为专家不涉及个人恩怨，较易客观公正。对于组织来说，外界考绩专家也是受欢迎的对象，因为专家们在各部门所用的考绩标准是一致的，具有可比性，而且较为合理，但聘请外界考绩专家进行考评的成本较高，而且他们可能缺乏岗位专业知识。

4）确定考核周期和考核方法。一般的考核周期和方法的确定与组织的性质、实际情况、被考核者在组织中的职位等因素有关。团队考核周期的确定具有特殊性。团队是为了完成特定任务而成立的临时组织，所以团队往往是项目性的，在考核周期的确定上，要兼顾企业的长期利益和短期利益。对于项目周期比较短的，应主要考虑项目周期。对于项目周期比较长的，可以将项目分阶段，分别制定绩效目标，分阶段考核。

（二）收集信息

收集信息即收集有关反映员工绩效的资料。

数据收集的目的是为绩效考核收集“证据”。收集和记录员工绩效信息的主要原因有：①提供绩效考核的实施意见；②提供绩效改进的有利依据；③发现优秀绩效和不良绩效产生的原因。数据收集应以绩效为核心，与关键绩效指标密切相关。

（三）实施考核

实施考核即对照考核标准对被考核者的绩效作出评判。

传统的绩效考核及其指标的确定比较注意从个体的水平上进行，以职务与工作分析为基础，注意职务或岗位本身的特点，从人员与职务之间的匹配度来衡量绩效；而团队管理的目标是团队绩效，所以，在测量思路层次上，强调从群体和组织层次上作出分析。在团队绩效的评估中，需要把个体绩效和团队绩效结合在一起考虑。同时，根据以往关于团队绩效测评的研究结果，有许多因素影响着团队效能，在团队的绩效测评设计中必须综合分析团队所在的组织情景特征、团队任务特征和人员特征。

（四）反馈沟通

反馈沟通即绩效考核者和被考核者就绩效考核结果和改进措施进行沟通。

反馈沟通的目的是要让员工了解自己的工作情况，肯定员工的成绩，确认存在的问题，并制订解决问题的行动计划。绩效反馈最主要的方式是绩效面谈。

（五）结果应用

1）考核结果在人力资源各环节的应用。考核结果为薪酬制度、人事待遇、人事安排提供依据。

2）制订绩效改进计划。绩效改进计划是管理者与员工经充分讨论后，由员工自己制订的，包括改进项目、原因、目前水平和期望水平、改进方式、期限。在制订绩效改进计划时要注意切合实际、时间约束和具体明确。

3）绩效计划修订：①修订绩效计划的绩效考核内容，包括工作要项、关键绩效指标等。②修订绩效计划目标值，包括关键绩效指标的目标指标与挑战指标，以及工作目标的完成标准。③修订绩效指导与强化的方法及绩效考核与回报方法，即对指导及考核方法进行全面的验证分析，剔除不合理的因素，并进行修正。

三、团队绩效考核指标体系的建立

团队绩效考核指标体系的建立需要科学、实事求是地展开。

（一）团队绩效考核指标体系的建立原则

团队考核指标体系是指一组能够完整地表达团队目标、相互关联而又独立的指标集。由于团队的特殊性，设计团队指标体系时，应遵循以下原则。

1. 定量指标为主，定性指标为辅

尽可能地将考核指标量化，给出量化的标度，以便确定清晰的标度，从而尽可能地提高考核的客观性和准确性。

2. 少而精（关键绩效指标）

在众多的绩效指标中，选择能够反映绩效考核目的和考核对象运行目标的关键绩效指标。从管理的效益和效率的角度出发，没有必要、也不可能使用全部指标进行绩效考核。

3. 整体一致性

要注意单个指标与组织战略、绩效考核目标的一致性，指标要具有可考核性，各个指标之间相互独立并具有关联性，整个体系具有反映组织战略的全面性。

4. 获取指标考核信息的便利性

再好的考核指标，如果在实施考核中无法获取考核依据，这个考核指标也是没有意义的。

5. 指标整合性

对于团队而言，绩效有组织绩效、团队绩效和员工绩效三个层次。团队指标体系应该反映出这三个层次，只有实现或者有助于实现组织战略的团队绩效才是有效的；同时，从团队的特点来看，指标体系不应违背团队协作性这个基本原则，但又要承认个人的贡献。这样，

团队指标体系应该是反映上述三个绩效层次的指标的整合。

（二）团队指标体系的设计流程

1. 确定团队的绩效考核维度

绩效就是行为和结果，所以团队绩效指标的确定可以从两个方面来入手，一个是绩效达成的过程，即从工作流程的角度入手；另一个是绩效的最终结果，即从组织绩效目标的角度入手。

从工作流程的角度来确定团队绩效考核的维度，主要涉及绩效考核工作能力和工作态度两个方面的内容；从组织绩效目标的角度来确定考核维度，具体可以采用KPI分析方法把企业的战略目标层层分解为团队的目标，主要涉及绩效考核内容的工作业绩考核。这样，整个过程就确保了团队朝着企业战略目标的方向努力，也就保证了团队绩效和组织绩效的整合。最后，剔除一些不合理的并且合并重复的因子，将从这两个方面所得到的维度综合起来，从目标聚焦效应、角色配比效应和行动协同效应这样三个关键方面来建立团队绩效考核指标体系。

2. 确定团队成员的绩效考核维度

目前，多数研究者认为，对团队绩效的考核应从团队和个人两个方面进行，对团队成员进行测评主要在于保证员工的努力对组织来说是有效的，并认可成员的贡献，对绩效有差异的员工进行区别对待，同时发现员工存在的问题，进而为改善他们的绩效提供指导方向。这仍然可以从工作流程和组织绩效目标两个角度来确定团队成员的考核维度。需要指出的是，在确定团队成员个人绩效考核指标时，与确定部门员工个人绩效考核指标是完全不同的。确定部门员工个人绩效考核指标的依据主要是岗位工作职责，而在确定团队成员绩效考核指标时，主要是看成员在完成团队目标中所扮演的角色。也就是说，团队成员的考核维度是从团队的考核维度而来的，这样就将团队绩效和成员绩效统一起来了，最终保证组织绩效、团队绩效和员工绩效三者的整合。

3. 将各个维度分解成指标并建立相应的指标标准

在确定团队成员的考核维度后，可以对每个维度进行分解，以确定相应的指标要素或者指标，最后为指标建立相应的标准。团队的考核指标主要分为两大块：以团队为基础的指标和以员工为基础的指标，即团队的考核维度指标和与之相对应的员工指标。选择好团队的考核指标之后，还要分配指标之间的权重。

4. 形成完整的团队指标体系

将形成的指标与标准进行整理，形成每个团队的指标体系。团队指标的确定和选择是依据组织战略目标和团队成员应承担的角色而定的，所以完整的指标体系应注意其相对的稳定性，即指标体系不会因为团队成员的变更而发生太大的变动。当然，随着时间的推移，环境变了，工作流程变了，目标也在不断地调整，指标体系也应该进行相应的调整。

（三）团队指标体系的设计方法

团队指标体系设计的方法主要有以下几种。

1. 利用客户关系图确定团队绩效考核指标

客户关系图是一种描述与团队相关的客户以及团队能为这些客户提供某些产品或服务的图示。通过绘制客户关系图，可以表示出团队与其众多客户之间的关系。需要注意的是，这里所说的客户，不仅指团队所在的组织之外的客户，还包括与团队相关的组织内部客户，如团队成员所在部门的同事、其他部门的同事等。因此，当团队的设立是为了满足客户需求时，比较适合选用这种方法。

2. 利用组织绩效目标确定团队绩效考核指标

该种方法适合那些为帮助组织改进绩效而成立的团队。例如，某个团队成立的目的是压缩生产成本，那就可以用与生产成本的相关指标去考核团队。组织的目标是从组织的角度出发确定的，所以并不是所有的组织目标都可以作为团队绩效考核指标的确定依据的。在这里分析某一团队在其特定环境下对哪些组织目标有影响及其影响程度。如果团队能够影响这些组织绩效目标，就去分析团队应该怎么做、做到什么程度才能有助于组织达到其目标。将这些团体工作行为和工作结果规范后就形成考核指标。

3. 利用绩效金字塔来确定团队绩效考核指标

绩效金字塔实际上是把组织目标分解的过程，团队可以根据工作特点，从金字塔中找到对应的位置，从而便可确定绩效指标。如果创建的业绩金字塔是为整个组织而建立的，则只有金字塔内的某些部分才是你的团队需要对此负责的。通过对金字塔的观察，团队可以确定它应当对此负责的几项工作业绩。这些也就是我们要对团体进行考核的项目。

4. 利用工作流程图确定团队绩效考核指标

工作流程图是描述工作流程的示意图。工作流程贯穿于各部门之间，向客户（既包括组织内部顾客，也包括组织外部的顾客）提供产品或服务的一系列步骤。通过工作流程图，团队可以明确重要的工作移交和工作步骤，向客户提供的最终产品，之后就可以确定团队的考核指标了。

总之，当客户满意度是团队的主要驱动力时，最常采用的方法是客户关系图；当重要的组织绩效目标必须得到团队的支持时，最常采用的方法是支持组织绩效的业绩；当团队和组织之间的联系很重要，但团队和组织之间的关系却不甚明了时，最常采用的方法是团队业绩金字塔；当团队的工作具有清楚明确的工作流程时，最常采用的方法是工作流程图。

第三节 团队绩效考核方法

一、团队绩效考核的一般方法

从绩效管理的理论来讲，所有的绩效考核方法都可以应用于团队绩效的评价，只是由于团队存在目的、运作方式及成员组成等与传统的部门有很大不同，因此，在评价其绩效时，侧重点亦有很大差异，这种差异必然会影响具体评价方法的选择和应用。在众多绩效考核方法中，常用于团队绩效考核的方法如下。

（一）多维绩效考核方法

这是由绩效的多维性决定的。一般来讲，员工个人的绩效是从多个方面体现的，那么，团体的绩效也是从多个方面体现的。因此，在团队绩效考核时就需要从多个角度去考核团队及其组成人员的绩效水平。多维绩效考核方法的要点如下。

1）从多角度建立绩效考核指标。对于团队成员来讲，应综合考虑个人的工作能力、工作态度和工作业绩，从这三个维度去升级绩效考核指标；对于团对来讲，应根据团队的特殊任务和目标设计绩效考核指标。

2）从多角度获取绩效信息。多维评价方法可以从那些能直接观察团队及其成员行为表现和工作成果的多方信息源中收集绩效信息。这些信息来源包括员工的同事、下属、上级、顾客、供应商和其他职能部门的员工，也包括团队的直接上级、横向协调部门和客户。

3）根据指标的不同类型采取相应的考核技术。对于结果导向型考核指标，要采用如目标管理法之类的考核技术。对于行为导向型指标要采用如量表法之类的考核技术。对于员工特质型的考核指标，要采用定性的考核方法，而不能一概而论。

（二）关键绩效指标法

关键绩效指标指那些足以反映考核对象的本质特征、行为和结果的指标，是指企业宏观战略目标经过层层分解产生的可操作性的团队目标，是宏观战略决策执行效果的检测指针。它通过对目标进行层层分解的方法使得各级目标（包括团队目标和个人目标）不会偏离组织战略目标。作为当前绩效考核的一种实用工具，使得关键绩效指标可以更好地衡量团队绩效以及团队中个体的贡献，起到很好的价值评价和行为导向的作用。

基于关键绩效指标的团队绩效考核的思路是，依据企业的战略目标和客户的需求来确定团队的目标，据此确定团队整体绩效和团队个体绩效的考核维度，并分配不同的权重，然后进行各个维度下的关键绩效指标解析，根据 SMART 原则确定每个维度下的关键绩效指标以及考核的标准。

在运用关键绩效指标考核团队绩效时，有一个基本的思想，那就是使其能真正反映团队的绩效，促进团队的绩效管理，使团队能切实实现组织的战略目标。具体需要注意以下几点。

1）关键绩效指标的变化性。团队关键绩效指标是在对组织战略目标分解后取得的，它是企业内部分级目标的体现。当企业阶段性目标和战略重点发生变化时，团队关键绩效指标也要相应地作出调整，以此保证不偏离上一级目标。

2）联系性。团队成员个体KPI应反映个体对团队的贡献，尽管团队成员的个体KPI并不一定是从团队关键绩效指标下直接分解而得，有时它更多的是根据角色要求结合团队目标来设定。但是它一定要能够反映出个体对团队的贡献，从而更好地促进团队建设，提高团队绩效。这一点对于实现企业目标、团队目标和个体目标的统一至关重要。

3）改善性。团队关键绩效指标要有助于绩效改进。绩效管理的理论告诉人们，企业开展绩效管理的最终目的是通过改善个人绩效以达到改善企业绩效的目的。所以，绩效考核仅仅是绩效管理的一个环节。对于团队绩效考核来说，目的是希望能够借此促进团队绩效的改进。通过关键绩效指标，团队及其成员可以清楚地知道组织希望他们做什么，怎么做，要做到何种程度，以此来约束自己的行为，并对不符合标准的地方加以改进。

（三）平衡记分卡

平衡记分卡是从财务、内部业务、客户以及创新学习四个维度对考核对象进行全方位的考核，被广泛应用于企业和部门考核。后来人们又把这种方法引入到团队绩效考核中。

由于平衡记分卡的特殊设计机理，将平衡记分卡应用到团队绩效评定中，其优点十分明显：

1）有利于将组织的战略目标转化成团队的绩效指标和行动；

2）有利于团队成员对团队的目标和战略的沟通和理解，增强团队的凝聚力；

3）有利于团队和成员个体的学习成长及核心能力的培养；

4）有利于较为公平地对个人绩效进行评定，提高员工的归属感，有助于合作意识的培养。因此，可以促使个人绩效的最大发挥，实现个人目标与团队和组织目标的一致。

由于团队类型的不同，在利用平衡记分卡对团队进行绩效考核时侧重点也应有所不同，因而四个因素在整个平衡记分卡中所占的比重也有所不同。例如，研发团队主要负责新产品的开发和设计，一般研发周期较长，过程投入大、产出小，在开发设计期间，其投资回报率也很低。因此，在研发团队的平衡记分卡设计中，财务指标所占比重就不应太高；内部业务方面，由于工作的不确定程度高，工作内容和工作标准难以制定，可以侧重考核同竞争对手相比的业务领先情况；客户方面也不应作为考核的重点，可考核团队对市场需求的掌握情况；由于创新学习能力对研发来说非常重要，因此要利用平衡记分卡来激励团队不断采用新技术，团队成员不断学习创新，因此其比重应较高。而对于生产团队来讲，对其考核的重点应该是财务和内部业务流程两个方面。

二、职能型团队的绩效考核方法

在组织中，各职能型工作群体，诸如生产运营人员、工程技术人员、市场营销人员及行政管理人员等，由于职能定位、工作性质和业务流程等方面的差异，其绩效考核的具体操作技法也有很大出入，并需要从实际情况出发有针对性地加以组织实施。

（一）生产团队绩效考核方法

生产团队绩效考核生产运营人员是组织产品和服务最直接的提供者，其工作往往具有一个操作规程、系统化的运作流程以及明确的数量和质量要求，他们的工作业绩一般有清楚、可度量的结果表现，而且素质、行为和结果之间也有比较明确的相关关系。因此，这类人员的绩效考核操作技法，通常以结果法为主，兼及素质法，并辅之以少量的行为法。生产运营人员绩效考核可以以个人比较法为基础，采取个人绩效合约法、目标管理法和自我业绩报告法等多种方法，并兼顾德、能、勤、绩等多维度绩效状态综合考查和评估。

（二）研发团队绩效考核方法

研发绩效考核工程技术人员是为组织产品和服务提供技术支持、基本建设和创新动力的工作群体，其工作及其绩效具有隐含性、长期性和不确定性，工作内容和范围通常难以明确界定，工作行为和过程需要有独立自主性和多元探索弹性，工作结果往往难以在短期内显现，也不易进行标准量化评价。因此，对于工程技术类工作群体的考评，必须紧密联系组织战略目标要求，立足研发项目团队整体运作状态，以素质法为基础平衡兼顾运用行为法和结果法，沿着研发路径合理性、工程运作流程规范性和研发成果创新性三个基本绩效维度，对工程技术人员绩效状态进行全面、系统而又有聚焦重点的考核评估。

（三）销售团队绩效考核方法

市场营销人员，包括采购、物流、销售和客户服务等工作人员在内，他们专门负责与外部“打交道”，从事“输入”和“输出”业务，其基本职能就是为组织获取生产资源并最终实现组织价值。这类人员需要具备市场创新精神和能力，其工作性质具有显著的个体自主性和创新开拓性，在时间和空间上具有很大的自由和弹性，他们的业绩成果及其差异性也较明显，有关绩效目标、标准及指标一般也比较容易确定和衡量。市场营销人员群体比较复杂，其绩效考核具体操作应该区别对待。

1）对于原材料采购和产品推销员，可以采取结果导向法，采取定额标准、个人绩效合约和目标管理等方式进行业绩考核。

2）对于客户服务人员，其绩效考核就要以行为导向法为主，采取有效的互相监督机制对他们的服务行为进行跟踪监控和评估。

3）对于一般市场营销员工，可建立完善的素质档案库，采取素质法进行业务员综合素质考核、监控和开发工作。

4）对于营销主管和市场经理，要建立团队绩效合约和长期绩效管理机制，按照计划、定额和契约标准综合考核评估其业绩水平。

三、知识型团队的绩效考核方法

知识型团队的任务一般都是创造性的而不是重复性的。产生创造性的过程一般不太容易控制，因此知识型团队的绩效考核主要以结果为导向，而不是以行为为导向。知识型团队的绩效考核需要综合以下四个角度的指标进行：效益型指标（可以直接用来判断知识型团队的工作产出成果，即团队的产出满足客户需求的程度）、效率型指标（知识型团队为获得效益指标所付出的成本和投入产出的比例）、递延型指标（团队的工作过程和工作结果对客户、投资者、团队成员的长远影响）、风险型指标（判断不确定性奉献的数量和对团队及其成员的危害程度的指标）。有了这四类评价指标，还需要为这四类指标设置权重。将团队在这四个方面的表现进行加权平均就可以得到知识型团队的综合绩效成绩。

四、跨部门的团队绩效考核方法

实际上，严格意义上的团队本身就是由跨部门人员组成的，前面几种类型的团队都存在跨部门考核的问题，在这里一并作补充论述。

传统的绩效考核通常是严格按照部门进行的，如果打破部门的考核标准，建立以人为本的跨部门考核制度，那么无论员工在哪都能进行考核。矩阵形式的组织结构比较适用于跨部门的团队绩效考核。

做好跨部门团队考核，关键是要做好标准化工作，也就是考核目标的标准化、考核程序的标准化、组织的标准化、方法手段的标准化。考核的目标要包括团队目标实现程度、目标的实现进展、目标的难度实施手段和工作态度等。对于性质相同的部门要采用同一评价的方法，使考核结果具有可比性。考核的手段也应该标准化，评价卡片、绩效目标资料都要由人力资源部统一印制。

由于跨部门考核涉及的人群比较多，因此人力资源部门有必要做好沟通协调工作，及时组织关于跨部门考核的培训，积极推进跨部门考核的完成。

五、新型团队的绩效考核方法

相对于以上传统工作群体来讲，从团队理论分析，有一种团队被称作新型团队，其绩效考核操作也会很不相同。

（一）解决问题型团队绩效考核

这是新型工作团队的初级形式。其成员有的是来自同一个部门，通常由5～12位职责范围部分重叠的员工及主管人员组成，更多的时候是由不同部门的代表组成，实际上是一种围绕某一特定问题，特别是跨部门问题而组成的任务组或临时工作委员会。他们或是每周用几个小时的时间来碰碰头，或是由某一事业部的专职协调员牵头形成较规范的研究合作小组，共同讨论研究诸如产品质量、生产效率或工作环境等方面的问题。20世纪80年代，产生于日本的“全面质量管理小组”和在中国产生巨大影响的“质量管理小组”大致就属于这种类型的工作团队。这些质量管理小组一般由10名员工和质量监督员组成，定期（如一周数次）会面，研究有关质量方面的问题，如发现问题可向管理层提出改进方案或建议。当时主要是攻关性质的，为了解决某一个问题需要加强横向员工协作或部门间联系的重要途径加以利用的，但已经具有不同于传统部门工作群体的团队特性。

在这种工作团队中，成员可以就如何改进工作程序和工作方法互相交换看法或提供建议，但几乎没有独立权利根据这些建议单方面采取行动，因而其绩效考核评估难度较大，只能围绕问题研讨和解决的有效程度对组织成员的参与行为做大致的督促，无法严格监控各个成员的具体行为状态，在绩效考核中主要关注团队的工作成果而不是个人的工作绩效。

（二）自我管理型团队绩效考核

这是新型横向扁平化组织结构下和 IT 行业普遍采用的组织结构实际方式，是一种具有真正独立自主权的工作团队，团队特点体系比较明显。这种团队不仅要研究存在的问题，而且制定和执行解决问题的方案，并对工作结果承担全部责任。这种工作团队的绩效考核，概括起来应该注意以下 3 点。

1）由于团队拥有完成整个工作任务所需的物质资源、信息资源及其他相关条件，其所控制资源的有效配置和利用状况显然是一个关键绩效因素，在设置指标及考核评估时应该给予重点考虑。

2）对自我管理型来说，团队成员是否拥有互补的专业化技能和综合性技能对于整合工艺设计、生产流程和营销服务等方面的职能以完成团队目标和任务至关重要，在考评时，应该特别注意从“团队设计变量”角度，选择和确定关键绩效指标及其权重，重点反映、监控和管理团队角色配置效应。

3）自我管理型团队拥有自主决策权，因此有条件强化其绩效整合管理，应该将绩效考核纳入日常绩效监控管理系统，统一进行目标规划、实施步骤、过程监控、绩效考核和外部协调等管理活动，促使团队成员主动承担以前由主管上司所承担的一些责任，如制定工作节奏、分派工作任务、安排工间休息以及在成员间相互进行绩效考核等，以最大限度地提高团队绩效水平。

（三）综合功能型团队绩效考核

这种团队不仅跨越纵向的职能部门，而且跨越横向的事业部门，具有多功能、综合性特点，多出现在大型跨国公司，用以协调完成复杂的项目。其他一些高科技公司也往往采取这种团队管理方式。

综合功能型团队成员一般由来自不同工作领域（职能部门或事业部门）的员工组成，以完成临时性的某项攻坚性任务为目标。这种工作团队是现代大型公司普遍采用的一种有效组织运作方式，它通过组织内（甚至组织之间）不同领域员工的相互交流信息、互动学习，激发新观点，解决面临的特殊难题，协同攻克复杂的管理问题、研究课题和开发项目。这种团队在其形成的早期阶段，团队成员往往要用大量时间才能学会处理复杂多样的工作事务，尤其是要在那些文化背景不同、经历和观点各异的成员之间，建立起信任并能真正地协同合作，就需要付出更大的努力和耐心。

对于综合功能型团队绩效的考核评估，应该将重点放在如下两个方面：一是关于组织领导层打破传统部门考核制度束缚推动学习型变革的组织创新再造状况，以及团队成员围绕共同愿景目标导向进行团队和组织学习的精神驱动及战略性整合激发情况；二是关于组织信息沟通、知识共享和资源综合调配利用效率的整体评价，以及跨部门协作、协同和合作行为的考核监控。

（四）网络虚拟型团队绩效考核

这是在现代网络通信技术支撑下形成的，远距离协作完成知识创新性任务的一种新型工作团队。实际中，网络虚拟型工作团队的形成和有效运作，需要具备高科技物质基础平台，有特殊凝聚力的群体意识和合作精神以及高水平的战略管理能力。其绩效考核的操作要点如下。

1）关于高科技物质基础平台建设状况的系统评估。在网络虚拟型团队的日常运作中，成员来自于组织内外的各个领域，他们有各自的本职工作，由于时间和空间上的隔离，往往不太容易面对面接触和交流，而主要是通过现代电子通信技术和网络媒介，如电子邮件、网络聊天室、电视电话会议、传真、卫星传输和网站等，进行远距离沟通并共享知识、数据和信息资源。在这种情况下，团队的有效运转高度依赖于高科技物质基础平台建设能力，为此，应该重点加以考核、监控和管理。

2）关于团队特殊凝聚力、跨文化合作精神的综合考核。网络虚拟型团队成员来源广泛、多样，通常是跨部门、跨组织甚至是跨文化的，由各界各领域相关人士组成的超大型协作集团，其承担的往往是科技创新、战略管理和行业领导等具有挑战性的重大任务。因此，关于团队特殊凝聚力、跨文化合作精神应该成为网络虚拟型团队绩效考核和管理的聚焦点和重心。

3）关于战略重组和整合管理能力的总体评价。网络虚拟型团队运作具有高度的运作弹性和适应性，往往超越时空限制、组织边界和专业领域局限，根据快速变化的内外部环境条件，以临时契约、战略联盟和其他多种形式，灵活变换具体组织形态和运作方式。据此，团队重组战略性资源和战略整合管理的能力，应该成为绩效考核评估的重点内容。

知识拓展

团队管理中的“雁行”理论

大雁南飞是一个团队合作的过程，是一群志同道合的伙伴互相协作、互相鼓励，直至实现共赢的过程。团队的成长是一个艰难的过程，因为组成团队的每一分子都是人，而做人似乎从来就不是一件容易的事。

野雁（大雁）每年要飞行好几万英里，光是一天内就可以飞越好几百英里的距离，真是人世间的一大奇观，而它们就靠随时不断的互相鼓舞到达目的地。野雁的叫声不但热情十足，而且足以给人以精神鼓舞。

“雁群排列成V（人）字形，当每一只雁鸟展翅拍打时，造成其他的雁鸟立刻跟进，整个鸟群抬升。借着V字队形，整个雁群比每只雁鸟单飞时，至少增加了71%的飞行距离。”

联想到人们现实的工作中来，过去人们的工作方式就好比一只只单飞的雁，分工较多而合作较少，从而造成工作效率不高。正所谓众人拾柴火焰高，作为万物之灵的人，只要同心协力，注重团队合作，必定也有提升71%生产力的潜能，以合作取代孤立，一起创造整体最大的工作价值。所以要有相同的目标，彼此之间互相督促，互相推动，这样才能更快速地到达目的地。

“当一只野雁脱队时，它立刻感到独自飞行时迟缓、拖拉与吃力，所以很快又回到队形中，继续利用前一只鸟所造成的浮力。”

有些人喜欢什么事情都自己做，从不向别人请教，不愿得到他人的协助，这样虽然也能完成工作，却花费了更多的时间和精力，工作的品质也不见得高。就像一只脱队的野雁独自飞行，迟缓而且吃力。

愿意接受他人的协助，也愿意协助他人，是每个人成功的必要条件。处在团队中，如果能充分利用团队的资源，就能像雁群中的每一只大雁，能利用前一只鸟所造成的浮力，事半而功倍。因此团队中的成员除了本身的知识专长，还应该努力去学习别人的技能，扮演多知多能的角色，与团队成员互相帮助，共同提高。

如果我们拥有像野雁一样的感觉，我们就会留在团队里，跟那些与我们走同一条路，同时又在前面领路的人在一起，他们会带领我们走向成功。

"当领队的野雁疲倦了，它会退到侧翼，由另一只野雁接替它飞在队形的最前端。"

工作中也应该如此，Team Leader 并不是固定不变的，每个成员都必须准备好有一天担任 Leader 的角色。所以我们要做的是在现在还没成为 Leader 时先学习 Team Leader 所要具备的知识、技能和品质。机会是给予那些准备好的人的。

我们期待人人将工作的价值观予以提升,不要只为了生计而工作,要为工作而生活，成为充实、快乐、生活充满意义的工作者。

"飞行在后的野雁会利用叫声鼓励前面的同伴来保持整体的速度,继续前进。"

成功者最重要的品质就是坚持。那么,面对工作中的困难和障碍,怎样才能坚持下去呢?这不仅要求自身要有坚定的信心，成功的信念，同时也需要同伴的热情鼓励。

所以必须确定的是，从我们背后传来的是鼓励的声音，而不是嘘声。批评让我们调整步伐,鼓励更能让大家往前迈进。如果我们拥有野雁的感觉，我们将像它们一样互相鼓励、互相扶持。

"当有一只雁生病或受伤时，会有其他两只从队伍中飞下来协助和保护它，直到它康复或死亡为止，然后它们自己组成队伍开始飞行，努力去追赶上原来的雁群。"

大雁尚且知道互相照顾和扶持，何况受过教化的万物之灵长的人类。

那么，当有人工作不熟练时,其他成员就要热心地帮助他；当有人生病请假时，其他成员都会关心他，并且接过他的工作。在团队里，不论在困难的时刻或在顺利的时候，大家都相互扶持，互帮互助，大家都明白只有团队的成功才是个人的成功，只有团队的力量才是无穷。

秋天到了，叶子黄了，一群大雁往南飞……将"雁行理论"应用于我们的工作，我们也能飞得更高更远。

（资料来源：http://www.chinahrd.net/article/2010/07-19/90955-1.html）

本章小结

团队就是由两个或两个以上相互作用和相互依赖的个体，为了特定目标而按照一定规则结合在一起的组织，通过成员之间的相互沟通、信任、合作和承担责任，产生群体的协作效应，从而获得比个体成员绩效总和大得多的团队绩效。

相对于"绩效"这一概念的不同角度的界定，团队绩效的定义也不相同。这里把团队绩效定义为：团队绩效是基于团队成员个人成就乘数效应而获得的集体活动成果，是连接个人绩效与组织绩效的中介和桥梁，是组织业绩获得与提升的关键要素和环节。

团队绩效考核的主要流程包括考核前的准备、收集信息、实施绩效考核、考核反馈和结果应用等环节。

对团队绩效的考核可以使用多种方法。常用的考核方法包括多维绩效考核方法、关键绩效指标法、平衡记分卡等。除此以外，根据不同类型的团队，采取不同的具体考核方法。需要注意的是在选择考核方法时，要考虑不同方法的适用性及不同类型团队的具体特征。

此外，我国的企业管理者和团队领导在实施团队绩效测评时还应注意以下几个方面：必须要赢得团队成员的关注与认可，团队成员需要充分理解他们的测评系统；确保团队的战略与组织战略相一致；确保团队绩效测评的目的是确保问题的解决，从而提高团队的工作业绩；选取最重要的几个方面来测量；在开发绩效测评系统时，应充分考虑顾客的意见；测评系统应详细描述每一位团队成员的工作。

复习思考题

1. 团队绩效的概念是什么？
2. 高绩效团队的特征包括哪些？
3. 哪些因素会影响团队绩效？
4. 团队绩效考核的流程包括哪些？
5. 团队绩效包括哪些类型？其考核方法都是什么？

案例分析

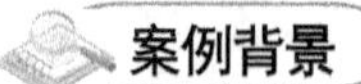

案例背景

高绩效团队的困惑

最近生产管理部经理 A 先生越来越感到本部门的创新氛围大不如前，现在部门成员对本职工作都非常熟悉，工作完成情况较好，但就是感到他们都有一种不思进取的态度。另外，部门成员对待其他部门的态度、看法也与以前不同，平时言谈中总是流露出不满的情绪，诸如某某部门的人员如何如何没有理念啊，没有思路啊，自满的态度在部门成员间平时的交谈中表露无疑。A 经理感到现在是到了应该好好想想本部门问题的时候了。

A 先生所在的企业是一家合资的生产日用消费品的制造类企业，这几年公司业务发展迅速，平均每年都有 10%以上的增长，虽然近两年国内市场竞争越来越激烈，但是由于公司在前几年培养了良好的企业文化及打下了扎实的管理基础，公司仍能继续保持平稳发展。公司这几年一直采用目标管理（MBO）这一管理工具，强调参与式的目标设置，并且强调所有目标都必须是明确的、可检验的和可衡量的。同时，公司在四年前成功运行了一套企业资源计划（ERP）系统。这套计算机管理系统不仅使公司的物流、财流、信息流达到最优化，而且使公司的组织结构扁平化，目标设定具体化，并对目标的绩效反馈有很大帮助。目标管理与 ERP 系统相辅相成，使公司具备了良好的管理基础，并形成了目前良好的企业文化。

A 先生于五年前进入此公司并在生产管理部门担任部门负责人，生产管理部共有四位员工，他们是进入公司 1 年的 B 先生、C 小姐，进入公司 3 年的 D 先生与 E 小姐。在进入此部门两星期后，A 先生了解到 B 先生做事有条理，交给他做的事总能有计划的完成，但是 B 先生在工作中主动性不够。C 小姐活泼开朗，在工作中经常会提出一些新鲜点子，但是做事条理性欠缺。D 先生从公司刚成立就已在此部门工作，经验丰富，而且工作积极主动。E 小姐与 D 先生同为公司资深员工，工作经验丰富，且公司人缘很好，在公司各个部门都有好朋友。

在 4 年前公司 ERP 系统成功上线后，经过业务流程重组，A 先生负责的生产管理部门主要包括以下这些工作职责：①制作生产计划，主要是根据公司市场部门提供的销售预测及公司财务部门的库存目标，结合工厂产能计划，制作年度、季度、月度的生产计划；②制作产能计划，主要是与工程部门、技术部门、生产部门一起核定生产产能计划，通常每年定期核查，平时如有变化就需及时更改；③安排日常生产排程，主要将客户订单及生产计划变成生产指令下达给生产部门组织生产；④制作采购计划，系统依据生产计划及动态客户订单数量产生基础 MRP，经过人为整合下达采购指令给采购部门以采购原料；⑤制作分销资源计划，由于公司在全国各地有 5 个仓库向各地发货，所以需要向各仓库分配产品，安排运输，同时还要与各地经营部联络满足各地的订单需求与控制各地库存水平等。

A 先生利用业务流程重组的机会，将手下 4 位员工的工作职责进行了重新划分：经验丰富的 D 先生负责制作生产计划与产能计划；经验丰富的 E 小姐负责制作分销资源计划；B 先生负责安排日常生产排程；C 小姐负责制作采购计划。由于部门内所有人在公司上 ERP 项目的时候都经过了系统的完整培训，同时又都有一定的工作经验，所以大家很快熟悉并胜任了各自的工作。

由于公司采用了目标管理工具，每个员工都要参与制定各自的工作目标，所以大家都清楚地知道个人及上级的工作目标。生产管理部门 A 先生的目标是生产计划达成率为 90%以上，原辅料、半成品、成品的库存控制在 4000 万人民币以下，客户订单的交货期为 5 个工作日以下。而此目标又分解到部门其他 4 位员工，如 C 小姐负责采购计划，她的目标是原料库存在 2500 万人民币以下，缺料率在 2%以下，主要原料缺料率为 0。同样，B 先生负责生产排程，他的目标是客户订单交货期为 5 个工作日以下，半成品库存为 200 万人民币以下，等等。由于所有人的目标明确，都可衡量，且 ERP 系统保证了所有的数据都可随时提供，绩效反馈非常有效，保证了公司激励制度的有效实施，并且各成员的工作都具有一定的挑战性，所以 A 先生这个部门的工作满意度较高。

由于本部门工作完成情况要与其他部门的配合，所有的工作都需要与人沟通才能完成，如要完成生产计划，不仅要与本部门生产排程、采购计划、分销计划充分沟通，还需要与市场部、财务部、研发部、技术部、工程部等部门进行有效的沟通，同样制作分销计划，不仅要与本部门的生产排程进行沟通，还要与工厂仓库、运输公司、各经营部客户服务人员、市场部人员、各地仓库等进行沟通。所以 A 先生在部门内一直强调沟通的重要性，并积极提倡协同配合，使大家都明了每个人的工作都需要部门内其他人员的帮助才能完成。而要做到这点，大家都知道互相信任、互相帮助、开诚布公的重要性。

由于在生产管理部门内各成员的工作都相辅相成、互相依赖，大家都有了解别人工作的愿望，A 先生要求各成员将各自的具体工作写成流程形式，并包括各类细节，供部门内所有人员参考，还鼓励大家互相学习彼此的工作，而且规定每年必须轮换工作。由于大家的工作业绩都互相依赖，大家都努力学习他人的长处，同时努力帮助他人克服缺点，至今部门内所有人都具备单独完成各项工作的能力。

A 先生在部门中一直提倡创新观念，他本人就一直提出各种各样的新观点和想法来帮助大家更好地完成工作，而 D 先生一般会帮助 A 先生将他的观念落实，如制定操作程序等，B 先生和 C 小姐也经常会对这些观念提些建议，而 E 小姐小心谨慎，她会考虑新观点对各方面的影响。由于 A 先生的倡导，部门内逐步树立许多好的观念，如“鼓励提出不同意见”“不能提出改进意见，就不要反对别人的观点”“不提出改进意见，就完全按别人意见做”等。

经过这几年的成长，生产管理部已成为一个工作绩效高、学习能力强、工作满意度高、内部凝聚力强的团队，部门内的成员都以在这个团队中工作为荣。然而，当前在这个团队中出现了诸如篇头提及的一些不和谐的现象，A 先生通过几天的考虑，决定采取行动。

（资料来源：http://wenku.baidu.com/view/670b068f680203d8ce2f24f7.html）

案例讨论

1）请分析 A 先生是如何成功打造高绩效工作团队的。

2）请描述这个高绩效团队的价值。

3）目前 A 先生所领导的团队为什么会出现问题？如何克服？

实践环节

实训练习

团队绩效考核

通过本章的学习，学生应掌握团队绩效考核的流程与方法。将全班同学分成若干 5 人小组，对企业的一个团队进行绩效考核（每个小组可以选择不同的企业和不同的团队）。

第一步，根据团队和团队绩效的有关界定，选择典型的团队为考核对象。

第二步，收集该团队的绩效资料。

第三步，按照课中所讲的流程完成对团队绩效的考核。

第四步，由各组组长在课堂上汇报小组的工作过程和成果。

第五步，教师进行总结。

本练习可以训练学生学会如何在实际工作中鉴别部门、小组和团队，掌握收集资料的方法，学会如何按流程完成工作；通过练习，加深对本章所学知识的理解。

第十章　绩效管理的发展

教学目标

随着知识经济的到来，绩效管理的发展呈现多元化管理的发展趋势。通过本章学习，学生主要应系统地了解和掌握绩效管理理论的发展与绩效管理的理论关系，绩效管理的总体发展趋势的变化主要从结果导向转变为发展导向，从单项评价到系统评价，从绩效管理到注重战略管理绩效发展观点，绩效管理的技术也不断发生变化。

学习目标

- 掌握管理理论变革与绩效管理的发展；
- 掌握管理理论的演变促进绩效管理的战略观点形成；
- 了解国外绩效管理的理论与实践；
- 由绩效考核向战略性绩效管理理念的转变；
- 重点绩效考核的过程需引进心理学发展的思考；
- 了解绩效管理心理学的发展；
- 了解单向评价到系统评价的转变；
- 了解电子绩效支持系统。

关键词

绩效管理　系统评价　发展心理学
电子绩效　学习型组织

导入案例

中国最早的官吏考核制度

中国古代有作为的帝王对官吏的考核都非常严格。他们建立一整套的考核管理制度，对不称职的官吏轻则罢官，重则杀头。建立官吏考核制度最早的恐怕要算帝舜了。帝舜每3年对官吏考核1次，3次考核的结果决定官吏的升降和处罚，没有政绩或者出现失误和犯错误的就要受到免职或更加严厉的惩罚。在帝舜的严格管理下，各级官吏工作努力，争先恐后地建功立业。应该说帝舜是我国历史上第一个建立官吏考核和能上能下管理机制的人。

随着管理理论和实践的不断发展，组织的绩效管理方式也在不断变化。从赏罚分明到绩效评价，再到绩效管理，这是一个在认识上不断深化、在实践上不断进步的转变过程。当今组织置身全球化浪潮之中，面临着信息技术和知识经济的双重挑战与机遇，更应该站在战略的高度，从全局发展的角度来审视绩效管理的现状、借鉴成功的经验，对绩效管理的发展进行一个前瞻性的思考。

（资料来源：胡君辰，宋源．绩效管理[M]．成都：四川人民出版社，2008：10-11）

第一节　管理理论变革与绩效

管理理论的不断创新直接带动了绩效管理理论的创新，绩效管理思想、方法经历了传统的非系统化到现代的系统化的演变。控制论、系统论、信息论、行为科学、管理学等构成绩效管理的一般理论基础，目标管理理论、管理控制理论等构成其直接理论基础。绩效管理的本质是对绩效信息的获取、分析和应用过程，应遵循管理控制的一般规律。

一、管理理论变革与绩效管理的发展

（一）科学管理理论下的绩效管理

科学管理理论是由科学管理之父——弗雷德里克·泰勒在他的主要著作《科学管理原理》中提出的。

科学管理不仅仅是将科学化、标准化引入管理，更重要的是提出了实施科学管理的核心问题——精神革命。精神革命是基于科学管理认为雇主和雇员双方的利益是一致的。因为对于雇主而言，追求的不仅是利润，更重要的是事业的发展。而事业的发展不仅会给雇员带来较丰厚的工资，而且更意味着充分发挥其个人潜质，满足自我实现的需要。正是这事业使雇主和雇员相联系在一起。

科学管理思想认为，当雇主双方友好合作，互相帮助来代替对抗和斗争时，就能通过双方共同的努力提高工作效率，生产出比过去更大的利润来，从而使雇主的利润得到增加，企业规模得到扩大。相应地，也可使雇员工资提高，满意度增加。

科学管理理论阶段研究的重点是标准动作、标准时间、劳动定额、工艺规程、差额管理。这个阶段绩效管理的特点如下。

1）考核计划和考核执行分离，有两个部门分工实行，各司其职。

2）以控制为目的，主要考核员工的结果。

3）注重数量而非质量。

（二）行为科学理论下的绩效管理

行为科学作为一种管理理论，开始于20世纪20年代末30年代初的霍桑实验，而真正发展却在20世纪50年代。行为科学的研究，基本上可以分为两个时期。前期以人际关系学说（或人群关系学说）为主要内容，从20世纪30年代梅奥的霍桑试验开始，到1949年在美国芝加哥讨论会上第一次提出行为科学的概念止。在1953年美国福特基金会召开的各大学科学家参加的会议上，正式定名为行为科学。在行为科学研究时期，这个阶段的研究重点是：人的行为及其产生原因（需要、欲望、动力、目的）。

这一时期绩效管理的特点如下。

1）在关注绩效结果的同时，员工的态度和行为成为考核的重要方面。

2）考虑需求层次，提高激励结果。

3）通过提高个人绩效达成组织绩效。

4）重视非正式组织对员工绩效的影响。

（三）"以人为本"管理理论下的绩效管理

行为科学思想的提出，改变了管理界的许多认识。以人为本是一种现代管理理论，强调以人的管理为中心，在尊重人、理解人的基础上，通过科学、合理地组织以及人性化的管理，充分调动人的主动性和能动性，激发人的内在潜力，挖掘人的社会价值，提高经济效益和社会效益。以人为本强调以人为主体，以文化为先导，以制度为保证，以价值为中心。

这一阶段的研究重点是：管理归根结底是对人的管理，帮助实现人的价值，才能实现组织和个人的共同发展。

这一时期绩效管理的特点如下。

1）由狭义的以控制为目的的绩效管理发展为由6个环节组成的完整的绩效管理过程。

2）在价值取向上更注重员工潜能绩效的开发，在操作中更加注重反馈和沟通。

3）将关注绩效结果、关注员工工作态度和行为、注重员工的潜能开发有机地结合起来。

二、国外绩效管理的理论与实践

世界范围内的管理者都从不同角度和不同层次诠释着管理理论及绩效管理思想和方法。目前，世界范围内被广泛谈论和应用的绩效管理的理论方法体系主要有两个，一是发展较早的KPI法；二是20世纪90年代初产生并被广泛应用的BSC。KPI法是将组织的战略目标经过层层分解产生出具体的可操作性的战略目标，通过各指标的达成促成组织目标的达成。关键业绩指标法的精髓，或者说是对绩效管理的最大贡献，在于其指出企业业绩指标的设置必须与企业的战略挂钩，其中"关键"的含义是指企业在某一特定阶段在战略上所要解决的主要问题。

（一）欧美地区在绩效管理方面的一些发展特点

绩效管理思想在国外研究开始较早，已经形成了比较完善的理论体系，在组织中也得到了广泛推广和实践。不同国家和地区由于管理理念受其地区文化的影响较大，表现在绩效管理的实践上自然也有一些差异。欧美地区的企业绩效管理往往侧重于对员工个体行为与资质的评估和管理。对于资质的评估是近年来在欧美国家兴起的新的评估方式，不仅用于企业组织中的人员配置，现在也更加广泛地应用于绩效考核。由于欧美国家强调管理以人为本，认为组织是由个体构成，基于此，有的管理学者将绩效归纳为以下 8 个方面。

1）具体工作任务的熟练程度。

2）非具体工作任务的熟练程度。

3）书面和口头交流任务的能力。

4）所表现出的努力。

5）保证工作纪律。

6）促进他人和团队绩效。

7）监督管理或领导。

8）管理或行政管理。

这个绩效框架依赖于以下 3 个个体决定因素：陈述性知识、程序性知识与技能、动机。

一般在欧美国家，尤其是美国，个人作为社会和组织的个体，组织的绩效管理比较强调以个体为中心，以发展为目标强调个人绩效，组织重视为员工提供职业发展的机会。很多欧美跨国公司都提出了“教练”的概念。由于有越来越多的组织担心绩效考核的运作可能会造成员工关系紧张，所以在绩效考核的方式和绩效考核结果的应用上出现了很多争议。尤其是管理者的哲学思想不同，价值取向不同，对如何看待绩效管理的看法上持有很多不同的观点，大多数管理者认同组织的绩效考核人不应该仅仅从事考核的职能，更应该以教练的方式去提高员工的绩效。

（二）日本在绩效管理观念方面的发展

日本在企业管理理论方面较早地开始重视绩效管理，日本企业的整体文化更加注重于团队精神和团队力量。日本绩效管理的观念主要有以下几个方面。

1. 权限的委让

主张主管应给员工实际行动的机会，委以相应工作的同时应该赋予相应的权限，使之能自由裁量，独立处理，才会使其充满信心且积极地工作。

2. 参与计划与沟通

认为要使员工心甘情愿接受主管的命令，必须让他参与到计划的制订中去并发表意见，使他们觉得自己的经验、意见和知识受到了重视，增加完成任务的责任感。分配工作就得沟通，而沟通是双向的，包括给予员工工作的重点指导并听取员工的意见和建议。

3. 对员工信任

让员工知道主管对他的信任，主管与员工间不要有隔阂，员工有意见、困难都敢向主管反映，主管人员应对员工采取充分信任的态度。

4. 团队是和谐的团体

每一个成员在接受主管的任务分配或工作指示时都能产生“我在做值得做的重要的工作，为了圆满完成任务，我要下工夫认真去做”的想法，主管应明确地指示工作目标并鼓动员工的工作意愿，而员工则要利用团体的力量，共同努力完成业务目标，每个人为了自己的目标也是团队的目标而努力工作，并相信自己在充实中成长。

三、文化差异对绩效管理的影响

随着经济的发展，组织的地域性概念越来越淡薄，组织成员来自五湖四海，人们越来越重视组织文化对组织绩效的影响。组织文化是指在同一个环境中的人所具有的“共同的心理程序”。因此，文化不是一种个体特征，而是具有相同社会经验、受过相同教育的许多人所共有的心理程序。不同的群体，不同的国家或地区的人们，这种共有的心理程序之所以会有差异，是因为他们向来受着不同的教育，有着不同的社会工作，从而也就有着不同的思维方式。

（一）组织文化的价值观直接导致组织的绩效管理思想

组织文化是组织在长期的生存和发展中形成的，为本组织所特有的，且为本组织多数成员共同遵循的宗旨（使命）、最高目标（愿景）、价值标准、基本信念和行为规范（价值观）等的总和。组织管理者持有的价值观、行为举止，会影响到整个组织的工作作风和行为准则。组织中的绩效管理绝不是孤立地进行的，而是在组织管理中的整体带动下完成组织目标的。因此不同文化价值观念的组织，所采用的绩效管理方法也是不同的；即使采用同样的绩效管理方法，但所得出的结果也会是不一样的。

（二）组织文化的内在本质对绩效管理实施的影响

组织文化的内在本质内容与外在表现形式有很大的偏差：①外在表现形式通常表现为一句话或几个词，不是内在本质内容的全部；②组织文化中实际存在的糟粕是肯定不会出现在外在表现形式中的；③外在表现形式通常比较稳定，不会频繁更改，组织文化的本质内容却因各种因素的时刻变化而处在时刻变化之中。因此，这种不断变换的组织文化的内在本质对绩效管理思想及其方法的选择有很大影响。

知识拓展

文化透视国家边界

表 10-1 通过衡量各国人口样本中不同特征存在的程度，找出各国文化的不同。管理学者使用了文化“因素”来描述跨国家边界的比较。

表 10-1 文化对比简要描述分析

文化 / 特征	东方/南方文化	西方/北方文化
文化的特征	集体主义、等级社会、排他主义、所归属的地位以个人为中心、外部控制、直觉型/整体论者、权财间距大	个人主义、平均主义、普遍主义、达到的地位以任务为中心、内部控制、分析型/简化论者、权财间距小
相似于这种文化简要描述的国家	日本、中国、埃及、印度尼西亚、土耳其、巴西、委内瑞拉、韩国、法国、希腊、意大利、西班牙	美国、英国、加拿大、澳大利亚

以上所使用的特征基于以下所述内容。

1）集体主义（以群体/社会为导向的）与个人主义（以自我为导向的）。

2）排他主义（情况或所涉及的个人造成行动变化）与普遍主义（一套规则适用于每个人和所有情况）。

3）归属性/所归属的地位（如何对待一个人取决于他或她是谁）与达到的地位（全部地位都是通过成就获得的）。

4）外部指导型（本人不能控制，外部力量影响结果）与内部指导型（因为相信人能控制结果，所以持“能行”的态度）。

5）权财间距大（等级结构和权威明显）与权财间距小（级别区别较少而民主程序更多）。

（三）文化差异和组织中人际关系的状态对绩效管理的影响

东西方文化虽然有差异，但是人类有共同的价值观，人类共同的追求就是争取成功，人有共同的个性特征，如进取心、学习能力等。中西方文化的内在差异主要有个体价值取向与群体价值取向。外在表现主要有：在法规与人情之间的利益权衡和冲突，在竞争压力把个人的利益与组织的命运联系起来时，绩效管理实质上所处理的是人与人之间、个体与组织之间的利益管理。在组织文化不同的组织中，绩效管理方法的实施所带来的结果也是不一样的。

第二节 绩效管理是管理理论变革的动力源泉

管理理论的发展促进了绩效管理的重心不断发生变化，但是绩效管理本身的变化和要求也是管理理论不断变革的推动力量，两者有着辩证关系。

一、绩效管理是战略管理的重要要素

绩效管理作为战略管理的一个重要构成要素，它是为战略目标制定绩效衡量标准及转化为具体行动的过程。其深层的目标，是基于企业的发展战略，通过员工与其主管持续、动态的沟通，明确员工的工作任务及绩效目标，并确定对员工工作结果的衡量办法，在过程中影响员工的行为，从而实现公司的目标，并使员工得到发展。

二、管理理论的演变促进绩效管理的战略观点形成

现代绩效管理理论引入现代管理理论及系统控制理论的基本思想，包括绩效计划、实施、考核、反馈与沟通、结果应用5个步骤的循环过程，认为绩效管理的根本目的是传导、实施企业组织战略，绩效管理系统应该与组织的战略目标相联系，以助组织整体目标的实现。

三、绩效管理推动管理理论的发展

虽然各种现代管理理论层出不穷，各种管理方法都在寻求完成组织目标的最佳方法，如核心竞争力、学习性组织、JIT、TQM、团队建设等众多的管理工具与方法，但绩效管理仍然受到了组织的管理者最大的关注和最频繁的使用，并寄予厚望。随着中国市场化程度的提高和竞争的加剧，绩效管理的思想与方法也正在逐渐地被中国国内众多的公司学习和采用，也被越来越多的中国企业家所重视。

绩效管理思想的演变，将成为引导中国企业从粗放型发展向精益化管理发展的重要手段和工具，使得组织能高效地、有质量地参与到市场竞争中去。与其说绩效管理是一种方法、一种工具，不如说它是一种观念、一种哲学。其实，绩效管理更多的是向组织的高层管理者和员工传达一种观念，即基于绩效而管理和发展的观念。绩效管理的意义除了对员工的表现作出科学的评价之外，更多地在于它能帮助管理者掌握管理的技巧，养成科学的管理习惯，帮助员工提高工作效率，最大程度地开发潜能，从而促成企业的战略规划得到有效的落实。

所以，组织应该认识到，绩效管理不但是一种工具，同时更重要的是影响员工的行为与习惯，使其树立以绩效为基础的工作理念，提高工作效率，让组织员工从思想上产生最大的触动，让管理者真正从绩效发展的观念中推动管理理论的发展。组织希望通过完善的绩效管理激发出企业员工的最大潜能，帮助组织达到向优秀甚至是卓越组织的转变。

第三节 绩效管理理念的发展趋势

绩效管理理念的发展也是伴随管理理念的不断发展而发展的，但无论怎样变革都应遵循管理控制的一般规律。绩效管理作为一种管理思想和方法论，其根本目的是不断促进员工发展和组织绩效改善，最终实现企业战略目标。绩效管理方法经历了非制度化和制度化的演变，又经历了从传统的重点突出评价功能到绩效的管理方法，又到现代的全面关注整个流程的系统化绩效管理方法的进化，即全面兼顾绩效计划、实施、考核、评估、结果应用等管理环节，与此同时，绩效管理在理念上经历了从单纯实施激励促进绩效，到强化执行力，再到提高核心竞争力的跃升，从注重结果导向到发展导向，但无论何种方法，其核心都是对组织或个人的绩效管理进行控制，其本质是对绩效信息的获取、分析和应用过程。随着知识经济时代的到来，绩效管理休系的设计越来越注重战略导向，绩效管理的发展逐渐走向成熟，出现了一些新趋势。

一、由绩效考核向战略性绩效管理理念的转变

组织绩效管理一般包括 4 项核心理念：战略导向、系统整合；闭环管理、全程沟通；全面评价、开发潜能；全员参与、实现双赢。企业绩效管理是具有战略性系统整合能力的闭环管理过程；是全面开发企业和个体的潜能，提高员工的素质和绩效，促使组织不断成功的管理方法。组织绩效管理有 3 个目标，其中第一个目的就是实现企业战略目标，为了达到企业组织的战略目标，组织绩效管理应注重 4 个方面。

（一）战略性绩效管理理念的转变

战略性绩效管理与传统的绩效考核的本质差别在于与战略的关系。传统的绩效考核是一个相对独立的系统，通常与组织战略、组织文化、管理者的承诺和支持等相脱离，而战略性绩效管理是通过识别、衡量和传达员工工作绩效水平的信息，使组织战略逐步得以定位和实现的方法。它要求企业在明确战略的基础上，以发挥协同效应为原则，梳理部门职能和关键职位的职责，设计目标绩效管理方法体系，建立关键绩效指标体系，因此绩效管理必须能够衔接组织战略和企业日常管理工作，实现绩效管理的战略整合作用。

（二）战略性绩效管理必须强调弹性化思想

市场竞争不断变换，绩效管理也需要与之相适应，弹性绩效管理是指企业适应竞争环境变化的灵活性。绩效管理必须具有弹性的观点认为。弹性化的绩效管理反映的是绩效管理的过程对竞争环境变化的反应和适应能力。未来企业发展中绩效管理系统本身必须具有一定的灵活性。必须强调绩效管理要为员工提供一种引导，使员工能够为组织的成功作出贡献，这就要求绩效管理体系具有充分的弹性，以适应企业战略形势发生的变化。当组织战略发生改变时，组织所期望的行为方式、结果以及员工的特征需要随之发生变化，这就要求绩效管理系统要具有战略性观点，而其具有一定的弹性，才能够随之灵活地调整。面对如此激烈的竞争环境变化，绩效管理能否针对这种变化作出迅速的调整是企业能否实现企业战略目标的关键。企业战略重心随着企业的发展在不断调整，绩效管理体系也必须具备适应这种改变的弹性。因此，弹性化的战略性绩效管理是绩效管理发展的新趋势。

（三）战略性绩效管理必须注意差异化的理念

组织的管理目的都是希望达到既定目标，因此都要进行绩效管理。然而，不同组织之间存在差异，同一组织的不同发展阶段存在差异，不同地区有行业发展的差异性，组织的员工之间存在差异，因此使用一种绩效管理模式肯定不行，所以差异化绩效管理被提出。实行差异化的绩效管理，尤其是员工存在差异性，主张“因材绩效管理”，应当采取差异化的管理行为和举措。例如，针对不同的员工，在绩效辅导和实施这个环节，采取差异化绩效管理行为。采取差异化的战略性绩效管理，只是在绩效管理五步流程中的部分环节针对差异性的个体进行差异化管理，并不是所有环节都要采取差异化的管理措施，否则会影响绩效管理的效度和信度。

（四）战略性绩效管理必须呈现多样化的绩效管理方式

目前全球经济呈现多元化的发展，各个组织有不同的组织文化和管理特点，如只有一种绩效管理方法很难达到与不同组织战略相匹配。因此，绩效管理的发展呈现出很难用一种工具进行管理，必须结合多种模式和方法的趋势。多种绩效管理工具的整合，可以避免某一种方法的劣势。这种多种绩效管理工具整合的优势远远大于单纯地将每一种绩效管理工具的优势累加在一起。所以，将多样性的绩效管理工具整合在一起，可使战略性绩效管理的结果更加科学、规范。在此需要指出的是，多样化的战略性绩效管理并不是将多种绩效管理工具累加，而是将多种绩效管理工具整合，这种整合是一种科学的管理。

二、绩效考核的过程需引进心理学发展的思考

从管理理论的演变中可以看到，管理越来越重视对人的研究，因此对绩效管理理论的研究也是对如何提高组织中人的工作效率问题的研究。所以，从发展心理学这一独特视角，探讨和分析绩效管理与员工发展问题，具有重要的理论与实践意义。从这一理论进行研究能有几方面收获：其一，从理论层面上，澄清了管理者在绩效管理中的理念误区，有助于夯实和丰富绩效管理的理论基础，可明确提出“绩效管理应走在员工发展之前，高效管理应超前于员工发展并引导其发展”这一理论命题；其二，从实践层面上，强调了提升管理者绩效管理能力的现实意义，有助于增进当前企业绩效管理水平的有效性和科学性，为绩效管理活动提供强有力的实践指导。

在管理发展史上，心理学引入到管理理论中，从而对绩效技术的形成和发展有重要影响的主要是学习理论和工业心理学。学习理论在发展的过程中，形成了几大流派：行为主义学习理论、认知主义学习理论、建构主义学习理论等。学习理论的不断发展为绩效技术专业人员解决工作场所中的绩效问题提供了新的见解、方法和手段。

工业心理学的产生是为了对工作中的个体进行科学研究以使其生产率和心理适应最大化。工业心理学包括管理心理学、工程心理学、劳动心理学、人事心理学和消费心理学。从发展心理学角度透视目前绩效管理的发展趋势，可以发现如下 2 个鲜明特点。

（一）注重管理过程的激励和控制

绩效管理早期的传统的绩效考核单方面强调目标的设置与分解，现在的绩效管理趋势不仅强调目标设置和分解，更强调从绩效计划、辅导到评价和激励的全过程管理和监控，尤其要凸现管理者的沟通、反馈、辅导和激励的作用。要实现组织的战略目标，必须以目标为导向，在过程中加强对自我的管理，不骄不躁，认准前面的方向，努力向其迈进。这就是我们所倡导的“目标导向”与“过程管理”。

在组织的绩效管理中，一个目标的确立应该结合员工个体的能力、信心、兴趣、激情及工作需求而建立一套完整的目标体系。日标确定后，应当将目标分解为一个一个的小目标，把总目标当成一个大的里程碑，小目标看成小的里程碑，通过勤奋和努力促进每个小目标的实现，进而以日促月，以月促年，最终实现总目标。但是在目标实现的过程中如果忽视了过程管理仍然是不行的，因为目标的实现是靠过程的实现而实现的，过程和目标同等重要。实

现目标的过程具有多样性，选择不同过程控制可能会对目标实施产生不同的影响。

（二）强调主动性绩效管理

组织中传统的绩效管理仅仅关注工作任务和结果的完成水平，更多强调绩效目标完成与薪酬激励之间的关系；现在的绩效管理更注重过程发展目标导向，注重以下几个问题。

1. 更加关注员工的行为表现和投入程度

组织的绩效管理更加强调员工的个人成长和发展，强调主动性绩效管理，不同员工的能力是有区别的，会对绩效管理产生根本的影响。在以人为本的绩效管理中，不仅要客观评价员工的现有绩效水平，而且要科学评价员工的潜在绩效水平，并根据员工现有的绩效水平与潜在绩效水平，提高员工的绩效。

2. 强调行为过程的考核

组织绩效管理在对员工行为的考核中，不仅是考核行为表面的结果，同时要考核完成行为的过程。例如，员工完成工作了，考核不仅看结果是否合格，也要看行为过程中员工潜在的能力是否发挥以及员工的品质如何。这样，不仅培养了员工的现有能力，而且使每个员工的潜在能力得到最大限度的开发，引导员工不断地将潜在能力转化为现有能力，同时又注重塑造诚实正直的优秀人格品质。

3. 注重提升管理者诚实正直的品格

组织的绩效管理越来越认识到高效绩效管理的贯彻实施，不仅要靠管理者的知识和能力，更要靠其诚实正直的品格，从人的潜在方面进行绩效管理。正如德鲁克所言，管理者不只通过知识、能力和技巧来领导下属，同时也通过愿景、勇气、责任感和诚实正直的品格来领导。同时，人本性的绩效管理更加强调沟通的重要性。绩效管理的实践证明，良好的沟通是有效的绩效管理的关键要素。所以，随着现代管理理论的发展和对人力资源管理认识的提高，绩效管理的实践呼吁企业进行人本化的战略性绩效管理。

4. 营造主动化的战略性绩效管理企业环境

组织中的绩效管理应该营造主动化的战略性绩效管理的氛围。主动化绩效管理是指在绩效管理过程中，让员工保持积极乐观的思维模式，因为这种思维模式会引导员工作出更成功、更有建设性的行为，进而表现出成功的绩效。员工的思维模式和价值观是主动性绩效管理的决定因素。在目前的绩效管理中，经常发生员工把自己绩效差的原因推到别的事情上或者别人身上，并为自己的失败找借口。员工对绩效管理不是主动接受，而是有着强烈的抵触情绪被动地执行，在这样的绩效管理过程中关注的是问题本身而不是解决办法，因而不会有绩效改进的行为发生，也不会有高绩效的结果。在主动性绩效管理中，员工乐于接受绩效计划，主动配合并执行绩效的实施，积极参加绩效考核，愿意开放地收到绩效反馈，能够实现最佳的长期绩效，因而主动化的绩效管理是今后战略性绩效管理的发展趋势。

三、绩效管理注重系统论思想全方位考评

绩效管理中，传统的绩效考核主要是人力资源部门或员工直接上司的单一评价，忽视了员工工作生活的生态系统性特征。当今，发展心理学的“生态系统论”（Bronfenbrenner，1986）认为，个体发展的生态系统包括宏观、外观、中观及微观四大系统，而目前随着绩效管理理论的不断演变，绩效管理从单向评价到系统评价，需要从上级、下级、同事、自我、客户、供应商及合作伙伴等多个侧面来评价管理者和员工的绩效行为（图 10-1）。

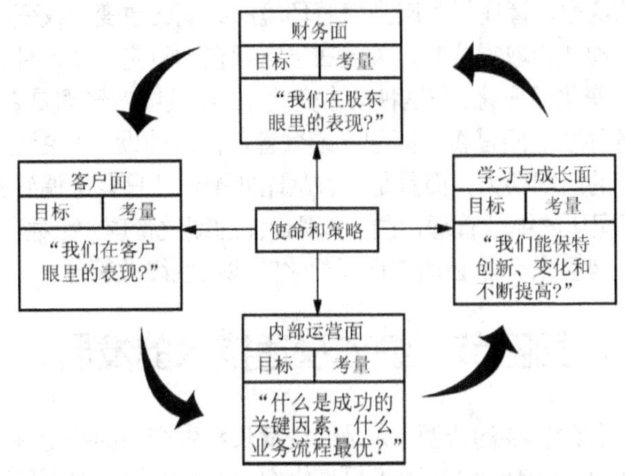

图 10-1 从多个侧面评价管理者和员工的绩效行为

（一）绩效考核是一项系统工程

组织在管理中引入了系统论的观点，认为绩效考核是一项系统工程，涉及公司的发展规划、战略目标体系及其目标责任体系、指标评价体系、评价标准、评价内容及评价方法等。绩效管理的根本是评价个人工作绩效的过程和方法，所评价的是工作中的人和事件，不仅仅是对绩效指标进行评价，所以在实践操作中，就比较复杂。尤其在考核评价这一环节中，对人的能力和行为评价占有越来越重要的地位，不仅要评价一些可以直接感受和掌控的因素，更重要的是要评价一些难以把握的内在因素。绩效考核的结果需要注重全方位、系统性，并且注重超前化的绩效管理和匹配化绩效管理。

（二）绩效管理由评价性向超前化绩效管理转变

组织的绩效管理越来越关注组织未来的绩效，而且绩效管理由评价性向发展性转变已经是一种趋势。这种发展性绩效管理趋势不仅是要发展，确切地说是一种超前化的绩效管理。这种超前化的绩效管理走在员工发展的前面，超前于发展并引导发展，以关注组织未来的绩效。

（三）绩效管理注重动态性

组织的绩效管理越来越强调动态性，因此组织的管理者要用动态发展的眼光看待员工，要认识到每个员工都有发展和改进的可能性，并有效地引导员工向高绩效发展，将绩效考核的重心从评估转移到员工的发展上来。企业绩效考核的结果用于员工个人职业生涯发展，使

员工在实现组织目标的同时，也实现了个人的职业目标，而员工的发展又促进了企业的发展。例如，战略性绩效管理工具中的“平衡计分卡”就关注员工的发展，其中的“学习与成长”维度对这个方面进行了管理——注重了员工未来的发展。关注员工的发展，并将这种关注再向前推进，让它超越这种关注的发展，就是一种绩效管理超前化发展。

（四）绩效管理注重权变思想的引入

组织的绩效管理环境不断变化，为适应环境变化，绩效管理引入了权变思想。权变思想认为：管理是环境的函数，管理行为应当随着环境的改变而改变。权变思想对绩效管理的指导意义在于，绩效管理能否取得成功，关键在于它存在的特定环境。环境是变化的，因此绩效管理必须随环境的变化而变化。在这种动态变化中，涉及绩效管理是否与企业战略相匹配，绩效管理流程中的各环节之间是否相匹配，绩效管理体系的设计是否与员工的能力相匹配，等等。这些都是关键的匹配要素，而且是一种战略匹配性。只有协调好各方面的关系，在变化的环境中，做好匹配化的绩效管理，才能实现最佳的绩效管理。针对当前快速发展的经济，绩效管理发展的新趋势要求企业必须实行匹配化的战略性绩效管理。

第四节　绩效管理技术的发展

人是知识经济时代最重要的资源，人是经济增长和生产力的决定性因素。这种观念已经得到越来越多人的认可。作为一种致力于提高组织及其个人绩效的系统方法，绩效管理技术不仅仅没有昙花一现，而是在近几年得到了广泛的关注，其理念也由企业等组织逐渐向各行各业渗透（尤其是教育行业），成了教育技术学科研究的重点领域之一。绩效管理技术涉及范围宽泛，包含了作为人力资源一部分的许多因素。从其实践领域来看，绩效管理技术的研究和应用出现了一些值得引起人们关注的热点问题和新的发展趋势。

一、组织变革

（一）组织变革概述

组织变革（organizational change）是指组织结构在合理设计并实施之后，随着组织外部环境和内部环境的变化，对组织结构中不适应的地方进行调整和修正，甚至是对整个组织进行重新架构，以适应客观发展的需要。组织变革并不是对组织作一些像招收一个新人、修改一个计划那样的小小变动，而是有可能涉及价值观转变、重整运营方式、引入新技术、合并、启动新计划等关乎整个组织的变革。这正是绩效技术关注的是整体而不是部分思想的体现。

知识拓展

变革的原因

1. 企业经营环境的变化

诸如国民经济增长速度的变化、产业结构的调整、政府经济政策的调整、科学技术的发展引起产品和工艺的变革等。企业组织结构是实现企业战略目标的手段，企业外部环境的变化必然要求企业组织结构作出适应性的调整。

2. 企业内部条件的变化

企业内部条件的变化主要包括以下几个方面。

1）技术条件的变化，如企业实行技术改造，引进新的设备，技术服务部门的加强以及技术、生产、营销等部门的调整。

2）人员条件的变化，如人员结构和人员素质的提高等。

3）管理条件的变化，如实行计算机辅助管理，实行优化组合等。

3. 企业本身成长的要求

企业处于不同的生命周期时对组织结构的要求也各不相同，如小企业成长为中型或大型企业，单一品种企业成长为多品种企业，单厂企业成为企业集团等。

4. 抓住组织变革的征兆

一般来说，企业中的组织变革是一项“软任务”，即有时候组织结构不改变，企业仿佛也能运转下去，但如果要等到企业无法运转时再进行组织结构的变革就为时已晚了。因此，企业管理者必须抓住组织变革的征兆，及时进行组织变革。组织结构需要变革的征兆有以下几个方面。

1）企业经营成绩的下降，如市场占有率下降，产品质量下降，消耗和浪费严重，企业资金周转不灵等。

2）企业生产经营缺乏创新，如企业缺乏新的战略和适应性措施，缺乏新的产品和技术更新，没有新的管理办法或新的管理办法推行起来困难等。

3）组织机构本身病症的显露，如决策迟缓，指挥不灵，信息交流不畅，机构臃肿，职责重叠，管理幅度过大，扯皮增多，人事纠纷增多，管理效率下降等。

4）职工士气低落，不满情绪增加，如管理人员离职率增加，员工旷工率、病事假率增加等。

当一个企业出现以上征兆时，应及时进行组织诊断，用以判定企业组织结构是否有加以变革的必要。

（资料来源：徐召红. 智力资本、动态能力对企业绩效的作用研究[D]. 山东大学，2014：64）

（二）组织变革趋势

随着计算机技术和网络技术应用的广泛普及，信息加工和传输的成本降低、损耗减少、扭曲的概率降低，企业组织结构随环境的变化出现新的变化趋势，知识经济的浪潮冲击着人类社会的政治、经济、文化等方方面面，各行各业的组织也同时面临着知识经济时代的机遇和挑战，传统的组织结构显然已经无法适应信息时代所具有的“知识爆炸”、瞬息万变的时代特征，组织的变革已是大势所趋。当前，国内外企业组织已经或即将发生的变化，组织变革呈现出以下趋势。

1. 组织变革不断加剧

随着知识经济时代的到来，高新科学技术的广泛应用，尤其是全球化进程的加快和市场竞争的日益激烈，已知和未知的变化要求组织具备灵活的应变能力，要求组织把不断进行战略创新、制度创新、组织创新、观念创新和市场创新的理念作为组织发展的战略思想，而这些都使组织不可避免地要进行变革，包括组织价值观的变革、组织机构的变革、制度的变革、应用新技术等，而且这种变革的频度和强度都比以往任何时代更大。从组织架构来看，组织正在向扁平化、小型化、弹性化、虚拟化、网络化等方向发展。

2. 组织文化正在成为被关注的焦点

组织文化体现在对自己是谁，自己的价值是什么，自己该做什么，以及该怎么做的有意识和无意识的理解中，就如同一个组织一样。组织文化作为组织的一个重要组成部分，其重要性在西方组织中常被低估，他们关注更多的是效率、流程及生产率，而忽视了组织中人的感受、信念、担忧、焦虑，以及他们的梦想、抱负和希望。然而，多年来致力于提高质量、降低成本、加快传输和消除浪费、提高客户满意度的组织却发现，组织在改进的同时其改进的余地也越来越小，人们转而诉求文化的变革。实际上，文化不仅是道德规范的关键构成，同时也是积极的商业关系的基本要素，作为文化核心的价值观是任何公司文化的基础。正像Sony公司前任主席Okio Morita所指出的："文化可能对产品、服务以及运作只有10%的影响，但这却是最为关键的10%。这将是确定成败的10%"。由于文化通常以价值观方面的术语表述，如信任、尊重、关注消费者以及责任感等，因此高级管理层的公开承诺及其兑现对于文化的变革是非常关键的，管理层只有通过实际行动才能激励员工认同组织的价值观，积极参与各项活动，对组织产生强烈的认同感和自豪感。

知识拓展

组 织 文 化

"组织文化"，就是组织成员共同的价值观念和行为规范。讲通俗点，就是每一位员工都明白怎样做是对企业有利的，而且都自觉自愿地这样做，久而久之便形成了一种习惯；再经过一定时间的积淀，习惯成了自然，成了人们头脑里一种牢固的"观念"，而这种"观念"一旦形成，又会反作用于（约束）大家的行为，逐渐以规章制度、道德公允的形式成为众人的"行为规范"。

组织文化是指组织在实践中，逐步形成的为全体员工所认同、遵守、带有本组织特色的价值观念、经营准则、经营作风、企业精神、道德规范、发展目标的总和。组织文化特指：组织在长期生产经营活动中确立的，被组织全体员工普遍认可和共同遵循的价值观念和行为规范的总称。

对组织文化的13条观点如下：

1）价值观在管理实践中的体现，是组织文化分析和管理的重点；

2）组织文化是继承性的；

3）价值的持续增长是组织文化建设的根本目的；

4）"深植力差"是中国组织文化建设的突出问题；

5）个性是组织文化的生命；

6）科学的组织文化体系是清晰、实用的；

7）定性和定量的结合是组织文化体系形成的基础；
8）组织文化建设的核心是认同和共享；
9）组织文化的清晰解读是外部与内部的互动结果；
10）组织文化不是 CIS（理念识别系统 MIS + 行为识别系统 BIS + 视觉识别系统 VIS）；
11）组织文化基于企业家文化；
12）组织文化不是策划出来的；
13）组织文化是企业的思维和行为方式。

（资料来源：尹平君. 企业文化建设中的人力资源管理问题[J]. 企业改革与管理，2015（8））

3. 组织变革中更加关注个性化、人性化方案

现代组织要求大大提高其应变能力，尽管人们会努力提高自己的预见性，然而在现代社会中仍然难以完全预见未来的一切变化，新情况、新问题仍会层出不穷，组织机构的领导者如果没有敏锐的洞察力和很强的预见能力以及应急机制，将会很难适应时代前进的步伐。要提高组织的应变能力，一方面要对组织进行变革，要突破常规，建立高效率的、灵活的生产体系，以适应多样化的市场需求；另一方面，组织在选择干预方案的时候不能一刀切或者盲目照搬其他单位的经验，干预方案的灵活性需求不断增强，人们开始更加关注个性化、人性化的干预方案，而实际上由于引发组织变革的原因各不相同，目前尚未有适合一切组织变革的"万灵丹"。

4. 创新成了组织变革的主旋律

为适应科学技术、经营环境的急剧变化，创新正在或将要被更多的组织作为组织机制变革的主旋律——组织发展的核心竞争力。换句话说，管理创新、制度创新、组织创新、观念创新、市场创新等将成为组织变革追求的主要目标。而学习则是实现创新的根本途径，一个不愿或不能有效学习的组织将无法实现其创新愿望。因此，学习型组织将会成为未来的成功组织模式，因为学习型组织不仅强调组织及其中的个体通过学习获得知识，更重要的是实现价值观的转变，实现"心智模式"的转变，从而提高个体及组织的创新能力。

二、知识管理绩效策略

市场经济逐渐迈向以知识为重点的取向，而企业也逐渐转型为以知识为主要获利能力才是现在的必然趋势。的确，唯有组织内部能够有效地利用知识、分享知识、创造知识以及有效吸收知识而不断成长，才是永续生存以及提高竞争能力的不二法门。因此，如何有效地在组织内部实行知识管理，以流程的改变与信息科技的利用来达成上述目标，是现今多数企业正在努力的方向。

现今，组织面临经济模式从资本经济改变为知识经济时所遇到的一般性问题，因此为了适应这种改变，各种评估绩效的新方法架构应运而生。

（一）知识管理与组织绩效的关系研究

1. 知识管理概述

在人类社会从工业社会向知识经济社会转型、知识经济的浪潮扑面而来的时候，知识与

学习的重要性及价值日益受到世人的瞩目，知识管理这个名词也被越来越多的人所提及，形成了一股知识管理的热潮。

关于什么是知识管理这个问题，目前还没有一个被大家广泛认可的定义，很多学者和实践者根据自己的理解和研究的需要出发，对“知识管理”的概念提出了自己的见解。如：

美国德尔集团创始人之一卡尔·弗拉保罗（Carl Frappaolo）提出：“知识管理就是运用集体的智慧提高应变和创新能力，是为企业实现显性知识和隐性知识共享提供的新途径。”

巴锡（Bassi）认为，知识管理是指为了增强组织的绩效而创造、获取和使用知识的过程。

斯维比（Sverby）认为，知识管理是“利用组织的无形资产创造价值的艺术”。

巴士（Barth）认为：“知识管理是指将智力成本和信息资源回报最大化的策略和结构。知识管理依赖创建、收集、共享、整合和再利用知识的文化和技术过程，其目标是通过提高效率和效益来创造出新的价值。”

ASTD 的高级主管布兰（Buren）和马克（Mark）认为，知识管理是对智力资本及其创造、收集、组织、传播、运用等一系列相关过程进行明确的、系统的管理。

2. 知识管理与信息管理

知识管理的概念也许并非来自于信息管理，然而知识管理与信息管理却有着千丝万缕的联系，由信息管理到知识管理的演变不仅仅是对象的简单替换，而是基本内涵也发生了极大的改变。首先，知识是有价值的信息，如前所述，知识管理的对象包含了知识（包括隐性知识和显性知识）、知识活动、人，对这些对象进行有效管理的目的是为了创造新的价值，而对信息管理显然无法做到这一点；其次，信息管理所假设的前提是系统本身的相对稳定和可预测性，而知识管理则更强调动态性，隐性知识及其活动显然是无法预先估测的；再者，尽管信息技术资源是知识管理的重要支持，然而知识管理需要的不仅仅是内部网、数据库或者互联网，它经常要求一个全局战略的转变，例如组织文化的变革、激励机制的建立等也是极为重要的。

3. 知识管理强调集体的智慧

正如卡尔·弗拉保罗所说，知识管理是激发集体的智慧来提高应变和创新能力。知识管理既不单是高层管理人员的事，也不单是普通员工的事，这里的集体不仅仅关系到在职人员，事实上还应包括离退休的人员甚至组织外的专家。因此，为了继承性战略的需要，组织要关注其中各类人员在知识管理中的作用，强调在职人员、退休人员、组织外专家的显性知识和隐性知识的共享。

4. 知识管理的目的是什么

知识管理是一种全球化的现象，其目的是将工作场所的知识与绩效提高整合在一起。从上述这些定义也可以看出，知识管理只是手段，其根本目的在于建立知识创新机制，实现产品、服务、经营模式的创新。

知识管理可以从人员、流程、产品和整个组织四个层次影响组织绩效。在人员层次上，知识管理可以改进员工学习，使员工接受专业知识领域的最新知识，提高员工适应性和工作满意度，激励员工与提高员工保持率。在流程层次上，知识管理通过执行最合适的流程和做出最恰当的决策提高组织流程效用，通过快速与低成本执行流程提高组织流程效率，通过员工间的持续知识共享形成创新的问题解决方案和组织流程。在产品层次上，知识管理为组织提供增值产品或知识型产品。在组织层次上，知识管理有助于开发创新产品，增加组织收入与利润，或形成知识联盟，从而直接影响组织绩效；通过加强组织学习，实施知识共享与知识创新，知识管理有助于使组织成为学习型组织；通过提高组织在创造和作用那些与产品、客户和管理资源相关的知识方面的能力，知识管理有助于组织实现规模和范围经济；通过培育、共享组织情景知识或独特的技能与知识，知识管理有助于组织构建核心竞争力和维持可持续竞争优势。

知识管理可获取如下利益：更好的决策、更佳的客户处理、对关键业务问题的更快响应、改进的员工技能、增加利润、共享最佳实践、减少成本、新的或更好的工作方式、增加市场份额、创造新业务机会、改进新产品开发、增强员工吸引力和保持力、提高股价、改进产品或服务质量、创造更多的客户价值、增加知识资本、改进意见交流、提高创新、提高学习和适应能力、获取知识管理的投资收益、扩大市场范围、进入不同类型市场、提高员工授权、增强协作、改进业务流程。

（二）知识管理绩效考核模型

知识管理绩效考核方法整体上可分为定性分析、定量分析、内部绩效分析、外部绩效分析、面向项目分析、面向组织分析 6 种类型。定性分析适合于测量隐性知识，其研究方法主要包括问卷调查、专家访谈、关键成功因子、决策支持系统；定量分析的目的是通过使用那些容易利用的、相关的、准确的和适时的历史数据来表示知识管理对决策和任务绩效的影响程度，它可克服定性分析的缺陷，特别是经验结果的主观判断，可利用财务和非财务指标来测评组织或个人的显性知识；内部绩效分析集中于流程效率与目标实现效率，通过目标与现值的差距来评价知识管理绩效，常用方法包括投资回报率、净现值、平衡记分卡、基于绩效的评估、基于活动的评估、PDCA；外部绩效分析常常把一个组织与基准组织、主要竞争对手或行业平均水平进行比较，常用方法包括定标比超、最佳实践；面向项目分析集中于系统化管理项目及其创造的知识，以知识管理项目管理框架或模式为主要研究方法；面向组织分析集中于整个组织及其多维/层问题，如在水平面上，知识管理绩效考核聚焦于领导、文化、技术、流程维度；在垂直面上，知识管理绩效考核聚焦于战略、管理、实施层面。

三、学习型组织与组织学习

（一）学习型组织

学习型组织最初的构想源于美国麻省理工学院杰伊·弗瑞斯特（Jay Forrester）教授。他是一位杰出的技术专家，是 20 世纪 50 年代早期世界第一部通用计算机“旋风”创制小组的领导者。他开创的系统动力学是提供研究人类动态性复杂的方法。所谓动态性复杂，就是将万事万物看成是动态的、不断变化的过程之中，仿佛是永不止息之流。1956 年，弗瑞斯特以他在自动控制中学到的信息反馈原理研究通用电气公司的存货问题时有了惊人的发现，从此致力于研究企业内部各种信息与决策所形成的互动结构，究竟是如何影响各项活动的，并回过头来影响决策本身的起伏变化的形态。弗瑞斯特既不做预测，也不单看趋势，而是深入地思考复杂变化背后的本质——整体动态运作的基本机制（图 10-2）。

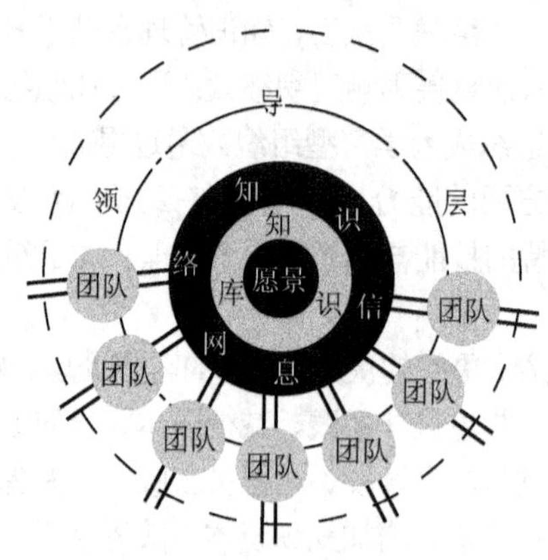

图 10-2 学习型组织

他提出的系统动力学与目前自然科学中最新发展的混沌理论和复杂理论所阐述的概念，在某些方面具有相通之处。1965 年，他发表了一篇题为《企业的新设计》 的论文，运用系统动力学原理，非常具体地构想出未来企业组织的理想形态——层次扁平化、组织信息化、结构开放化，逐渐由从属关系转向为工作伙伴关系，不断学习，不断重新调整结构关系，这是关于学习型企业的最初构想。

彼得·圣吉（Peter M. Senge）是学习型组织理论的奠基人。作为弗瑞斯特的学生，他一直致力于研究以系统动力学为基础的更理想的组织。1970 年在斯坦福大学获航空及太空工程学士学位后，彼得·圣吉进入麻省理工学院斯隆管理学院攻读博士学位，师从弗瑞斯特，研究系统动力学与组织学习、创造理论、认识科学等融合，发展出一种全新的组织概念。他用了近十年的时间对数千家企业进行研究和案例分析，于 1990 年完成其代表作《第五项修炼——学习型组织的艺术与实务》。他指出现代企业所欠缺的就是系统思考的能力。它是一种整体动态的搭配能力，因为缺乏它而使得许多组织无法有效学习。之所以会如此，正是因为现代组织分工、负责的方式将组织切割，而使人们的行动与其时空上相距较远。当不需要为自己的行动的结果负责时，人们就不会去修正其行为，也就无法有效地学习。

《第五项修炼》提供了一套使传统企业转变成学习型企业的方法，使企业通过学习提升整体运作“群体智力”和持续的创新能力，成为不断创造未来的组织，从而避免了企业“夭折”和“短寿”。该书一出版即在西方产生极大反响，彼得·圣吉也被誉为 20 世纪 90 年代的管理大师，未来最成功的企业将是学习型企业。学习型组织的提出和一套完整的修炼的确立，实际上宣告整个管理学的范式在彼得·圣吉这里发生了转变。正是在这个意义上，不少学者认为，《第五项修炼》以及随后的《第五项修炼·实践篇》和《变革之舞》的问世，标志着学习型组织理论框架的基本形成。

知识拓展

著名的管理学者彼得·圣吉在《第五项修炼》中所提出的建立学习型组织的关键，即汇聚五项修炼或技能：第一项修炼是自我超越；第二项修炼是改善心智模式；第三项修炼是建立共同愿望；第四项修炼是团体学习；第五项修炼是系统思考。

（一）自我超越

自我超越（personal mastery）是指能突破极限的自我实现或技巧的精熟。自我超越以磨炼个人才能为基础，却又超乎此项目标；以精神的成长为发展方向，却又超乎精神层面。

（二）改善心智模式

改善心智模式（improving mental models）是指存在于个人和群体中的描述、分析和处理问题的观点、方法和进行决策的依据和准则。它不仅决定着人们如何认知周围的世界，而且影响着人们如何采取行动。

（三）建立共同愿景

建立共同愿景（building shared vision）是指组织成员与组织拥有共同的目标。共同愿景为组织学习提供了焦点和能量。

（四）团队学习

团队学习（team learning）是建立学习型组织的关键。彼得·圣吉认为，未能整体搭配的团队，其成员个人的力量会被抵消浪费掉。在这些团队中，个人可能格外努力，但是他们的努力未能有效转化为团队的力量。当一个团队能够整体搭配时，就会汇聚出共同的方向，调和个别力量，使力量的抵消或浪费减至最小。整个团队就像凝聚成的激光束，形成强大的合力。当然，强调团队的整体搭配，并不是指个人要为团队愿景牺牲自己的利益，而是将共同愿景变成个人愿景的延伸。事实上，要不断激发个人的能量，促进团队成员的学习和个人发展，首先必须做到整体搭配。在团队中，如果个人能量不断增强，而整体搭配情形不良，就会造成混乱并使团队缺乏共同目标和实现目标的力量。

（五）系统思考

系统思考（systems thinking）是一种分析综合系统内外反馈信息、非线性特征和时滞影响的整体动态思考方法。它可以帮助组织以整体的、动态的而不是局部的、静止的观点看问题，因而为建立学习型组织提供了指导思想、原则和技巧。系统思考将前四项修炼融合为一个理论与实践的统一体。

五项修炼是一个有机的整体，其中个人的自我超越是整个学习型组织的基础，它为学习型组织提供了最宝贵的人力资源。团队学习的许多工作最后都依赖于个人的努力，比如改善心智模式、建立共同愿景、系统思考等。

知识经济迅速崛起，对企业提出了严峻挑战，现代人工作价值取向的转变，终身教育、可持续发展战略等当代社会主流理念对组织群体的积极渗透，为组织学习提供了理论上的支持。结合研究现状，我们提出学习型组织的内涵（图 10-3）。

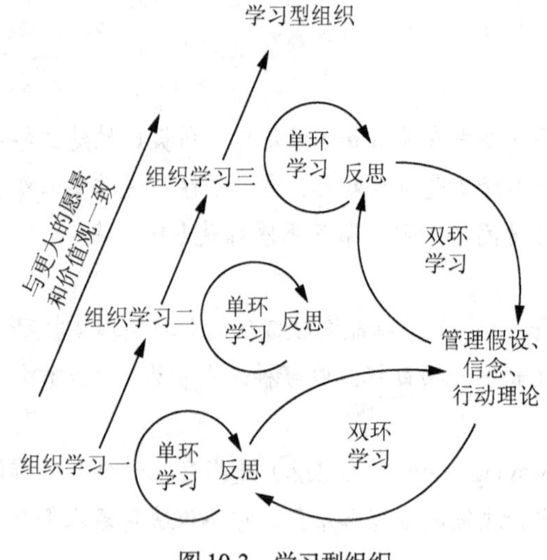

图 10-3　学习型组织

1）学习型组织基础——团结、协调及和谐。组织学习普遍存在"学习智障"，个体自我保护心理必然造成团体成员间相互猜忌，这种所谓的"办公室政治"导致高智商个体，组织群体反而效率低下。从这个意义上说，班子的团结，组织上下协调以及群体环境的民主、和谐是建构学习型组织的基础。

2）学习型组织核心——在组织内部建立完善的"自学习机制"。组织成员在工作中学习，在学习中工作，学习成为工作的新形式。

3）学习型组织精神——学习、思考和创新。此处学习是团体学习、全员学习，思考是系统、非线性的思考，创新是观念、制度、方法及管理等多方面的更新。

4）学习型组织的关键特征——系统思考。只有站在系统的角度认识系统，认识系统的环境，才能避免陷入系统动力的旋涡里去。

5）组织学习的基础——团队学习。团队是现代组织中学习的基本单位。许多组织大多是组织对现状、前景的热烈辩论，但团队学习依靠的是深度汇谈，而不是辩论。深度汇谈是一个团队的所有成员，摊出心中的假设，而进入真正一起思考的能力。深度汇谈的目的是一起思考，得出比个人思考更正确、更好的结论；而辩论是每个人都试图用自己的观点说服别人同意的过程。

（二）组织学习

传统上人们认为培训是改进绩效最有用的方法。无可否认，有效的培训有利于员工的发展并可为组织带来更多的效益，然而同时应注意到：培训非常耗费时间和金钱；参加培训将缩短员工的工作时间，这会影响生产率并导致效益的降低。参与课程学习是学习中很重要的一部分，而事实上，学习也可以是一种日常的行为，学习应该可以作为工作中的一部分。这就是组织学习概念的由来。正如彼得·圣吉在他的"*The Dance of Change*"（1999）一书中所阐述的：所有的组织都在不断地学习，以适应它们周围的真实世界的不断变化。但是其中有一些组织的学习更快、更有效。关键在于这些组织把学习看作日常工作的一个不可分割的部分。（相比而言，培训一般是间歇性的，是与获得结果的环境相分离的。）

组织学习是一个与知识管理紧密相关的干预方式。知识在组织内部的流通就形成了取代个人学习的组织学习。

（三）组织学习背景下学习的变化

在学习型组织中，学习的内涵和方式都发生了很大的变化。

1）学习更强调协作性。学习型组织在努力创造一种自我发展和探究氛围的同时，鼓励团队通过对话、反馈和问题解决等学习活动提高团队的集体智慧和能力。因此，学习型组织中的学习更强调个体之间的协作性，更强调交流共享。共享文化是组织学习的一大特征。

2）学习方式多元化。学习型组织为了实现全员学习、终身学习的目标，需要建立一个内部绩效系统，其学习方式也不局限于培训等课程学习。学习的形式更加多元化，如非正式的学习、指导式的学习、同伴式的学习等；在岗学习和企业大学的模式可能会普及；运用黑板、粉笔等传统媒体的学习方式和电子化学习的方式（e-learning）相结合，两者的优势形成互补。此外，为了使培训更富个性化，组织和教育机构之间、教育服务提供商和设计人员之间也会形成亲密的合作伙伴关系。

3）更关注以学为中心的学习理念。学习型组织的学习更关注个体的自我发展，因此以教为主的理念显然不太适用，而以学为主将会成为组织学习指导思想的主流。

4）学习的重点在于促进，而不是教导。正如彼得·圣吉所言，在创建学习型组织的过程中，心智模式的改变将是最困难的。长期以来，大多数组织持机械化的思维方式来管理组织——将组织看作一台机器；而学习型组织则是能让全体成员体现出生命意义的组织。因此，在学习型组织中的学习不是外加的任务，也不是教导性的，而是促进性的。它促进人们反思，促进人们改变其常规思维模式，促进人们提高绩效，促进人们去创造。

5）学习的目的在于创新。学习型组织是能通过学习来创造自我、增长创造未来能量的组织。在学习型组织中，学习的根本目的在于创新，在于创造未来。曾经有人问彼得·圣吉：究竟什么叫学习型组织？他说：如果用两个字回答，那就是“创造”；如果用四个字回答，那就是“持续创造”。可见，“创造”不仅是学习型组织的重要特征，也是其核心理念。

四、绩效技术专业化

专业是指用于定义某一职业及其从业人员的复杂性的特征集合。专业化则是指使从事某种职业的人员逐渐掌握相应专业的知识与能力的过程。衡量某种职业是否达到专业化有 5 个关键标准：提供重要的社会服务；具有专业理论知识；在本领域的实践活动中个体具有高度的自主权；进入该领域需要经过组织化和程序化过程；对从事该项活动有典型的伦理规范。绩效技术作为一门从实践中发展起来的学科，尽管目前国内外设置绩效技术专业的高等学校还不多，目前很多绩效技术专家同时也是教育技术专家，但随着绩效技术的发展，绩效技术专家将会作为一种重要资源而得到广泛关注，绩效技术专家在与服务对象加强合作的同时，其自主性也进一步增强，专业化研究将成为其中一个重要的研究领域。

知识拓展

国际绩效改进协会

国际绩效改进协会（International Society of Performance Improvement，ISPI）1962年成立于美国，总部位于美国马里兰州，是全球绩效改进领域唯一的专业协会，对该领域的研究最为深入，是当今最为著名的绩效技术专业机构，是致力于通过绩效技术的应用提高工作场所生产力的领导机构。

协会的宗旨在于倡导人类绩效技术的应用与发展，致力于提高工作场所的员工绩效。50多年来，ISPI拥有来自美国、加拿大等40多个国家的1万多名会员（分会员），26个分会，为世界各地的绩效技术领域的专业人员提供了交流机会，为全球企业的绩效提升与组织发展提供了可靠服务。协会对绩效技术的研究与推广工作主要通过举行国际会议、组织研讨会、出版书籍、开办刊物、支持研究等来进行。

2012年10月26日，第二届中国绩效改进论坛“组织绩效提升与培训投资回报”在北京召开。本届论坛宣布ISPI中国分会正式成立。

ISPI通过制定标准来明确绩效技术的潜在原则区别于其他领域的标志，从而评判该实践是否是绩效技术，并指导专业人员在实践中应用绩效技术。

该标准共分10条，每条子标准都从表现（performances）、准则（criterion）、发展资源和机会（development resources/opportunities）及实例（example）四个维度展开并作出说明。

另外，ISPI还提出了一个运用绩效技术的道德规范（codes of ethics），以推动领域内符合道德的实践，保护客户利益，提升领域的可信任度。

（资料来源：方振邦. 战略性绩效管理[M]. 3版. 北京：中国人民大学出版社，2010:321）

五、技术化的战略性绩效管理

远程通信和计算机技术的发展已显著地改变了人们的工作方式和组织管理方式。蜂窝电话和计算机、语音邮件和电子邮件、寻呼机和传真机已是平常东西，而不再是稀有物了。利用卫星技术，空间就不再是限制消息从发送者传到接收者处的因素，消息可以随处、随时传送。信息技术可以促进人力资源和组织内其他资源的整合，主要包括的内容如下。

（一）可促进人力资源和组织内其他资源的整合

它对于组织绩效技术的改进具有以下潜在优势：信息技术在获取人力资源信息方面为绩效技术专家提供了便捷的工具；信息技术和计算机处理最早是用于管理工资册、保存培训记录以及跟踪职业申请；计算机软件可以方便员工获取HR信息，帮助管理人员和员工制订作为职业生涯发展和绩效干预措施之一的培训计划。

（二）在组织的信息共享方面为绩效技术专家提供了强有力的工具

利用这些工具，人们能够通过内部网、互联网以及其他计算机网络来连接并共享信息和知识。在一个学习型组织里，知识的共享机制和支持手段将是其成功的重要条件。

（三）信息技术可为绩效技术在教学领域的应用提供交互性学习的技术支持

当今世界，越来越多的公司认为学习技术会在未来的教育教学中起日益重要的作用，但是，他们发现要真正使用学习技术还存在着很大的困难。电子式学习方式正是由于不受时间、地点限制以及学习的自主性正在或将受到越来越多组织的青睐。

（四）信息技术可为绩效技术在非教学领域的应用提供决策支持

谈电子绩效技术支持系统的绩效改进、学习型组织的创建、知识管理等现代企业管理机制的变革，无法离开信息时代的背景，而没有科学技术和社会的高度发展，谈人的全面发展和使学习成为一种自我成长的手段也将只是一个“神话”。这已是一个不争的事实，人们所要做的既不是拒绝技术，也不要让技术成为绩效改进干预设计的唯一驱动力，而是要做技术的主人，了解新技术的应用价值，使之更有效地成为提高组织绩效和创造力的工具。

六、电子绩效管理系统

战略性绩效管理的发展，有大量的数据信息要处理，必然要求出现一种新技术，它能够为战略性绩效管理的发展提供巨大支持，即以电子绩效管理（electronic performance management，EPM）为平台的绩效管理系统。EPM 是指利用计算机采用信息化的绩效管理手段，基于先进的软件和大容量的硬件设备，通过信息库自动处理绩效管理的信息，提高效率、降低成本。通过 EPM 与企业现有的网络技术相联系，保证绩效管理与技术环境同步发展，有利于绩效管理的最佳发展。战略性绩效管理在实践应用中更强调先进技术的支撑，EPM 为此提供了平台，也为提高绩效管理的沟通效率提供了帮助。但是在使用 EPM 时，为了做好绩效沟通，应当将传统的当面沟通和 EPM 沟通方式结合起来，不方便见面的沟通，可以选择用 EPM，而人与人之间的当面沟通并不能够因此而被忽视。电子绩效管理主要通过电子绩效支持系统完成。

（一）电子绩效支持系统的定义

电子绩效支持系统（electronic performance support system，EPSS）的概念是 Gery 在 1989 年最早提出的。EPSS 最初出现于职业培训领域，在企业中获得巨大的成功。

Gery 给 EPSS 下了这样的定义：“一个整合的电子环境，每个员工都可以利用，并很容易访问，提供与工作相关的信息、软件、向导、建议、支持、数据、图像、工具以及评估和监督系统的即时、个性化的在线访问，允许员工在最少量的支持和他人干扰下获得工作绩效。”

它体现了一种观念的转变，即从以前把工作者看作被培训的人员转变到现在把他们作为需要工作支持的人。需要指出的是，EPSS 不是一个独立的新的技术形态，也并不完全是指某项特定技术，而是一个软件系统，这个软件系统“将培训、信息系统、计算机应用程序等联结在一起，对组织的设计和运行以及人类的绩效管理产生重要的影响。

一个 EPSS 也可以被描述为任何一个通过下列方法促进员工绩效的计算机软件程序或部件：①降低完成任务的复杂性或所需步骤；②提供员工完成所需的绩效信息；③提供一个决策支持系统，帮助员工在特定条件下作出恰当的行为。

（二）电子绩效支持系统的主要特性

1）基于计算机。EPSS是基于计算机的，其名字中的“electronic”一词，也体现了这一特性。

2）提供完成任务过程中的访问。EPSS提供了在执行任务过程中完成一个任务所需间断的、详细的信息的访问，它包括两部分的特性：①对完成任务所需特定信息的访问；②在任务执行过程中对信息的访问，如果不具备这个特性的其中一部分，这个特性就会改变，不再是绩效支持的特性。提供的间断的、详细的信息可能是数据、说明书、建议、工具。

3）运用在工作中。一个EPSS可以给正在工作中的人们提供信息，也可以给模拟或其他工作领域的人提供信息。

4）由用户控制。用户决定什么时候需要什么样的信息。用户可以根据任务的需要进行，而不需要人类的指导。用户完成任务的欲望提供了动机。

5）降低对职前培训的需要。由于可以很容易获取完成任务所需的信息，从而降低了为完成任务对大量（应该不是全部）职前培训的需要。

以上是把一个软件系统定义为EPSS所必须具备的，从而区别于其他计算机设备或工具，否则就不能称其为EPSS。此外，某些EPSS还具有容易更新，对信息的快速访问，不包括无关信息，考虑到用户知识层次的不同和学习风格的差异，对信息、建议和学习经验的整合，具有人工智能等特性。

（三）电子绩效支持系统与传统培训、人工智能等的区别

1. 与传统培训的区别

EPSS在用户需要它时提供详细的信息，而传统培训提供信息不是在用户需要的时候提供；EPSS允许学习者决定什么时候需要信息，而教师控制的传统训练则不管学习者是否需要都全盘抖出。EPSS是以一种任务驱动的方式向用户提供信息需求，因此效率较高。

2. 与传统的计算机辅助训练系统的区别

EPSS将训练任务融入到工作过程中，员工可以边工作边训练，而传统的计算机辅助训练（CBT）系统则把训练任务放到工作过程之前进行，员工在受到培训之后，才能投入工作，而且培训的知识不一定能适合运用到工作中。

3. 与智能导师系统（LTS）、智能超媒体系统（IHS）的区别

EPSS是人控制计算机，鼓励并帮助学生进行创新活动，而ITL和HIS都试图控制学生的学习活动，使学生必须服从于计算机。然而，没有自主权，学生就会把精力集中于理解而不是创新上。

（四）EPSS的种类

依据不同，对EPSS的划分也有所差异。学者Raybould认为，根据用途与运作方式以及组织支持的目的，EPSS可分为以下3种。

1. 内嵌式（embedded）EPSS

内嵌式 EPSS 是指通过友好的用户接口，与原来的计算机系统或信息系统整合在一起，使工作者在没有感到在使用上有差异的情况下，就在同样的工作中得到支持、帮助和问题解答，从而提升工作绩效，具体例子如界面、目录和索引等。

2. 连接式（linked）EPSS

连接式 EPSS 又称为附带式（extrinsic）EPSS，为非独立的计算机系统。它与其他系统或软件整合，并不总是呈现出来，而当使用者在工作方面需要支持时，可以进行整合，可以选择开启或关闭。这种形式的 EPSS，具有随传随到的特性。微软 Office 系列软件中的小组报告文学就是这种形式 EPSS 的典型代表。

3. 独立式（stand-alone）EPSS

独立式 EPSS 又称为外部式（external）EPSS，为独立的一套辅助系统。它根据任务需要专门设计，用于提供绩效支持功能，支持整个领域内的大量工作任务，可以为所有任务提供信息、培训和建议。

七、EPSS 的组件

一个比较完善的 EPSS 通常由专家系统、信息库、交互式学习支持系统、用户界面、在线帮助等部分构成，它们集成在一个用户界面中。具体介绍如下。

1. 专家系统

专家系统是 EPSS 最重要的组成组件，由内容专家及程序员组成一个小组所完成的一种计算机程序，能教导学生如何用适当的知识解决复杂的问题，也可对学习者的需求进行判别和决策，然后提供有用的信息或咨询；既提供问题解决、诊断、障碍排除、决策支持及分析等功能，也提供工作人员完成工作所必需的程序指导。

通常，专家系统由知识库与推理机所构成。知识库是模拟专家作决策或解决问题的过程；推理机则接受使用者输入的工作问题，再根据知识库推理出决策或问题的方案步骤。

该系统最重要的部分在于知识库的建立，知识库的内容应该是某个领域相关的各种知识信息和数据资料，以及完成工作需要具备的知识与技能。

2. 信息库

信息库是 EPSS 的一个主要组成部分，也是 EPSS 的核心。信息库这个术语是由 Gloria Gery 创造的，包括呈现给用户的所有信息。信息库包括一系列不同类型的信息，如参考书、程序步骤、指南、顾问、精灵、提示卡等，并且可以以文本、图片、音频、视频、人工智能、数据库等方式呈现。

3. 交互式学习支持系统

交互式学习支持系统提供自我控制、结构化以及互动的学习经验等，这些支持与工作密切相关且富有弹性，可教授与工作有关的知识技能，包括激励、反馈、选择及评价功能。EPSS中的交互式学习训练系统，主要用来提供学习者自我管理控制与结构化的学习经验。这些学习经验必须能连接到其他的EPSS组成组件，如专家系统或数据库等，有提供整合训练与工作辅助的功能和达到仿真的真实情境，能促进学习迁移及学习后保留。

4. 用户界面

通过友好的界面，将使用者和EPSS的各个组成组件密切联系起来，从而使用者可以更有效率地取得与工作和学习相关的信息与提示。

5. 在线帮助

针对使用者操作系统随时提出的查询，给予实时的指示、解答与辅助。目前，EPSS主要用在商业和工业界，提供在线学习和完成特定任务所必需的工具和信息的快速访问。EPSS同样也可以用在学校中，支持教师和行政人员的工作绩效管理，提高学生的学习效率。因教育领域和工商业领域的绩效管理有很大的不同，用在教育中的EPSS设计也必然不能和用在工商业领域的EPSS等同。为了保证EPSS在教育领域的有效使用，在设计上要多考虑和教师、学生及学校环境相关的教育因素的影响作用。相信EPSS在教育中的应用也将改变教师教学、学生学习和学校绩效管理的方式，促进学校教育活动的高效进行。随着时代的进步和技术的发展，EPSS的运用将更为广泛，在教育领域里也将有更大的发展和应用。

八、绩效管理技术发展趋势

随着社会变革、组织变革的加剧，绩效技术受到空前的关注，绩效技术的发展也非常迅速，无论在理论研究还是实践领域都在不断丰富和完善，其发展呈现出如下趋势。

（一）更加重视人性化的绩效技术研究

组织在重视效率、质量、客户满意度以及降低成本的同时，更加关注组织中人的发展，强调建设信任、开放、互相尊重的环境和组织文化，强调人的心智模式的改变，致力于个体和组织创新能力的提高，同时人们在关注技术、工具应用外，更加重视人、文化对组织发展的影响，以“持续创造”为特征的学习型组织是组织发展的目标。正因如此，无论是绩效管理技术的理论还是实践研究都更加重视人性化因素，更加强调以人为本。

（二）绩效管理技术服务的专业化

绩效管理技术的研究与应用已显露出专业化的端倪。绩效管理技术专业人员作为顾问型、专家型的人才以及组织变革的一种重要资源而得到广泛关注。现代组织架构变革的趋势之一是小型化、专业化。这一趋势将会导致组织把诸如培训、人才招募、信息调查等非战略性职能外包出去。事实上，这种情况目前在具有3000名以上员工规模的大型组织中已经很普遍。因此，绩效技术服务工作的自主性将大大增强，甚至会出现一些专门性的绩效技术咨询公司，从而使绩效服务向专业化方向发展——服务外包。国际上的绩效技术专业人员认证标准和道德规范已经建立并且正在逐渐推广。

（三）绩效管理技术系统的全球化

互联网的迅速发展，使组织建立自己的信息支持系统成为可能。互联网提供了低成本和自由访问世界的可能性，基于此许多组织都建立了自己的内部网，以便将分布在各地的部门和服务机构联结起来。绩效技术系统的全球化趋势正日渐明朗。

（四）绩效管理技术研究的合作化

随着绩效管理技术应用的发展，绩效技术研究与实践的领域大大拓宽了，不仅在企业，而且在教育、心理、教育技术、国民经济和政府等各行各业中都有人从不同的角度参与绩效技术的研究。一方面，高校、企业、专业的服务机构将共同为提高组织及其员工的绩效群策群力，这种合作式的实践研究极大地丰富了绩效技术的内涵；另一方面，由于有教育、心理、教育技术等方面的专家尤其是信息技术专家的介入，使绩效技术的研究，需要更多跨学科的合作，这样就会使绩效技术的理论和实践的研究成果越来越丰富。

总之，随着管理理论的不断演进，各种管理方法会不断创新，绩效管理理论也将发生系统的科学的创新，不断推动组织前进。同时，绩效管理技术这一从实践领域发展起来的学科目前还不完善和成熟，其发展历程将是漫长的，而且随着时代要求的变化和科学技术的进步，绩效技术的内涵、范畴、应用领域和发展趋势都有可能发生变化。

本章小结

通过本章学习，学生应主要掌握绩效管理的发展，包括管理理论变革与绩效管理的发展，行为科学理论下的绩效管理，“以人为本”管理理论下的绩效管理，文化差异对绩效管理的影响；掌握绩效管理是管理理论变革的动力源泉，包括绩效管理是战略管理的重要要素，管理理论的演变促进绩效管理的战略观点形成，绩效管理是企业管理理论变革的激发器，国外绩效管理的理论与实践；重点掌握绩效管理理念的发展趋势，包括由绩效考核向战略性绩效管理理念的转变，绩效考核的过程需引进心理学发展的思考，从单向评价到系统评价注重超前化绩效管理；了解绩效管理技术的发展，包括组织变革，知识管理绩效策略，学习型组织与组织学习，绩效技术专业化，技术化的战略性绩效管理，电子绩效支持系统。

复习思考题

1. 简述管理理论变革与绩效管理的发展。
2. 简述文化差异对绩效管理的影响。
3. 从结果导向到发展导向强调主动性绩效管理有哪些重点？
4. 简述绩效管理技术发展的趋势。
5. 什么是电子绩效支持系统？
6. 简述绩效管理技术的发展。
7. 简述知识管理与组织绩效的关系。

案例分析

案例背景

华为技术有限公司的3W绩效管理

一、公司背景

华为技术有限公司是一家生产、销售通信设备的员工持股民营科技公司，于1987年成立于中国深圳。华为的主要营业范围是交换网络、传输网络、无线及有线固定接入网络和数据通信网络及无线终端产品，在通信领域为世界各地的客户提供网络设备、服务和解决方案。

2015年8月25日，全国工商联在北京发布了“2015中国民营企业500强榜单”，华为投资控股有限公司以2882亿元人民币的收入获得第二位排名。成为继联想之后，成功闯入世界500强的第二家中国民营科技企业，也是500强中唯一一家没有上市的公司。华为在企业经营领域取得的巨大发展人们有目共睹，那么又是什么支撑着企业的发展呢？原华为HR副总吴建国如是说：“华为，在向世界级企业迈进的过程中，卓有成效的人力资源管理体系，是缔造华为一个个神话最有利的发动机和保障器。尤其是作为人力资源管理体系三大基石之一的绩效管理（另外两个是任职资格和股权激励），更为企业的发展注入了强大动力。现在我们就来看看华为是怎样将卓越的绩效管理转化成生产力的，而这也正是对于中国民营企业最有益和值得学习和借鉴的。

二、3W绩效管理

1. WHY—— 华为绩效管理的目的

华为总裁任正非一再强调要创造高绩效的企业文化，将绩效文化视为企业生存之本，发展之源，并上升为战略高度加以实施。用一句话来概括，华为绩效管理的目的就是将公司的目标使命化，华为有多成功取决于每一位员工在多大程度上实现自己的工作目标。

华为在绩效考核中实施强制分布原则，绩效考核结果按照员工比例来固定分配，分为A～D四个档次，A档次一般占员工总数的5%左右，B档次占45%，C档次占45%，还有5%的员工将被视作最后一档——待查。与一般企业的绩效强制分布不同的是，公司对绩效考核目的的理解，不是把它仅仅当作一种增压奖惩的依据，而是从企业角度而言，在公司发展竞争，人才优胜劣汰的过程中更追求淘汰是否合理。绩效考核的根本目的不是为了裁员，而是为了通过考核把大家放在适合的岗位上，保证每个人的能力都是能够实现绩效目标的，然后通过个人绩效目标的实现来完成公司的总体战略目标。比如华为的考核规定“对不胜任工作的员工，应该安排培训以促使其业绩改进，或者调整岗位。如果培训或换岗后仍不能胜任的，才进行淘汰考虑。”它的绩效管理真正从员工内在方面进行管理，通过以责任、员工能力、贡献为核心的绩效标准及相应的评价手段和价值分配机制将公司的目标与员工的个人需求和利益捆绑在一起，从而将公司的目标内化为员工个人的使命和责任。

2. WHAT—— 华为绩效管理考什么

华为长期执行基于客户需求导向的人力资源管理制度。客户满意度是从总裁到各级员工的重要考核指标之一，而且华为的外部客户满意度专门委托盖洛普公司进行调查。客户需求导向和为客户服务蕴含在员工招聘、选拔、培训教育和考核评价之中，强化对客户服务贡献的关注。

对于不同层级的员工，华为考查的侧重点也各不相同，要求越高级的管理者，越要关注长期发展。中高级管理者也要分程度不同的关注中长期利益，而基层员工主要关注现实任务的完成，以及自我进步。为此，华为实行了权重不同的，分别关注长期、中期、短期利益的合理架构，以及相适应的激励机制。

此外，华为还明确加强对员工的思想道德品质的考核，以及对员工的诚信进行记录。注重对职工责任心、使命感、团队精神、工作能力、思想道德品质的评议。在考评的过程中全面推行团队测评体系。

总之，公司通过强调责任、使命和能力的综合平衡，使每一个充分认同华为核心价值观的员工都能找到自己合适的职业定位和发展通道。

3. HOW——华为绩效管理怎么管

2015 年 3 月，人力资源部负责招聘工作的孙维拿到了自己的主要考核指标：一是满足公司某研发部门新产品研发人手不足的需求；二是完成人力资源管理工作；三是完成对某销售部门新进员工的入职培训。可以看出，这三个指标是从不同角度为孙维设置的。第一个指标是从公司目标的角度自上而下往下分解、支撑公司战略；第二个指标基于岗位职责；第三个指标基于流程或客户。

在孙维的考核指标中，还可以看到，工作内容越来越强调用数字说明工作的完成情况，即努力量化业务指标，比如在他的工作计划书中，“招聘成功率”及“新聘员工的离职率”代替了原来的“是否招到人”的考核条目。实施公司 HR 信息的管理或上报提交的工作被分解为“员工人力资源信息与实际情况的吻合程度”“员工信息有变动的时候是否及时更新（如每周更新）”“是否按时上报”等考核指标，把这些指标套进 A～E 五级评分标准中进行评估，如此，对员工的工作要求就一目了然了。

针对绩效考核，华为根据公司战略，采取综合平衡记分卡的办法。华为从战略指标体系到每一个人的 PBC（个人事业承诺）指标，都经过平衡记分卡来达到长短、财务非财务等各个方面的平衡，而且全球技术服务部为了保证绩效管理的有效实施，开发了绩效管理的电子化流程。所有员工每季度在考评电子化流程中进行个人绩效承诺，主管则通过考评电子化流程进行量化考核和业务改进沟通。另外，机关职能部门各级主管和办事处主管一样，都需要签订绩效承诺书，绩效目标每季度上网公布。

对于绩效管理中重要的一环，绩效考评结果的反馈也是华为极为重视的。考评结果一方面纳入升迁和薪酬依据，另一方面作为绩效改进的内容之一，如果调查发现绩效考评后期望目标和绩效实际存有落差而没有员工后期的绩效沟通，将给予该部门主管红牌警告。这说明公司也充分认识到，金无足赤，人无完人，绩效结果不好可能有多方面的原因，要给予他们更多的机会，通过不断的改进和锻炼，最终希望其将劣势转化为胜势。当然，前提是员工能认识到自己的问题所在，这也是华为绩效管理最重要的目的之一。

最后需要强调的是，华为的绩效管理做得好，不仅在于绩效管理内部从绩效计划、绩效实施与管理、绩效评估到绩效反馈形成了系统的良性循环，还在于与人力资源开发管理中的其他模块相互呼应，形成了相互作用的整体。绩效管理与企业职位体系、任职资格体系、人员的选拔和培养体系、薪酬管理体系密切联系在一起。

（资料来源：http://www.chnihc.com.cn/research-center/research-case/case-performancelist/1056.html）

案例讨论

从华为的绩效管理体系中你能得到哪些启发？

实践环节

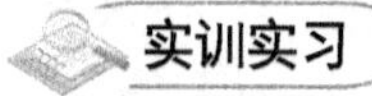

实训实习

绩效管理的发展和演变

通过本章的学习，学生应该对绩效管理的发展及其应用领域等有了更具体的了解。在这个练习中，参与者通过网络、电视、图书、期刊和报纸等相关渠道收集资料，研究我国绩效管理的发展和演变，选择某一家企业研究其绩效管理的发展与完善是怎样逐步完成的。参与者按每组3～5人进行小组作业。

每组参与者在了解绩效管理发展演变过程之后，探讨我国目前在绩效管理工作中存在的一些问题，同时选择一家企业，结合该企业实际操作过程，了解绩效管理在实际应用中遇到的困难和约束以及如何得以解决和完善的过程。

第一步，各小组通过各种图书、网络资源获取相关资料，并在大量查阅的基础之上总结绩效管理的过去与未来。

第二步，通过小组成员的社会资源，选择一家企业，最好能够与其员工建立起良好的沟通关系，以便获得本练习所需的充分信息。时间控制在本章内容结束后的两周之内。如果无法获得第一手资料，可以尽可能收集足够丰富的二手资料以完成本作业。

第三步，各小组就小组成员在获取所研究企业的相关资料以后，分析其绩效管理的现状，存在的问题及成因，研究其解决办法，找出解决制约绩效管理发展的各种路径。时间控制在1天之内。

第四步，各小组派出一名代表向所有参与者简要介绍本小组的工作成果，注意控制发言时间。

第五步，所有参与者自由陈述对绩效管理的发展和演变的理解以及实践中遇到的具体问题的看法。时间控制在每位陈述人2分钟以内。

第六步，教师进行总结。

本练习的结果可以使参与者更好地了解绩效管理发展的意义及在企业中的重要地位等，加深对本章所学知识的理解。同时，参与者在练习过程中还可以锻炼分析问题与解决问题的能力。

参考文献

蔡剑，张宇，李东．2007．企业绩效管理：概念、方法和应用[M]．北京：清华大学出版社．

方振邦．2007．战略性绩效管理[M]．2 版．北京：中国人民大学出版社．

方振邦．2014．战略性绩效管理[M]．4 版．北京：中国人民大学出版社．

方振邦．2015．战略性人力资源管理[M]．2 版．北京：中国人民大学出版社．

付亚和，许玉林．2009．绩效考核与绩效管理[M]．2 版．北京：电子工业出版社．

郭京生．2008．绩效管理案例与案例分析[M]．北京：中国劳动社会保障出版社．

赫尔曼•阿吉斯．2013．绩效管理[M]．3 版．刘昕，柴茂昌，孙瑶，译．北京：中国人民大学出版社．

胡八一．2005．绩效量化技术[M]．北京：北京大学出版社．

胡君辰，宋源．2008．绩效管理[M]．成都：四川人民出版社．

李宝元．2009．绩效管理：原理•方法•实践[M]．北京：机械工业出版社．

李剑．2008．员工绩效管理与薪酬激励实物[M]．北京：经济科学出版社．

李艳．2008．绩效管理能力培训全案[M]．北京：人民邮电出版社．

李艳．2009．人力资源部岗位绩效考核[M]．北京：人民邮电出版社．

莱尔•史班瑟．2005．绩效考核：美国军方才能评鉴法[M]．魏梅金，译．汕头：汕头大学出版社．

林筠．2006．绩效管理[M]．西安：西安交通大学出版社．

牛成喆，李秀芬．2005．绩效管理的文献综述[J]．甘肃科技纵横，34（5）．

盘和林．2006．哈佛绩效管理决策分析及经典案例[M]．北京：人民出版社．

彭剑锋．2014．战略性人力资源管理：理论、实践与前沿[M]．北京：中国人民大学出版社．

秦杨勇．2009．平衡计分卡与绩效管理[M]．2 版．北京：中国经济出版社．

乔恩•沃纳．2005．双面神绩效管理系统（完全版）[M]．徐联仓，等译．北京：电子工业出版社．

石金涛．2006．绩效管理[M]．北京：北京师范大学出版社．

滕晓丽．2010．事业单位绩效考核与绩效[M]．北京：中国劳动社会保障出版社．

王红光．2007．企业绩效管理的问题和对策[J]．科技信息（科学•教研），（21）．

王宇．2009．绩效考核量化管理全案[M]．北京：企业管理出版社．

武欣．2004．绩效管理实务手册[M]．2 版．北京：机械工业出版社．

徐斌．2007．绩效管理[M]．北京：中国劳动社会保障出版社．

颜世富．2007．绩效管理[M]．北京：机械工业出版社．

杨生秀．2010．绩效管理在项目管理中的应用及实践方法：以鲁能软件有限公司为例[J]．科技和产业，（3）．

姚小风．2009．生产部岗位绩效考核与实施[M]．北京：人民邮电出版社．

尹凌青．2006．战略绩效考核[M]．北京：中国经济出版社．

影响力中央研究院专家组．2009．绩效为纲：绩效管理的六大战略实战方案[M]．北京：电子工业出版社．

张浩．2006．高层领导职位绩效考核与薪酬设计模板[M]．北京：中国海关出版社．

张弘．2010．人力资源管理与企业绩效[M]．北京：企业管理出版社．

张建卫，刘玉新．2006．绩效管理与员工发展：一种发展心理学视角[J]．商业经济与管理，（8）．

张培德，李刚．2009．绩效考核与管理[M]．上海：华东理工大学出版社．

张晓彤．2004．绩效管理实务[M]．北京：北京大学出版社．

赵国军. 2009. 绩效管理方案设计与实施[M]. 北京：化学工业出版社.
赵国军. 2009. 薪酬管理方案设计与实施[M]. 北京：化学工业出版社.
周志轩. 2008. 目标管理与绩效考核[M]. 成都：成都时代出版社.

馆藏